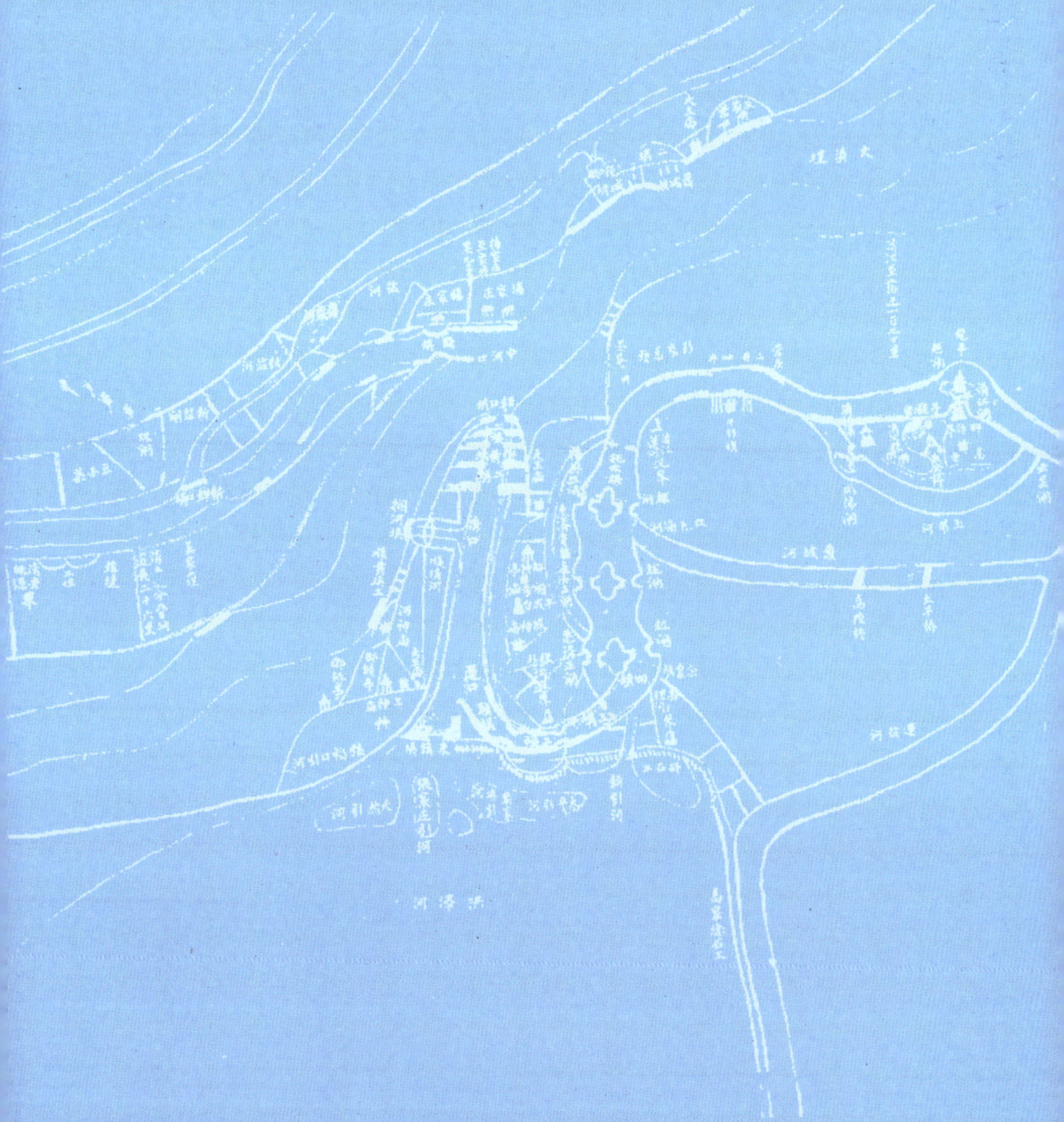

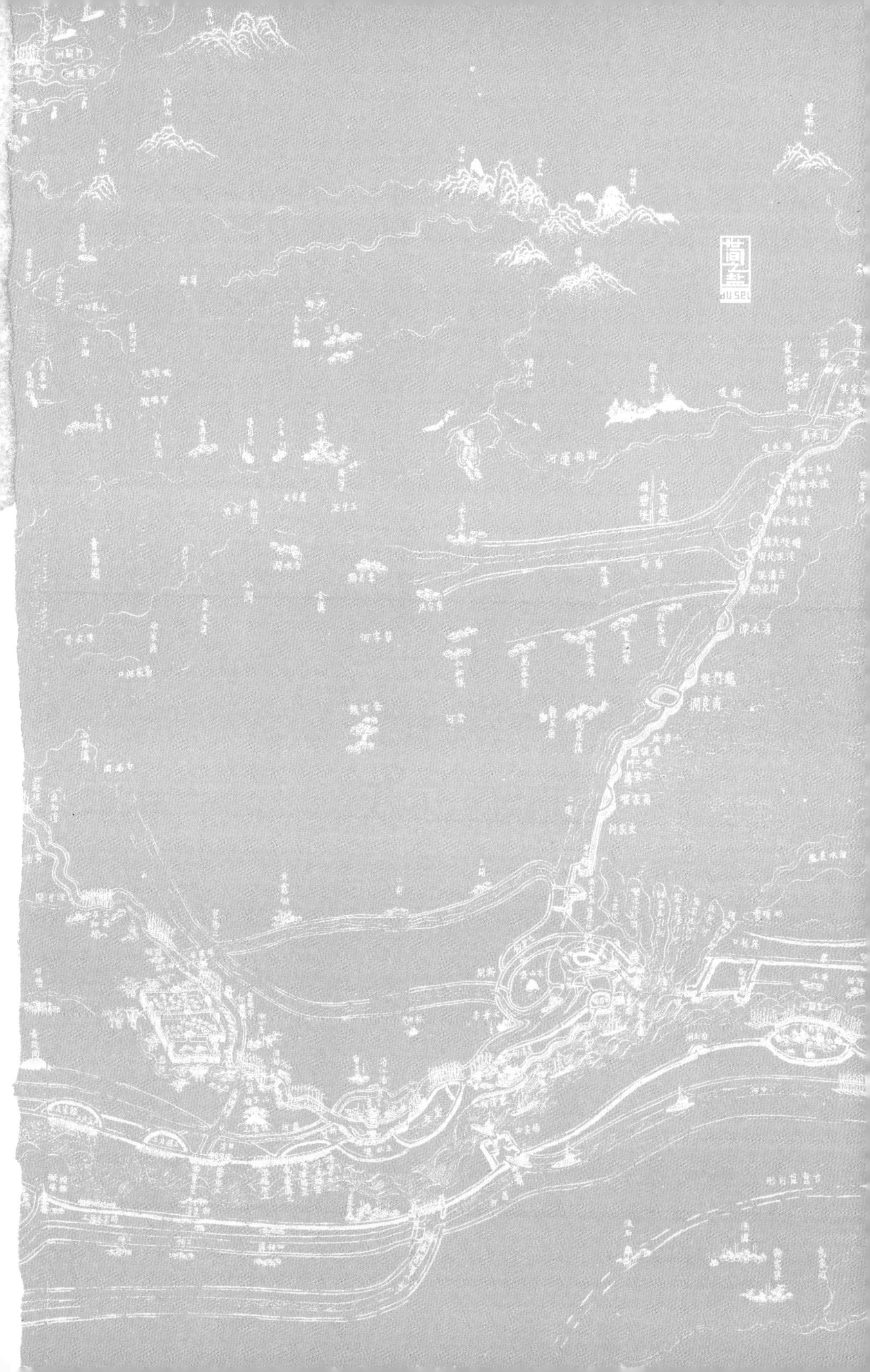

王聪明 著

双城记

明清
清淮地区
城市
地理研究

社会科学文献出版社
SOCIAL SCIENCES ACADEMIC PRESS (CHINA)

序

王振忠

明清时期，苏北区域社会的地位极为重要，特别是黄、运的畅淤通废与城镇体系之变迁，尤其值得关注。在苏北，淮安是典型的因漕运而繁盛的运河重镇。明永乐年间，平江伯陈瑄总督漕运，驻节淮安。当时，因漕船至淮安城北需盘坝过淮，转输颇为艰难。为避风涛之险，陈瑄经访问故老，凿渠引水，由城西管家湖至鸭陈口二十里，入宋时沙河故道入淮，名之曰清江浦，此即淮安城北一段里运河之前身。明中叶以后，由于黄河全流夺淮入海，苏北水患日趋频仍，清江浦运口常为黄河所淤，不通舟楫。成化年间，清江浦筑坝蓄水，并建仁、义二坝，运河由此车盘过坝入河，清江闸南岸成为漕运襟喉、水陆孔道，遂渐成集镇。

入清以后，清江浦地位愈显重要，市廛辐辏，烟户繁盛。康熙年间，河道总督入驻此地。雍正七年（1729）以后，该地又为南河总督驻所。乾隆年间，复移清河县治于清江浦。此外，清代行旅凡由南向北，一般都在清江浦舍舟登陆，然后渡过淮河（黄河）到王家营换乘车马，故乾隆皇帝将此地誉作"水驿南来第一程"。道光时人李家瑞诗曰：

> 地控邳州连沛县，江浮淮水汇洪流。
> 河洪易溃关民命，漕运长通赖圣谋。

上述这首《清江浦》诗，亦点出了此处的地理形势与国本民生之要害。而关于清江浦的南船北马，咸同年间苏州人江湜亦曾赋诗："行店邮亭春水滨，骡车滚滚动飞尘，相逢略听客言语，十九黄河以北人。"诗歌状摹的就是清江浦之轮蹄络绎马足车尘。

关于清江浦与淮安的关系，清人笔记中有画龙点睛式的概述："清江浦为南北孔道，乾嘉间河工极盛。距二十里即湖嘴，乃淮北盐商聚集之地。再五里为淮城，乃漕船所必经者。河、漕、盐三途并集一隅，故人士流寓之多，宾客饮宴之乐，自广东、汉口外，虽吴门亦不逮也。"文中的"湖嘴"，即淮安城北的河下一带。永乐年间因漕河运道改经淮安城西，河下遂居黄河、运河之间。另外，在明清时代，因中央财政倚重盐务，而苏北之两淮盐业又为重中之重，淮安河下遂与扬州河下一样，聚集了大批的徽商西贾，此处花径逶迤，亭台曲折，寓客去留，游士来往，颇极一时之盛。特别是在河决铜瓦厢之前的清代前、中期，河、漕、盐"三大政"汇聚苏北，清江浦和淮安遂为世人所瞩目。当时，淮扬盐商、南河衙门官员与从事东洋贸易的苏州铜商等之奢侈可以骈肩称雄，而俗称的"南河习气"和"盐商派"之引觞醉月侈逐豪奢，对于清代中国习俗隆窳、风尚演替，皆有着举足轻重的影响。有鉴于此，在历史地理、城市史和社会史等领域的研究中，清江浦和淮安一带，确有值得聚焦特写之必要。

此前，有关清江浦和淮安的研究成果相当不少，但迄至今日，无论是在史料的发掘还是论题之拓展上，显然还有较大的探索空间。王聪明的博士学位论文《明清时期清淮地区城市地理研究》，在前贤研究的学术基础上，更为广泛地搜集相关文献，溯流寻源，质疑求是，从城市体系与空间结构等诸多侧面，进一步探讨了明清时期清江浦和淮安两座城市的内外空间形态与地域结构之具体演化过程，选题具有重要的学术意义。王聪明毕业后，入职淮阴师范学院，主要从事历史地理学、明清社会经济史与运河史的研究，曾主持江苏省社会科学基金项目"明清苏北漕河交通与城镇聚落变迁研究"，并承担大运河文化带建设研究院的专项课题"大运河苏北段碑刻文献整理与研究（1840—1949）"等。在博士学位论文研究的基础上，他陆续发表了多篇专题论文，从诸多侧面拓展了此前的研究。现在，经过多年的修改、完善，王聪明将相关的成果整合而为一部学术专著。

作者将历史地理与区域社会史研究相结合，围绕着地域中心、城镇体系等的变动，从地理空间、生态环境、经济结构和社会人群等不同侧面展开分析，既有微观细致的考证，又不乏宏观整体的认识。著作的各个部分皆以相关专题切入，行文多所考辨，讨论亦颇为深入，并在扎实的实证性研究基础上，缕析条分，尝试给出较具说服力的诠释。掩卷之余，也让我想起20世纪八九十年代赴淮、扬各地考察时的场景。当年，为了研究两淮盐业与苏北区域社会变迁，我曾多次赴扬州、淮安和清江浦等地实地考察，收集地方文献。1993年5月，我还专程赴淮安参加中国水利学会水利史研究会主办的专题学术会议。其间，曾徜徉于淮安河下的街衢巷陌之间，遥想昔日的繁华荣景；亦曾数度流连于废黄河畔，寻访王家营北上路程之旧梦遗痕……当年，在淮安老图书馆，我复印到当时尚未公开刊行的珍稀文献《淮安河下志》，并以此为核心史料，撰写了《明清淮安河下徽州盐商研究》一文（载《江淮论坛》1994年第5期）。此文应是国内最早系统研究徽商在淮安活动的学术论文，颇受学界关注，曾被当时的《中国人民大学报刊复印资料》全文转载。在此之后，徽商在淮安的活动情形，遂引起了更多学者的关注，而王聪明的这部著作对此亦有所涉及，这也让我颇感欣慰。在我看来，此一专著较为清晰地揭示了清江浦与淮安城之互动与转变的时空脉络，在一些方面较前人的研究多有推进。我相信，随着当前大运河保护的进一步展开与升级，相关研究的现实意义将愈益凸显。

  岁月如流，秋树飘红，值此收获的季节，王聪明邀我为该书撰写序言，为此，我再次通读全文，遂写下上述的感想略加申说，以就教于作者和广大读者。

庚子深秋于上海新江湾

目 录

绪 论 ………………………………………………………… 1
  一 选题缘起与核心思路 …………………………………… 3
  二 学术史回顾 ……………………………………………… 9
  三 概念界定与研究资料 …………………………………… 30
  四 框架结构 ………………………………………………… 42

第一章 淮河南北：山阳、清河二城的历史考察 ………… 45
  第一节 记忆的嫁接：作为政区与观念的"淮阴" ……… 47
  第二节 山阳建城及其演变 ………………………………… 60
  第三节 地理景观的空间分置：以韩信、漂母相关
         故迹为中心 ………………………………………… 79
  小 结 ……………………………………………………… 90

第二章 明代山阳城的移民、科举与士绅社会 …………… 93
  第一节 明代山阳外来移民的时空分析 …………………… 95
  第二节 明代山阳士绅家族及其社会活动 ………………… 116
  小 结 ……………………………………………………… 137

第三章　明清山阳城的空间形态与地域结构 … 139
第一节　旧·夹·新：山阳三城的外缘形态 … 141
第二节　基层行政分区与城市街巷格局的复原 … 149
第三节　山阳城典型职能建筑：基于政商要素的空间分析 … 165
小　结 … 205

第四章　山阳城市水环境的变迁与社会因应 … 207
第一节　山阳城市水系的形成与演变 … 209
第二节　巽亥合秀：山阳城市风水的阐释框架 … 222
第三节　黄淮水患与城市防洪措施 … 228
第四节　山阳城市水环境的治理：以文渠为中心 … 239
第五节　水环境变迁视野下的山阳城西湖泊兴废与社会因应 … 256
小　结 … 275

第五章　水工与祠庙：治水政治中的山阳、清河城 … 279
第一节　水患共生与城市安全叙事 … 283
第二节　利害相生：国家治水方略与地方水工建设 … 295
第三节　城神之间：水神祠庙的建置与空间分布
　　　　——兼论天妃信仰的变迁 … 323
小　结 … 347

第六章　清江浦与山阳城：清淮区域中心与城市体系重组 … 351
第一节　漕河设施运作与清江浦的发展动力 … 353
第二节　清江浦的商业空间与政治契机 … 361
第三节　兴衰与共：嘉道以降的清淮双城 … 377
小　结 … 408

结　语 ·· 411

参考文献 ·· 419

后　记 ·· 440

图表目录

图

图 1　清淮地域图 …………………………………………… 33
图 2-1　迁淮岑山渡徽商程氏谱系图 ……………………… 111
图 2-2　明代前期山阳旧城科第仕宦牌坊分布示意图 ……… 118
图 2-3　明代山阳士绅人际关系网络架构图 ………………… 128
图 3-1　清代前期山阳城池图 ………………………………… 147
图 3-2　明代山阳旧城街巷空间分布图 ……………………… 158
图 4-1　清代后期山阳文渠水系图 …………………………… 216
图 4-2　明清山阳城中的风水观念示意图 …………………… 225
图 4-3　城外萧湖人文景观图 ………………………………… 270
图 5-1　清淮地区水道形势图 ………………………………… 298
图 5-2　天妃宫、惠济祠的空间位置图 ……………………… 345
图 6-1　清代后期清江浦图 …………………………………… 364
图 6-2　交通银行苏北支行网形势图 ………………………… 406

表

表 1-1　明清"淮阴"为山阳之实例举隅表 ………………… 57

表 2-1　明代前期淮、大两卫籍移民状况表 ………………… 104
表 2-2　明代山阳士绅致仕行状一览表 ………………………… 131
表 3-1　明清山阳县公署机构表 ………………………………… 172
表 3-2　淮安河下关厢第宅建筑分布表 ………………………… 196
表 3-3　淮安河下关厢商业会馆分布表 ………………………… 201
表 4-1　明清山阳县境水灾发生时间与频次表 ………………… 229
表 4-2　明代中叶以降山阳城市水利工程表 …………………… 247
表 5-1　明代以降山阳城的洪涝灾害表 ………………………… 284
表 5-2　清淮地区水神祠庙一览表 ……………………………… 325
表 6-1　山阳士绅丁晏主持公共工程时撰写的记文表 ………… 386

绪 论

本书是关于明清时期运河城市历史与地理变迁的个案考察。通过将现今江苏省淮安市析分为历史上的清淮双城，立足于对这两座城市的时空变迁的爬梳与阐释，讨论在国家漕运与河道治理等因素的作用之下，所呈现出的地方城市空间形态与体系的互动转变的过程和意义。

一 选题缘起与核心思路

  城市的产生是经济发展与社会变迁的结果，它代表着人类文明的进步。城市有着与乡村迥然不同的面貌，尤其是明清时期商品经济的勃兴，催生和激发了城市发展的动力，城市数量和规模均有所增长，城市秩序与管理制度亦逐步完善，城市的物质生活、精神消费与社会风气都发生了改变。其实，地理环境对于城市的形成和发展同样具有重要的作用，对城市进行地理视角的考察，将人地关系纳入城市研究之中，有助于明晰城市形成的地理条件，及其作用下的城市结构和地域特色，诚所谓：气候、水文等各种自然地理因素，"都会在不同程度上影响城市的职能，左右城市的发展"[1]。对于中国古代城市的研究，主要从两大方向展开：城市史与历史城市地理。20世纪80年代以来，学术界出现了由传统的政治史、精英史，向社会史、文化史转移的研究路向，城市史研究领域及其理论架构逐渐成熟，在城市社会组织、阶层结构、城镇体系、城市生活、城市社区、类型城市（如口岸城市与殖民城市）、城市规划与建筑等方面取得了丰硕成果。[2] 相对来说，历史城市地理虽然起步较早，在学科理论建设、实证研究

---

[1] 侯仁之主编，唐晓峰副主编《北京城市历史地理》序言，北京燕山出版社，2000，第2页。
[2] 熊月之、张生：《中国城市史研究综述（1986~2006）》，《史林》2008年第1期；〔美〕史明正：《西文中国城市史论著分类要目》，范瑛译，史明正校，载刘海岩主编《城市史研究》第23辑，天津社会科学院出版社，2005。

等方面也颇有建树，不过其研究成果难以企及城市史研究，所以加强历史城市地理研究，是本书的努力方向和选题缘起之一。

无论是城市史研究，还是历史城市地理研究，以往均比较注重对单体城市的研究。据不完全统计，继近代上海、天津、武汉、重庆城市史之后，其他单体城市的研究也陆续开展，如对北京、成都、开封、洛阳、济南、厦门、南京、苏州、无锡、南通、昆明、沈阳、大连、鞍山、宝鸡、本溪、自贡、长沙、邯郸、包头①等城市的研究。有学者则认为：应该"跳出单个城市的研究模式，从一定地域范围来考察区域城市群体的变迁及其相互关系"，"这样可以加深对城市群兴衰的内在因素的理解，也有益于对城市群所处区域地理环境变化的研究"。② 区域城市历史地理研究固然很有必要，不过单体城市的研究仍然不可忽视。谭其骧曾指出，"以中国疆域之辽阔，要想一动手就写好一部完整、全面的中国历史地理，大概是不可能的。只有先从区域历史地理入手，一个地区一个地区地先做好具体而细致的研究，才有可能再综合概括成为一部有系统有理论的中国历史地理学"③，虽然这里谈论的是区域历史地理问题，不过将其核心思想借用至历史城市地理研究，则可以转换为对一个城市做好深入细致的研究后，再尝试进行区域城市历史地理研究，乃至全国城市历史地理的研究。也就是说，单体城市研究在尽力还原、恢复一个城市的历史风貌，可为区域城市、全国城市等研究奠定坚实的基础。

综观以往历史城市地理研究可以发现，主要存在以下两大问题。（1）在城址选择、地理基础、平面格局、空间形态等传统领域，已经取得较可观的研究成果，同时也不可避免地暴露出研究内容和视角的模式化等问题与困境，甚至各级、各类城市的研究呈现同质化的现

---

① 熊月之、张生：《中国城市史研究综述（1986~2006）》，《史林》2008年第1期。
② 李孝聪：《历史城市地理》，山东教育出版社，2007，第16页。
③ 谭其骧：《序》，载孙进己等主编《东北历史地理》，黑龙江人民出版社，1989。

象，城市之间的特征和差异没有充分彰显。（2）以往研究成果大多"集中在历代都城或经济发达地区城市"[1]，比如北京、西安、开封以及上海、广州、武汉等城市的，其他中小城市尚未引起足够的重视，研究对象的不均衡性仍未得到改观。对于第一个问题，史红帅指出，应该"通过研究城市地理和空间，来了解和洞察城市中个体与群体的生活、社会的运作、区域的发展"，不仅关注相对静态的"物"，更应该关注在城市这一舞台之中活动的人群和组织，展示和追求"以人为本"的学术关怀，由此实现历史城市地理的综合性研究目标。[2] 那么，如何实现这一研究目标？笔者认为，关键在于找准城市的特色要素，抓住城市的变迁主线，以主线牵引特色，从而阐释城市变迁的结构与机制。鉴于此，本书选取处于明清运河中心区域的淮安府为例，在尽可能全面充分占有文献资料的基础上，从这一地区城市发展的实际情况出发，形成需要解决的问题及其研究理路，尝试提出较具可信力的实证性结论和观点。

历史时期，淮安是一座淮河与运河交汇的城市，南宋以来，黄河南下侵夺淮河入海，造成这一区域水文环境的剧烈变动。明清时期，淮安上升为国家漕运管理中心，以运河为主干的水道交通优势促成了这座城市的繁华与鼎盛。近代以来，在多种因素的综合影响之下，淮安与其他运河城市均趋向衰落。综上，从历史地理学的角度，对淮安这座城市进行研究，具有较强的学术意义和价值。首先，学术界对淮安已有一定程度的关注，不过仍有较大的挖掘空间，不仅不能与杭州、苏州、扬州等城市相比，甚至不及临清、济宁等城市；其次，淮安这一区域水文环境变迁异常剧烈，水涝灾害频繁发生，政区变动颇为复杂，历史地理学能

---

[1] 孙靖国：《桑干河流域历史城市地理研究》，中国社会科学出版社，2015，第15页。

[2] 史红帅：《近70年来中国历史城市地理研究进展》，《中国历史地理论丛》2020年第1期。

够充分发挥其理论与方法的研究价值,而且对淮安城的研究并不只是对单体城市的研究,因为淮安市城区主要由明清时期的山阳城与清江浦(即清乾隆以后的清河县城)构成,由此借助"清淮"的地理概念,建立"清淮双城"的城市研究架构。"清淮双城"是一种独特的城市形态与空间格局。唯有通过历史城市地理的研究,方能揭示这一区域城市的地域结构与发展轨迹,甚至提升今日历史城市地理研究的水准。

那么,淮安城市历史地理应该如何具体展开？这可从一场地名更改事件说起。2010年2月11日的《南方周末》报道了这样一则消息,涉及淮安市地名变更事项,兹迻录如下:

> 一段时间来,在江苏淮安市的网络和地方舆论圈中,一场"正名"的争论正在进行。周恩来总理的故乡江苏省淮安市楚州区(原县级淮安市),正努力重回"淮安"之名。这是一场持续了9年的争论。2001年2月10日,江苏省原地级市淮阴更名为淮安市,原县级淮安市,则被更名为淮安市楚州区。这9年里,为把"淮安"两字改回来,楚州区在省里和中央部委之间奔走数年。而当地一批老干部和其他人士,更通过各种形式和渠道,发起了一场要求"楚州"重回"淮安"的"正名"运动。官方和民间的多方力量都参与其中,声势甚至惊动了中央。而淮安市为捍卫自己的名字,亦付出了相当的努力。

2012年1月31日,楚州区更名淮安区,重回"淮安"之名。可以说,这场地名变更风波的背后,折射的是民众对历史文化的认同,隐藏的是历史时期清淮地区淮阴县、山阳县、清河县与清江浦的复杂关系。明清时期,今淮安区为淮安府城驻地,同时亦是附郭山阳县城的治所,更名淮安市之前的淮阴市,其核心城区起初为运河重镇清江浦的地域范围,乾隆二十六年(1761)频遭水患的清河县迁治于此,自此清江浦成为清河县驻地,民国以来先后为淮阴县、清江市、淮阴市以及今淮安市区所在。本书所展开的研究,试图借助历史地理与社会史结合的方法,从城市中心转移或者说城市体系重组的视角,审视这种地方城市中复杂关系生成的机制与过程。

就目前为数不少的论著来说,大多注意到清淮地区城市的重要性,淮阴、山阳为南北政权对峙时期的军事重镇,山阳与清江浦成为明清时期典型的运河城市,学者们每从各自的视角,去讨论其中单个城市的发展与变迁,而较少将清淮地区内部的这两座城市,放在比较的维度中加以审视,从而忽略了清淮双城研究中蕴含的差异性因素。值得强调的是,沈红亮曾在对淮安府的研究中,提出"山、清二城地位的转变"的说法,并论述曰:

> 黄河南北两岸运口不断靠拢,集中在清江浦和王营镇附近。此时,夹黄河南北两岸而成长起来的清江浦和王营镇,不仅连成一体,还分别挟裹南、北两岸周围其他运河集镇,成为一个重要的交通城镇群体。承担的各种职能日益增加,如运口的漕运管理与漕船牵挽,南北官商客旅的交通,河患的治理与河工的监督,盐业管理与运输,乃至地区行政管理和区域性军政管理都有增加。而府城则由于远离运口,显得日益荒僻,交通地位一落千丈。许多行政机构和军事、交通管理机构不断移往清江浦。[①]

运口交通的变化,引致府城日衰、清河渐兴的趋势,这一观点无疑是成立的。沈红亮的研究最主要的贡献在于,指出了清淮地区城市中心转移的重要现象,虽然他言及漕、河、盐、军政要素逐渐汇聚于

---

① 沈红亮:《明清时期黄淮运交会地区的人口和民风——有关淮安府的个案研究》,复旦大学硕士学位论文,2001,第30页。

清江浦，不过由于缺乏必要的论证分析，并未深入清淮双城演变脉络的具体细部，而这将成为本书研究的整体框架，在这一框架之内，本书将追溯并论证清淮地区的城市中心是如何实现由山阳城向清江浦转移的。总之，本书将依归空间结构与城市体系两大视角，探讨山阳城与清江浦的空间形态与地域结构的演化过程，同时以国家漕运与河道治理为主要线索，阐释这一区域城市中心转移及新的城市体系形成的命题，试图考察和总结清淮双城的相互关系。

二 学术史回顾

（一）历史城市地理研究

历史城市地理是研究城市兴起、发展和演变规律的学科，主要研究城市兴起、发展和演变的地理基础。20世纪40年代，有学者开始从现代历史地理学的角度对城市加以研究。此后，随着城市化进程的现实需要，历史城市地理学以"有用于世"为导向，其理论体系趋向成熟、完善，研究领域不断拓展、深化，形成了较为可观的研究成果，对此已有诸位学者进行回顾和梳理。[①] 在此不再全面梳理历史城市地理学研究成果，而是贯穿理论探讨与实证研究两大方面加以评介，前者选取具有代表性和典型性的研究成果，后者则以全国性、区域性和单体城市历史地理研究为分类层次，以此反映历史城市地理研究成果的大致轮廓。

1947年，谭其骧曾做过一场题为《杭州都市发展之经过》的讲演，他将杭州城的发展过程分为六个时期，对它的政治地位、经济贸易、城市建设等方面进行梳理，由此阐明杭州都市兴衰的历史动力和

[①] 可参华林甫《中国历史地理学·综述》第10章《历史聚落地理研究》，山东教育出版社，2009；史红帅：《近70年来中国历史城市地理研究进展》，《中国历史地理论丛》2020年第1期。

规律。① 侯仁之致力于北京城市历史地理研究，1949年完成英文版《北平历史地理》博士学位论文，这是"中国历史地理学界第一部关于城市历史地理研究的专著"，它的研究框架与核心思想、方法，包括横剖面复原、地形地貌与交通区位分析、区域文化差异分析、河湖水系分析、文献分析与实地考察相结合、城市形态特点分析、重视地图的表现方式，对后世学者产生了深远影响。② 史念海对春秋战国经济都会陶加以研究，认为济、泗之间菏水开凿、物产丰富等促进了陶的兴盛与繁荣，鸿沟的开凿增强了江淮流域与河济流域的相互联系，处于这套水道交通网络中间的陶愈加繁荣富庶。③

历史城市地理研究的学科理论也日益受到重视，主要集中于对其研究内容和对象等的探讨和构建。侯仁之是中国历史城市地理的理论奠基者，他较早对历史城市地理的研究内容进行精准的概括，即：城址的起源与演变、城市职能的形成及其演变、城市面貌的形成及其特征、城市位置的转移及其规律、地区开发和城市兴衰的地理因素五个方面。④ 对此，辛德勇评价道："纵观迄今为止的研究成果，都没有轶出于这一范围之外。"⑤ 时至今日这一评价仍具适用意义。马正林认为，城市历史地理学的研究对象是历史上作为地理实体的城市，"地理空间是城市兴起的基本条件"，因此，城市历史地理学就是以解决"城市兴起、发展、演变的地理基础"问题为研究任务的，具

---

① 谭其骧：《杭州都市发展之经过》，载氏著《长水集》上，人民出版社，1987，第417~428页。
② 侯仁之：《北平历史地理》，邓辉等译，外语教学与研究出版社，2014，第210~214页。
③ 史念海：《释〈史记·货殖列传〉所说的"陶为天下之中"兼论战国时代的经济都会》，《人文杂志》1958年第2期，后收入氏著《河山集》，生活·读书·新知三联书店，1963，第112~117页。
④ 侯仁之：《城市历史地理的研究与城市规划》，《地理学报》1979年第4期。
⑤ 辛德勇：《侯仁之先生对于我国城市历史地理研究的开拓性贡献》，《中国历史地理论丛》1990年第4期。

体包括城市兴起的地理特点、城市职能及其转化的地理特点、城市结构的地理特点、城市风貌的地理特点、都市化的地理特点等方面。①严艳、吴宏岐借用"空间组织"的概念，进一步探讨历史城市地理学的研究内容，他们将"空间组织"分为区域城市空间组织和城市内部空间组织，前者研究历史时期各级城市甚至集镇的相互关系，后者研究历史时期城市的空间形态、功能分区、经济结构与布局、社会空间结构等方面。②李孝聪则从"点"与"面"的角度，阐释历史城市地理的研究对象，前者指的是"把历史上的城市放在一定的区域里，研究城市分布和城市间的相互关系，即城市体系"，后者指的是"要把城市自身当作一个区域，研究其内部空间结构"。具体来说：

> 今后的中国历史城市地理学研究，应在原有研究成果的基础上继续深化，改变总是局限于某座城市（主要是都城）的单纯描述，而以区域中一个或几个中心城市为核心，连带其他一组城市，分析其相互关系，进行历史城市体系的综合研究。剖析历史城市格局形成的原因，描述其演化的过程，阐明区域中心城市城址选择与城市成长的自然地理条件和社会历史背景，区域城镇体系成长发育与地区开发的关系。另一方面要关注不同历史时期，城市表现为"面"的空间所反映的问题，即城市在规模形态、街道布局、职能组织的配置关系，城市建筑景观与历史文化风貌等城市内部地域结构上的差异特征。③

---

① 马正林：《论城市历史地理学的对象和任务》，载《历史地理》第九辑，上海人民出版社，1991。
② 严艳、吴宏岐：《历史城市地理学的理论体系与研究内容》，《陕西师范大学学报》（哲学社会科学版）2003年第2期。
③ 李孝聪：《历史城市地理》，第11~12页。

李孝聪不仅将历史城市地理研究的内容,剖析为"点"与"面",即空间结构与城市体系,而且归纳出需要并且能够进行的具体研究内容,颇具指导性意义。在城市地理的研究中,空间形态与地域结构始终是被重点关注的对象。对此,成一农倡导进行"要素分析法",主要步骤为:从明清时期地方志入手,将地方志中所列的与城市形态有关的条目进行归纳,从中总结出明清时期地方城市形态的要素,如城墙、衙署、学校、坛庙、祠祀、街道、坊、市等,进而以清代城市形态构成要素为基础,逐步上溯,分解出不同时期、不同朝代地方城市形态的构成要素。再以城市物质形态的研究为基础,探讨其背后隐含的关于中国古代政治制度、社会形态、思想意识等方面的演变。① 这对中国古代城市空间形态与地域结构研究具有一定的指导作用。

1983 年,中国古都学会在陕西西安成立,开始对中国古代都城展开研究,古都研究成为历史城市地理学研究的重要方向,学者对古都学这一学科的理论与方法也多有探讨。史念海在《中国古都学刍议》一文中指出,中国古都学建立在悠久的历史渊源和广泛的学科基础之上,以"研究我国历史上所有的都城的形成、发展、萧条以至于破坏及其中有的可以重建为现代城市的演变过程",通过研究和探索古都的演变过程及其规律,来为社会主义现代化城市建设服务。② 史念海还在对中国古都学基本概念进行界定之后,提出古都应有广义和狭义的区别,他认为"古都不仅是独立的王朝或政权的都城,抑且还应该具有较为长久的而不是过分短暂的年代,其遗址的现在地理位置应是确切的而不是推论的臆定,还应是距现在有关的城市较近,而不是相离很远的废墟",在这一前提之下他对中国古都的类

---

① 成一农:《古代城市形态研究方法新探》,社会科学文献出版社,2009,第 11~21 页。
② 史念海:《河山集》六集,山西人民出版社,1997,第 209 页。

型、数量、年代和地理分布等问题进行了全面系统的论述。① 朱士光除对古都学（或城市历史地理学）的学科脉络进行梳理外，又着重从历史时期文化传承与城市发展的关系出发，进一步推进古都研究的深入开展。② 2009年，吴宏岐、郝红暖提出并阐释"中国都城地理学"的概念，他们认为中国都城地理学是从地理学角度研究中国历史时期都城的有关问题，具体包括都城历史地理研究、都城体系研究、都城空间研究等，在对具体问题研究基础之上，进一步"探讨都城发展基础、都城功能、都城体系与都城空间形态结构和都城所在城市更新发展相互作用、相互影响的辩证关系"，由此深化中国古都学理论体系的建设和发展，使其真正成为一门日益独立的学科。

历史城市地理学理论与方法趋向成熟完善的同时，学界对各级、各类城市的具体实证性研究相继展开，兹从研究空间范围的角度，对历史城市地理主要研究成果加以评述。一是关于历史上全国范围内城市的整体研究。杨宽《中国都城制度史研究》以中国古代都城制度的演变为研究对象，全书分为上下两编，上编"中国都城的起源和发展"，对先秦至唐代的封闭式都城制度进行研究，探讨历代都城由"城""郭"构建的布局，特别强调两汉之际城郭联结布局发生重大变化；下编"宋代以后都城制度的变革及其重要设施"，以里坊制度的解体为引子，探讨从北宋至明清时期开放式的都城制度，包括新的街市布局与结构以及各种商业消费场所、设施的形成与运作。陈桥驿主编《中国历史名城》选取具有代表性的五十座城市，包括北京、邯郸、承德、太原、大同、沈阳、辽阳、南京、徐州、扬州、苏州、杭州、宁波、绍兴、合肥、寿县、福州、泉州、南昌、景德镇、济南、济宁、曲阜、开封、洛阳、许昌、南阳、武汉、襄樊、江陵、长

---

① 史念海：《中国古都概说》，《陕西师范大学学报》（哲学社会科学版）1990年第1期、第2期、第3期、第4期，1991年第1期、第2期。
② 详见朱士光《中国古都学的研究历程》，中国社会科学出版社，2008。

沙、广州、肇庆、南宁、桂林、成都、重庆、贵阳、遵义、昆明、大理、拉萨、西安、延安、汉中、兰州、武威、西宁、银川、伊宁，对这些城市的历史发展与现状进行考察，其中不乏历史地理学者的撰文。[①] 马正林对历史城市地理学的主要贡献反映在《中国城市历史地理》一书之中，除了重申城市历史地理学的研究对象和任务外，他还较为系统地探讨了中国城市历史地理研究的具体内容：城市起源、城市类型、城市形状、城市规模、城墙、城市水源、城市园林、城市平面布局与城市规划等，王守春称其为"中国城市历史地理研究的第一部系统著作"，不过亦有学者对其进行审慎评价："书中提出的观点基本是对现有认识的总结和归纳，叙述多于分析，其中也存在一些错误的观点"，而且"在今天看来其内容已经陈旧"。[②] 李孝聪《历史城市地理》将中国古代城市的发展分为四个阶段，即先秦时期、秦汉魏晋隋唐时期、宋辽金元时期、明清以来，对中国古代城市的起源与城址选择、城墙功能变化、内外城市形态、地域结构进行深入研究，对每一阶段的特征加以总结归纳，尤其关注城市空间、结构与传统礼制、文化、变革等社会因素的关系问题。[③] 成一农采用要素研究法，对东汉末年至唐代前期的城市进行总体研究，主要涉及城市空间分布格局和城市形态的演变两大问题，在研究架构上他将地方城市研究放在前面，把都城研究放在后面，因为作者认为："都城只是中国古代城市的极少部分，或者说是非常特殊的一种城市，并不是主流，真正能代表中国古代城市的是地方城市而不是都城"，另外作者对里坊制等问题重点关注，也选择不同区域和类型的城市进行个案研究，[④] 该书采用的研究方法与提出的学术观点，在较大程

---

① 陈桥驿主编《中国历史名城》，中国青年出版社，1986。
② 成一农：《中国古代地方城市形态研究现状评述》，《中国史研究》2010年第1期。
③ 李孝聪：《历史城市地理》，山东教育出版社，2007。
④ 成一农：《空间与形态：三至七世纪中国历史城市地理研究》，兰州大学出版社，2012。

度上推进了中国历史城市地理的研究。

侯仁之曾说："研究一个城市的历史地理，也必须结合整个地区的历史地理进行综合探讨。"① 就是说，一个城市与其周围的地理环境密切相关，必须将其置于区域的视角下进行考察。鲁西奇的研究区域集中于地处长江中游的汉水流域，他的《城墙内外：古代汉水流域城市的形态与空间结构》一书，全面考察了汉魏六朝、唐宋、明清时期，汉水流域主要治所城市的建城过程、城墙规模与形态以及城墙内、外部形态与空间结构，具体关涉城墙的始筑年代及后世重修、置废等情况；城墙的形制与规模及其变化；城市内部坊市、街巷、公署、寺庙等的地理方位与空间布局；城外商业街区的形成与发展；等等。在此基础上对汉魏六朝民众居住形态、唐宋时期的坊市制度、明清时期城市内部的功能分区及城外商业街区的形成机制与意义等既有观点，提出较为扎实、深入的商榷意见。② 刘景纯从历史地理学的视角，对清代黄土高原地区的城镇进行研究，具体内容包括：城镇发展的地理基础、城镇体系的建立与完善、城镇化与近代化问题、城镇分布与空间格局的变化、城镇体系空间组织结构、城镇等级规模结构、城镇功能组合结构及其特征、城镇形态与城镇内部的空间结构等，③ 既有对城镇形态与空间布局的研究，也有对城镇功能、等级、规模等的探讨，在此基础上论证清代黄土高原地区的城镇体系及其特殊性。孙靖国"以桑干河流域自西汉至清代的城市为研究对象，通过复原城址的确切位置，研究其与周边地理环境的关系及城市分布的空间格局，并从政治、军事、经济形势的演变探讨城市的职能"，由此"为今天桑干河流域乃至农牧交错地带的城市发展与区域开发提供参考意

---

① 侯仁之：《城市历史地理的研究与城市规划》，《地理学报》1979 年第 4 期。
② 鲁西奇：《城墙内外：古代汉水流域城市的形态与空间结构》，中华书局，2011。
③ 刘景纯：《清代黄土高原地区城镇地理研究》，中华书局，2005。

见"。① 从区域历史地理角度研究城市的成果,还有王文楚对上海地区、陈代光对岭南地区、蓝勇对西南地区、韩光辉对桂林地区、王社教对山西地区等的城镇形成、分布、演变与城镇体系进行研究。②

与全国、区域城市历史地理研究相比,对单体城市的历史地理研究成果堪称丰硕,其中以北京、西安为主,这不仅与它们悠久的都城历史有关,也与当地历史城市地理研究传统和水平有关。侯仁之是历史城市地理理论建构的奠基者,他对北京等城市的实证研究也颇具典范意义,有学者认为:"就研究北京城的历史与地理来说,侯仁之先生涉猎范围之广,造诣之深,撰著之丰,影响之大,无人能望其项背。他是新中国北京史研究的奠基者。此外,他还结合城市规划先后对承德、邯郸、淄博、芜湖等城市历史地理,作过深入研究,取得一系列重要成果。"③ 继其以后,尹钧科、于希贤、唐晓峰、韩光辉、高松凡、邓辉、阙维民、陈喜波、樊铧等人,既对历史城市地理理论做出进一步提升,也不同程度地对北京及其他城市历史地理进行研究。④ 其中侯仁之主编、唐晓峰副主编《北京城市历史地理》一书,

---

① 孙靖国:《桑干河流域历史城市地理研究》,第1、14页。
② 王文楚:《上海市大陆地区城镇的形成与发展》,载《历史地理》第3辑,上海人民出版社,1983,第83~114页;陈代光:《秦汉时代岭南地区城镇历史地理研究》,《暨南学报》(哲学社会科学版)1991年第3期;蓝勇:《唐宋时期西南地区城镇分布演变研究》,《中国历史地理论丛》1993年第4期;韩光辉:《广西桂林地区城镇体系的形成与发展》,《中国历史地理论丛》1995年第1期;王社教:《辽宋金元时期山西地区城镇体系和规模演变》,《陕西师范大学学报》(哲学社会科学版)2003年第4期。
③ 尹钧科、韩光辉:《侯仁之先生对北京城市历史地理研究的重大贡献》,《中国历史地理论丛》2001年第4期。
④ 唐晓峰、于希贤、尹钧科、高松凡:《芜湖的聚落起源、城市发展、及其规律的探讨》,《安徽师范大学学报》(哲学社会科学版)1980年第2期;于希贤、于希谦:《昆明市的聚落起源、城址演变、城区扩张及其地理因素的探讨》,载《历史地理》第2辑,上海人民出版社,1982,第159~166页;韩光辉、尹钧科:《北京城市郊区的形成及其变迁》,《城市问题》1987年第5期; (转下页注)

涉及城市起源、布局规划、职能建筑、商业市场、人口规模、对外交通、城乡关系等问题，为单体城市历史地理研究提供了范例。除北京之外，在古都研究的倡导和推动下，西安等都城历史地理研究颇具规模，史念海、朱士光、马正林、李健超、辛德勇、吴宏岐、李令福、王社教、肖爱玲、史红帅、李久昌、陈云霞等人对西安及其他城市历史地理进行了研究。① 此外，诸位学者对开封、洛阳、杭州、上海、武汉、广州、扬州、临清等城市历史地理研究的相关问题进行了

（接上页注④）韩光辉：《建都以来北京历代城市人口规模蠡测》，《人口与经济》1988年第1期；高松凡：《历史上北京城市场变迁及其区位研究》，《地理学报》1989年第2期；阙维民：《杭州城廓的修筑与城区的历史演变》，《浙江学刊》1989年第6期；韩光辉：《蓟聚落起源与蓟城兴起》，《中国历史地理论丛》1998年第1期；尹钧科：《论永定河与北京城的关系》，《北京社会科学》2003年第4期；尹钧科：《从大运河漕运与北京的关系看淮安城的历史地位》，《学海》2007年第2期；樊铧：《明清北京市场考》，载氏著《城市·市场·海运》，学苑出版社，2008，第31～100页；陈喜波、韩光辉：《明清北京通州运河水系变化与码头迁移研究》，《中国历史地理论丛》2013年第1辑；陈喜波、邓辉：《明清北京通州城漕运码头与运河漕运之关系》，《中国历史地理论丛》2016年第2期；陈喜波、邓辉：《明清北京通州古城研究》，《中国历史地理论丛》2017年第1期。

① 马正林：《唐长安城总体布局的地理特征》，载《历史地理》第3辑，上海人民出版社，1983，第67～77页；史念海：《唐代长安外郭城街道及里坊的变迁》，《中国历史地理论丛》1994年第1期；李健超：《增订唐两京城坊考》，三秦出版社，1996；史念海：《汉唐长安城与生态环境》，《中国历史地理论丛》1998年第1期；朱士光：《汉唐长安城兴衰对黄土高原地区社会经济环境的影响》，《陕西师范大学学报》（哲学社会科学版）1998年第1期；肖爱玲：《徐州城市历史地理浅论》，陕西师范大学硕士学位论文，2001；王社教：《明清时期太原城市的发展》，《陕西师范大学学报》（哲学社会科学版）2004年第5期；任云英、朱士光：《从隋、唐长安城看中国古代都城空间演变的功能趋向性特征》，《中国历史地理论丛》2005年第2期；辛德勇：《隋唐两京丛考》，三秦出版社，2006；李久昌：《国家、空间与社会：古代洛阳都城空间演变研究》，三秦出版社，2007；史红帅：《明清时期西安城市地理研究》，中国社会科学出版社，2008；李令福：《古都西安城市布局及其地理基础》，人民出版社，2009；陈云霞：《明清榆林城市地理研究》，陕西师范大学硕士学位论文，2010；吴宏岐：《历史城市地理与社会地理研究》，中国社会科学出版社，2020。

比较深入的研究。① 城市地图可以反映一个城市的发展变化，对于历史城市地理学研究至为重要，侯仁之等人在对北京城市地理深入研究的基础上，编纂成《北京历史地图集》，② 其后西安、上海、杭州、天津、重庆、温州等地历史地图集相继出版。③ 以上这些对单体城市

---

① 李长傅：《开封历史地理》，商务印书馆，1958；徐俊鸣：《广州市区的水陆变迁初探》，《中山大学学报》（自然科学版）1978 年第 1 期；陈桥驿：《历史时期绍兴地区聚落的形成与发展》，《地理学报》1980 年第 1 期；徐俊鸣：《韶关城市发展的历史地理背景》，《中山大学学报》（自然科学版）1981 年第 4 期；魏嵩山：《杭州城市的兴起及其城区的发展》，载《历史地理》（创刊号），上海人民出版社，1981，第 160~168 页；杨正泰：《明清临清的盛衰与地理条件的变化》，载《历史地理》第 3 辑，上海人民出版社，1983，第 115~120 页；曾昭璇：《从历史地貌学看广州城发展问题》，载《历史地理》第 4 辑，上海人民出版社，1986，第 28~41 页；韩茂莉：《唐宋之际扬州经济兴衰的地理背景》，《中国历史地理论丛》1987 年第 1 期；李润田：《黄河对开封城市历史发展的影响》，载《历史地理》第 6 辑，上海人民出版社，1988，第 45~56 页；陈代光：《洛阳历史地理研究》，《地域研究与开发》1988 年第 4 期；陈代光：《试论广州城市的形成》，《暨南学报》（哲学社会科学版）1990 年第 3 期；刘盛佳：《武汉市历史地理的初步研究》，载《历史地理》第 10 辑，上海人民出版社，1992，第 117~127 页；褚绍唐：《上海历史地理》，华东师范大学出版社，1996；司徒尚纪：《元代广州作为建制城市的历史地理初探》，《热带地理》1996 年第 1 期；吴俊范：《从英、美租界道路网的形成看近代上海城市空间的早期拓展》，载《历史地理》第 20 辑，上海人民出版社，2004，第 131~144 页；张晓虹等：《南宋临安节日活动的时空结构研究》，《中国历史地理论丛》2008 年第 4 期；牟振宇：《近代上海法租界空间扩展及其驱动力分析》，《中国历史地理论丛》2008 年第 4 期；周运中：《港口体系变迁与唐宋扬州盛衰》，《中国社会经济史研究》2010 年第 1 期；何峰：《苏州阊西地区城市景观的形成与发展》，《中国历史地理论丛》2010 年第 1 期；梁庚尧：《从南北到东西——宋代真州转运地位的转变》，《台大历史学报》第 52 期，2013；吴朋飞：《清代开封城市湖泊的形成与演变》，载《历史地理》第 30 辑，上海人民出版社，2014，第 30~38 页；何适：《宋代扬州的政区变动与经济衰落》，载《历史地理》第 32 辑，上海人民出版社，2015，第 69~79 页；夏增民：《明代武昌府城江岸修筑的初步研究》，《中国历史地理论丛》2020 年第 2 期。

② 侯仁之主编《北京历史地图集》，北京出版社，1988。

③ 史念海主编《西安历史地图集》，西安地图出版社，1996；《武汉历史地图集》编纂委员会编《武汉历史地图集》，中国地图出版社，1998；周振鹤主编《上海历史地图集》，上海人民出版社，1999；天津市规划和国土资源局编著《天津城市历史地图集》，天津古籍出版社，2004；钟翀编《温州古旧地图集》，上海书店出版社，2014；蓝勇主编《重庆历史地图集》，星球地图出版社，2017。

历史地理的研究，展示了各种历史地理环境影响下的城市差异，也为本书对淮安的研究提供了范式和启发。

（二）与本书主题相关的研究

（1）"双城"模式。本书首章以"淮阴"为中心，对历史时期淮河南、北的山阳、清河城进行考订，从而奠定了"清淮双城"的研究框架。"双城"这种比较特殊的城市类型，已有学者注意到。在中国传统城市的发展过程中，章生道将"由两个或两个以上筑有城墙的独立部分组成的城市"，称为"复式城市"，[①]且将之划分为五种类型。不过鲁西奇指出这五种类型的不足，他认为"这种地理学的考察方法，虽然便于辨识不同类型的复式城市，但基本上仍停留在描述层面上，并未能真正深入地揭示复式城市形成的原因及其意义"，进而从形成过程和历史成因的角度，将复式城市分为汇合与拓展两种主要类型。其中，他较关注"拓展型"中的"治所城市与其商埠城镇而构成的双子城"，因为这种类型的双子城的形成，"一般是经济发展特别是商业发展的结果，具有突破治所城市之局限的意义"，并且以襄阳府城与樊城镇、光化县城与老河口镇为例，指出樊城镇与老河口镇由于商业街区的形成与拓展，具备了另建新的城郭的条件，"从而形成与治所城郭并立的局面，这种并立局面本身，就是对治所城郭的一种挑战"，其中老河口镇更是取代光化县城，成为该区域内新的中心。[②]

[①] 〔美〕章生道：《城治的形态与结构研究》，载〔美〕施坚雅主编《中华帝国晚期的城市》，叶光庭等译，陈桥驿校，第100页。

[②] 鲁西奇：《"双子城"：明清时期襄阳—樊城、光化—老河口的空间形态》，载张建民主编《10世纪以来长江中游区域环境、经济与社会变迁》，武汉大学出版社，2008，第379~395页。

"双子城"的研究还可以延展出区域中心城市转移这样的研究视角，如李嘎从城市发展的内外部环境、城市本体的面貌、城市腹地的户口数量和经济规模三个方面，论证了宋代至明初，山东半岛的城市中心发生了从青州转移到济南的事实。① 朱军献指出，近代以后开封与郑州在地理环境变迁、经济社会运动与政治关系重构三个方面，均形成了根本性的反向发展趋势，从而引致中原地区区域中心与边缘城市发生结构与体系的重新定位。② 在讨论两座城市的相互关系时，"单岸城市"的概念亦值得注意，张伟然等人指出，单岸城市是中国古代城市平面形态的常见实例，不过隔着一条水道而实现毗邻发展的两座单岸城市，则会产生复杂的互动关系，并以后来成为武汉三镇之二的鄂州与汉阳为例，展示了它们之间在经济市场、城区功能与行政运作等方面错综复杂的关系。③ 王列辉认为，中国古代传统的沿河城市，大多是"单岸城市"，不过随着近代开埠通商之后，大部分通商口岸城市逐渐由单岸城市向双岸城市转变，他还利用GIS方法和工具，复原了天津、上海、福州、宁波四座"双岸城市"的形成过程，分析、阐释其特征与形成机制等问题。④

（2）运河与城市。这一命题备受学者关注。史念海认为，长江流经扬州城下，与运河形成交叉点，再加上长江东流入海，扬州城集江、河、海等交通优势于一体，同时粮食生产及其他物产流通为唐代长江下游经济发展奠定坚实基础，交通优势与经济基础交互作用，促

---

① 李嘎：《从青州到济南：宋至明初山东半岛中心城市转移研究——一项城市比较视角的考察》，《中国历史地理论丛》2011年第4期。
② 朱军献：《边缘与中心的互换——近代开封与郑州城市结构关系变动研究》，《史学月刊》2012年第6期。
③ 张伟然、梁志平：《竞争与互补：两个毗邻单岸城市的关系——以宋代的鄂州、汉阳为例》，载《历史地理》第23辑，上海人民出版社，2008，第119~127页。
④ 王列辉：《近代"双岸城市"的形成及机制分析》，载张利民主编《城市史研究》第24辑，天津社会科学院出版社，2006，第1~17页。

进了唐代扬州城的繁荣。扬州城外的长江向南摆动等地理环境的变化，造成了唐代扬州城的衰落。① 他的另一篇文章指出，"运河有不同的渠道，渠道相互连缀，可以通到许多地方。长江亦多支流，支流之大者船舶亦皆畅通无阻"，由此在水道交通沿岸自然出现经济发达的都会，因运河兴盛的如：邗沟与长江汇合处的扬州，汴渠及其沿岸的汴州与宋州，"据江淮运路"的徐州和运河与淮河交汇处的楚州，江南河畔的润、常、苏、杭等州；因长江兴盛的益州、荆州、鄂州、江州等地，通过运河、长江及其各支流，形成了以都城为中心、彼此相互联系的交通与经济网络。② 李孝聪从城市基址选择与空间形态的角度，对唐宋时期的运河城市进行研究。他认为，唐宋运河的选址受到了区位与距离因素的双重影响，运河交通吸引周边的城市逐渐向沿运河岸转移、发展，从而以运河桥市为中心形成商业街区，由此导致运河城市最先突破封闭的市坊制度，唐宋时期这种新的运河城市形态，对明清运河城市的形态与地域结构均有深远影响。③ 杨正泰从历史地理的角度，探讨长江以北"沿运城镇"的兴起、特点、变迁与衰落等问题④。王振忠指出，伴随明代中叶以后两淮盐政的改革，处于长江与运河交汇处的扬州城商业职能出现扩张，这对扬州城市的地域结构产生了深远影响，他对清代扬州城的功能分区进行重点研究，将其分为盐商麇居区及官绅署宅区、城外园林风景区、城郊经济区等，由此强调扬州城"因盐商萃居，市民阶层也多依鹾务为生，这

---

① 史念海：《论唐代扬州和长江下游的经济地区》，载氏著《河山集》三集，生活·读书·新知三联书店，1988，第286~301页。
② 史念海：《河山集》七集，陕西师范大学出版社，1999。
③ 李孝聪：《唐宋运河城市城址选择与城市形态的研究》，载唐晓峰、黄义军编《历史地理学读本》，北京大学出版社，2006，第295~339页。
④ 杨正泰：《明清时期长江以北运河沿线城镇的特点和变迁——兼论地理环境对城镇的影响》，载复旦大学历史地理研究中心编《历史地理研究》第1辑，上海人民出版社，1982。

· 21 ·

构成了城内外以禺策富贾为中心的消费型经济类型，促使城市的职能分区也以此为主线划分"①。傅崇兰从位置、环境、人口、经济、文化等角度，对包括杭州、苏州、扬州、淮安、济宁、临清、天津等在内的中国运河城市进行研究，并以明清时期运河城市文化的发展，探讨封建社会的政治统治、思想文化等问题②。

（3）城市水利与水患治理。从城市的起源与发展来看，水资源的作用不容忽视。城市人口的增长与商业经济的发展，必然会使城居者产生对水资源的巨大需求，在利用水资源的过程中，逐渐暴露出各种矛盾和问题。郑连第较早关注城市水利问题，他按照时间演进顺序，对中国古代城市水利事业中的重要沿革与史实，做过一般性介绍。③侯仁之在对北京城市地理的研究中，较关注北京城市水源不足问题，他认为历史上北京都市发展过程的水源开发问题，主要集中于三个方面：企图引用永济河水、尝试导引昌平白浮泉、修筑昆明湖水库，"三者有先后相承的关系"④，由此可以看出北京城市水源开发不断演进的过程。蔡蕃认为，北京城的水源不足涉及两大方面问题：漕运与城市供水，他在梳理北京水资源开发和漕运历史的基础上，重点关注元代以后通惠河工程的实施及其管理，并且分析在解决漕运供水的同时，历代统治者与水利工作者是如何解决城市供水与排水问题的。⑤此后这一视角得以深化拓展，邱仲麟进一步探讨北京城的供水业者与民生用水问题，他认为，明代北京水井汲水极其自由，清代居民用水方式发生重大变化，出现了分段把持水井的水窝子，直到20世纪初，洋井、自来水传入，自来水公司成立，这一情况才有所改

---

① 王振忠：《明清两淮盐商与扬州城市的地域结构》，载《历史地理》第10辑，上海人民出版社，1992，第102~116页。
② 傅崇兰：《中国运河城市发展史》，四川人民出版社，1985。
③ 郑连第：《古代城市水利》，水利电力出版社，1985。
④ 侯仁之：《历史地理学的理论与实践》，上海人民出版社，1979，第303页。
⑤ 蔡蕃：《北京古运河与城市供水问题》，北京出版社，1987。

变,在这一演变过程中,展现了供水业者的籍贯变化与供水产业化等丰富的社会面相。① 以往学界关注的城市与水的问题中,还涉及城市水患与防洪、河道淤废与整治②尤其是近年来受到水利社会史理路的影响,③ 城市水利的研究随之发生社会史的转向,越发重视水利工程修筑背后隐含的参与机制与社会结构的探讨。④ 值得注意的是,李嘎在城市防洪研究中,不仅呼吁关注中小城市,而且对既有研究模式,即洪灾破坏—防洪措施—洪灾成因的模式进行追问,认为此前的研究成果往往充分强调了洪灾及应对的问题,"而城市本体的情形却重视不够",并以吕梁山东麓三城为实例,复原北方城市中人与环境相互影响、彼此感应的丰富场景。⑤ 无论是水利还是水患,对于明代中叶以降黄淮水患日趋严重的清淮双城来说,均具有典型的研究价值。

---

① 邱仲麟:《水窝子——北京的供水业者与民生用水(1368~1937)》,载李孝悌编《中国的城市生活》,新星出版社,2006,第203~252页。

② 吴文涛:《历史上永定河筑堤的环境效应初探》,《中国历史地理论丛》2007年第4期;陈隆文:《水患与黄河流域古代城市的变迁研究——以河南氾水县城为研究对象》,《河南大学学报》(社会科学版)2009年第5期;孟祥晓:《水患与漳卫河流域城镇的变迁——以清代魏县城为例》,《农业考古》2011年第1期;徐智:《清代南京水患治理研究》,《理论界》2012年第10期;田冰、吴小伦:《水环境变迁与黄淮平原城市经济的兴衰——以明清开封城为例》,《中州学刊》2014年第2期;牛淑贞:《周边环境与归绥城市水患》,《干旱区资源与环境》2014年第8期。

③ 行龙:《从"治水社会"到"水利社会"》,《读书》2005年第8期;行龙:《"水利社会史"探源——兼论以水为中心的山西社会》,《山西大学学报》(哲学社会科学版)2008年第1期。

④ 程森:《清代豫西水资源环境与城市水利功能研究——以陕州广济渠为中心》,《中国历史地理论丛》2010年第3期;杨茜、冯贤亮:《官绅互动与万历年间的南京社会:以丁宾的活动为中心》,《江苏社会科学》2012年第1期;罗晓翔:《明清南京内河水环境及其治理》,《历史研究》2014年第4期;徐爽:《清政府善灾决策形成机制研究——以乾隆五十三年荆州大水为例》,《华中师范大学学报》(人文社会科学版)2013年第5期。

⑤ 李嘎:《关系千万重:明代以降吕梁山东麓三城的洪水灾害与城市水环境》,《史林》2012年第2期。

（4）漕河盐榷等政务的实施与运作。漕运是历代政府转输粮食及其他物资供应都城等地消费的政治活动，明清时期淮安是全国漕运中心城市之一。日本学者清水泰次较早梳理了漕粮运输方式，对其基本概念做出了必要的考订。[1] 樊树志在简要概述漕运制度的基础上，透视漕运与封建社会的关系。[2] 星斌夫对明清漕运的具体运作展开研究，其《明清社会经济史研究》重视对运河上的水运劳动者群体的深入研究。[3] 鲍彦邦侧重明代漕粮制度及其变革的研究[4]。李文治、江太新对清代漕运制度的研究则更为全面系统，并探讨了清代中后期农村经济的变化与漕弊对漕运的影响。[5] 吴缉华认为明初海运与元朝海运有明显差异，它主要用于供给辽东战事，且系于武将身上，带有较强的军事因素。[6] 倪玉平则依据大量宫中档案、奏折，全面探讨了清代后期的漕粮海运，其中涉及运河城市的衰变。[7] 樊铧对海运的研究视角新颖，如对海运图的文献生成过程的分析、对永乐年间停罢海运的民间利益诉求的追问，都体现作者敏锐的学术触角。[8]

关于明清两代国家治河活动，张含英《明清治河概论》一书较早进行研究，它在分析明代以前黄河治理及明清黄河概况的基础上，

---

[1] 〔日〕清水泰次：《明代之漕运》，王崇武译，《禹贡半月刊》1936年第5期。
[2] 樊树志：《明清漕运述略》，《学术月刊》1962年第10期。
[3] 转引自马俊亚《被牺牲的"局部"：淮北社会生态变迁研究（1680~1949）》，北京大学出版社，2011，第18页。
[4] 鲍彦邦：《明代漕运研究》，暨南大学出版社，1995。
[5] 李文治、江太新：《清代漕运》，社会科学文献出版社，2008。
[6] 吴缉华：《元朝与明初海运》，《"中央研究院"历史语言研究所集刊》第28辑，1956。关于明代海运的系统研究参见吴缉华《明代海运及运河的研究》，台北"中央研究院"历史语言研究所，1961。
[7] 倪玉平：《清代漕粮海运与社会变迁》，上海书店出版社，2005。
[8] 樊铧：《城市·市场·海运》（韩茂莉序）。樊铧还从政治史、文化史以及经济史和历史地理的角度，探讨思想文化与政治之间的复杂关系，以及海运、河运之间的变动，参见其《政治决策与明代海运》，社会科学文献出版社，2009。

重点阐释明清治河活动的目标、各项治河方略的实践与其中面临的争议和讨论。① 冀朝鼎谈到中国古代治水时说："象这类大规模的事业，一开始就起到了国家的公共职能的作用。而大型的治水事业，几乎无例外地都属于公共工程。"② 蔡泰彬在对明代治河通漕政策的翔实分析中，指出国家整治策略的非制度化导致治水活动收效甚微。③ 马俊亚立足中国传统政治的角度，认为明代的治河原则中，首先是注重保护祖陵与运道的国家"大局"，而淮北地区的民生问题实居其次，至清代康熙年间开始考虑解决民生水患问题，但"仍把运道安全视为无与伦比的最高利益"，在这种治河方略的指导下，加筑高堰、蓄清刷黄、保运通漕，以致地区水利冲突争讼不已，"淮北的民生问题再次成为国家利益的牺牲品"。④ 国家政治介入黄、淮治水事业，在清帝南巡的活动中也得到一定程度的反映。⑤

作为重要的运河城市，再加上水涝灾害频繁发生，清淮地区的民间信仰表现为水神祠庙的种类、数量尤为突出，包括天妃宫、金龙四大王庙、淮渎庙、真武庙以及龙王庙、禹王庙、二郎庙、柳将军庙等⑥。具体来说，曹永宪从徽州商人修建运河沿线城市的水神祠庙入

---

① 张含英：《明清治河概论》，水利电力出版社，1986。
② 冀朝鼎：《中国历史上的基本经济区与水利事业的发展》，朱诗鳌译，中国社会科学出版社，1998，第61页。
③ 蔡泰彬：《明代漕河之整治与管理》，台湾商务印书馆，1992。
④ 马俊亚：《被牺牲的"局部"：淮北社会生态变迁研究（1680～1949）》第1章《淮北治水事务中的地区冲突与政策偏向》，第28～119页。
⑤ 关于清帝南巡与治水活动的互动关系，参见李鸿彬《康熙治河》，《人民黄河》1980年第6期；商鸿逵《康熙南巡与治理黄河》，《北京大学学报》1981年第4期；徐凯、商全《乾隆南巡与治河》，《北京大学学报》1990年第6期；张勉治《洞察乾隆：帝王的实践精神、南巡和治水政治，1736～1765》，唐博译，董建中校，载《清史译丛》第5辑，中国人民大学出版社，2006，第6～55页。
⑥ 具体分布参见王元林《明清淮安府相关水神祠庙分布初探》，载研讨会组织委员会编《第二届"运河之都——淮安"全国学术研讨会论文集》，中国书籍出版社，2010，第57～65页。

手,考察其背后的商业动因和社会需要。① 王大庆利用河漕日记,从比较的视角论述了运河城市的河工、漕运等,其中专辟"祠祭戏神"一段,描述了祭祀河神的历史场景;王元林综合考察了明清淮安府辖区内水神祠庙的空间分布;徐业龙以惠济祠为主要研究对象,考证祠内信仰神的演变并揭示其文化遗产价值。② 张崇旺从自然灾害的角度,简要描述了江淮地区具有防洪护堤职能的金龙四大王、天妃、碧霞元君等神灵③。褚福楼认为明清时期金龙四大王信仰最早于兖州、徐州、淮安的运河、黄河地带形成中心祭祀区,后逐渐沿运河、黄河向河南、山西、安徽等省域河患严重的地区发展,揭示出金龙四大王信仰的政治属性,而民间祭拜也促进了金龙四大王的地域扩展。④

关于淮北盐务问题,佐伯富系统研究了两淮盐场的管理制度、灶户的阶级分化、引岸问题、私盐问题,以及盐商的生活与陶澍的盐务改革等。⑤ 徐泓《清代两淮盐场的研究》,重在梳理淮北盐务的制度性运作。⑥ 张小也从法律史角度,论述了清代私盐活动的发展过程及其治理举措。⑦ 倪玉平关注清代中后期两淮盐政改革的实施,并对其进行客观评价。⑧ 王振忠则从历史地理和社会文化史的角度,在考

---

① 〔韩〕曹永宪:《徽州商人的淮、扬进出与水神祠庙》,载刘海平主编《文化自觉与文化认同:东亚视角》,上海外语教育出版社,2008,第354~380页。
② 王大庆:《清代河漕日记文献比较与黄淮水利、漕运》,载研讨会组织委员会编《第二届"运河之都——淮安"全国学术研讨会论文集》,第31~56页;徐业龙:《运河文化的特别例证——淮安清口惠济祠文化遗产价值研究》,载研讨会组织委员会编《第二届"运河之都——淮安"全国学术研讨会论文集》,第370~386页。
③ 张崇旺:《明清时期江淮地区的自然灾害与社会经济》,福建人民出版社,2006,第576~583页。
④ 褚福楼:《明清时期金龙四大王信仰地理研究》,暨南大学硕士学位论文,2010。
⑤ 参见马俊亚《被牺牲的"局部":淮北社会生态变迁研究(1680~1949)》,第20页。
⑥ 徐泓:《清代两淮盐场的研究》,台湾嘉薪水泥公司文化基金会,1972。
⑦ 张小也:《清代私盐问题研究》,社会科学文献出版社,2001。
⑧ 倪玉平:《博弈与均衡:清代两淮盐政改革》,福建人民出版社,2006。

证明清盐政制度变迁的基础上，指出两淮盐业的兴盛吸引徽商群聚淮、扬地区，侨寓占籍，两淮盐业带动了苏北城镇的发展，盐商的生活方式也促进了淮、扬社会风尚的变迁。① 高寿仙指出淮盐转运促进了淮安城镇经济的发展。② 刘怀玉钩稽了淮安河下盐商家族的浮沉兴衰。③

明代淮安钞关由户部钞关、常盈仓、工部厂三部分组成，清代康熙年间撤销常盈仓、工部厂，归并入淮安钞关，雍正后淮安关兼管宿迁关和海关，淮安关是运河沿线主要关口之一。关于淮安关的研究集中于榷关制度、税收盈余、商品流通等方面。较早对淮安关做出研究的是日本学者香坂昌纪和泷野正二郎，前者注重对淮安关米谷流通路线的考察，而后者则考察了其构成和机能。国内学者中，何本方总体概述了淮安榷关的制度沿革。④ 刘洪石认为五口通商后，原先的常关制度受到严重冲击，淮安关"正额绌收"。⑤ 范金民的研究表明，自清康熙年间开海禁，海运贸易日盛，以运河为依托的淮安榷关税额即随之减少。⑥ 许檀、王元林、廖声丰等人的研究重在考察淮安关的商品流通，涉及其规模、种类、特点、影响等方面。⑦ 陈慈玉从淮安关的征税功能入手考察了地方官僚与商人的关系。⑧ 另外，全国性关税

---

① 王振忠：《明清徽商与淮扬社会变迁》，生活·读书·新知三联书店，1996。
② 高寿仙：《漕盐转运与明代淮安城镇经济的发展》，《学海》2007年第2期。
③ 刘怀玉：《明清淮安河下盐商》，载研讨会组织委员会编《第二届"运河之都——淮安"全国学术研讨会论文集》，第250~269页。
④ 何本方：《淮安榷关简论》，《淮北煤炭师范学院学报》1989年第2期。
⑤ 刘洪石：《清光绪朝淮安关正额绌收原因探微》，《东南文化》1993年第3期。
⑥ 范金民：《清代前期淮安关税收的盈绌原由》，《安徽史学》2007年第1期。
⑦ 许檀：《明清时期运河的商品流通》，《历史档案》1992年第1期；王元林：《明清淮安商品流通地理初探》，《淮阴工学院学报》2007年第2期；廖声丰、胡晓红：《鸦片战争前的淮安关及其商品流通》，《历史档案》2010年第1期。
⑧ 陈慈玉：《从清代前期的淮安关功能论官商的关系》，载"中央研究院"近代史研究所编《近代中国初期历史研讨会论文集》下册，"中央研究院"近代史研究所，1989，第685~708页。

制度研究中也会涉及清代淮安关的相关论述。①

（5）淮安城市本体及其人口与移民研究。单树模等人较早关注清淮地区的城镇变迁，他们对两淮即清江市与淮安府城及古淮阴城的行政建制与兴衰进行研究，强调黄河夺淮与运河交通的变迁对于两淮城镇兴衰的影响。②邹逸麟在关于淮河下游地区南、北运口的研究中指出，"由于自然和人为的因素，历史上南北运口曾有很大的变迁，运口附近的城镇聚落也随着出现过兴衰更替的现象"，"通过对这个具体史实的观察，对我国东部平原水运交通变迁和城镇兴衰之间的内在联系问题，有所认识"。③这一核心思想对本书的写作具有重要的启发意义和作用。江太新等人认为，清代的淮安属于消费型城市，市场上的商品主要依靠粮船夹带"土宜"供给和补充，本身货物品种很少；从产业结构来看，清代的淮安过分依赖漕运体制，给淮安经济的长远发展带来了不可避免的弊端。④金兵等人对清江浦的衰落展开深入研究，指出近代清江浦的衰落是由多方面原因造成的，包括漕运的没落、河工的废弛、灾害的侵袭、战乱的破坏、城乡经济结构的单一等，并强调交通线路、交通方式的变更对清江浦城市的衰落起到更为关键性的作用。⑤亦有学者从建筑规划的角度，专门关注明清时期的清江浦镇，认为该镇以运河水道为依托，出现了某些特殊类型的建

---

① 祁美琴：《清代榷关制度研究》，内蒙古大学出版社，2004；倪玉平：《清朝嘉道关税研究》，北京师范大学出版社，2010；廖声丰：《清代常关与区域经济研究》，人民出版社，2010。
② 单树模、范元中：《两淮的兴衰及其河道变迁史略》，载南京师范学院地理系江苏地理研究室编《江苏城市历史地理》，江苏科学技术出版社，1982，第184~208页。
③ 邹逸麟：《淮河下游南北运口变迁和城镇兴衰》，载《历史地理》第6辑，上海人民出版社，1988，第57~72页。
④ 江太新、苏金玉：《漕运与清代淮安经济》，《学海》2007年第2期。
⑤ 金兵、王卫平：《论近代清江浦城市衰落的原因》，《江苏社会科学》2007年第6期。

筑设施，而且在运河交通的刺激下，清江浦镇的空间形态展现出运河城市的典型特征。① 另外，对于淮安移民与人口的研究，吴必虎、曹树基分别在苏北平原历史地理、中国移民史研究中，论及明洪武年间苏州阊门人群移民江淮的现象，山阳、安东等地大致处于移民区域的北部边缘地带。② 王振忠从历史地理和社会文化史的角度，摹刻徽州商人麇集淮安河下，形成市廛鼎盛的商业社区，由此引致淮安地方社会风尚的变迁。③ 高寿仙对明代淮安府人口加以统计与分析。④ 总体来说，单树模等人探讨两淮城市即清江市与淮安府城的兴衰状况，沈红亮还指出了山阳、清河城市地位的转变，不过学者们较少将山阳城与清江浦置于比较的视野之中，更遑论将之作为整体性框架进行考虑，这一整体性框架即本书所谓的"清淮双城"。

---

① 刘捷：《明清清江浦的变迁与大运河》，《华中建筑》2005年第3期。
② 吴必虎：《历史时期苏北平原地理系统研究》，华东师范大学出版社，1996，第58~62页；曹树基：《中国移民史》第5卷《明时期》，福建人民出版社，1997，第38~42页。
③ 王振忠：《明清淮安河下徽州盐商研究》，《江淮论坛》1994年第5期。
④ 高寿仙：《明代淮安人口数额初探》，载中国明史学会编《明史研究》第11辑，黄山书社，2010，第92~107页。

三　概念界定与研究资料

（一）释"清淮"

"清淮"一名，最初指淮水清流，较早出现于南北朝时期，何逊谓"露湿寒塘草，月映清淮流"，[1] 该诗在状摹自然景致的同时，亦可见当时淮水清澈明净之态。唐人杜牧引何逊诗之典故曰"清淮控隋漕"，[2] 这说的是隋代自洛阳开凿通济渠，借助黄、淮水转运漕粮，相对于黄河的"浊"而言，淮水则为清水，故有"清淮"之称。本书所关注的这一区域，为淮水经行之地，最典型的实例为县级政区淮阴，即因位于淮水之南得名，因此"清淮"之名被用来形容当时淮河下游的水文状况。[3] 如宋代文人苏轼在为淮阴侯庙作记文时曰：

---

[1] （梁）何逊：《何逊集》卷2《与胡兴安夜别》，中华书局，1980，第38页。
[2] （唐）杜牧撰，（清）冯集梧注《樊川诗集注》卷1《赴京初入汴口晓景即事先寄兵部李郎中》，上海古籍出版社，1998，第84页。
[3] 虽然"清淮"这一名称，并不一定能够如实地反映当时的水文状况，如（宋）陈舜俞《都官集》卷12《失题》一诗中有谓："昔见淮水清，今见淮水浑。问之何因尔？淮吏谓予言。此淮出桐伯，彼汴来昆仑。年年相合流，东望沧溟奔。"可见至宋代因为黄淮合流，淮水愈益浑浊，不过"清淮"之名仍然得以流衍开来。

> 噫，自古英伟之士，不遇机会，委身草泽，名埋灭而无称者，可胜道哉！乃碑而铭之。铭曰：书轨新邦，英雄旧里。海雾朝翻，山烟暮起。宅临旧楚，庙枕清淮。枯松折柏，废井荒台。我停单车，思人望古。①

这里的淮阴侯庙当位于北宋淮阴县境，苏轼称它"庙枕清淮"，则当时淮阴县境的淮水被称为"清淮"。山阳县境的淮水亦有称"清淮"者，元人陈高有《山阳咏怀》诗谓"淮水清且长，远天望冥邈"，② 似可为其证。时至明代，本区域内的"清淮"之名更趋增多，黄承玄奏疏中曰："我则欲回全河，尽令北注，而遂断其东流，然后举清口以下清淮故道，全以让淮，而更辟门限之沙，大遂其建瓴之势。"③ 很明显，这里称清口以下的淮河水道为"清淮故道"，而"清淮一带横流浩荡，犯之尤难，必春夏未盛之前可循也"，④ 此"清淮"指的同样是旧清河县经清江浦至山阳县等段淮河水道。胡琏咏刘伶台诗中曰"野阔近清淮，城高白日颓"，⑤ 万历《淮安府志》中述及淮安府疆域时则曰"南襟射阳，北倚建陵，而中带清淮"，⑥ 可见明代与本区域有关的"清淮"，仍然多作淮水清流之解。

---

① （宋）苏轼撰，孔凡礼点校《苏轼文集》卷17《碑·淮阴侯庙碑》，中华书局，1986，第505页。
② （元）陈高撰，郑立于点校《不系舟渔集》卷3《山阳咏怀》，上海古籍出版社，2004，第45页。
③ （明）黄承玄：《河议·治河》，载（明）陈子龙等选辑《明经世文编》卷479，中华书局，1962，第5278页。
④ （明）郭鏊：《右副都御史明山先生连公矿神道碑》，载（明）焦竑编撰《国朝献征录》卷59《都察院六》，《四库全书存目丛书》史部传记类，第103册，齐鲁书社，1996，第234页。
⑤ 正德《淮安府志》卷16《词翰》，（明）薛鎣修，陈艮山纂，荀德麟等点校，方志出版社，2009，第529页。
⑥ 万历《淮安府志》卷1《郡代纪》，（明）郭大纶修，陈文烛纂《天一阁藏明代方志选刊续编》第8册，上海书店，1990，第55页。

清代的"清淮"仍有此意,如山阳人戴晟诗曰:"郎官爱此水,因号郎官湖。清淮映楚城,学士清与俱。"① 到了嘉道时期,斌良《抱冲斋诗集》中有诗曰"明朝放棹清淮口,还听铃声十里长",②同书还记载:"米价连朝益,长安不易居。清淮逢异涨,赤子半为鱼。荒祲匡无策,河渠治有书。侧闻宽大诏,吴会赋全除。"③ 很明显,这里的"清淮"指的仍是淮水。晚清时期,"清淮"的内涵出现拓展的趋向,逐渐具有实际地理空间的意义。其中有的指清江浦,陈夔龙有诗曰"重来旧地应如旧,问讯留园可再留",并加诗注曰"清淮节署淮园,又名清晏园,适值裁撤,所余改名留园",④ 这里的"清淮"指清江浦。不过"清淮"的地名意义,更多的是指清江浦或清河县与淮安府(城)的合称,如嘉、道之际,黎世序莅任河道总督时,"犹以民为念,召父老问疾。见清淮地瘠民贫,劝兴种棉织布之利"。⑤ 由"地瘠民贫"可见,这里的"清淮"当指清河县或淮安府境的乡村聚落。桃源人尹耕云奏疏中所称的"清淮",提供了它所包含的区域中心意义,谓:"窃以清淮为东南七省咽喉,关系天下大局。其地则运河贯其中,黄河襟其北,东、南、西三面则皆洪湖所汇,滨湖州县如宿迁之归仁集、桃源之金锁镇、清河之马头镇、天妃闸等处,风樯迅利,顷刻可通,无论贼窜何方,皆将直趋清淮。"⑥ 这是当时面

---

① (清)戴晟:《窭砚斋集》卷2《窭砚斋学诗·和学士湖》,《四库未收书辑刊》第9辑第27册,北京出版社,2000,第267页。
② (清)斌良:《抱冲斋诗集》卷8《江南量移集一·王家营》,《续修四库全书》集部别集类,第1508册,上海古籍出版社,2002,第81页。
③ (清)斌良:《抱冲斋诗集》卷23《粉署趋承集一·米价》,第301页。
④ (清)陈夔龙:《松寿堂诗钞》卷7《鹤楼集·坚梦华明岁来鄂之约八叠前韵》,《续修四库全书》集部别集类,第1577册,上海古籍出版社,2002,第105页。
⑤ 光绪《清河县志》卷17《仕迹》,(清)胡裕燕修,吴昆田、鲁贡纂,清光绪五年(1879)刻本。
⑥ (清)尹耕云:《劾河督贪劣请饬漕臣妥筹大局疏》,载(清)邱沅等修,段朝端等纂《山阳艺文志》卷6,民国10年(1921)刻本。

对战乱愈益紧张的形势而做出的地方武装布防策略中凸显的"清淮",它指的是清江浦或清河县城与淮安府城的合称,即是说在战乱条件下,必须加强御敌能力,以求保障作为"七省咽喉"的清淮双城。

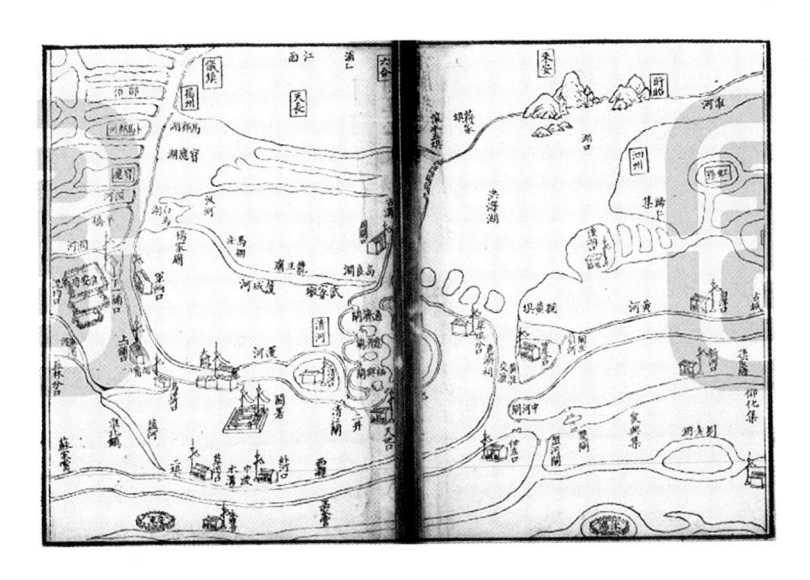

图 1　清淮地域图

资料来源：选自《续纂淮关统志》卷首。

总体看来,"清淮"之名起源甚早,取淮水清流之意,北宋时期出现以"清淮"表示本书所关注的这一区域的情况,直至明清时期仍然存在,不过在清代中期之前,"清淮"多作为淮河下游水道的代称。在此之后,"清淮"之名逐渐具备了地理空间的含义,成为清江浦的专称或者清江浦（清河县）与淮安府（城）的合称,山阳县为淮安府附郭县,则淮安府城亦即山阳县城或称淮城,需要强调的是,本书除特殊情况下,基本采用山阳县城的说法,以便展开其与清江浦（清河县）的比较研究。顾建娣曾指出,"清淮,指清江浦和淮安府。清江浦,在清河县境内,为淮扬道所驻地；淮安府则包括桃源、安东、山阳、清河、盐城、阜宁6个县,其中山阳县为淮安府治,淮安

· 33 ·

府城原为漕运总督所驻地"①。本书采取的是综合层面的"清淮",即同时包含淮河水道与清淮双城两层意涵,当然在行文中亦不仅局限于以上两层意涵,视情况而定,本书的叙述将会在以上两层意涵的基础上,加以延伸与拓展。总体来说,通过以运河、淮河等水道为依托,研讨在这种地理环境变迁的作用之下,清江浦与淮安府城即山阳城展现出的发展路径。

(二)研究资料

本研究建立在对官私文献解读的基础之上,包括历代正史、方志及文集、家谱、笔记等。成一农曾指出,正史资料"由于体例和篇幅的限制,对一些影响城市形态的历史事件只进行了简略记述,而受影响的地域及具体过程则往往被忽略",而某些方志文献的记载可以使城市形态的研究更为细致、具体,甚至会保存其他文献中所没有的资料。②因此,清淮地区的方志是本书得以立论的基础文献,尤其在关于城市空间形态与地域结构的叙述中,表现得更为明显。淮安地方志书,见于记载但散佚不存者如下。州、府志方面,唐宋时期有唐《淮阴图经》《淮阳记》,宋《泗州图经》、淳熙《楚州图经》、《楚州志》;元明时期则有元《泗州图册》,明成化《淮安府志》、正德《泗州志》、《淮安府神光两朝实录备草》。县志方面,以安东、盱眙二县散佚方志为多,其中,安东佚志集中于明代,盱眙县则有数部宋代佚志。③地方志书的编纂,一定程度上凸显出盱眙在宋元时期的城

---

① 顾建娣:《吴棠在清淮》,载中国社会科学院近代史研究所政治史研究室、苏州大学社会学院编《晚清国家与社会》,社会科学文献出版社,2007,第368页。
② 成一农:《中国古代方志在城市形态研究中的价值》,《中国地方志》2001年第1~2期。
③ 以上辑录于淮阴市地方志编纂委员会编《淮阴市志》第54卷《历代修志考述》,上海社会科学院出版社,1995。

市发展水平，由此为认识明清以前淮安地区的城市格局提供了某种暗示。另外，淮安府志的修纂具有良好的承继性，有助于形成对于明清淮安地方社会相对完整的认知。就现存方志的年代来看，省志除外，府志包括正德、万历、天启、崇祯、康熙、乾隆、咸丰、光绪朝志，山阳县志存乾隆、同治、宣统朝志，清河县志则有嘉靖、康熙、乾隆、咸丰、同治、光绪及民国时期志。可见，淮安府志与清河县志两类方志文献保存了较好的纪事体系，而山阳县的方志纂修及保存情况不免令人心生犹疑。

地方志多系官聘地方"鸿儒钜公"群力修之，诸家观点杂陈。清乾隆时期金石学家吴玉搢曾任乾隆《山阳县志》分纂，有感于"未能尽用其说，别成是书"①，即《山阳志遗》。吴玉搢在自序中论及："《山阳志遗》者何？志山阳之遗事也。山阳故无志何遗？郡志首志山阳事未赅，予山阳人，心嗛之，故专志其遗也。郡志近始修又曷遗？尚简，故边幅惧溢也。"② 由此可知，《山阳志遗》具有补写方志的特性，提供了认识淮安地方社会更丰富的面相，但因系私撰，在体例上仅列为四端。约半个世纪后，曹镳认为，"人文代兴，改革不少。今尚在吾人记忆间，过此以往，未知或之"，并在序言提及张鸿烈首创《山阳县志》③，又微议《山阳志遗》"间有传本，止用以补正旧书"，且喟于"非有所接续于其后，外此则无闻焉"④。可见，曹氏《信今录》亦以查漏、补缺、匡正方志为旨意。道咸时期邑人范以煦亦体察地情，钟于民间文献，所撰《淮壖小记》系淮安名胜、名人等掌故的考证与类编。其中，"小记之作，将以补郡

---

① 丁志安：《淮安方志漫谈》，《淮安文史资料》第4辑，1986，第123页。
② （清）吴玉搢：《山阳志遗》自序，民国11年（1922）刻本。
③ 据载，此前山阳县志有宋嘉定、明嘉靖两个版本，均散佚无存，张鸿烈主持修撰康熙《山阳县志》，亦无存。
④ （清）曹镳：《信今录》自序，清道光十一年（1831）甘白斋活字本。

邑志之脱误"①，与《山阳志遗》《信今录》共同构成一条补志存史的文献之脉。

此外，淮安地方文献中的私家撰述，还有其他多种类型，且均具有不可忽视的史料价值。其一，集中于对淮安历代名士的道德咏叹和文章类编，首创其体例者当为明代著名言官潘埙所辑之《淮郡文献志》，潘氏自述该书为"志人物也"，即为人物立传，形成了先考订人物所属州县，次之以爵讳、诗文目录的人物传记编撰体例，并将"文行媲美、才德兼全"之人归宗于孔子②。清代邑人沈恤孺承继先贤，辑有《续淮郡文献志》，《重修山阳县志》卷18《艺文》中收录其书名，惜未见传本。淮安"代产瑰奇之士，显达者固夥矣，而林泉遗佚，殚精著作。所谓藏名山传其人者，顾不多见"，段朝端鉴于此，"慨然有意于收拾全书"，编为《淮人书目》二册③。段朝端，字笏林，为清末山阳人，热衷于搜集地方文献，用力甚勤。经学者推断，《淮人书目小传》今已无单传本，而王锡祺编辑《山阳诗征续编》，段朝端曾参与点校，续编中所引《淮人书目小传》恐即出自段朝端之手④。其实，地方志艺文目中多收录淮人所撰书目，皆徒载其名，唯宣统《续纂山阳县志》实收其文，名《山阳艺文志》。另外，还有地方学者将关于淮安风土名物的诗文类编成册，如张鸿烈《淮南诗钞》（亦名《淮人咏淮诗》），光耀乡间之意甚明。范以煦于道光乙巳年，"仿张太史淮南诗钞，作咏淮诗"⑤，所咏皆淮安古迹。此

---

① （清）范以煦：《淮壖小记》自序，清咸丰五年（1855）刻本。
② （明）潘埙：《淮郡文献志》凡例，《四库全书存目丛书》史部传记类，第91册，齐鲁书社，1996，第32页。
③ （清）曹应熊：《淮人书目序》，载（清）邱沅等修，段朝端等纂《山阳艺文志》卷6，民国10年（1921）刻本。
④ 季云霞：《段朝端〈淮人书目小传〉辑释》，《淮阴师范学院学报》（哲学社会科学版）2009年第3期。
⑤ （清）范以煦：《淮流一勺》，清道光二十八年（1848）刻本。

前，乾隆进士阮葵生辑有《淮雅》，宋焜《静思轩藏书记》云"此古今名人咏淮诗辑本也，系吾山（阮葵生）司寇遗著"，后稿本为丁晏所得，并入其《咏淮诗钞》。① 清末淮安车桥人卢福臻仿照张鸿烈《淮南诗钞》、范以煦《淮流一勺》体例，分咏淮人懿行、淮地古迹三百余事。再如，吴玉搢《山阳耆旧诗》、吴进《续山阳耆旧诗》、丁晏《山阳诗征》、王锡祺《山阳诗征续编》，形成了咏淮古诗等系列文献，所收诗文未必属于上乘之作，但均系淮人所作或与淮事、淮地相关，而且踵迹前贤，代有论出，体现了山阳士人阶层浓厚的乡土认同。

其二，关于淮安府民情风物、地方掌故的具体展述。较早者乃潘埙《楮记室》，可归于笔记小说体裁，潘氏与吴承恩交游往还，因此书中"收录了不少遗闻逸事和神鬼异事"，恐受其影响②。明末清初张天民所撰《淮城日记》（收入王锡祺编《小方壶斋丛书》），所记为明崇祯十七年（1644）二月初一至六月二十日事，即清淮民众在路振飞、王燮率领下，抵御清军和其他地方武装的军事行动。将之与《淮城纪事》相较，主题相类，但存在诸多事实叙述上的差异。这两本日记体裁的文献提供了了解明清之际王朝更替中淮安地方社会的资料，且可与明遗民的相关撰述互为参照。乾隆山阳人阮葵生撰有《茶余客话》，其最后两卷排叙淮安名士逸事以及淮地生活惯习，阮氏还撰有《淮故》二卷，附列于小方壶斋版《茶余客话》后，传而不广。嘉道以迄民国，山阳涌现多种关注地方民事者著书，如杨庆之《春宵寱剩》，精于考释地方士族流变、科举及第以及公共事业、社会组织等，有助于复原山阳士绅及其主导的社会运作机制。继之，则首重经学名家丁晏所著《淮阴脞录》，乃其"浏览群书所札记也。其

---

① 丁志安：《淮安方志续谈》，《淮安文史资料》第5辑，1987，第42页。
② 刘怀玉：《河南巡抚潘埙》，《淮安古今人物》第3集（《淮安文史资料》第17辑），2000，第7页。

· 37 ·

间掌故文献，可补志乘之遗；而琐事丛杂，亦足以裨异闻，故录之也"①。《淮阴脞录》一名《柘塘脞录》，多辑录于丁氏所编《山阳诗征》之中，可资参照。丁氏另撰《石亭记事》，亦属山阳乡邦文献。丁晏第三子丁寿恒著有《漱经斋笔记》一卷，后收入《山阳丁氏两先生遗稿》②，与沈家驹所著《沈蝶庵杂言记》同为地方掌故杂记。同治年间，程锺编有《淮雨丛谈》初编四卷、续编一卷，后继有补编、补遗，该书"初编分类纂辑，每条各标目于前，以便观览，续编则门类未分，略以时代次其先后，而每条亦各标其目，补编则不以时代序，仍以类分，而所分之类又与初编不同"③。相较而言，程氏编选之类目范围更为深广，既有园亭胜景、古迹新物，又有士人觞咏、商情更移，还有地方土产、奇闻逸事，不一而足，而且补编中将收录范围扩大至整个府境。程锺还撰有《淮安普济堂志》《萧湖游览记》等著述，俱载淮城地方时事。清代末期，淮安熟于地方掌故者则有段朝端、徐嘉等人。段朝端所著《楚台见闻录》多记地方士族事，涉及士族起衰、师承源流等，兼及地方政事，系事于人、以人言事，与杨庆之《春宵癞剩》所述颇相类从。段氏另著有《跰蹞余话》，所记多为城内外公共空间的构建和变迁，颇资参考。与段朝端同时，徐嘉所撰《遁庵丛笔》《山阳掌故记》《落籍诸生事略》等篇，亦构成淮安地方文献的重要部分，徐嘉所作诗文集结，由味静斋刊刻流传。王锡祺则重在地理旧籍的搜集、整理，编轶而成《小方壶斋舆地丛钞》系列丛书，更为重要的是，王氏辑有《小方壶斋丛书》，其中多收录淮人著书，如张天民、潘德舆、鲁一同、丁寿征、吴昆田、潘亮熙诸人之书，裨益良多。清河县（亦即民国时期的淮阴县）地方文

---

① 转引自武新立编著《明清稀见史籍叙录》，江苏古籍出版社，2000，第196~197页。
② 秦焕编《山阳丁氏两先生遗稿》，民国36年（1947）铅印本。
③ （清）程锺：《淮雨丛谈补编》自序，1957年汪继先抄本。

献，如徐钟令的《淮阴县志征访稿》、范冕的《民国江苏淮阴县近事录》、张煦侯的《淮阴风土记》等。

其三，广义上的乡镇志书。河下为淮城西北关厢一镇，客籍盐商鳞聚于此，为淮北盐业的转输中心，李元庚居河下湖嘴，其所著《梓里待征录》记载河下旧闻，分灾异记、奇闻记、新异记、建置记、逸事记五门，其体例类于笔记小说，尤以建置记所述为重，涉及河下官署、祠庙、善堂、书院、闸洞以及其他社会组织，从中略可窥探河下社区的运作机制。明代中叶以后，随着商品经济的发展和国内外市场的扩展，促成了晚明消费社会的形成①，商人阶层奢靡的消费方式逐渐普及化，社会风气随之而变。明清之际河下园亭掀起修建高潮，李元庚初步统计河下园亭有六十余座，对园亭建筑本身做出时空上的定位，并将园亭所有者的逸事融入其中，提供了河下园亭的系统资料②，对园亭资料的辨析可以对淮城士大夫、商人群体以及明遗民做出相应研究。民国时人王觐宸考索旧籍有关河下者，汇为《淮安河下志》十六卷，虽系摘录，却是对河下古镇最为系统的乡镇资料。③另一乡镇志比较集中的是淮安南部的曹甸镇，该镇原隶属于山阳县，新中国成立后划归扬州宝应县，但明清时期曹甸镇一直是淮安区域经济系统的重要一环，"山阳多沙田，多不宜稻，惟运河东岸，城南数十里为腴"④，即指泾河一线，曹甸镇位于泾河东端，与运道相接。郝澍纂有《曹甸镇志》，邵驷著《广曹甸镇志》，均为曹甸乡镇社会经济的全面记载，另还有《曹甸诗话》《淮甸春影录》油印本

---

① 巫仁恕：《品味奢华：晚明的消费社会与士大夫》，中华书局，2008，第40~41页。
② （清）李元庚著，李鸿年续，汪继先补，刘怀玉点校《山阳河下园亭记》续编、补编，方志出版社，2006。
③ （民国）王光伯原辑，程景韩增订，荀德麟等点校《淮安河下志》，方志出版社，2006。
④ （清）阮葵生：《淮故》，引自周绍鹤撰《淮甸春影录》不分卷，钞本。

行世，其中《淮甸春影录》乃周绍鹤亲历见闻，事无巨细，"仿前人小品文字、稗史梦忆之类，条目书之"①，以上关于曹甸镇的乡土文献，多乡人纪事，殊为可信。在其他县邑也会留存相关乡镇志书，如蒋阶的《苏余日记》、张煦侯的《王家营志》，阜宁常春锦的《虾沟里乘》《湖乡分志》，对于认识淮安府农村社会情况与城乡经济关系有重要参考价值。

其四，地方士人诗文集。明清时期淮安本地形成了较为稳固的士绅群体，成为地方事务的积极参与者。外籍商人占居淮城，与士人阶层交游往还、觞咏唱和，流连于诗酒之间，留存诸多诗、词、文集，如盛大士《淮上唱酬集》，王琛编辑、李鸿年等续辑《湖上留题录》，沙承慈、董玉书辑《淮上题襟集》等。另外地方学者将科举名录结集出版，如曹镰辑、阮钟瑗辑、丁禧生续辑《淮山肄雅录》，杨庆之《历代鼎甲录》《淮山青云录》，万镛编辑《南清河肄雅录》等；地方士人诗文集亦多刊刻流传，如万寿祺、阎尔梅、靳应升、张养重、阎修龄、吴玉搢、潘德舆、阮葵生、任瑗、丁晏、李宗昉等多人。这些在一定程度上丰富了对士绅群体和地方社会的认识。

最后，因为漕、河、盐、关等政务与清淮地方社会的发展密迩相关，在清淮地区城市地理研究中，诸多专门志书亦可资参考、利用。如明代杨宏、谢纯的《漕运通志》，王琼的《漕河图志》，席书、朱家相的《漕船志》，嘉靖等朝的盐法志，马麟等人的《续纂淮关统志》，冒广生的《淮关小志》，萧令裕的《淮榷志遗》，等等。这里需要特别指出的是，《漕船志》对于解读清江浦镇的生成与发展裨益良多，《续纂淮关统志》记载的清淮地区河道、乡镇、关口、古迹，亦有助于认识城镇经济的兴衰变迁。当然，在梳理与讨论治河方略的实

---

① 周绍鹤撰《淮甸春影录》小引，钞本。

践环节时，王宗沐、潘季驯、万恭、靳辅、傅泽洪等河臣的奏疏、著述等更为关键。专门志书中还有《勺湖志》《钵池山志》《万柳池志》《淮安萧湖游览记图考》等山水志文献，对于城市园林景观的状摹与复原至为重要。

四　框架结构

本研究分为绪论、主体六章与结论等版块。绪论部分包括本研究的选题缘起与总体框架，从历史城市地理兼及城市史的角度，以本研究所涉及的主题与关键词为线索，对既有的学术史做相对充分的梳理与回顾，并且交代本研究所凭借的文献资料与章节安排。

第一章以地名"淮阴"为中心，对历史时期淮河南北的山阳、清河城尤其是古淮阴城进行考订，从而为本书奠定"清淮双城"的叙述框架，并以韩信、漂母相关故迹的构建与衍变为例，辨析清淮地区地理景观的空间分置问题。

第二章由明代迁驻山阳城的移民群体入手，主要分为卫所移民与商业移民两种类型，考察他们的地域来源，及其所形成的士绅家族逐渐融入地方社会、参与公共事务的方式与努力。

第三章讨论山阳城的空间形态与地域结构，包括城垣、城门的修筑史，并结合城市不同的功能分区，对城市街巷布局进行状摹与复原；地域结构主要对公署机构、商业市场与居民第宅的建置与分布展开空间分析。

第四章讨论的是山阳城市水利问题，观察市河与文渠及城濠等水利设施，分析山阳城市的供排水系统；明代中叶以后，黄淮水患对山阳城及其水利设施造成了严重威胁，城市防洪与水环境的治理措施次第展开，同时这种水患带来的泥沙与水体对城市景观产生了不同的塑造作用。

绪 论

  第五章讨论在国家治水活动中，所呈现的清淮地区城镇迥异的发展路径。山阳、清河城同罹黄淮水患，国家的治水方略开始介入治理；在这一过程中，出于周遭的水道环境与对于城市安全的重点考虑，山阳城的交通区位优势逐渐减弱，清河县亦因为水患的问题，城市防洪能力急遽下降，而清江浦的闸坝设施维持较好运作，水神祠庙的修建也日渐凸显，国家漕运的需要促使清江浦成为区域中心城市。

  第六章考察的是清淮区域内的城市体系重组问题。先从交通、造船、仓储三个层面，分析清江浦镇的生成与发展机制，在这些因素的作用下，其城镇景观包括坊镇与街巷，呈现沿河分布且逐渐向外拓展的趋向，此即为清河县迁治清江浦的物质与经济基础，并对迁治清江浦镇这一事件做必要的阐释。由于交通区位等方面的影响，山阳城市面貌呈现衰败迹象，尤其是新城与夹城，鉴于此，山阳城士绅群体对文渠修浚等公共事务的参与和运作，可以解读为扭转城市发展颓势的努力。最后以清江浦丰济仓的实例，说明清淮地区出现了城市中心由山阳城转向清江浦的事实，并略以近代化的视角，论证时局变动中的清淮双城的重新定位问题。

· 43 ·

第一章
淮河南北：
山阳、清河二城的历史考察

作为四渎之一，古代淮河源于桐柏山区，流经安徽北部、苏北中部，至云梯关入黄海。《尚书·禹贡》有云："沿于江、海，达于淮、泗。"可见，当时江淮交通要"浮江而下，从苏北沿海北上"，再转入淮泗流域以达中原。① 周敬王三十四年（前486年）吴修凿邗沟，经射阳诸湖，至淮安末口入淮。此后，虽然邗沟代有变迁，但皆为江淮水运要道，而地处淮、泗交汇的清淮地区形成了淮阴城、泗口镇、北辰镇等早期城镇聚落。② 然而，河道更移，政区易动，关于清淮地区城市起源、城址方位及演变脉络容易出现认识上的误区，再加上民间传说的附会和文士骚客的咏叹，讹误相传；而且，至明清时期，清淮地区部分城市景观呈现空间分置的现象，从而衍生出当地独特的人文生态。

---

① 邱树森主编《江苏航运史》（古代部分），人民交通出版社，1989，第7页。
② 王颖：《淮安市的空间结构与区域发展》，南京师范大学硕士学位论文，2003，第28~29页。这些早期城镇聚落，尚有考古出土资料以作参照，参见尹焕章、赵青芳《淮阴地区考古调查》，《考古》1963年第1期；尹焕章、张正祥《洪泽湖周围的考古调查》，《考古》1964年第5期。

第一节 记忆的嫁接：作为政区与观念的"淮阴"

作为单一地名的淮阴始自秦代，因地处淮水之南而得名，如今其辖地几乎全部位于淮河以北。元初，"淮阴"地名从地方行政区划中被废除，明清时期虽仍得见于文献记载，不过彼时的淮阴多以文化记忆的形象示人。民国时期，清河县复更名为淮阴县，废弃了几百年之久的淮阴再次成为政区地名。在多次转换身份的影响下，前贤时人对淮阴的认识愈加错乱。鉴于此，以下从历史地理学的角度，对淮阴城址与政区演变加以考证很有必要，并且通过阐释"明清淮阴为山阳"这样的史实，对地名蕴含的文化记忆功能进行分析，试图厘清淮阴的行政与文化归属问题。

一 历代淮阴城址的变迁

秦并天下，分郡设县，淮阴县即为其一，因处于淮河南岸而得名，成为清淮地区最早的区域行政中心。就目前所获文献来看，并未发现秦代筑淮阴城的直接记载。关于秦代淮阴城，最早见载于《史记·淮阴侯列传》："淮阴侯韩信者，淮阴人"，韩信曾经"钓于城下"。有学者据此认为淮阴城始建于秦代，[1] 当较可信。需要指出的

---

[1] 肖爱玲：《西汉城市体系的空间演化》，商务印书馆，2012，第126页。

是，东汉以前泗水从淮阴以西的睢陵县（今江苏泗洪县东南）入淮，所以秦汉时期的淮阴城仅为沿淮城市，而非淮、泗交汇之地。东汉以后，泗水始改道从淮阴县入淮，[1] 淮阴遂成为淮、泗交汇之地。魏晋时期，"南北政权分裂，淮河成了南北的军事分界线"，据于淮河南岸的淮阴等地成为南方政权的边防重镇。[2] 史籍中有不少相关记载，如东晋初期，播迁南渡的北方士族祖逖、刘隗等均曾以淮阴、泗口为军事驻地，寻求收复北方失地。[3] 这些军事活动着眼于"北对清泗，临淮守险"的战略地位，永和年间荀羡的北征行动也是如此，而且他屯驻淮阴期间曾有兴筑城墙之举，以加强守御防备的能力。《南齐书》载其事曰：

> 淮阴旧镇，地形都要，水陆交通，易以观衅。沃野有开殖之利，方舟运漕，无他屯阻。乃营立城池。[4]

荀羡认为，淮阴为水陆冲要之地，粮食供给充足，且便于漕粮运输，乃其北征鲜卑的重要攻防据点，所以在此营建城池。清道光年间范以煦认为，既然说荀羡"营立城池，必其先未有城，可知此又一城也"，[5] 证明了东晋荀羡新筑淮阴城的事实。至此，应该有两座淮阴城址，这在郦道元《水经注》的记载中得到印证，文曰：

---

[1] 邹逸麟：《淮河下游南北运口变迁和城镇兴衰》，载《历史地理》第6辑，第57~58页。
[2] 邹逸麟：《淮河下游南北运口变迁和城镇兴衰》，载《历史地理》第6辑，第59页。
[3] （宋）王象之：《舆地纪胜》卷39《淮南东路·楚州》，中华书局影印本，1992，第1638页。
[4] 《南齐书》卷14《州郡志上》，中华书局，1972，第74页。
[5] （清）范以煦：《淮壖小记》卷1《淮阴》。

第一章
淮河南北：山阳、清河二城的历史考察

淮水右岸即淮阴也，城西二里有公路浦，昔袁术向九江，将东奔袁谭，路出斯浦，因以为名焉。又东径淮阴县故城北，北临淮水，汉高帝六年，封韩信为侯国，王莽之嘉信也。昔韩信去下乡而钓于此处也。城东有两冢，西者即漂母冢也。周回数百步，高十余丈，昔漂母食信于淮阴。①

由此可见，郦道元所处的北魏时代，确实存留淮阴城、淮阴故城两座城址，其中的淮阴故城为韩信封侯、年少渔钓、漂母饭信等故事的发生地，亦即秦汉淮阴城。据郦道元所述"东径淮阴县故城北"可知，淮阴城当位于淮阴故城之西（即今淮阴区码头镇境内）。由于荀羡所筑的淮阴城位于泗口南岸，它与角城等地形成鼎立之势，成为南北朝时期的重要军事据点与商贸交通要地，至于东晋淮阴城东的秦汉淮阴城可能已弃而不用。

隋大业元年（605），开凿通济渠（亦称"汴河"），汴口遂取代泗口，成为清淮地区的主要运输口岸，汴口所在的泗州、盱眙等地随之成为水道交通枢纽，而毗邻泗口的淮阴城相对衰落。② 所以隋代以后，虽然山阳渎等运河水道开凿贯通，淮阴县的交通区位优势却有所减弱，其政治、经济地位自然趋向下降。隋代的淮阴县或有兴废，隋唐之际曾一度并入山阳县。唐乾封二年（667），"析山阳，复置于隋旧废县"，③ 所以隋、唐淮阴城当在同一基址。由于《元和郡县志》等地理文献中对淮南道的阙载，目前很难对隋、唐淮阴城进行准确定位。不过既然仍称其为"淮阴"，说明它还是在淮水南

---

① （北魏）郦道元撰，陈桥驿校证《水经注校证》卷30，中华书局，2007，第713页。
② 邹逸麟：《淮河下游南北运口变迁和城镇兴衰》，载《历史地理》第6辑，第59~60页。
③ （宋）王象之：《舆地纪胜》卷39《淮南东路·楚州》，第1643页。

岸。而且根据相关史料记载，仍应位于淮、泗交汇处的南岸。照此推断，隋唐时期的淮阴城应该是东晋淮阴城的旧址，亦即今淮阴区码头镇附近。①

北宋时期的淮阴县治所有明确记载。《太平寰宇记》记载淮水流经淮阴县，曰"淮水，在县西二百步"，② 可见其时淮阴城紧靠淮水而建。必须指出的是，北宋后期淮北汴道淤废，泗口与淮阴城之地位复遽形重要，而且泗水逐渐分流形成大、小清河，同时与淮水相交汇，成为宋金作战的物资运输通道，大、小清河口的军事作用亦凸显出来，③ 其中又以大清河口的地位最为重要。南宋初期，楚州及淮阴一带成为双方互有进退的边境地区，为了适应战局的变动，淮阴城址复经迁移。绍兴六年（1136），金都元帅完颜宗弼"伐宋，渡淮。以书让宋，宋复书乞罢兵，宗弼以便宜画淮为界"，④ 因而淮阴县属吴城、金城二镇划归金国，其后"宋亦徙淮阴治于八里庄"。⑤ 淮阴县由今码头镇附近移治八里庄，时在嘉定七年（1214）。⑥ 成书于理宗

---

① 有学者根据《太平寰宇记》中记载的唐代淮阴县位于"（州）西五十里"，判断唐代的淮阴城位于今淮阴区南陈集镇境内，参见郭声波、薛培华《唐朝淮南道行政区沿革》，载纪宗安、汤开建主编《暨南史学》第5辑，暨南大学出版社，2007，第394页。其实这一判断应该是错误的，依照《魏书·高闾传》《太平寰宇记》等文献对角城的记载，今南陈集镇应该是淮泗交汇处且位于淮河北岸的角城遗址所在地。参见吕朋《〈水经注〉校笺——以〈泗水〉、〈沂水〉、〈沭水〉等篇为中心》，复旦大学硕士学位论文，2013，第22页。
② （宋）乐史撰，王文楚等点校《太平寰宇记》卷124《淮南道二·楚州》，中华书局，2007，第2463页。
③ （宋）李曾伯：《可斋杂稿》卷17《淮阃奉诏言边事奏》（《景印文渊阁四库全书》集部别集类，第1179册，台湾商务印书馆，1986，第351页）中有云："长淮诸隘，如安丰之上则颍河口，濠梁之上则涡河口，招泗之上则五河口、潼河口，淮安之上则大、小清河口，皆是敌舟可以出淮之路。"其他文献中亦多有金兵"自清河口渡淮"的记载。
④ 《金史》卷4《熙宗纪》，"金皇统元年秋"条，中华书局，1975，第77页。
⑤ 咸丰《清河县志》卷2《疆域》，（清）吴棠修，（清）鲁一同纂，清咸丰四年（1854）刻本，清同治四年（1865）续刻本。
⑥ 《宋史》卷88《地理志·淮南东路》，中华书局，1977，第2179页。

第一章
淮河南北：山阳、清河二城的历史考察

宝庆三年（1227）① 的《舆地纪胜》中载："甘罗城，在淮阴县北一里。"这里的"淮阴县"当指八里庄城址。② 换言之，甘罗城在八里庄北一里处。为了加强抵御金兵的能力，南宋朝廷屡有复修甘罗城之议，不过其议大多告寝。惟南宋两淮守将赵伸夫曾增修甘罗城，史籍载曰：

> 淮阴之门户，县北遗址，俗呼为甘罗城，六朝驻兵之地，盍亟修之。有旨令公相视，诸故老皆曰：金由青、徐而来，其冲要有二，大、小清河是也，相距余十里。小清河，直县之西，冬有浅处，不可以舟；大清河，直县之北，与八里庄对。绍兴间，金三至淮，重兵皆由此出。公即条上，以为此地要害，若迁县治，板筑于此，形势增壮，过于淮阴故城，从之。今之新城乃公所创也。③

宋金对峙时期，甘罗城作为军事重地，诚为边防要塞。因小清河冬天有淤浅之患不能行船，金兵南下渡淮多取道大清河口，它与八里庄相对。据此可判得，赵伸夫所筑甘罗城位于大清河口与八里庄之间。④ 甘罗城被称为"新城"，形势"过于淮阴故城"，并迁县治于

---

① 靳生禾：《中国历史地理文献概论》，山西人民出版社，1987，第188页。
② 金国曾遣合达、蒲阿驻军桃源县溦河口以备元军，"二相屡以兵少为言，而省院难之，上遣白华传谕，二相不悦，蒲阿遣小船令华顺河而下，必到八里庄城门为期，且曰此中望八里庄如在云间天上，省院端坐徒事口吻"。可见其时八里庄确曾筑有城垣，且充当军事要塞，参见《金史》卷114《白华列传》，第2508页。
③ （宋）袁燮：《絜斋集》卷17《秘阁修撰赵君墓志铭》，《景印文渊阁四库全书》集部别集类，第1157册，台湾商务印书馆，1986，第237页。
④ 有学者根据《金史》《续资治通鉴》等文献记载，判断出八里庄应该在大清河口南岸，与笔者论点相合，参见杜涛《淮安历史地名考述六则》，载淮安市历史文化研究会编《淮安历史文化研究》第1辑，中国文史出版社，2005，第203~205页。

此，则淮阴县治又由八里庄迁至甘罗城。甘罗城，因秦人甘罗而名，后世诸多文献认为，甘罗城即为甘罗所筑。① 不过"按《史记》甘罗为甘茂之孙，下蔡人，始皇初年为卿，始皇二十六年始并天下，置郡县，当甘罗用事时，淮阴尚属楚地，何缘筑城"②，此言甚确，甘罗筑城的说法应该是后人附会衍生的。宋代北方著名文士徐积曾曰："以传考之，所谓甘罗城者非也，谓之淮阴故城可也。"③《淮关统志》认为徐积所言"必有所据"。徐积称之为淮阴故城而非甘罗城，说明他在意的是城址之名，而不否认它的修筑年代。也就是说，他并不否认该城址为秦汉时期之城，仅质疑其甘罗之名而已。就目前掌握的文献看来，徐积系最早论述甘罗城者，并将之与淮阴故城相提并论，故笔者认为甘罗城始建于北宋以前，且甘罗城即为秦汉淮阴城的旧址所在。

二 清河设县与原"淮阴"辖地的行政归属

隋代以后淮阴县的政治地位趋向下降，曾一度废置，即便设有淮阴县，在行政等级上却位列中等，尚且低于列入上等的盐城县。④ 北宋末年，其城市景况竟不及县辖属的洪泽镇。⑤ 宋金对峙时期，淮阴

---

① （宋）王象之：《舆地纪胜》卷39《淮南东路·楚州》，第1653页；（明）李贤等：《明一统志》卷13《淮安府》古迹栏"甘罗城"条，《景印文渊阁四库全书》史部地理类，第472册，台湾商务印书馆，1986，第306页；（清）顾祖禹撰，贺次君、施和金点校《读史方舆纪要》卷22《淮安府·山阳县》"甘罗城"条，中华书局，2005，第1075页。
② （明）马麟原撰，（清）李如枚重修，元成续纂《续纂淮关统志》卷12《古迹》，清光绪三十二年（1906）刻本。
③ （宋）徐积：《节孝集》卷13《登淮阴古城》，《景印文渊阁四库全书》集部别集类，第1101册，台湾商务印书馆，1986，第855页。
④ 《新唐书》卷41《地理志》，中华书局，1975，第1052页。
⑤ （宋）徐梦莘：《三朝北盟会编》卷128"建炎三年四月"条中记载："洪泽镇市，人烟繁盛，倍于淮阴。"上海古籍出版社，2008，第934页。

第一章
淮河南北：山阳、清河二城的历史考察

成为边防重镇。在这种国家边防重镇的定位下，淮阴并未从中获得任何收益。在宋金交争过程中，显示出金攻宋守的态势，金人不乏攻克淮阴的战例，且见及绍定四年（1231）"淮阴降金"的记载。①受战争破坏的影响，淮阴城市景观更显颓态。南宋初期，"淮甸屡遭寇攘，凋弊为甚。近者朝廷极意料理，州县官并省者十五六，常赋悉蠲，庶流亡之来归"。②南宋晚期，连边地防事也疏于料理，淮阴等县"虽有县官治事之所，而所谓城壁者，间断有无，不足以隔犬彘"，致使"镇市之民辐凑城邑，则城邑愈至于蹂践，反无山寨、水寨以为近便安葺之计"，③官方城市防御系统流于形式，而不得不依靠民间组建的山水寨。时人途经其地，叹其"于泽国诸聚落，尤为荒凉"，附近的韩信庙则仅存"敝屋数椽"。④诚如真德秀所言：淮阴已"无寻丈之城，无尺寸之兵"，宋朝廷"徒以山阳可恃而已"，⑤将淮阴城置于"被牺牲"的竭蹶之境。因此淮阴城的地位更趋下降，南宋末年以迄元初其行政建制渐予撤废。

在这一区域中，取而代之的是淮河北岸的清河县。咸淳九年（1273），淮东制置使李庭芝"筑清河口，诏以为清河军"，⑥领清河县，其地"本泗州之清河口"，⑦元至元十五年（1278）改军为县。清河军设立之后，李庭芝即有筑城之举，是为清河军、县城，这是清淮地区淮河北岸的首座城池。诚如邹逸麟所言："这时淮北清口附近

---

① 《宋史》卷88《地理志·淮南东路》，第13851页。
② （宋）李心传：《建炎以来系年要录》卷87，"绍兴五年三月丁丑"条，中华书局，1988，第1437页。
③ （宋）华岳：《翠微先生北征录》卷4《治安药石·边防要务三·山水寨》，《丛书集成续编》第12册，台北新文丰出版有限公司，1985，第273页。
④ （宋）岳珂撰，吴企明点校《桯史》卷12《淮阴庙》，中华书局，1997，第142页。
⑤ （宋）真德秀：《西山文集》卷3《直前奏事札子》，《景印文渊阁四库全书》集部别集类，第1174册，台湾商务印书馆，1986，第53页。
⑥ 《宋史》卷88《地理志·淮南东路》，第12601页。
⑦ 《元史》卷59《地理二·淮安路》，中华书局，1976，第1416页。

有了清河县，淮南末口附近有了山阳县，淮阴县的地位已无关紧要。"① 与淮阴城址屡次变动相似的是，清河县亦经历了数次迁移县治的过程。元泰定元年（1324），黄河"决大清河口淤，水从三义口东南流小清河口入于淮"②。大、小清河口即泗水分流入淮处，大清河口约在今淮阴区袁集乡桂塘村附近。③ 职是之故，河决城圮，清河县治由大清口处的清河城迁至淮河南岸的甘罗城。④ 可能是水患日趋严重的缘故，甘罗城一度废隳破败，八里庄淮阴城亦随"运河崩摧入淮"⑤。所以天历元年（1328）"又移治小清口之西北"⑥，"东去淮阴城十里，今所称旧县也"⑦。这里的"淮阴城"当指大清河口处的甘罗城或八里庄淮阴城，"旧县"则为明代以迄清乾隆年间的淮河北岸的清河县治，二者相距十里，恰与大、小清河之方位契合。⑧

可见，受黄、淮水患的侵扰，元代以降清河县的城址几度迁移，这引起了其行政辖域的扩展与变动。元代清河县凡两迁其治，即元泰定元年迁至甘罗城，天历元年复又移治小清河口西北。甘罗城即秦汉淮阴故城，位于淮河南岸，清河县原本"止得今河北地"，迁至甘罗

---

① 邹逸麟：《淮河下游南北运口变迁和城镇兴衰》，载《历史地理》第 6 辑，第 62 页。
② （明）杨宏、谢纯：《漕运通志》卷 1《漕渠表》，载王云、李泉主编《中国大运河历史文献集成》第 68 册，国家图书馆出版社，2014，第 151 页。
③ 民国淮阴邑人张煦侯曾踏勘泗口曰："桂家塘东北，有一历史之名区，是名大河口，一称泗口，即泗水入淮之口也。泗流甚清，故亦称清口。"经访查口碑，张氏判得："泗口正在马头直北"，亦即桂家塘处。参见张煦侯著，方宏伟、王信波整理《淮阴风土记》第 4 章《吴城区》，方志出版社，2008，第 504～505 页。
④ （清）顾炎武：《肇域志》卷 2《淮安府》，上海古籍出版社，2004，第 706 页。
⑤ 荀德麟：《淮安清口杂考》，载研讨会组织委员会编《"运河之都——淮安"全国学术研讨会论文集》，中国书籍出版社，2007，第 304～305 页。
⑥ 万历《淮安府志》卷 3《建置志·公署》，第 344 页。
⑦ 光绪《清河县志》卷 2《疆域·沿革》。
⑧ （宋）袁燮：《絜斋集》卷 17《秘阁修撰赵君墓志铭》（第 237 页）一文中称"大小清河是也，相距余十里"，由此可以反推出秦汉、东晋淮阴城分别位于大、小清口。

第一章
淮河南北：山阳、清河二城的历史考察

城后，"始得淮阴故地，而县境及淮水南，南至三角村、东及七里墩，与山阳分界"。① 至此，清河县跨淮河南、北而治，明清时期这一行政格局仍未变动。需要指出的是，天历元年由大清河口的甘罗城迁到小清河口的清河"旧县"之城，说明由于大清河道逐渐淤废，水患灾害频繁发生，明清时期小清河取代大清河，成为清淮地区的交通运输要道，所以黄、淮、运交汇处的小清口亦即东晋、隋唐淮阴城旧址处成为马头巡检司的驻地。

虽然清河县迁到小清口处的"旧县"，位于淮河北岸，但元代以后淮河南岸的甘罗城归清河县领辖，这是没有疑义的。不过由于历史文献中对淮阴城址地理信息的记载并不准确，特别是没有将各个时期的淮阴城做出具体分析，也没有将淮阴城、甘罗城与淮阴故城区别开来，甚至这些文献基本上将它们视为同一处城址，从而加剧了对清淮地区城址时空要素的混乱认识，这是后来"古淮阴县"及其文化故迹的行政归属问题的重要根源之一，在此有必要对淮阴城址的时空问题予以澄清。对于这一问题，可以从两个层面加以阐释。

第一，关于淮阴城址动态变迁的观点，较早来源于《水经注》的记载，在郦道元所处的时代，明显留存着淮阴城与淮阴故城两座城址，这一重要文献信息奠定了淮阴城址变迁的主体架构。不过正德《淮安府志》及其他诸多文献对《水经注》的解读都出现了偏差，即仅注意秦汉淮阴故城，而忽略东晋淮阴城的存在。②

第二，关于淮阴城址时空问题的错误认识，源于对《舆地纪胜》

---

① 光绪《清河县志》卷2《疆域·沿革》。
② 关于这一问题，尤以光绪《清河县志》为典型。《水经注》中的淮阴城当为东晋荀羡（字令则）所筑，光绪《清河县志》纂者说"不当云故城"，诚为确，不过这也导致它错误将秦汉淮阴故城视为东晋淮阴城，以至于忽略了郦道元时代存在两座淮阴城址的事实，而明清方志文献中大多未注意到这一问题，光绪《清河县志》对此存疑，却也没有做出合理的解释。

中"甘罗城,在淮阴县北一里"这一说法的误读,很多文献包括《明一统志》、《读史方舆纪要》及地方志均援引这条记载,但它们并没有仔细考订甘罗城的位置。而是借用北宋著名学者徐积的说法,径直把甘罗城当作秦汉淮阴故城,且基本上将之锁定在明清马头巡检司驻地,故而多以今淮阴区码头镇为秦汉淮阴故城基址所在,后世学者亦引以为据。其实不然,《舆地纪胜》中的"淮阴县"指的应该是八里庄淮阴城,根据《挈斋集》《建炎以来系年要录》等文献可知,八里庄与甘罗城均位于大清河口,二者之间相距里许,小清河口处的马头巡检司驻地附近应该是东晋荀羡修筑的淮阴城,这是在淮阴城址问题认识与研究中需要明确的地方。

值得强调的是,元代中叶以后,甘罗城即古淮阴县及其故迹隶于清河县无疑,不过关于明代山阳县的记载中对此亦有涉及。笔者揣测,当时山阳县不仅为淮安府附郭之县,更为显要的是管理全国漕粮运输事务的漕运总督亦驻于此,诚为清淮地区的政治、文化中心,山阳县可能依凭这种政治、文化上的优势,将淮阴故城及古淮阴县的历史故迹揽于其名下。这一逻辑阐释正德府志中未见论及,而主要体现在天启府志之中。[1] 乾隆府志对山阳、清河的故迹归属问题予以厘清,终将淮阴故城及其相关故迹划归清河县,山阳县名目下不再记载,[2] 后人不察,各执一词,遂引致故迹归属问题更加复杂。[3]

---

[1] 天启《淮安府志》卷24《丛纪志二·丛谈》中曰:"山阳以郡属当志。"(明)宋祖舜修,方尚祖纂,荀德麟等点校,方志出版社,2009,第1007页。
[2] 乾隆《淮安府志》卷28《古迹》,(清)卫哲治等修,叶长扬等纂,陈琦等重刊,清乾隆十三年(1748)修,咸丰二年(1852)重刻本。
[3] 民国淮阴邑人张煦侯指出,明清山阳县境韩信、漂母故迹的重建,乃"郡城大吏,意取耀俗"之意,导致"自湖嘴以迄旧城,所标古迹同于吾县者三数处",这无疑加剧了这一问题认识上的淆乱与偏差,参见张煦侯著,方宏伟、王信波整理《淮阴风土记》第1章《清江区》,第375页。

第一章
淮河南北：山阳、清河二城的历史考察

三 明清"淮阴"为山阳

虽然清淮地区行政建制中已无"淮阴"之名,不过这一地名以其附着的丰富文化意涵潜藏于传世诗文与诸人想象之中,从政区向文化意义的过渡,彰显出"淮阴"独特的地名传承与记忆的谱系。元代诗文中使用的"淮阴",其依凭的乃是古淮阴郡的观念,[①] 时至明清,其意涵发生变动,部分地转变为山阳县的代称,这便加剧了古淮阴及其故迹归属问题的复杂化。这一代称不乏其例,兹从山阳县人、莅淮官员、异籍客旅三个层面,试举例析之,以便探究"淮阴"背后隐含的文化史意义。

表1-1 明清"淮阴"为山阳之实例举隅表

人物类别	实例举隅
山阳县人	明代蔡昂有《淮阴八咏》之作,俱为山阳县境之景。[1]
	清初考据学家张弨,江藩称其为山阳张弨,其自称"予家淮阴"。[2]
	清嘉道间经学家丁晏汇辑《山阳诗征》时,将蔡昂诗作《淮浦曲送叶良器督储淮上》,改称为《淮阴曲》,[3]丁氏亦撰有《淮阴脞录》《淮阴诗颂》等书,均为山阳地方故实。
莅淮官员	淮阴驿,旧址在郡城西门外官河西岸,洪武初年迁新城东北。[4]
	安定胡先生子孙,散逸江淮凡八支,淮阴一支自洪武二年占籍山阳,世守谱像。[5]
	天启年间淮安知府方尚祖曾作《清江浦》一首,其中有曰:"树绕淮阴堤外路,风连清口驿前舟。"[6]

---

① （元）陈孚：《陈刚中诗集》卷1《观光稿·淮安州》,《景印文渊阁四库全书》集部别集类,第1202册,台湾商务印书馆,1986,第619页；（元）陈基：《夷白斋稿》卷9《淮阴杂咏》,《景印文渊阁四库全书》集部别集类,第1222册,台湾商务印书馆,1986,第222页。

续表

人物类别	实例举隅
异籍客旅	崔世召过淮拜访商贾杜九如,诗曰:"荷满淮阴湖嘴西,舣舟犹记岸痕齐。"[7]
	赵翼为徽州盐商程易画像,题诗曰:"买宅淮阴郭外村,手营别墅足秋樊。"[8]
	吴江人郭麟游历淮阴,先后数年,颇思访求文献,所得诸如吴玉搢《山阳耆旧诗》以及山阳望族邱氏、潘氏篇什。[9]

注:[1] (清)丁晏原辑,周桂峰校点《山阳诗征》卷7《明》,陕西人民出版社,2009,第190~191页。

[2] (清)江藩著,钟哲整理《国朝汉学师承记》卷1"张弨"条,中华书局,1983,第80页;(清)张弨:《济宁州学碑诗文自序》,载(清)邱沅等修,段朝端等纂《山阳艺文志》卷3。

[3] 刘怀玉:《探花郎蔡昂》,《淮安古今人物》第二集(《淮安文史资料》第13辑),1995,第46页。

[4] 万历《淮安府志》卷3《建置志·廨舍》,第338页。程敏政:《篁墩文集》卷21《送内兄蒋文秀之官淮阴序》一文中,径称其表兄所任淮阴驿丞一职之地为淮阴,《景印文渊阁四库全书》集部别集类,第1252册,台湾商务印书馆,1986,第367页。

[5] (明)曹于汴:《仰节堂集》卷7《结民心荐奇才议》,《景印文渊阁四库全书》集部别集类,第1293册,台湾商务印书馆,1986,第770页。

[6] 天启《淮安府志》卷22《艺文志二》,第926~927页。

[7] (明)崔世召:《秋谷集》卷下《过淮安访杜九如拟携和归诗以索之》,《四库未收书辑刊》第6辑第23册,北京出版社,2000,第157页。

[8] (清)赵翼撰,李学颖、曹光甫点校《瓯北集》卷33《题程吾庐小照》,上海古籍出版社,1997,第764页。

[9] (清)郭麟:《灵芬馆续诗话》卷3,《续修四库全书》集部诗文评类,第1705册,上海古籍出版社,2002,第441页。清人盛大士《蕴愫阁诗续集》中亦记曰"吴江郭麟久客淮安",见张慧剑《明清江苏文人年表》,人民文学出版社,2008,第1419页。

可见,明清时期"淮阴"仍常见于诗文之中,其中除了与淮阴侯韩信的故事有关,有不少是作为山阳县代称出现的。也就是说,在"淮阴"地名的研究中,还有一个不可忽视的问题,就是淮阴与山阳的关系。具体来说,淮阴与山阳这两个地名均曾出现在清淮地区的行政建置中,淮阴为秦代县级政区,山阳为东晋时期始置,当时山阳郡、县同时并设。从行政建置起源上来说,淮阴与山阳互不干涉,但在历史的演变中双方的政治地位一升一降,淮阴曾四次并入山阳县,即便

第一章
淮河南北：山阳、清河二城的历史考察

在没有并入山阳县独立设县的情况下，淮阴县亦多隶属于楚州，而楚州治所基本上均在山阳县，所以很多人会误认为淮阴就属于山阳，淮阴的事情亦可全部系于山阳县，这是导致元初以来淮阴县消失之后，淮阴故城与甘罗城在地方上引起混乱认识的另一重要原因。明清时期，这种混乱认识表现为："淮阴"以文化记忆的面相存在并延续下来，且多指谓的是山阳县的事情，表1-1中所示实例即为证明。

不仅如此，"淮阴"为山阳这一观念，借由诗文唱和酬应的路径，广泛流传于文士群体之中，以至于"淮阴"竟成为异籍客旅对于山阳贤良原籍定位的常用说法，如望社魁首张养重[①]、苇间居士边寿民[②]、水南先生程嗣立[③]。而乾隆帝《过淮安城》中称"汉淮阴是晋山阳"，[④] 无疑是将"淮阴"视为山阳代称的不可辩驳的注脚。那么，山阳县何以借得"淮阴"之名号？或许清康熙年间《山阳县志》的主纂者张鸿烈的言论尚可略作注解，即："山阳县治在淮水之南，与淮阴本是二县，载在史册，总属淮南地，因以为号也，故曰淮南诗钞。"[⑤] 此处张氏并未明言山阳与淮阴称谓互通的事实，而是将山阳冠称为"淮南"，淮水之南即为淮阴，这可能正是明清"淮阴"为山阳的内在理路所在。所以说，在一定程度上，旅经或客寓乃至定居山阳者，便可能会生成此地为古淮阴县的观念，也可能会联想到秦汉时期韩信、漂母的历史故事，而且自明代中期开始韩信、漂母相关故迹在山阳县境内的重建与恢复，更起到了强化这一观念的作用。

[①] （清）王士禛：《带经堂诗话》卷11《众妙门三·指数类下》，人民文学出版社，2006，第251页。

[②] （清）郑燮著，吴可校点《郑板桥文集·诗钞》"淮阴边寿民苇间书屋"条，巴蜀书社，1997，第238页。

[③] （清）郭麟：《灵芬馆诗话》卷10，《续修四库全书》集部诗文评类，第1705册，上海古籍出版社，2002，第408页。

[④] （清）高晋：《南巡盛典》卷15《天章》，《近代中国史料丛刊》第65辑第641册，台北文海出版社，1971，第259页。

[⑤] （清）张鸿烈：《淮南诗钞》凡例，清康熙间慎德堂刻本。

第二节　山阳建城及其演变

一　山阳故城、射阳故城考辨

《水经注·淮水》记载，中渎水自广陵邗城，经武广湖、博芝湖等湖泊，出夹邪以至山阳城北的末口入淮。后来因为运道迂远，且有风浪之患，陈敏采取裁弯取直的方法，开凿邗沟西道。史载：

> 至永和中，患湖道多风，陈敏因穿樊梁湖北口，下注津湖迳渡，渡十二里方达北口，直至夹邪。兴宁中，复以津湖多风，又自湖之南口，沿东岸二十里，穿渠入北口，自后行者不复由湖。故蒋济三州论曰：淮湖纡远，水陆异路，山阳不通，陈敏穿沟，更凿马濑，百里渡湖者也。自广陵出山阳白马湖，迳山阳城西，即射阳县之故城也。应劭曰：在射水之阳。汉高祖六年，封楚左令尹项缠为侯国也。王莽更之曰监淮亭，世祖建武十五年，封子荆为山阳公，治此，十七年为王国。城，本北中郎将庾希所镇。中渎水又东，谓之山阳浦，又东入淮，谓之山阳口者也。①

据此，中渎水过山阳城西，即汉代射阳县之故城。按：射阳，汉

---

① （北魏）郦道元著，陈桥驿校证《水经注校证》，第714页。

第一章
淮河南北：山阳、清河二城的历史考察

县，属临淮郡，后汉属广陵郡，因处射水之阳而得名，射水即射陂。① 三国时期，"江淮为战争之地，其间不居者各数百里，淮南虚其地，无复民户"，② 汉射阳、盐渎等县俱废，西晋时期再次设置。《宋书·州郡志》临淮太守"射阳令"条称"前汉属临淮，后汉属广陵，三国时废，晋武帝太康元年复立"，后广陵太守曾治射阳。刘宋时期既称"射阳令"，恐射阳县尚未废弃。同书又有山阳太守"山阳令"条曰："射阳县境地名山阳，与郡俱立。"故而，射阳、山阳二县曾一度并存，诚如地方志文献所载：

> 安帝义熙七年置山阳郡，治山阳县于射阳境内，其时射阳县犹在也。故宋、南齐《州郡志》射阳县系临淮郡，属南徐州；山阳县系山阳郡，属南兖州。南齐以后地志始无射阳县，不知废于何时。③

不过，临淮郡系侨置政区，并无实土，④ 故射阳县仍属于山阳郡。关于射阳与山阳的关系，地志中的措辞值得审视。《旧唐书·地理志》曰："山阳，汉射阳县地，属临淮郡，晋置山阳郡，改为山阳县。"亦即山阳曾隶属于射阳县。又，东晋义熙年间"省射阳县，置山阳郡，属徐州，又立山阳县以隶焉"。⑤ 这意指射阳县已废，更置山阳郡、县，山阳城乃因袭射阳城之旧而来。正德《淮安府志》卷1《建置一·沿革》记山阳县有云："本汉临淮郡射阳地，在射水之阳。王莽改为监淮亭，东汉属广陵郡。晋义熙间，立山阳郡，以境内有地

---

① 周振鹤：《汉书地理志汇释》，安徽教育出版社，2006，第257页。
② （清）吴玉搢：《山阳志遗》卷1《遗迹》。
③ 光绪《淮安府志》卷1《郡县建置沿革表》，（清）孙云锦修，吴昆田、高延第纂，清光绪十年（1884）刻本。
④ 《南齐书》卷14《州郡上·南徐》，第257页。
⑤ （宋）乐史撰，王文楚等点校《太平寰宇记》，第2461页。

·61·

曰山阳,故名。"结合前文分析,《旧唐书》与《淮安府志》中的记载当确。而传世文献关于射阳故城与山阳故城的纠葛,则可为射阳与山阳的关系添加注脚。

《后汉书·臧洪传》李贤注曰:射阳故城,在今楚州安宜县东。又,光绪《淮安府志》卷 37《古迹》山阳县"射阳故城"条曰:在县东南,宝应县东北。《舆地纪胜》卷 39《淮南东路·楚州·景物下》则引《元和郡县志》谓:"射阳湖,在山阳县东南八十里,汉广陵王胥有罪,其相胜之奏夺王射陂,即此也。"则知后世称射陂为射阳湖,射阳城滨湖而设,当亦位于山阳县东南八十里处。与射阳故城相关的记载,则有山阳故城一说。《续纂淮关统志》卷 12《古迹》中记曰:

> 山阳故城,在今县治南。晋安帝义熙间,即射阳县之地,置山阳县,则筑城宜在此时。考从前建置,先淮阴,次射阳,又次山阳。淮阴城在今县治西,射阳城在今县治东,而故城实在今县治之南。

这则材料认为,山阳城筑于东晋义熙年间山阳设县之时。不过,所谓山阳故城在明清山阳县治之南,其意为东晋山阳城与射阳故城并非一处,当别筑一城。乾隆《江南通志》卷 32《舆地志·淮安府》"山阳故城"中亦曰:"在今山阳县南,晋义熙间置山阳县,兼置山阳郡,治焉。"而有文献认为,诸如《续纂淮关统志》的记载虽"甚为详备,然治南之说究无的据,恐仍为臆断也"①。光绪《淮安府志》卷 37《古迹》中亦曾质疑山阳故城之实,曰:"山阳郡、县治,并东

---

① 同治《重修山阳县志》卷 19《古迹》,(清)张兆栋等修,何绍基、丁晏等纂,清同治十二年(1873)刻本。

第一章
淮河南北：山阳、清河二城的历史考察

晋同时建，至今无改，不容别有城，恐误。"范以煦亦认为"山阳城即在射阳故城者，不审甚矣，郡志又谓射阳故城北、郡城南，另有一山阳故城，尤奇"，① 范氏精于地方故实，认为东晋山阳城即明清府城，未曾移治，其看法似成定论。

山阳故城的定位问题，殆与其名始源亦有关联。前文引正德《淮安府志》云："以境内有地曰山阳，故名。"所谓"地"曰山阳，意思含混。其实，江淮地区不乏以"山阳"名者。其典型者如山阳池，三国魏文帝"伐吴还，惧战舰为吴所得，欲烧船于山阳池"。② 清初著名学者阎若璩曾论及山阳地名来源，原认为山阳系东晋义熙年间侨置郡县而来，③ 后考诸《宋书·州郡志》《三国志·蒋济传》等文献，方知东晋以前即有山阳之名。且山阳之地为兵家攻伐据点，即"孔衍为广陵郡，石勒尝骑至山阳；桓温伐燕，回屯散卒于山阳。是时，未置郡县，山阳地名已著闻"。④ 山阳池，吴玉搢又称之为精湖，曰："吾淮在汉魏时东南有射阳县，西北有淮阴县，由淮阴以至射阳，中间相距约百余里，无城郭井市。"并引魏文帝"欲烧船于山阳池"事，推知"山阳池正当在今郡城左右。县北末口本通淮故道，战舰出淮一口不足，故须别凿池"，山阳郡、县并建，"其以山阳名者，当是以故水名为郡县名"。⑤ 前引《水经注·淮水》中有"水陆异路，山阳不通"之句，田余庆曾论及三国江淮战事，对此"山阳"

---

① （清）范以煦：《淮壖小记》卷1《山阳城池之始》。
② （清）吴玉搢：《山阳志遗》卷1《遗迹》，其事又见《三国志》卷14《魏书·蒋济传》，中华书局，1959，第451~452页。
③ 有学者亦曾指出："因东晋时，在今苏北淮安一带有许多山东来的流民，晋安帝义熙中土断，遂分广陵郡立山阳郡；并在原射阳县地立山阳县，亦为郡治。从此，山阳之名移到了苏北，并沿用至清末。"参见郭黎安《江苏境内东晋南北朝时期侨州郡县考略》，《苏州大学学报》（哲学社会科学版）1986年第4期。
④ （清）阎若璩：《潜邱札记》卷2《释地余论》，《景印文渊阁四库全书》子部杂家类，第859册，台湾商务印书馆，1986，第426页。
⑤ （清）吴玉搢：《山阳志遗》卷1《遗迹》。

之名颇生疑虑曰:"此山阳当即《蒋济传》文帝所谓山阳池,《通鉴》作山阳湖,在津湖附近,不是郡县之名。据《宋书·州郡志》,山阳郡及其治所山阳县,均置于东晋义熙中。但《晋书》庾冰、桓温等传于义熙以前已屡见山阳之名,而且所指并非池、湖。此问题尚待考证。"①田余庆将"山阳"之名的源始问题推进一步,言为兵家屡征之地,恐"山阳"一名别有它意。范以煦曾径称"山阳实射阳境内一大镇","即以镇名为郡名"。②不过,范氏称"山阳"为镇,其言未知所自,"镇"之性质与等级亦失之认识。相较而言,宝应刘宝楠关于山阳池的解说则颇堪参引,其言曰:"山阳本水名,其后渐涸,至晋义熙遂立郡县。"并引淮安方志为证云:"晋义熙前,山阳乃大泽,又云荆国以前山阳溇极大,漕河通江淮藉为水匮,通江淮后,水有所泄,三国时渐涸,逮晋义熙遂为县。"③刘氏与吴玉搢的说法存在暗合之处:吴玉搢谓山阳池在郡城左右,刘宝楠《宝应图经》所绘县境图中,将山阳郡、县并置于已涸之山阳池上,南有黄浦,北临末口。据此,山阳池即东晋山阳郡、县城,亦即唐宋楚州城、元淮安路治、明清淮安府城,未别筑一城。

二 明代以前山阳城的修筑及其空间结构

1. 东晋山阳城的始建

山阳城的修筑开始于东晋时期。乾隆《淮安府志》卷5《城池》记载,山阳城"初无城郭,东晋安帝义熙中,始分广陵立山阳郡,乃于此地筑城"。此处仅说东晋义熙年间,并未具体到某一年。据《太平寰宇记》卷124"楚州总论"引《宋书》曰:"安帝义熙元年

---

① 田余庆:《汉魏之际的青徐豪霸问题》,《历史研究》1983年第3期。
② (清)范以煦:《淮壖小记》卷1《山阳城池之始》。
③ (清)刘宝楠:《宝应图经》卷1《城邑·射阳城》,清光绪九年(1883)刻本。

第一章
淮河南北：山阳、清河二城的历史考察

省射阳县，分广陵之盐城地立山阳、东城、左乡三县，为山阳郡。"此处说义熙元年（405）射阳县废置，改立山阳郡，并立山阳县。不过清代淮安地方学者范以煦对此辨析说："今《宋书》无此文，惟领县及安帝立县，合其云省射阳及元年并误。"他认为义熙元年，设置山阳郡、县记载有误，并援引义熙二年（406）诸葛长民自山阳"还镇京口"之事加以佐证。史载"此番十载，衅故相袭，城池崩毁，不闻鸡犬"，范以煦据此认为"假令元年筑城，何至二年遂崩毁，且亦不得为坚矣"。① 这一说法有一定的道理。

关于山阳郡、县设置的时间，另有义熙九年（413）的说法，这一说法源自《太平寰宇记》："晋义熙九年省射阳县，置山阳郡，属徐州，又立山阳县以隶焉。"同书记载互有龃龉，必有错讹之处。其校注者王文楚引《舆地广记》《舆地纪胜》等地理志书，记山阳郡、县初设于义熙七年（411），认为义熙元年之"元"当为"九"或"七"之误。② 由此仍很难断定，究竟是义熙七年还是九年初设山阳郡、县。③ 又据《晋书·地理志》，义熙七年"分广陵界，置海陵、山阳二郡"，可知山阳郡、县当始置于东晋义熙七年。

无论是义熙元年、七年还是九年，我们只见到设置山阳郡、县，并未见及修筑城墙的表述，不过设置郡、县，同时兴筑城墙，也在情理之中。而且，山阳城的修筑时间尚可向前推移。前述范以煦认为义熙元年为筑城之始的说法是错误的，因为他忽略了一种情况，那就是城墙可能先于郡、县而建。彼时的山阳，与"鲜卑接境"，"此番十载，衅故相袭"，在与北方少数民族的长期交战状态下，山阳城的崩

---

① （清）范以煦：《淮壖小记》卷1《山阳城池之始》。
② （宋）乐史撰，王文楚等点校《太平寰宇记》卷124《楚州》，第2470页。
③ 有地方文史学者倾向于义熙七年之说，如："东晋义熙七年设山阳郡时，此处就成为山阳的郡县的治所了。"参见毛鼎来《"铁打淮城"考》，载淮安市历史文化研究会编《淮安历史文化研究》第1辑，中国文史出版社，2005，第134页。

毁亦属正常。《宋书》中载：义熙年间，"鲜卑侵逼，自彭城以南，民皆保聚，山阳、淮阴诸戍，并不复立"①。既然有山阳戍的说法，证明当时山阳可能已筑有城垣或类似城垣的防御设施。只是这些城防设施处于废黩的状态，因此诸葛长民才从山阳退至京口据守。又据《晋书》卷8《哀帝纪》"隆和元年十二月戊午朔"条，北中郎将"庾希自下邳退镇山阳"，《水经注》亦谓山阳"城本北中郎将庾希所镇"，所镇之地当有凭险可守之法，因此，可能在东晋隆和元年之前山阳已经筑城。②

2. 唐代楚州城的空间形态

唐代，清淮地区的最高行政单位为楚州，治所位于山阳城。白居易盛赞楚州曰："淮水东南第一州，山围雉堞月当楼。"③ 可见唐代楚州筑有城垣。而且，唐代楚州城有重修之举，此由范昭撰、郑崿正书的《唐楚州修城记》碑文可见，该碑文为宋人赵明诚所得，其文字被收入其所著《金石录》之中，且由此文可知，重修楚州城的时间为唐上元元年（760）七月。大中十四年（860），楚州刺史李荀对城南门予以局部重修，时人郑吉撰《楚州修城南门记》曰："楚州新作内城之南门，何以言新？因旧之云也。何以言作？更从王制也。王制若何？曰天子诸侯台门也。何称内城？别于外郭也。"④ 可知，从外

---

① 《宋书》卷51《宗室传》，中华书局，1974，第1462页。
② 魏晋南北朝时期，志书中多出现"镇"某地的记载，此"镇"之内涵失于认识，不过其具有明显的军事意义当无疑问。鲁西奇曾对汉水流域的州、县城逐一考订，其中于应城县有云："县既以'应城'为名，则在置县之初，或即筑有城。"并引《周书·司马消难传》中"消难以九州八镇降陈"事，认为此八镇中即有应城镇，"则北周于应城置镇，故应城县当筑有城郭"。参见鲁西奇《城墙内外：古代汉水流域城市的形态与空间结构》，第248页。应城镇这一个例，似可为"庾希镇山阳"提供一个注脚。
③ （唐）白居易撰，顾学颉校点《白居易集》卷25《赠楚州郭使君》，中华书局，1979，第557页。
④ （唐）郑吉：《楚州修城南门记》，载《全唐文》卷763，中华书局，1983，第7932页。

第一章
淮河南北：山阳、清河二城的历史考察

观上说，至迟到唐代中后期，楚州城即有内城、外郭的建置。李荀之所以重修淮安城南门，有其迫切的现实需要，《楚州修城南门记》又载："溯淮而上达于颖（颍），而州兵之益团练者，缃联五郡焉，楚最东为名郡。疆土绵远，带甲四千人，征赋二万计，屯田五千顷，凡兵、赋、食三者相通也。"从淮河上游直至下游，形成了五处州郡一级的城防重镇，楚州位于最东，具有重要的军事战略意义，而楚州城南门的建设尤为重要，"南门者，法门也，南面而治者，政令之所出也"，因此，重修城南门寓有为唐朝政权兴兵固邦之意。

虽然原来的南门设置了可供瞭望、御敌的谯门，但属于简单草创，"卑且陋，但阖两扇，为露棚于前，振军旅焉。露棚不能蔽风雨，亟理而亟坏"。这不符合楚州作为淮东大郡的军事地位，因此李荀对此加以重修。具体来看，"巍然而楼，增以旧五之二焉，划为双门，出者由左，入者由右，夹筑高阜，类观阙而非者九"。由此可知，经过重建，楚州城南门成为双向两道，出城门的人从左面行走，进城门的人从右面行走，既增强了南门的规格与形制，又突出了南门作为交通要道的地位。另外，从"增以旧五之二焉"可知，楚州城南门原来就有门楼，此次重修同时对其加以扩建。关于南门城楼的名称，顾祖禹《读史方舆纪要》、乾隆《淮安府志》等文献中均记载为"宴花楼"。唐朝赵嘏有《楚州宴花楼》诗曰："门外烟横载酒船，谢公携客醉华筵。寻花偶坐将军树，饮酒方重刺史天。"[1] 这首诗在赵嘏《渭南集》中题作《陪韦中丞宴扈都头花园》。据清代吴玉搢考证说："宴花楼之名仅见于此，韦中丞即楚州刺史韦瓘，扈都头不知何人。"他认为宴花楼应该是扈都头花园中的楼阁。吴玉搢还引郑吉《楚州修城南门记》，对宴花楼为南门楼的说法提出异议：

---

[1] （唐）赵嘏著，谭优学注《赵嘏诗注》不分卷《陪韦中丞宴扈都头花园》，上海古籍出版社，1985，第56页。

> 大中之末去会昌不二十年，岂有会昌中有楼屹然，可以宴会，而大中中即止存露棚之理？即或圮坏，郑记宁无一语及之？此以知宴花楼必不为南城楼也。①

这一观点当属的论。其实，郑吉记文中已经述及南门楼的名称，即"命之曰却敌"，并且在城楼中"卷旆援枹"，以求达到"以谨击柝，以严教令，以壮都鄙，以张军声"的目的。郑吉记文中还说到，大历年间，将作少监李阳冰曾经客游楚州，"因大署州门，昔人措之于西偏，至是公易之于南门，以表揭远近"。可见，大中年间，李苟将原来书于城西门上的题额，移到南门之上，至于南门名称并未记载。另外，关于唐楚州城门的名称，见有北阊门的记载，张祜曾陪人游宴于此，②恐北门即名为阊门，城门附近为楚州城的形胜之地。

隋唐时期，全国经济出现重心南移的总体趋向，江淮及其以南地区逐渐成为漕粮供应的中心区域。而随着通济渠、山阳渎等段运河的贯通，楚州等沿线城市成为区域性的经济文化中心。前贤时彦对楚州城市的空间结构、市镇变迁、商业与文化交流均稍有所涉。有学者指出，作为"唐宋变革论"的立论基础之一，"中古城市中里坊制的实施、具体形态及其松弛、崩溃以及逐步演变为开放式街巷布局的过程，一直是学术界关注的重点问题"③。囿于材料，关于楚州城的空间形态以及里坊形制、变迁失于认识，仅见及李孝聪曾做概观描述：楚州城"东西宽1750米，南北长1750米，周11里。城市格局遵循了以州衙（子城）为中心，突出中轴线，外套罗城的近方形的唐代州城形态，城内街巷的分布明显带有里坊制度下条块分割的痕迹，大

---

① （清）吴玉搢：《山阳志遗》卷1《遗迹》。
② （唐）张祜：《张承吉文集》卷9《陪楚州韦舍人北阊门游宴》，上海古籍出版社，1994，第162页。
③ 鲁西奇：《城墙内外：古代汉水流域城市的形态与空间结构》，第149页。

第一章
淮河南北：山阳、清河二城的历史考察

约可分成8个坊"。① 里坊之内当设有商业交换的场所，不仅"开元寺、龙兴寺、紫霄宫前有热闹非凡的庙市"，"草市、鱼市也熙熙攘攘"。② 唐李嘉祐《登楚州城望驿路十余里山林相次交映》中曰："草市多樵客，渔家足水禽。"③ 既言"樵客"，则此处的乡村草市当指柴市。

其实，唐代楚州城市经济的发展，不仅端赖于运河水道的开通，同时楚州亦可视为东亚地区的港口商埠。唐人李邕《娑罗树碑记》曰："淮阴县者，江海通津，淮楚巨防。"④ 就中日、中韩商业与文化交流的角度而言，"江"可释为遣唐使等人由东海登陆，入长江口，经扬州、高邮至楚州，而"海"的地理区位则是由淮河入海通道彰显的。⑤ 有学者进一步指出，"除了东面直通海洋的淮河一路，还有向北到海州的水路"。⑥ 李翱所记路线当亦可为之佐证：元和四年（809）二月"庚申，下汴渠入淮，风帆及盱眙。风逆天黑，色波水激，顺潮入新浦。壬戌，至楚州"。⑦ 新浦即海州一带，则知海州至楚州入淮，有水道相通，当即后世盐河所经之地。唐代楚州新罗人特别多，城内有新罗坊之设，专门接待新罗等国的遣唐使者。在登州、楚州等地，已形成新罗侨民聚居的社区，且有专职官员进行社区管理，新罗侨民在山东半岛和楚、扬等地主要从事商业和运输活动，促

---

① 李孝聪：《唐代城市的形态与地域结构——以坊市制的演变为线索》，载李孝聪主编《唐代地域结构与运作空间》，上海辞书出版社，2003，第271页。
② 干颖：《淮安市的空间结构与区域发展》，南京师范大学硕士学位论文，2003，第32页。
③ 《全唐诗》卷206，中华书局，1960，第2156页。
④ 乾隆《淮安府志》卷29《艺文》。
⑤ 陈凤雏：《唐代楚州港》，《江苏地方志》1996年第1期。
⑥ 周运中：《唐宋时期楚州的运河与海洋》，载研讨会组织委员会编《第二届"运河之都——淮安"全国学术研讨会论文集》，第221页。
⑦ （唐）李翱：《来南录》，《全唐文》卷638，第6442页。

进了东亚地区的经贸往来与文化传播。①

3. 唐末至两宋时期的楚州城

唐代末年,江淮地区陷入军镇混战之中,其中以汴(宣武镇朱温)、扬(淮南杨行密)两大军事集团的清口之战最为关键。景福元年(892),"杨行密陷楚州,执楚州刺史刘瓒"②,并以楚州作为其兵力集中的前线阵地。杨行密曾经登临楚州城,"见王茂章营第,曰:天下未定,而茂章居寝郁然"③,则知其时楚州筑有城垣,且可据为守备。虽然"唐末军阀混战,使当时社会经济遭到极大的破坏",不过清口之战也"把北方军阀势力限制在淮河以北,使淮河一带成为中原五代王朝与南方割据政权的基本分界线,南方的割据势力暂时保存下来",战后,杨吴政权"继续推行恢复经济的措施,保持境内安定"④,由此推知,唐末五代时楚州一带民生富实,其州郡城垣未见废隳之态,当亦保存完好。直到后周世宗伐唐之时,方打破南北互峙的政治格局。"周兵攻淮南,诸郡皆降,独楚不下,围四旬,守益坚"⑤,则知楚州城仍较为坚固。周世宗亲自督阵,至楚州"北辰堰,齐云舰大不能过"⑥,遂"诏发楚州管内丁壮,于城西北开老鹳河","以通其路"⑦。楚州守将张彦能"独不为动,及梯冲临城,凿城为窟室,实薪而焚之,城皆摧圮",楚州城遂被攻克,"世宗屠其城,严

---

① 陈尚胜:《唐代的新罗侨民社区》,《历史研究》1996 年第 1 期。
② 《新唐书》卷 10《昭宗纪》,第 287 页。
③ (明)陈耀文:《天中记》卷 14《宅》,上海古籍出版社,1991,第 637 页。
④ 张金铣、赵建玲:《唐末清口之战及其历史地位》,《安徽大学学报》(哲学社会科学版)2000 年第 1 期。
⑤ 正德《淮安府志》卷 12《官守·郡守》,第 267 页。
⑥ 万历《淮安府志》卷 3《建置志·古迹》,第 363 页。
⑦ (宋)王钦若等:《宋本册府元龟》卷 45《帝王部·谋略》,中华书局,1989,第 67 页。

第一章
淮河南北：山阳、清河二城的历史考察

兵以成之"。① 楚州经此一劫，城垣遂多倾圮。

北宋楚州城垣具体情形不详。张舜民在《离山阳》一诗中曰："孤帆转城角，返照入船门。"② 徐积曾状摹其家居环境说："我家东畔好凭栏，柳一林边水一湾。城下人烟都似野，城头云树恰如山。"③ 由此，均足见北宋时楚州之有城，殆为北宋初年重修之城垣。同时，徐积一诗亦反映出楚州城东散布有零星村落，较为荒凉，大部分居民可能聚于城内，其人口规模当不小，有诗曰："绕淮邑屋绵千区，画檐绮栋吹笙竽。"④ 苏轼曾途经山阳，作观感诗曰：

山阳晓雾如细雨，炯炯初日寒无光。云收雾卷已亭午，有风北来寒欲僵。忽惊飞霆穿户牖，迅驶不复容遮防。市人颠沛百贾乱，疾电一声如颓墙。⑤

由此可知，北宋楚州城内可能仍设有"市"。"百贾"一说恐有夸饰之嫌，不过亦可侧面证明楚州城商业繁荣之一斑。而徐积对楚州城市景的呈现更显妥帖：

山阳有客似相如，身著儒衣当酒垆。尘埃市井不到处，烟霞往往生衣裾。一竿横挂数幅帛，题云酒味如醍醐。三月高楼满春色，椒浆琼液盈金壶。盘罗江笋烹淮鱼，樱实赤玉梅绀肤。弹丝

---

① （宋）马令：《南唐书》卷16《张彦能传》，《丛书集成初编》，中华书局，1985，第111页。
② 政协淮阴市委员会编，孙爱琴选注《历代咏淮诗选》，无出版社、出版年，第66页。
③ （宋）徐积：《节孝集》卷25《题东轩》，第910页。
④ （宋）王洋：《寄廉宣仲》，（清）丁晏原辑，周桂峰校点《山阳诗征》卷3《宋元》，第60页。
⑤ （宋）苏轼撰，（清）王文诰辑注，孔凡礼点校《苏轼诗集》，中华书局，1982，第292页。

敲金半空里，醉挥玉爵撞珊瑚。凭栏直下是烟火，坐上清风凌太虚。夜深正燃红蜡烛，罗幕遮风留客宿。是人俱爱何家楼，自是何君德如玉。①

是诗讲述的是众人春光三月宴集何家楼的情形。由诗句可知，何家楼系何氏所有，楼宇气势宏壮，言之曰"高楼"。首句谓"山阳有客似相如，身著儒衣当酒垆"，则推知何氏乃客居山阳者，具体身份不明，然其所居之何家楼，无疑为楚州城文人雅集唱酬胜地。其实，客籍寓楚经商者，当不乏其人，宋楚州北辰坊烈妇者"有美色，夫为小商，舟行上下，载以自随。至于北神，其夫病死，贫无以殓。同舟富商者，假贷与之"②。北辰坊位于楚州城北，临靠淮水，向为淮扬运河入淮处，即末口附近，舟车喧阗，为楚州城外繁盛的商业街区。称北辰为"坊"，其具体形态及管理模式失于认识，不过结合上文，北宋时期楚州恐仍保存坊市制度。

南宋时期，楚州与金元交壤，动辄兵锋相向，遂成军事重镇，③故地方官员和守将屡次主持修筑城垣。黄干《勉斋先生黄文肃公文集》卷23《代抚州陈守奏事》中记载：

淮东诸郡亦然，非守者有勇怯，有城与无城异耳。国家南渡以后，大筑襄阳、楚州两城，方其经画之初，岂能无劳民伤财之

---

① （宋）徐积：《节孝集》卷3《高楼春》，第796页。
② （宋）徐积：《北神烈妇序》，载（清）邱沅等修，段朝端等纂《山阳艺文志》卷7。烈妇事又见天启《淮安府志》卷18《人物志四·列女·贞烈》，第774页。
③ 关于南宋时期江淮地区的军事活动情况，学者多有阐释，参见孙克宽《南宋金元间的山东忠义军与李全》，收入氏著《蒙古汉军及汉文化研究》，台北文星书店，1958；张家驹《宋代的两淮山水寨——南方人民抗金斗争中的一种武装组织》，《上海师院学报》1960年第1期；陶晋生《南宋利用山水寨的防守战略》，《食货月刊》复刊第七卷第一、二期，1977；黄宽重《两淮山水寨——南宋中央对地方武力的利用与控制》，《"中央研究院"历史语言研究所集刊》第72辑，2001。

第一章
淮河南北：山阳、清河二城的历史考察

患？设使两城不筑，前者虏人得以据吾之要害。则今日之事，得无有大可虑者乎，此已事之明验也。①

可见，宋室南渡之初，即着力兴修楚州城，将之作为边防重镇，并与襄阳城相提而论，恐即所谓"淮襄城制"。建炎四年（1130），赵立担任楚州知州，其间遭遇金军的猛烈进攻，史载：

> 会金左监军昌亲率数万人围城，攻其南壁，自为旗头，引众出战，相持四十余日。至是，敌以炮击三敌楼，遂登城。立先取生槐木为鹿角，以槎其破处。而下修月城以裹之，月城之中实以柴薪，城之内为镕炉。敌自月城中入，立命以金汁浇之，死者以数百，敌不能入，遂退守孙村大寨。②

宋、金交战相持达四十余日，足见楚州城的坚固难攻。金兵以楚州城南壁为突破口，"以炮击三敌楼"，则知城南门上当有三座门楼。知州赵立又兴修月城，即瓮城，以加强守备，月城为粮草储存之地，并以此作为抗御金兵的第二道防线，成效益著。然而金人并未就此罢兵，建炎四年夏四月，完颜挞懒"围楚州急。赵立命撤废屋，城下然火池，壮士持长矛以待。金人登城，钩取投火中"。时值"兀术将北归，以辎重假道于楚，立斩其使。兀术怒，设南、北两屯绝楚饷道"。③金兵既"绝楚饷道"，楚州城开始出现粮荒，《建炎以来系年要录》载："初有野豆野麦可以为粮，后皆无生物，见凫茨芦根，男

---

① （宋）黄干：《勉斋先生黄文肃公文集》卷23《代抚州陈守奏事》，《北京图书馆古籍珍本丛刊》第1辑第90册，书目文献出版社，1988，第547页。
② 《建炎以来系年要录》卷31，"建炎四年二月己巳"条，第604页。
③ （明）冯琦原编，陈邦瞻增订，张溥论正《宋史纪事本末》卷64《金人渡江南侵》，清同治十三年（1874）江西书局刻本。

· 73 ·

女无贵贱刲之。后为水所没，城中绝粮，至食草木，有屑榆皮而食者。"① 虽知州赵立"婴城固守"，终"执节守义"，② 楚州城遂陷于金人。③

绍兴元年（1131），宣抚使刘光世收复楚州。④ 绍兴五年（1135），都督张浚抵达镇江，"召淮东宣抚使韩世忠，亲谕上旨，使移屯楚州，以撼山东"⑤。"楚州屡经兵革，地皆榛棘"⑥，韩世忠锐意振兴军务，"抚集流散，通商惠工"，楚州再次成为重镇。⑦ 韩世忠守淮期间，亦曾增修楚州城，此次修城详情如何不得而知，不过后世驻守者多有称道，如《宋史》卷465《郑兴裔传》记乾道初事曰"楚州议改筑城，有谓韩世忠遗基，不可易者。命兴裔往视，既至，阙地丈余，增筑之"，由此可知郑兴裔曾增筑楚州城。宋孝宗年间，有改筑之议，时李大性任楚州通判，他认为"楚城实晋义乌间所筑，最坚，奈何以脆薄易坚厚乎？持不可"⑧。李大性所谓晋时所筑之城，为淮安旧城。南宋时期，楚州城最大的变化为乾道七年（1171）楚州新城的修筑，周孚撰修城记文曰：

> 光州观察使陈侯敏自高邮往代之，侯既至郡，览视河山，知天子所以防患之意。而又知役之大费之巨，而人不可久劳也，乃计工庸，差物宜，裁其费之冗者，谪其卒之不中程者。……而城

---

① 《建炎以来系年要录》卷37"建炎四年九月戊辰"条，第713~714页。
② 正德《淮安府志》卷12《官守·郡守》，第270页。
③ （宋）王明清《挥麈录》卷9记曰："淮南宣抚司奏楚州城陷，镇抚使赵立死之。"上海书店出版社，2001，第154页。
④ 乾隆《淮安府志》卷17《营制》。
⑤ （宋）熊克：《皇朝中兴纪事本末》卷32"绍兴五年三月"条，北京图书馆出版社，2005，第659页。
⑥ 正德《淮安府志》卷12《官守·郡守》，第270页。
⑦ （宋）王象之：《舆地纪胜》卷39《淮南东路·楚州》，第1660页。
⑧ 《宋史》卷395《李大性传》，第12048页。

第一章
淮河南北：山阳、清河二城的历史考察

以成，其长四千二十有三步，其高二丈有七尺，濠之广如城高之数而杀其一。为门六，水门二，楼橹机械之用毕具，沈沈翼翼，视旧之功盖有加焉。时某适从事此邦，而侯求文为记，某尝从侯而登，周览四向矣，盖淮东诸郡其视以为喉襟者，莫逾楚也。①

周孚"适从事此邦"，受陈敏之请，为文作记，所言当必不诬。所谓"楚州新城"，并非指旧城翻新，而是在旧城之北另筑一城，"即古北辰镇地"。② 楚州新城设有一旱门、六水门、两座城门楼。值得注意的是，这则材料还涉及新城的规模，城墙高2丈7尺，周长4023步，另外设有壕沟，其宽亦为2丈7尺，可见楚州新城开始重视对周遭水域的利用，增强作战防御能力。陈敏所筑的新城，"北使过者观其雉堞坚新，号'银铸城'"③，足见其城垣之坚实。杨万里曾作一诗称赞新城曰：

已近山阳望渐宽，湖光百里望千村。人家四面皆临水，柳树双垂便是门。

全盛向来元孔道，杂耕今是一雄藩。金汤再葺真长策，此外犹须仔细论。④

至此，楚州形成了旧城、新城并峙的"双城"格局。后世有咏"双城"者，如元人王恽有《淮安州》诗曰："平野围淮甸，双城入

---

① （宋）周孚：《蠹斋铅刀编》卷23《楚州新城记》，《景印文渊阁四库全书》集部别集类，第1154册，台湾商务印书馆，1986，第655页。
② 乾隆《淮安府志》卷5《城池·淮安府城》"新城"条。
③ 《宋史》卷402《陈敏传》，第12183页。后世淮安方志中多将陈敏重修之城误认为晋时旧城，号称"银铸城"者当为新城。
④ （宋）杨万里撰，王琦珍整理《杨万里诗文集》卷30《望楚州新城》，江西人民出版社，2006，第527页。

楚州。喉襟开重地，鼓角动边楼。"① 此"双城"即指楚州旧城与新城。南宋后期，应纯之、赵仲等地方官员又曾修缮城池，以御外侮。

关于南宋时期楚州旧城城门的设置和名称，文献中有不少记载。《舆地纪胜》卷39《淮南东路·楚州·景物下》栏记"满浦闸"曰："在朝宗门外西北四里"，可推知朝宗门为西门或北门。南宋楚州太守应纯之曾开凿管家湖，"以教舟师"，②并在管家湖中淤涨之地修建水教亭，而管家湖又称为西湖，水教亭位于望云门外，则知望云门必为楚州城西门，朝宗门为城北门。临运河处有北津亭，位于朝宗门外，亦可证明朝宗门为北门。又有南津亭"在观风门外一里"，③可知观风门为旧城城门之一。根据正德《淮安府志》记载，观风门应为东门，南门名为迎远门。元代以降，楚州城的基址方位、城壁楼橹、空间结构等基本未变。元代仍为旧城、新城的双城格局，至嘉靖三十九年（1560），漕运都御史章焕"连贯新、旧二城"，④形成势足相援的三城联立格局。

另外，南宋建炎年间知州赵仲创修瓮城，为军政衙署重地，亦即子城。《舆地纪胜》卷39《楚州景物上》记熙台"在子城上"，同书同卷又有古山阳土地庙，"在子城西"，可见南宋时期楚州旧城仍为子城、罗城的双重格局。⑤南宋楚州为边防要守之地，其城内设施建置殆亦与此相关。比如宝祐三年（1255），熊景瞻曾"率郡戍将佐击球于筹边堂北"，意在练兵御敌，陈造记其事曰：

---

① （元）王恽：《秋涧集》卷13《淮安州》，《景印文渊阁四库全书》集部别集类，第1200册，台湾商务印书馆，1986，第154页。《宋史》卷88《地理四》（第2179页）记曰："绍定元年，升山阳县为淮安军。端平元年，改军为淮安州。"故而宋代实有淮安州之设，元代亦曾因仍其旧，称淮安州。
② （明）李贤等：《明一统志》卷13《淮安府》，第304页。
③ 万历《淮安府志》卷3《建置志·古迹》，第366页。
④ 天启《淮安府志》卷3《建置志·城池》，第126页。
⑤ 天启《淮安府志》卷23《丛纪志一·古迹》（第950页）记"熙台""在东南子城上"，则知子城当位于山阳城东南。

第一章
淮河南北：山阳、清河二城的历史考察

既酬，侯起握予手曰："凡劳寓于戏，虽懦也乐，张而不弛。莫既其情，天下无可弃之才，此其众勇怯能否信不齐，振厉用之，无不可者。吾老矣，顾今敌运垂，究天将悔祸，一旦有事中州，整暇以前，无扞格几微，而集不当，计未然乎。懦可作，勇可习，吾日惟此，且从事此，不独今日是心如是，子必吾信。"予曰："国家失中原逾六十年，古称三十年为世，而既再矣，盛衰消复循环然。夫士不素练不可应，卒不淬励，将惰且偷。"①

熊景瞻在筹边堂之北，以击球之戏砥砺兵士，防止其丧志泄气，怠惰腐化，可谓用意良深。南宋时期，楚州屡经兵革，致使城内文教设施亦迁置不常，不过作为淮东大郡，其文脉未曾中断，驻守官员多有重建儒学之举。天启《淮安府志》收录北宋初年以来关于儒学的系列碑记，②可据此辨明兵燹下的儒学兴废过程。北宋景祐元年（1034），魏廉知楚州事，慨见孔子祠尽显废圮之态，奏请拟修儒学并获准，遂"鸠工僝工，乃谋新宫，斥地而南，筑为坛堂"，是为楚州山阳县学，亦即嘉定八年（1215）王呈瑞记文中所谓"宋景文公故地"③。淳熙十年（1183），吴莘所作儒学碑记文中称"日者草创学宫于山阳县治之北"，此草创之学宫恐指魏廉所建儒学前的孔子祠旧址，④则北宋中期山阳县学曾自县治北迁于城南，与宋祁所谓"乃谋

---

① （宋）陈造：《江湖长翁集》卷23《楚州秋击球序》，《景印文渊阁四库全书》集部别集类，第1166册，台湾商务印书馆，1986，第294页。
② 分别为（宋）宋祁《楚州建学碑记》；《修淮安府儒学碑记》中宋代吴莘、王呈瑞、宋鼐，明代吴节所作诸文。参见天启《淮安府志》卷19《艺文志一》，第809~811页，以下不另注。
③ 宋祁，灵丘人，字子京，谥"景文"，故而王呈瑞称淮安府儒学旧基为"宋景文公故地"。
④ 光绪《淮安府志》卷21《学校·学宫》中谓：府学宫，为宋景祐二年知楚州魏濂即旧祠改建，此语为非，即景祐二年，误，当为景祐元年；"旧祠"当指孔子祠，并非即孔子祠旧基改建，而是于城南另谋基址。

· 77 ·

新宫，斥地而南"之句相吻合。王呈瑞谓，景祐间山阳儒学"纵四十八寻，横十有二常，在城门南大逵之东者，即其初基矣"，则知淮安府儒学初始基址当位于城南门之外。至庆历四年（1044），"郡、县始并建学"，自此合称为楚州郡学。宋室南渡，郡学毁于兵火，绍兴十三年（1143），"郡守纪荚迁于南市"，① 万历《淮安府志》卷3《建置志·津梁》中记有"南市桥"，位于府治西南，同治《重修山阳县志》更言明南市桥在西门大街向南，② 则南市桥当位于城门之内，南市亦当与之同。由此推知，绍兴间楚州郡学由城外迁入城内。绍兴二十三年（1153），"吴桌移归故址，至隆兴而复毁焉。乾道己丑，徙于天庆观西，淳熙癸卯，郡守王诇迁归故基"，即吴莘所谓"徙建于承平旧址"，此"承平旧址"当指绍兴年间的南市基址。此后，隆兴、开禧年间又两陷兵戎，又分别"兴复于嘉定之乙亥、绍定之癸巳"，楚州儒学"前后凡三变矣"。明天顺二年（1458），祭酒吴节记曰："嘉定初，郡守赵师𨗇始复其地，建正殿于旧址之右，王益祥复建讲堂于庙庑之左。八年，应纯之又迁于正殿之后，而秩序始定。"可见嘉定年间，郡守对儒学的重建与改造，奠定了其后世的基本布局。

---

① （宋）王象之：《舆地纪胜》卷39《淮南东路·楚州》（第1648~1649页）谓在南市桥西，可知南宋楚州城确有南市，当为毗邻城南门的商业交换场所。
② 同治《重修山阳县志》卷2《建置·桥渡》。

第三节　地理景观的空间分置：以韩信、漂母相关故迹为中心

举凡郡邑先贤之懿德，可垂范于后世，以示教化。韩信乃淮阴人，戎马倥偬于秦汉之际，《史记·淮阴侯列传》状摹其生平履历曰：

> 淮阴侯韩信者，淮阴人也。始为布衣时，贫无行，不得推择为吏，又不能治生商贾，常从人寄食饮，人多厌之者。常数从其下乡南昌亭长寄食。……信钓于城下，诸母漂，有一母见信饥，饭信，竟漂数十日。信喜，谓漂母曰："吾必有以重报母。"母怒曰："大丈夫不能自食，吾哀王孙而进食，岂望报乎！"淮阴屠中少年有侮信者，曰："若虽长大，好带刀剑，中情怯耳。"众辱之曰："信能死，刺我；不能死，出我袴下。"[①]

此段文字关涉韩信生平的主要方面，即寄食于人、漂母饭信、胯下之辱等，韩信的这些遭遇在地方故实与历史文献中被反复演绎，逐渐形成以韩信、漂母故迹为中心的地理景观。当地人建庙妥灵，祭祀韩信，如韩信庙、韩侯祠、甘侯祠、淮阴侯庙，韩信垂钓被演绎为韩

[①]　《史记》卷92《淮阴侯列传》，中华书局，1963，第2609～2610页。

信钓台、韩侯钓台等建筑,漂母饭信则有漂母墓、漂母岸、漂母祠、千金亭,另有淮阴市、胯下桥、南昌亭、韩信城等诸多故迹与景观,凡此均为缅念先贤、仁妇而建。就现今行政区划而论,上述诸故迹与景观分属于淮阴区、淮安区,亦即原淮阴县、淮安县,约略相当于明清清河、山阳二县。诚然,历史故迹散落于不同的地理空间之中实属正常,不过像清淮地区的情形,即距离之近、纠葛之繁,尚为鲜见。① 那么,清淮地区地理景观的空间分置,具体依循怎样的时空脉络?何以出现清河、山阳二县在故迹归属问题上的纠葛,与前文所述"淮阴"地名的演变是否存在关联?前贤时俊对韩信、漂母诸故迹,持有怎样的地理认知?地方志书对此作何解释?兹试辨析之。

一 韩信、漂母相关故迹的时空分析

清淮地区韩信、漂母相关故迹,较早见于文献记载者为漂母墓、韩母墓。司马迁曰:"吾如淮阴,淮阴人为余言,韩信虽为布衣时,其志与众异。其母死,贫无以葬,然乃行营高敞地,令其旁可置万家。"② 郦道元《水经注》中又载:淮阴故城,"昔韩信去下乡而钓于此处也。城东有两冢,西者即漂母冢也,周回数百步,高十余丈。昔漂母食信于淮阴,信王下邳,盖投金增陵以报母矣。东一陵,即信母冢也",由此可知漂母墓、韩母墓乃韩信所立,均位于秦汉淮阴故城之东。唐宋时期,漂母墓尚存。刘长卿旅经淮南,咏及漂母墓曰:"古墓樵人识,前朝楚水流。"③ 此处"楚水"即指淮水,漂母墓当距

---

① 荀德麟:《两淮互见古迹的综合考证》(《淮阴志林》1987年第1期)对两淮地区互见古迹的创建时间、地域归属等方面,均有辨正,对本节的写就颇有启发意义。
② 《史记》卷92《淮阴侯列传》,第2629~2630页。
③ (唐)刘长卿:《刘随州诗集》卷2《经漂母墓》,丛书集成新编第70册,影印本。

第一章
淮河南北：山阳、清河二城的历史考察

淮水不远。前已述及，北宋初年古淮阴县曾并入山阳县，《太平寰宇记》亦记漂母墓于山阳县之下，而宋代其他地理总志则多记之于淮阴县。①其实，漂母墓等基址当未迁移，即在秦汉淮阴故县之地，恐因文化故迹归属受制于政区分合之态，划入析出，后世学者不察，以至于文献记载杂错纷呈。漂母墓等故迹的归属，与前述淮阴故城相似，需要加以辨明。正德《淮安府志》卷11《祠祀》"陵墓"栏中记曰：

> 韩信母墓，在淮阴县西四十里，漂母墓相对，俗呼"东西冢"。
>
> 漂母墓，在城西四十里，旧淮阴县北。《寰宇记》："信为楚王，立冢以报漂母。"

"韩信母墓"条中"淮阴县"指明清山阳县，"漂母墓"条中"旧淮阴县"则指秦汉淮阴故县，正德《淮安府志》将漂母、韩母二冢归隶于山阳县。不过，嘉靖《清河县志》中对此曾有申辩，内称："漂母，《史记》：母为淮阴，按：淮阴在马头镇，则为清河人明矣。"②故而在同书卷3《古迹》中，录入诸如漂母岸、漂母墓、韩信母墓等淮阴故迹。则清河邑人以汉代淮阴县旧址为明代马头巡检司驻地，将漂母诸迹转接于县域之内。据前文考论，明代马头巡检司当为东晋淮阴城，非秦汉淮阴故城。不过，《清河县志》对秦汉故迹的声称，仍隐示出这一问题的个中曲折。至明代后期，方志文献中趋向采取折中的方式，将漂母墓等故迹分述于山阳、清河二县，且对清淮地区韩信、漂母相关故迹的归属问题作一批注曰：

---

① （宋）王象之：《舆地纪胜》卷39《淮南东路·楚州》古迹栏"漂母墓"条，第1655页。
② 嘉靖《清河县志》卷2《人物·列女》，台北淮阴同乡会影印本，1990。

> 韩侯遗址：漂母清河人，所居毗邻山阳，地境在今淮口甘罗城一带，皆高阜，人居极盛。其垂钓之址亦在。只今韩城、漂墓、韩母之坟，万家具墟，今《清河志》其事实迹可验。山阳以郡属当志，然博者按土而知之矣。①

此段材料"乃辑拾遗"而成，嘉靖《清河县志》为其文献来源之一，且据以为信。"其垂钓之址亦在"，当指嘉靖《清河县志》中所谓的"韩信钓台"，殆其时仍存其迹。天启《淮安府志》纂者认为，韩城、漂墓诸故迹属于清河县，当无疑义，因山阳乃淮安府附郭县，故而将漂母墓等故迹记于其下，亦未尝不可。至清乾隆年间，遂予以厘正，悉数载入清河县。由此，就方志文献记载观来，可以明晰漂母墓、韩母墓诸故迹由山阳县划归清河县的历时脉络。

虽漂母墓、韩母墓屡遭灾沴，不过其基址未曾移易，而山阳城内、外淮阴侯庙以及韩侯钓台、漂母祠等故迹的兴筑与建构，再加上明清时人咏叹相关故迹和景观者不乏其例，故对山阳县韩侯、漂母故迹的考释与论证，可以为我们解读清淮地方社会提供更丰富的历史场景。在清淮地区韩信、漂母相关故迹分置或重建问题中，关涉较早者为淮阴侯庙、韩信庙与韩侯祠。② 民国《续纂清河县志》卷14《古迹》"淮阴侯庙"条曰："在淮阴古城淮水岸，唐时即有之，今山阳东南之庙，乃康熙中知府徐恕所重修，非旧庙也。"检视唐人诗集，有李绅《却过淮阴吊韩信庙》诗曰："功高自弃汉元臣，遗庙阴森楚水滨。"③ 此处明言淮阴县韩信庙，当濒近淮水。宋元时人亦多有咏

---

① 天启《淮安府志》卷24《丛纪志二·丛谈》，第1007页。
② 参见荀德麟《两淮互见古迹的综合考证》（《淮阴志林》1987年第1期）一文中对相关故迹的类型比对。
③ （唐）李绅：《追昔游集》卷下《却过淮阴吊韩信庙》，《景印文渊阁四库全书》集部别集类，第1079册，台湾商务印书馆，1986，第102页。

第一章
淮河南北：山阳、清河二城的历史考察

叹韩信祠庙者，称淮阴侯庙、淮阴祠或韩信祠诸名。"山阳东南之庙"当指位于府治东南的淮阴侯庙，① 殆亦即漕运总督署东的韩侯祠，故在山阳县域内兼有淮阴侯庙或韩侯祠之称，且所指相同。韩侯祠当始建于明万历之前，淮安府推官曹于汴鉴于当地"武教之未明，亦文治之未洽也。乃乘握篆时，特请于院道诸公，创为鹰扬会于郡之韩侯祠"②，以振兴淮安府武教事业，故韩侯祠成为武学砥砺与交流的重要空间，与兵神韩信之遗意颇相契合。

再观韩信垂钓、漂母饭信之事所演绎的地理景观的空间分置。山阳人吴玉搢曾指称："今郡城北门外漕河堤墒，有韩侯钓台在漂母祠前，乃明万历间郡守刘公大文所追建。而唐宋人过淮阴皆无咏钓台诗，即吾乡诸先达，明成弘以前集中，无此题也，有之，自潘中丞始。"③ "潘中丞"即指明正德三年（1508）进士潘埙，潘氏辑有《淮郡文献志》，其中确录有"韩信钓台"之名。④ 不过捃诸文献获知宋人赵公豫《燕堂诗稿》即有咏钓台者曰："湖水盈盈历古今，我来凭吊识淮阴。王孙自失三齐志，漂母谁怜一饭心。"⑤ 同书同卷另有《漂母祠》一诗："英雄未得志，落魄有谁怜？一饭寻常事，千秋颂母贤。"作者赵公豫为南宋初年人，祖居常熟县，⑥ 赵氏亦作华佗墓、玻璃泉诸景诗，如其所记不诬，恐其曾游历江淮。关于早期韩侯钓台的材料别无旁证，其所指何处迄难确断，不过将之与漂母祠相提而论，则可判断南宋初期可能即有韩信、漂母诸故迹迁置山阳县的现

---

① 万历《淮安府志》卷6《学校志·祠庙》，第482页。
② （明）朱维藩：《淮郡新建鹰扬会纪事碑记》，载（清）邱沅等修，段朝端等纂《山阳艺文志》卷2。
③ （清）吴玉搢：《山阳志遗》卷1《遗迹》。
④ （明）潘埙：《淮郡文献志》卷24《先贤诗文余录》，第525页。
⑤ （宋）赵公豫：《燕堂诗稿》不分卷"韩侯钓台"条，《景印文渊阁四库全书》集部别集类，第1142册，台湾商务印书馆，1986，第197页。
⑥ 宝祐《重修琴川志》卷8《叙人》，《续修四库全书》史部地理类，第698册，上海古籍出版社，2002，第333页。

象。旧淮阴县亦曾建有韩信渔钓之基址，恐即前文提及的嘉靖《清河县志》中的"韩信钓台"。就目前所获材料而言，山阳城外重建之遗迹早于旧淮阴县，有违史实，当是文献阙如或别有其名之故，置此存疑。

山阳重建之韩侯钓台位于城西北运河东岸，未移他址，漂母祠则几易其地，且历经翻修。现存咏山阳漂母祠较早的确切记载，见于明代前期山阳人高安①的《漂母祠》一诗。嘉靖年间，总漕都御史王昞又撰有《漂母祠记》文曰："淮旧城闉故有祠，盖知敬其人矣。而其言教，由太史公来，未有能阐之者。予僭发其义，镌于石，用质诸谒漂母者。"②"淮旧城闉"指附连于旧城的护门小城即瓮城、子城，旧城四门"皆有子城"，③ 又前引高安咏漂母祠诗后人注曰"本在东门内"④，故可推知漂母祠当初建于淮安旧城东门子城处。其后，漂母祠复有更迁。明成化初年，漕运总兵官杨茂"慨母混于水神一祠，大为亵渎，非所以妥厥灵也。令淮安卫指挥丁裕，相郡城西门外隙壖数武，构堂三楹，中肖母像以专奠焉。后房三楹，命焚修道士沈宗潮居之，灵爽始有依也"，后陈锐、杨逊均有加修之举。⑤ 约于明清之际，漂母祠又曾由西门外迁至北角楼韩侯钓台北侧，清康熙朝以来亦曾屡经修葺。⑥

韩侯、漂母等相关遗迹之重建，另有胯下桥、淮阴市等。唐人温庭筠有《送淮阴孙令之官》诗曰："鱼盐桥上市，灯火雨中船。"清人注曰："淮阴城北半里，为胯下桥，十里为杜康桥。"⑦ 胯下桥亦作

---

① 万历《淮安府志》卷15《仕籍传》载：高安"山阳人，贡太学，宣德间授南宫知县"（第741页）。
② （明）王昞：《漂母祠记》，载天启《淮安府志》卷20《艺文志一》，第826页。
③ 正德《淮安府志》卷5《规制一·城池》，第47页。
④ （清）高安：《漂母祠诗注》，载（清）邱沅等修，段朝端等纂《山阳艺文志》卷7。
⑤ （明）雍时中：《重修漂母祠碑记》，载天启《淮安府志》卷20《艺文志一》，第832页。
⑥ 同治《重修山阳县志》卷2《建置·坛庙》。
⑦ （唐）温庭筠著，（清）曾益等笺注，王国安标点《温飞卿诗集笺注》卷8《送淮阴孙令之官》，上海古籍出版社，1998，第163页。

第一章
淮河南北：山阳、清河二城的历史考察

胯下桥，可见唐代淮阴县或即有之；又言"城北半里"，殆淮阴城北门外胯下桥附近，已形成以鱼、盐市场为主的商业街区。宋代胯下桥尚存，梅尧臣曾作诗云："跨下桥南逆水风，十幅蒲帆弯若弓。"① 结合作者旅居行程，此即淮阴县之"跨下桥"。南宋地理总志中均载有"跨下桥"，谓"在淮阴县，即韩信为少年所辱之处"。② 至于山阳县境的胯下桥，未见确切记载，仅有南宋初年叶廷珪辑《海录碎事》一书中称："胯下桥，在楚州宝应南一里，韩信遇恶少年之处。"③ 此则材料实有疑窦，待考。山阳县胯下桥的确切记载见于天启《淮安府志》中，称其"在淮阴旧县二百步"，同书同卷清河县下亦记有胯下桥之名，量其地望，"所指实为一地"，④ 与前述淮阴故城、漂母墓、韩母墓等故迹情形大体相同。其实，同一地理景观分述于两县，以山阳为郡治所在兼而记之，本身恐即隐含可资细究的地方文化语境，将在下文予以试析之。与胯下桥相关的则是"淮阴市"的迁置与重建。"淮阴市"之景当源于韩信曾在淮阴城内市廛处受辱于里中少年，可见东汉时期已见"淮阴市"之谓。此后，代有咏"淮阴市"者，不赘述。乾隆《淮安府志》卷28《古迹》清河县"古淮阴市"条曰："在淮阴故城，即淮阴侯微时遇少年处。今府市口有淮阴市碑，乃后人所立，非旧地也。"古淮阴市在秦汉淮阴故城即甘罗城，属清河县，山阳城内府市口"淮阴市碑"为明万历年间刘大文重建，当无疑义。⑤

---

① （宋）梅尧臣：《宛陵先生集》卷34《使风》，《四部丛刊初编》集部，上海书店出版社，1989，影印本。
② （宋）王象之：《舆地纪胜》卷39《淮南东路·楚州》"跨下桥"条，第1652页。
③ （宋）叶廷珪撰，李之亮校点《海录碎事》卷3下《桥道门》"胯下桥"条，中华书局，2002，第108页。
④ 又见荀德麟《两淮互见古迹的综合考证》，《淮阴志林》1987年第1期。
⑤ 民国山阳邑人卢福臻曰："城西北府市口有淮阴市石碑，明万历庚午东鲁刘大文题。"见《咏淮纪略》卷下"淮阴市"条，民国7年（1918）仿宋排印本。

· 85 ·

二 景观迁置的因与果

韩信、漂母为秦汉之际淮阴县人,其相关故迹当原置于此,即后世文献中所称"旧淮阴县"或"淮阴故县"。据前文考论,历史时期清淮地区行政疆域盈缩不定,"旧淮阴县"曾四次并入山阳县,南宋末年清河置县,至元代中期甘罗城即秦汉淮阴故城更为清河县治,故此后"旧淮阴县"地当隶属于清河县。另外因淮阴城址亦屡经迁移,清淮地区当留存多处称为"淮阴故城"的城垣旧址,即秦汉淮阴故城、东晋荀羨淮阴城、南宋八里庄城等,历史文献未加以辨识,导致讹误相续。明清时期,山阳城内外韩侯钓台、漂母祠等地理景观的重建,引致"旧淮阴县"地及其相关故迹逐渐出现行政归属方面的错杂纠葛。

南宋初年以降,黄河南下侵夺淮河水道,"旧淮阴县"为黄淮交会之处,"四面浸灌,岁恒苦之",诸如甘罗城、胯下桥、漂母冢等,"在昔颇号形胜,顷以灾沴频仍,皆就湮废,仅存名迹而已"。① 鉴于此,明代中期以后,漕官、郡守相继在山阳县境内对韩信、漂母相关故迹予以兴建和修整,韩侯祠、漂母祠、韩侯钓台皆归此类。民国淮阴县人张煦侯对此颇有微词:"独怪明清郡城大吏,意取耀俗,遂漫不深考,自湖嘴以迄旧城,所标古迹同于吾县者三数处。"② 漕官、郡守重建韩侯、漂母诸故迹,张氏释为"意取耀俗",恐有失偏颇。以漕署之东的韩侯祠为例,其重建当与嘉靖、万历年间的倭乱之患有关。淮安府联城建于嘉靖三十九年(1560),以加强城池防御功能;万历二十三年(1595),"倭奴边警,署府事、推官曹于汴添设敌台

---

① 正德《淮安府志》附明《淮安府图说》文字,第 543~544 页。
② 张煦侯著,方宏伟、王信波整理《淮阴风土记》第 1 章《清江区》,第 375 页。

第一章
淮河南北：山阳、清河二城的历史考察

四座"①，恰韩侯祠亦乃曹氏所建，且置鹰扬会于韩侯祠内，砥砺武学，振兴士气，可推知韩侯祠并非"意取耀俗"而建，其兴建当应时所需，故而韩信遗风在山阳城内得以接续与传承。

那么，何以漕官、郡守将韩侯、漂母诸故迹移置于山阳之境？仅如天启《淮安府志》中所言"山阳以郡属当志"？笔者认为，"旧淮阴县"地曾四次并入山阳县，且其相关故迹尽皆湮废，能在山阳县境得以重建，实为地方文化之幸。更为重要的是，韩侯、漂母诸故迹移置山阳县，当与前文已述的明清时期"淮阴"逐渐成为山阳之代称有关，这可视为诸故迹可以移置山阳县的必要条件。不过，这一地理景观移置确实造成对于"旧淮阴县"及其相关故迹认识上的淆乱与偏差，况且在这一移置过程中，出现未对原故迹名称更改而径直沿用的现象。如淮阴侯庙或韩信庙，唐代或即有之，而在万历《淮安府志》卷6《学校志·祠庙》中有"淮阴侯庙，在郡治东南，祀汉韩信"，其后则续有苏轼诸人诗文。也就是说，地方志编纂者即将淮安府城郡治东南的淮阴侯庙误视为"旧淮阴县"地者。再如，韩信曾有"淮阴侯"之号，故咏叹山阳韩侯钓台之人遂多有以"淮阴侯钓台"称之，或略称为"淮阴钓台"，张鸿烈有《淮阴钓台》诗曰："别有荒台傍水滨，王孙当日此垂纶。"② 赵翼亦有同名诗作："遗迹长淮一钓台，常令过客此徘徊。"③ 凡此皆为山阳城西门外之"韩侯钓台"，其实，此处"淮阴"当可指代韩信即淮阴侯，抑或其未遇之前游离之地，不过题咏者本人或后世阅此诗者，恐亦未加辨识，而认为韩信曾渔钓于此。诗文之作以其唱和酬应之路径，使这一观念流转于文士群体之中，故而山阳即可以"淮阴"之名，将"旧淮阴县"

---

① 天启《淮安府志》卷3《建置志·城池》，第126页。
② （民国）王光伯原辑，程景韩增订，荀德麟等点校《淮安河下志》卷16《古迹》，第461页。
③ （清）赵翼撰，李学颖、曹光甫校点《瓯北集》卷2《淮阴钓台》，第29页。

故迹自然嫁接于己，以至于地方文献中出现同一故迹分载于山阳、清河二县之下的情形。至清乾隆年间，地方志对这一景观分置问题予以统一清理，基本上将这些故迹划入清河县境，①诚如同治《重修山阳县志》中辨析曰："韩侯钓台，城西北运河东岸，旧迹在淮阴，此后人移建。按旧志：古迹如淮阴市、胯下桥、洪泽馆，及邱墓内之漂母、韩母墓，其地皆在淮阴，已入清河县志篇内，概从删削，庶几征实。"②可见，清代中期以后，清淮地区韩侯、漂母诸故迹所引致的地理景观分置问题，以清河县兼有"旧淮阴县"地而终结。

其实，在文化故迹归属问题中，症结主要在于"孰为真迹"的判定上。清山阳县人刘培元曾记韩侯钓台，称：

> 或曰：此特淮人追建，以志不忘尔。淮之城建于晋，重筑于赵宋，运河通漕自明永乐始，汉时不有也。由此城而西北数十里，旧有韩信城，与信母墓相近。……意侯钓处必在故城，与清淮接近，何可误指此为真迹耶？予应之曰："柳州不云乎，兰亭不遭右军，则清湍修竹芜没空山矣。此地如无此台，安知不为荒榛蔓草所蒙灭，樵夫牧竖所践蹋？所谓地以人重，非欤？淮阴故城僻在一隅，游迹罕到，而此台孤悬，往来凭吊无虚日，岂地之显晦亦有数存其间耶？……凡兹淮土，皆侯精神所聚，即谓斯台之等于真迹亦可。"③

这一段文字记载颇为精审，堪称允论。韩侯、漂母诸故迹原置于

---

① 详见乾隆《江南通志》卷32《古迹·淮安府》，清乾隆元年（1736）刻本；乾隆《淮安府志》卷28《古迹》。
② 同治《重修山阳县志》卷19《古迹》。
③ （清）刘培元：《韩侯钓台记》，载（清）邱沅等修，段朝端等纂《山阳艺文志》卷4。

第一章
淮河南北：山阳、清河二城的历史考察

秦汉之际的淮阴县，其时山阳、清河均未立县，故而追溯始源，后世逐渐构建的山阳、清河境域的相关故迹均不得称"真迹"。由于清淮地区行政建置频有更动，原淮阴县曾划归山阳县或清河县，故迹归属随政区更移而变，文献记载或兼顾或疏略于政区因素，其本身恐即难称可信，再加上后世传抄者未加辨识，以致讹误相传。清代中期以后，将韩侯、漂母诸故迹记入清河县，则亦因其时"旧淮阴县"地隶属清河。以今视昔，当注重故迹建置的时空场景，结合政区更移的发生因素，较为全面、辩证地理解变动中的清淮地方社会。

小 结

淮阴县号称"千年古县",它初现于秦代,为清淮地区最早出现的县级政区。一般来说,县级政区大多会修筑城墙,以求保境安民。秦汉之际淮阴县已筑有城垣,汉代因袭之。秦汉时期的淮阴城仅为沿淮城市,东汉后期泗水向东摆动,古淮阴县始为淮、泗交汇之地。东晋时期,荀羡为加强军备,在淮、泗交汇之地另筑淮阴城。郦道元《水经注》中记载的东晋淮阴城与秦汉淮阴故城恰可为证,亦因此奠定了淮阴城址变迁的主要架构。隋唐至北宋时期淮阴城未见迁移,仍沿用东晋淮阴城址。南宋嘉定年间,淮阴县迁治于八里庄,后再迁于甘罗城。需要强调的是,北宋后期泗水开始分流,形成大、小清河,八里庄与甘罗城应该位于大清河入淮处,即大清河口南岸,且甘罗城当依秦汉淮阴故城基址重建,而明清马头巡检司、今码头镇境小清河口南岸的淮阴城应为东晋荀羡所筑。

对于"淮阴"地名的研究,元初是一个非常关键的时间节点。虽然元初以前,淮阴城址经历了变动的历史过程,但它至少是伴随着行政区划的设置而更替。元初以后,淮阴县被撤废,淮阴城址亦不复存在。在这一地理区域中,取而代之的是位于淮河北岸的清河县。与淮阴城址变动相似的是,受水患等因素的影响,清河县亦经历了县治迁移的过程。元代清河县先后迁治于大清口南岸的甘罗城与小清口北岸的后世称为"旧县"的地方。迁治甘罗城使清河县得以跨淮河南、北而治,明清时期这一行政格局仍未变动。而迁到小清河口北岸的

第一章
淮河南北：山阳、清河二城的历史考察

"旧县"之城，说明元代大清河道逐渐淤废，造成水患灾害频繁发生，不适宜作为县治，小清河开始取代大清河，成为清淮地区的交通运输要道。所以小清口南岸的东晋淮阴城旧址，成为明清马头巡检司的驻地。

古淮阴县故迹归属问题的复杂化，进一步表现在"淮阴"之行政建置废止后，文人雅士的诗文作品中仍然可以寻得其踪迹，明清时期"淮阴"成为山阳县的代称，这种观念借由诗文唱和酬应之路径，比较广泛地存在于山阳县人、莅淮官员、异籍客旅中。更为重要的是，由于黄河水患的冲刷作用，具有古淮阴县意涵的韩信、漂母故迹渐趋湮废，明代漕官与郡守则在山阳县境对这些故迹予以重建，并赋予新的文化含义。其中漂母祠与韩侯钓台毗邻运河，南北名士驻足其间，多有咏叹之作，以发思古之幽情，韩信、漂母诸故迹以其附着的文化属性，遂成为明清时人寄情感怀的文化意象。客观地说，虽然山阳县境韩信、漂母诸故迹多为后人重建，确实并非真迹所在，不过作为清淮先贤的韩信、漂母之懿德，即文化记忆层面的"淮阴"，与"淮阴"之地名，二者交相为用，同在山阳县内得以接续与传承，实乃地方文化之幸。民国初年，清河县复称淮阴县，清淮地区的"淮阴"之名则实现了政区与想象的交合。

相较于淮阴的废置而言，山阳县自东晋设县建城之后，其经济优势较为明显。唐代的山阳筑有城垣，且有内城与外郭之分，形成了以州县衙署为中心的城市空间布局，城内划分为若干里坊，坊内设有商业市场。唐代的楚州城，在中日、中韩等国的商业与文化交流中，亦发挥着重要作用，楚州城内已形成了新罗侨民聚居的社区，设有专职官员管理。关于北宋时期的楚州城市结构，仅知城内商业仍较为繁盛，有一定数量的外籍客商寓居，大部分居民聚于城内，城外的北辰坊当亦有一片商业街区，可能已有较多居民。故而南宋时期，为了抵御金兵的进攻，屡次措置维修城垣，值得强调的是，彼时在北辰坊附

近，复有修筑山阳新城之举，殆即为了保护业已成形的商业街区与居民。从政治地位角度来看，唐宋时期的山阳城，均为淮南东路楚州治所驻地，元代复为淮安路治所在，明清时期为淮安府城，其政治地位向来保持稳定，在清淮地区的城市体系中占据主导位置，元代以前的淮阴县、南宋末年以迄清乾隆年间的清河县城，均难与其相媲。这可能也是秦汉淮阴县故迹能附载于山阳县名下的重要原因。

总体来看，元初淮阴县被撤废之前，无论是秦汉、东晋淮阴城，还是八里庄淮阴城或者甘罗城，基本上都在淮、泗交汇以及大、小清口围合的这一地理区域内。也就是说，受水道变迁及水患、战争等因素的影响，淮阴城址在大、小清口之间往复迁移，而没有超越这一地理区域单元。元初以后，淮阴的行政区划意义消失，却以一种文化记忆或观念的面相，逐渐传播、扩散并延续、流转于山阳县境内，这在多种语境的群体中均有明显的体现。更重要的是，由于黄河水患的冲毁作用，具有古淮阴县意涵的韩信、漂母故迹渐趋湮废，而明代漕官与郡守在山阳县境，将这些逐渐消逝的地理景观加以重建，更为淮阴属于山阳县提供了实物证据。客观地说，古淮阴县及其故迹在清河县境内，山阳县的古迹确实并非真迹，不过山阳县依凭政治、文化上的优势，承继、保存古淮阴县的历史文化记忆，并赋予新的意义，因此从文脉传承的角度来说，此乃地方文化之幸。

第二章
明代山阳城的移民、科举与士绅社会

作为历史社会地理的研究内容之一，社会现象研究"最重要的便是人群研究。社会地理的人群研究，主要是研究历史时期各地人群的形成、分布及其影响"。① 其实质是对"人"的研究，即体察个体在城市空间中的生活实态，以及由此衍生的与其他个体的公共关系网络。元末农民战争之后，包括淮安府在内的苏北地区，人户凋零、田亩闲置，亟待移民垦种耕植。清代大儒黄宗羲对明初淮安府城（附郭山阳县城，亦可略称为"淮城"）的人口曾忆述称"淮人止余七家"②，这"七家"当指"淮安城中的人口"，③ 亦即明初残存的淮安城土著居民。那么，这"七家"具体指称何氏何族，是否可以辨明其家族流变？假若"七家"之说不虚的话，明代山阳城的人口发生了怎样的时空变迁？进一步需要追问的是，洪武移民与山阳城有无牵涉，山阳城市人口源自何处，又以什么身份寓居山阳？明清两代外籍移民落居淮城后，如何逐渐融入、影响这座城市？以往相关研究以区域立论为主，某些结论亦有待进一步证实乃至修正。故本章拟先尝试梳理明代山阳城外来移民的演变过程，即移民群体如何进驻这一城市空间之中，再以科举、户籍及宗族等层面，例证淮城科举家族与地方社会的关系。

---

① 王振忠：《历史社会地理研究刍议》，《中国历史地理论丛》2005年第4辑。
② （清）黄宗羲：《瑞棠杨公传》，载沈善洪主编《黄宗羲全集》第10册《南雷诗文集》上，浙江古籍出版社，2005，第615页。
③ 曹树基：《中国移民史》第5卷《明时期》，第32页。

第一节　明代山阳外来移民的时空分析

一　"淮人止余七家"考论

黄宗羲《瑞棠杨公传》载"明初乱定，淮人止余七家"，历来对于"七家"之名颇有歧见。曹镳《信今录》载："至明初仅存七家，曰面张，曰裱王，曰盒子王，曰南门潘、关、赵，曰槐树李家，直是空城。"① 同为山阳人的杨庆之是嘉道年间淮安府城名士，潜心地方史籍，他认为"七家"是："节孝徐、槐树李、梅花刘、切面张、面盒王、裱褙王、南门潘。"② 相较而言，杨氏所述更为翔实，将曹、杨二人说法相较，发现存在南门关、赵与节孝徐、梅花刘的区别。杨庆之又谓，这"七家"土著"或又他徙，或世中绝"，③ 因此其姓氏源流实难备考。不过，似可推断切面张氏、面盒王氏、裱褙王氏，盖因其家庭所从事的生计而显于淮城。节孝徐氏，当指北宋著名学者徐积一支，他曾"以廷臣交荐，授楚州教授，卒谥节孝"④，淮城建有节孝祠以祀先贤。槐树李氏的祖先，可能是山西洪洞人槐树南下移民

---

① （清）曹镳：《信今录》卷10《道古编》。
② （清）郝树：《曹甸镇志》第6卷《民俗志·氏族与宗教》，江苏古籍出版社，1992，第44页。
③ （清）杨庆之：《春宵囊剩》卷1，民国11年（1922）稿本。
④ 万历《淮安府志》卷14《名贤传》，第699页。

· 95 ·

的一支。有学者研究，苏北及其毗邻的山东东南部地区，"也是明初山西移民迁入的区域之一，虽然山西移民迁入这一带的并不算很多，但确确实实有一批山西移民南迁进入了苏北的北部边缘地区"①。淮安城的槐树李氏，可能正是由苏北、鲁南地区辗转徙入的。洪武年间，有山阳人名李征者，"由国子生任考工监令，有干济才，升兵部尚书，卒祀乡贤"②，是否即槐树李氏族人尚未可知。

至于梅花刘氏，杨庆之曾述及"梅花老人运粮至京，盖亦元之遗人"③，则知刘氏族人曾参与转运漕粮事务。元末明初，江淮战乱，刘氏随军征讨，始由泗州再迁居山阳。"梅花老人"之名讳亦可考实，山阳人戴晟为其裔孙刘超宗作传曰：

> 先生讳理，字美当，一字超宗，其先颍人，始祖彦广迁淮。明太祖时，以耆老从守令入觐，因陈乞淮赋税得比中都，称旨，赐梅花一枝，世称为梅花老人。七传至思桥，思桥生飞云，飞云生先生。④

"梅花老人"即刘超宗十世祖刘四柱，字彦广，为明洪武年刘氏迁淮始祖。⑤ 梅花刘氏代有闻人，"明季至国朝，河下科第极盛者莫如刘氏"，更有"五世巍科"之题额。⑥ 刘氏族人中亦多仕官宦者，"梅花老人"十一世孙刘愈，"以万历己卯举人沈邱知县讳世光为高

---

① 曹树基：《中国移民史》第5卷《明时期》，第41页。
② 乾隆《淮安府志》卷22《人物·仕迹》。
③ （清）杨庆之：《春宵寱剩》卷1。
④ （清）戴晟：《刘超宗先生别传》，载（清）邱沅等修，段朝端等纂《山阳艺文志》卷3。
⑤ 光绪《淮安府志》卷28《山阳县人物一》。
⑥ （民国）王光伯原辑，程景韩增订，苟德麟等点校《淮安河下志》卷3《坊表》，第74页。

第二章
明代山阳城的移民、科举与士绅社会

祖,以万历己丑进士历常山信丰知县讳一临为曾祖,以敕赠岑溪知县讳自靖为祖,以顺治己亥进士岑溪知县讳昌言为父"①,梅花刘氏诚为山阳城的显赫望族。

南门潘氏当指原居于山阳城南门附近的潘埙家族。潘氏先祖有名为思诚公者,其后人为其立传曰:

> 先世江南人,……兵,衣冠奔越,不知何代祖始来山阳,谱牒□□相传迁自新安云。先生素儒者,元世左儒,且□其国人不任,而中华之士亦不乐为元用,乃承祖业,隐于医。未几,医大振,至正间以荐者上其名,因授淮安路医学教授。②

既言有谱牒可考,所论当有依凭。由材料可知,南门潘氏远祖居地可溯至皖南之境,后因兵乱迁入山阳,且可以肯定的是,元至正年间之前潘氏已迁入山阳,可见南门潘氏为淮城土著当无疑义,清代文学名家潘德舆即为其族裔。③潘德舆曾在《季秋展先大人墓》中有句云"屋老只看槐落地",并自注称"余先世旧居在城南都宪坊中,有槐阴书屋",④同治《重修山阳县志》卷2《建置·坊表》载:都宪坊,为潘埙立。潘埙即为潘德舆九世祖,正德戊辰(1508)进士,官至右副都御史,故建立都宪坊彰显他的功名。都宪坊位于旧城南门大街附近,故后世称之为南门潘氏。乾隆四十五年(1780),潘德舆

---

① (清)戴名世:《南山集》卷10《敕授承德郎工部屯田清吏司主事刘公墓志铭》,《丛书汇编第一编之四》,华文书局股份有限公司,第745~746页。
② (明)潘埙:《淮郡文献志》卷6《淮安路医学教授古逸先生潘公讳思诚》,第181页。
③ 清代经学名家丁晏有曰:潘德舆"远祖思诚公,元淮安医学教授,世称古逸先生"。见(清)丁晏《颐志斋文钞》"潘君传"条,《丛书集成续编》集部第134册,上海书店出版社影印本,1994。
④ 引自朱德慈《潘德舆年谱考略》,中国社会科学出版社,2009,第3页。

父抑隅公"就邵、鲍两家之聘",移居淮安府境东南乡涧河之畔的车桥镇。① 所谓邵、鲍两家之聘,指的是潘氏以讲学授徒为业,自此车桥多有贤达良士之辈,其镇亦逐渐繁盛。

其实,"淮人止余七家"之说究竟缘起何处,黄宗羲是否即为第一论者,已难辨明,不过将其视作对明初山阳城人户疏落的现象表征,当亦合理。因此,笔者认为此"七家"之说并非确指,"七家"之外尚有其他家族,今试举两例。杨庆之曾说:"《信今录》详七家而无杨氏,不知潘、杨、刘皆元遗民古逸。"② 潘氏、刘氏族人源流已见前考。族谱文献记载,杨氏迁淮一世祖名杨友谅,"明洪武三年,分户口票载,公五十有九,公盖生元皇庆元年壬子岁",故其杨氏一支则为元代遗民。③ "分户口票"一语,即指黄宗羲所谓的"锡以户口印券",④ 当为明洪武年间移民落居与户籍管理的书面凭据。虽然杨氏一族在明初已定居山阳,不过迨至明清之际,其族人科举功名方渐趋增多,其中尤可称道者当为清初学者杨开沅,他精于象纬历算之学,又多见有河漕水利之论,与同乡顾谡、戴晟同为黄宗羲的再传弟子,推动了黄氏学说在外地的传播。⑤ 再比如,元延祐乙卯(1315)进士韩涣一族,乾隆《淮安府志》中记载:

> 韩宽,涣之孙,元季隐居不仕。明洪武初,以才行被选授户部员外郎,累升户部侍郎。先是祖左丞公拜命入蜀,肃以长孙侍行,宽奉祖母太夫人留江南者十七年。⑥

---

① (清)潘亮彝:《车桥闻见记》不分卷,稿本。
② (清)杨庆之:《春宵癯剩》卷1。
③ (清)杨日焘修《山阳杨氏族谱·世系表》,清乾隆间写刻本。
④ (清)黄宗羲:《瑞棠杨公传》,载沈善洪主编《黄宗羲全集》第10册《南雷诗文集》上,第615页。
⑤ 参见吴海兰《黄宗羲的经学与史学》,厦门大学出版社,2010,第274~278页。
⑥ 乾隆《淮安府志》卷22《人物·仕迹》。

第二章
明代山阳城的移民、科举与士绅社会

这段文字出自潘埙《淮郡文献志》,①潘氏所引又为《韩氏家乘》,故足以为信。韩涣为元代中后期人,明洪武初其孙韩宽官至侍郎,故韩氏为淮城土著居民亦无疑义。可见,"淮人止余七家"的说法并不准确,明初除"七家"之外,尚有杨氏、韩氏等其他家族也已定居山阳城。

二 移民进入山阳城的时空状况

无论如何,明初山阳城人户凋零,这是不可争辩的事实。朱氏政权奠基的淮凤地区急需大量人口开垦耕种,单凭人口的自然增长,恐不能达其目标,势必实行政治性移民政策。有学者指出,"洪武时期对这一地区的移民,实际上是在重新构造其基本的人口",故称之为人口重建式移民。②那么,所谓"洪武大移民"在淮安府境究竟呈现怎样的实态?具体到山阳城来说,其城市人口变化依循怎样的时间序列和地域差异?以下通过对山阳城移民人口的分析,进一步认识城市人口来源与地域结构。

1. 明初山阳城的卫所移民

明代以降,苏北地区多有"洪武赶散"之类的民间传说流布,其意涵大致为:太祖皇帝为了打击张士诚在江南一带的残余力量,而采取的迁置江南富户于江淮地区的报复性措施。这一说法以民国《盐城县志》卷14《拾遗》转引的凌兰荪《凌氏谱》为代表,曰:"元末张士诚据有吴门,明主百计不能下,及士诚败至身虏,明主积怨,驱逐苏民实淮扬二郡。"而官修史书中并未见及相关记载,很可能即为"根据朱元璋在攻下平江后有迁豪

---
① (明)潘埙:《淮郡文献志》卷6《四川行省左丞赠高阳郡公韩公涣》,第179~180页。
② 曹树基:《中国移民史》第5卷《明时期》,第42页。

强屯种凤阳的记载穿凿而成的"①。另有"驱逐苏民实淮阳二州"②一语,虽其文献渊源所自不得而知,不过假若这一说法属实的话,那么它当可视为"驱逐苏民实淮扬二郡"的变体,即凤阳、淮阳、淮扬,抑或透露出穿凿附会凤阳屯垦的事实。其实明洪武初年,淮安府境内已有屯田垦种的活动,③ 且与凤阳屯田并为南直隶地区的典型范例,据王毓铨研究,"淮凤营田原是以两淮江南诸郡归附人民各于近城处耕种","这种营田不是以旗军从事生产,实质上是民屯"。④ 既然言说"各于近城处耕种",则躬耕之人恐为城市居民。由是推知,城市及其郊区可能成为明初政府重点发展的对象。

就山阳城来说,明初城中居民仅存七家,民籍人口的耕作能力显然不及屯田垦种的目标,故而近于山阳城屯垦之人当以军籍人口为主。曹镳谈及山阳城市人口时曾说:"直是空城,故多设卫以实之。"且注曰:"先四卫,后留两卫。"⑤ 留存的"两卫"即分别指位于淮安旧城、新城的淮安卫、大河卫。刘怀玉也曾指出,明初"淮安府城的人多数是卫籍,还有就是前朝遗民,以及所属各个县的,往城里移民安置的空间就不太大了"。⑥ 可见明初山阳城的人口大略均隶属于淮、大二卫。淮、大二卫设置时间均较早,至正二十六年(1366),徐达率兵至淮安,命康茂才"捣淮安之马逻港,拔其水寨,复获士卒与艨艟无算"⑦,山阳城遂为明太祖攻占。既克山阳城,"然

---

① 曹树基:《中国移民史》第5卷《明时期》,第38页。
② 佚名:《寻根问祖八大朝宗圣地》,《解放日报》2009年9月11日。
③ 《明太祖实录》卷69"洪武四年十一月壬申"条,黄彰健等校勘,台北"中央研究院"历史语言研究所,1962,第1289~1290页。
④ 王毓铨:《明代的军屯》例言,中华书局,2009,第4~5页。
⑤ (清)曹镳:《信今录》卷10《道古编》。
⑥ 马红玲:《苏州阊门来淮寻找"老乡"》,《淮海晚报》2010年12月2日。
⑦ (明)焦竑编撰《国朝献征录》卷6《蕲国公谥武义康茂才神道碑铭》,《四库全书存目丛书》史部传记类,第100册,第214页。

第二章
明代山阳城的移民、科举与士绅社会

将士新附军士移戍者多,留镇者少",① 明廷即以元淮安路总管府,改路为卫,是为淮安卫指挥使司,故而此职应为"有明改革元代第一官"。② 大河卫则设于明洪武二年(1369)。卫有卫籍,世代相袭,卫籍移民遂成为明初山阳城经济恢复与社会重建的主要力量。

卫籍之中,尚有不同的身份来源。关于迁驻山阳城的卫籍人口,杨庆之曾叙述曰:

> 明祖恐群雄党与聚谋报主,徙其众以实各处,令为戍守,此一卫籍也。如阮氏,陈友谅之裨将;邱氏,方国珍之元戎。是愿业运粮则为锦衣卫,为指挥使,为千户,此一卫籍也,如漕房周氏。明代世有勋爵,今尚有陈千户巷,是配罪至淮,遂占籍土著,此一卫籍也。③

依杨氏所言,移入山阳城的卫籍人口当有三种类型,即陈友谅、方国珍旧部,运粮官兵以及谪戍山阳之人。材料中所举的阮氏、邱氏,均为明清两代淮安府城的名门著姓,分隶于大河卫、淮安卫。大河卫阮氏原籍江西临江府清江县十九都,元代末年阮氏武德"以武功显名,鼎定,徙豪杰实江南,遂隶鹰扬卫,既改大河,是为大河阮氏之始祖"。④ 很显然,阮氏初以军功显于世,洪武年间迁居山阳城。阮氏家谱中并未言及始祖襄助陈友谅征战之事,不过由邱氏族谱则颇知其始祖身经元末战事梗概:

> 始祖姓邱,讳伯明,一云伯名,浙江宁波府定海县人,传闻

---

① 《明太祖实录》卷20"至正二十六年丙午夏四月辛酉"条,第278页。
② 乾隆《淮安府志》卷18《职官》。
③ (清)杨庆之:《春宵癖剩》卷1。
④ (清)阮葵生等重辑《山阳阮氏家谱》卷上《世系表一》,清勺湖草堂抄本。

滨居海上邱家洋。元至正末方谷珍倡乱四明，迫以从军，迨我高皇帝平定天下，方氏稽首，凡属荷戈者，俱编行伍，始祖隶淮安卫中右所第三百户，派屯于淮河西岸柳浦湾。①

柳浦湾位于淮安新城之北，临近黄河南岸，隶于淮城东门外的柳淮关厢，故邱氏确实屯驻于近城处，遂占籍淮安卫。淮安卫邱氏，"明初自明州而迁，由胜国以至本朝，以诗书为堂构，相承弗替，几于一门之内人人有集"。②由此可见其门族之盛、著述之丰。

据载，明初"淮安、大河二卫，军官、屯丁不下万余员名，应守城操练者不下二千余名"，③阮、邱二氏实为山阳城卫籍移民的代表性家族，不过这两个家族的源流衍生，尚不足以窥见明初卫所移民的堂奥。而杨庆之曾对淮、大二卫著姓举其要者曰：

隶大河卫者，有周、徐、韩、李、韦、戴、顾、管、赵、卢、梁、牛若而姓；隶淮安卫者，有李、周、丁、章、段、熊、蒋、朱、金、蔡、汪、刘若而姓。④

乾隆《淮安府志》卷18《职官》中记载，首任淮安卫指挥使华云龙，因"僭用故元宫中物"，革其勋爵，"以后淮安、大河两卫指挥，俱以子孙世袭，共八十九人"，经查属实。这八十九位受赐勋爵中，有数世相传者，亦有独享其爵者，且其姓氏与杨庆之所言差相吻

---

① （明）邱逊孙：《邱氏族谱始末》，（清）邱宝廉：《邱氏族谱存略》卷首，1922年石印本。
② （清）俞樾：《邱氏家集》序，（清）邱崧生辑《邱氏家集·山阳文献私记》，清光绪二十二年（1896）刻本。
③ 乾隆《淮安府志》卷17《营制》。
④ （清）杨庆之：《书霁堂先生文集后》，载（清）邱沅等修，段朝端等纂《山阳艺文志》卷5。

第二章
明代山阳城的移民、科举与士绅社会

合，如大河卫者：周瓒、徐庠、韩广、李延、韦国祯、戴德、管承伯、赵元祯、卢大藩、梁天允、牛兆麒；如淮安卫者：李印、周璘、丁奎、章黼、段让、熊大经、蒋乔、朱应兆、金有光、蔡时春、汪世勋、刘梦箕。① 不过大多失其家族源流，兹述其可考者。如大河卫周瓒，"先世江都人，高祖镛以元平章镇抚，吴元年归附，授西安卫百户。曾祖玉累战功，升大河卫指挥佥事，祖銮、伯景继袭，公为景后，得袭"②。再如淮安卫丁氏，殆即为蒙古可不花后裔，③ 原籍辽东广宁府，"明永乐初，以功封镇国公，世袭指挥使，隶淮安卫籍，居山阳"④。淮、大二卫中还有诸多未获勋爵者，如杨庆之述及的顾氏，此当为太仆寺少卿顾达之族，其"先世居崇明之西沙，曾祖从戎，隶大河卫，遂家焉"⑤，顾达中成化十四年（1478）进士，故可推知崇明顾氏即于明代初年迁于山阳城。前述周氏、顾氏的家族源流，在明代中叶山阳邑人潘埙《淮郡文献志》中均有所论，其中尚有淮、大二卫其他家族闻人功德与仕宦履迹的记载，颇有益于梳理明初山阳移民的地域来源。综上所述，结合目前所见文献，将淮、大二卫部分家族流变胪列如下（见表2-1）。

《明史》卷90《兵二》："大率五千六百人为卫。"淮、大二卫当有万余名正军，不过笔者在此列举卫所移民家族，无意推算卫所移民的总体人口数量，仅通过抽样分析的方式，大致梳理山阳城卫所移民的时空状况。表2-1显示，卫所移民基本上在明初迁入山阳城，且迁出地以江南地区为多，其中又以苏州府境为主，大约有三分之一

---

① 乾隆《淮安府志》卷20《选举·勋爵》。
② （明）潘埙：《淮郡文献志》卷7《漕运参将锦衣卫都指挥周公瓒》，第196页。
③ （清）杨庆之：《春宵寱剩》卷1。
④ 光绪《淮安府志》卷29《山阳县人物》。淮安卫丁氏家族情况，又见刘怀玉《山西巡抚丁宝铨》，《淮安古今人物》第三集，2000，第38页。
⑤ 乾隆《淮安府志》卷22《人物·仕迹》。

表 2-1 明代前期淮、大两卫籍移民状况表

卫所	代表姓氏	迁淮时间	原籍	资料来源
淮安卫	邱伯明	洪武年间	浙江定海县	《邱氏族谱存略》
	丁裕	永乐初年	辽东广宁府	《山西巡抚丁宝铨》
	叶淇	洪武初年	浙江金华	《淮郡文献志》
	蔡昂	明初	江南嘉定	万历《嘉定县志》卷10
	章黼	永乐年间	浙江宁海	《明故武德将军章侯墓志》[1]
	段让	洪武年间	四川巴县	段朝端《楚台见闻录》[2]
大河卫	阮武德	元末明初	江西清江县	《山阳阮氏家谱》
	周瓒	明初	扬州江都	《淮郡文献志》
	刘忠	元末明初	江西吉水	《赠武略将军直隶大河卫千户刘君墓表》[3]
	陈让	洪武初年	江南嘉定	《淮郡文献志》
	陶瑛	永乐年间	凤阳府寿州	《故武略将军大河卫千户致仕陶公墓志铭》[4]
	顾达	明初	崇明西沙	乾隆《淮安府志》卷22
	沈坤	明前期	苏州府昆山	《赠翰林院修撰儒林郎沈公合葬墓志铭》[5]
	倪润	明前期	苏州府常熟	同治《苏州府志》卷61
	杨伯柯	明前期	苏州府昆山	同治《苏州府志》卷61

注：[1]（明）朱应登：《凌溪先生集》卷16《明故武德将军章侯墓志》，《四库全书存目丛书》集部别集类，第51册，齐鲁书社，1997，第484页。

[2] 清末淮安地方文献学者段朝端即为淮安卫段氏后人，他曾追溯曰："洪武间，有名谦名让者，以从龙功自四川巴县凤凰村迁淮，为淮安指挥使，遂占淮籍。"见（清）段朝端《楚台见闻录》卷上，民国手抄本。

[3]（明）杨士奇：《东里续集》卷31《赠武略将军直隶大河卫千户刘君墓表》，《景印文渊阁四库全书》集部别集类，第1239册，台湾商务印书馆，1986，第63页。

[4] 淮安市楚州区历史文化研究会等编《淮安楚州金石录》，无出版社，2007，第75页。

[5]（明）吴承恩著，刘怀业辑校，刘怀玉笺校《吴承恩诗文集笺校》卷2《赠翰林院修撰儒林郎沈公合葬墓志铭》，上海古籍出版社，1991，第202页。

的卫所军籍人口来自昆山、嘉定、常熟三县，这部分证明了"洪武赶散"这一移民传说所言的祖上"苏州"并非空穴来风。但是还有大约三分之二的移民来源于其他地区，比如今天的浙江、江西、安

徽、四川、辽宁等境域，这是值得注意的问题。另外，就这些卫所移民家族的出身来说，有的是陈友谅、方国珍、张士诚等农民起义军的部属，亦有曾追随朱元璋征战而因功授爵迁居山阳城的，这与苏北民间"洪武赶散"等移民传说的意涵显有差异。换言之，"洪武赶散"并非明初江淮地区大规模移民的唯一来源，而且明初山阳城的外来移民，并不是有"罪"的，[①] 反而是有"功"于明朝政府的。因此，在讨论明初由江南迁往江北地区的移民时，尚需对各个地区的移民实态进行具体分析。

2. 明代中后期山阳城的商业移民

明洪武盐政，为筹备边储，仿行开中法，由商人输粮于边地，政府经过程序核实，给以盐引；开中商人则于边地招民垦种，谓之商屯；此后，开中商人又分化为内商与边商，渐而"内商之盐不能速获，边商之引又不能贱售，中纳渐怠，存积盐之壅滞"，兼以商人将盐引或典当或转卖于人，致使"弊端百出，不可究诘"。[②] 弘治年间，经户部尚书叶淇奏议，推广李敏的食盐"折银"之法，"于是商人引盐，悉输银于运司，类解户部，盐银岁骤增至百万余两。诸商垦田塞下者，悉撤业归。西北商或徙家于淮以便盐，而边地为墟"。[③] 就明清山阳城来说，盐商"家于淮"主要指的是城外西北隅的河下关厢，诚如殷自芳为程袖峰《河下廿景诗》作序云："明中叶，司农叶公奏改开中之法，盐策富商咸挟资而来，家于河下，河下乃称极盛。"[④] 杨庆之对山阳城氏族源流知之甚悉，曾谈到商籍曰：

---

① 吴必虎：《明初苏州向苏北的移民及其影响》，《东南文化》1987年第2期。
② 曾仰丰：《中国盐政史》，上海书店，1984，第16~18页。
③ （清）阎若璩：《潜邱札记》卷1，第415页。
④ （民国）王光伯原辑，程景韩增订，荀德麟等点校《淮安河下志》卷1《疆域》，第23页。

淮北为纲盐都会，又南北通衢，食货骈集，商家尤夥。自新安来者，程、汪、鲍、曹、朱、戴；山西来者，阎、李、乔、杜、高、梁；云南来者，周、何：悉商家也。①

明初盐政开中之法，最早在山、陕边地施行，开中制度下的盐商多来自山陕地区，因此明代中叶客居两淮业盐之人亦多为山陕巨贾。材料中所谓山西阎氏，为清初经学大师阎若璩之族。正德初年，其五世祖阎居阎始由太原迁居山阳，诚如阎若璩所说："吾家自高高祖，由晋之汾水，迁楚之淮水。"②李氏则指来自山西襄陵的李时谦一族，同治《重修山阳县志》卷13《人物三》"李时谦"条曰："其先襄陵人，父开先迁淮，遂家焉。"襄陵李氏"由山西迁淮，以禺策起家。洎家道中落，遂业儒"③。经查，李时谦中顺治辛丑（1661）进士，④故其父当于明末迁居山阳。襄陵李氏有家乘载：家苏庵公李时谦曾于河下大绳巷构筑耕岚阁，以为族人读书之地，"今人犹呼'绳巷李'"⑤。

由襄陵迁淮的盐商家族还有乔氏、高氏、梁氏。吴承恩曾为襄陵乔氏之母郭氏撰写寿词，刘怀玉笺注曰："乔母郭夫人亦似山西迁淮的商人，余事迹不详，待考。"⑥迁居山阳的襄陵乔氏，其始迁时间与迁徙路线已无从考证，不过扬州府宝应县亦有襄陵乔氏的家族流

---

① （清）徐嘉：《味静斋文存续选》卷2《山阳掌故记》，民国20年（1931）上海中华书局铅印本。
② （清）张穆撰，邓瑞点校《阎若璩年谱》，中华书局，2006，第3页。
③ （民国）王光伯原辑，程景韩增订，荀德麟等点校《淮安河下志》卷4《祠宇》，第89页。
④ 乾隆《淮安府志》卷22《人物》。
⑤ （民国）王光伯原辑，程景韩增订，荀德麟等点校《淮安河下志》卷5《第宅》，第133页。
⑥ （明）吴承恩著，刘修业辑校，刘怀玉笺校《吴承恩诗文集笺校》卷4《寿乔母郭夫人障词》，第321~322页。

第二章
明代山阳城的移民、科举与士绅社会

衍,与朱氏、刘氏同为宝应望族。宝应乔氏裔孙乔守敬曾说:"始祖赫,原山西襄陵籍,明初自苏州迁居宝应。"① 山阳乔氏是否为宝应乔氏的再迁徙尚未可知。不过襄陵高氏似由扬州府江都县再迁居山阳,其族人有万历二十三年(1595)进士高邦佐者,"字以道,襄陵人,随父业鹾于扬"②,故可推断襄陵高氏当于明代中期迁居扬州地区。高邦佐的父亲名高溱,曾参与山阳龙兴禅寺的修复事宜,有文献记曰:"布施首高公,名溱,号仰山,山西襄陵人,仕户部检校,明来修寺时,高首倡,捐重资,功莫大焉",又"正德间,龙兴禅寺尽毁,至嘉靖间明来发心募修"。③ 进而获知,明嘉靖年间之前,襄陵高氏旋由扬州迁居山阳。至于梁氏,其族人中有名梁承祖者,"字振绳,其先襄陵人,鹾于淮,遂占籍山阳。顺治中岁贡生,博学能文,多隐德。鼎革后,赎取难民数百口,俾得完聚。周给族党,焚积券至二万余金"④。梁承祖为顺治年间贡生,且有"周给族党"之举,故襄陵梁氏已形成睦亲互助的宗族,殆其族与襄陵高氏相当,于明嘉靖年间迁居并占籍山阳,至清初已传有数代。而前引杨庆之所谓的杜氏,并非山西籍,而是来自陕西。关于陕西杜氏族人,天启《淮安府志》卷17《人物三·德义》中述之甚详:"杜岐,字来仪,原延安勋冑。性沉默,慎言笑,轻财广施,婺人多所依活。少年志四方,因其叔氏世为淮之山阳商,挟重资由秦而南。遇盗,罄劫游囊以去,乃孑身入淮,卜满浦而居。"依刘怀玉推测,延安杜氏当于正德之前客居山阳。⑤

明弘治年间,朝廷采纳户部尚书叶淇之议,实行开中折色法,使

---

① (清)乔镛等纂修《乔氏支谱续修》不分卷,清光绪十二年(1886)刻本。
② 乾隆《江都县志》卷19《人物》,清乾隆八年刻本、光绪七年重刻本。
③ (明)杨大伸纂辑《淮安(阴)龙兴禅寺志》卷3《德众志·檀越附》,民国22年(1933)汪铭生抄本。
④ 乾隆《淮安府志》卷22《人物·德义》。
⑤ 刘怀玉:《明清淮安河下盐商》,第253页。

边商转化为内商;万历年间,袁世振等人施行纲运制,再一次使得诸多盐商趋利于两淮盐区,其间徽州商人依凭地缘、文化、政治及宗族等方面的优势,逐渐称雄于淮扬地区。① 其中徽商家族迁居山阳城,规模最大者当推新安岑山渡程氏。清末山阳人李元庚说:"程氏,徽之望族,由歙迁于河下,凡数支:曰功、曰亘、曰大、曰仁、曰武、曰鹤,皆支分派别之所名。国初时,业禺策计十三家,皆程姓,俱极豪富。"② 又程锺《讷庵杂著》曰:"当时族人业盐,居淮有所谓公字店、亘字店、大字店者,皆就主人名字中,略取其偏旁用之。如亘字店则用朝宣公'宣'字之半,吾家五字店盖用慎吾公'吾'字之半也。"③ 李氏所谓的支分派别与程氏的店面旗号,将其记载两相校核,察见均有亘、大两支业盐徽商家族,故二者所论当为对徽商程氏业盐支派的不同表述。宣统《续纂山阳县志》卷2《建置·街市》中亦载文字店、亘字店两条街巷,"两店皆徽商程氏顿盐之所,巷因此得名"。不过,所谓"凡数支"或"十三家",为徽商家族嫡支庶出的自然结果,起初迁淮徽商当仅有两支,且均可称歙县岑山渡程氏。其一,迁淮始祖名程必忠,明代末年迁居淮安府安东县。康熙四年(1665),河决安东茆良口,其子程朝宣"乃破产助塞决口,躬厕畚锸,指挥筹画,卒赖其力而城以全。殁之日,四方会哭其家,有莫能举其姓字者。邑人感其义弗衰,为请占籍。程氏之占安东籍,自朝宣始也"。④ 虽程氏占籍安东,不过其世代住居山阳河下镇。关于程必忠一族的世系流衍,曹永宪依据《新安岑山渡

---

① 张海鹏、王廷元:《徽商研究》,安徽人民出版社,1995,第159~184页。
② (清)李元庚:《梓里待征录》卷2《奇闻记》"淮北商人同姓十三家"条,宣统二年(1910)抄本。
③ (民国)王光伯原辑,程景韩增订,荀德麟等点校《淮安河下志》卷16《杂缀》,第478页。
④ 光绪《淮安府志》卷33《人物·安东县人物》。

第二章
明代山阳城的移民、科举与士绅社会

程氏支谱》予以展列，可资参照。① 安徽桐城人方苞为其族裔程增撰写墓文曰：

> 至明中叶，河南道御史材以名节显。……子二人，曰默、曰然，先后以礼经举乙科，君为默五世孙。君父自歙迁淮之涟邑，归展墓，遘疾疠，……而父已殁。未逾月，母唐孺人疾作，遄归，不及含敛，自是遂绝意进取……既营兆域，合葬于休宁之荪田山，乃移家山阳。使二弟学儒，而身懋迁，家遂饶。②

由是可知，河南道御史程材为程增六世祖③。程增之父程朝聘，与程朝宣、朝征同为程必忠子。虽然自程朝宣开始，岑山渡程氏占籍安东县，不过其家族祖茔仍置于原籍地域，故程朝聘有归乡"展墓"之行。程氏兄弟中有业鹾经历的为程朝宣，即"父以信，故有业在安东，召朝宣代之，弗善也，去而业盐"④。似可推知，程必忠之后仅程朝宣一人经营盐业。其实不然，程朝聘由歙迁于淮之安东，所业营生亦为淮盐，其子程增还为两淮盐务总商，"总两淮鹾事二十余年，规画区处，堪为典型，商灶感颂"。

刘怀玉曾经指出，淮北盐商中程氏，"都是歙县岑山渡人。他们在第四世合一个祖先，从第五世起始分为两支。其中一支在第八世之后又分为大典、大功两支。程必忠一族即是岑山渡程氏第九世程大典

---

① 〔韩〕曹永宪：《康熙帝和徽商的遭遇——以歙县岑山渡程氏为中心》，载《中国社会历史评论》第 11 卷，天津古籍出版社，2010，第 269 页。
② （清）方苞：《方望溪全集》卷 11《程赠君墓志铭》，中国书店，1991，第 150 页。
③ 曹永宪将这一支程氏始祖署名为程村，其实不然，当为程材。雍正《敕修两淮盐法志》卷 13《选举》（于浩辑《稀见明清经济史料丛刊》第 1 辑第 3 册，国家图书馆出版社，2009，第 43 页）中亦曾记载程材中弘治丙辰科进士，"官御史，谥忠节"。
④ （民国）王光伯原辑，程景韩增订，荀德麟等点校《淮安河下志》卷 13《流寓》，第 377 页。

的后人"①。刘氏这一说法尚有可斟酌之处，兹依据《槐塘程氏显承堂重续宗谱》试辨析之。槐塘程氏中名诚者，因"向杲吴宅姊主婚，赘庄上方翔斋公宅"，"后以庄上山水不协，迁居岑川，创业兴家"。②程诚即为岑山渡程氏始祖，第二世名梅，为程诚单传，至第三世别为三支：道保、良保、原保，大典、大功系出良保一支，其四世祖同为程氏祖义，至第五世分为社宗、昂宗两支，大典、大功又均系出昂宗支系，前述程必忠的祖父则名大鹏，为社宗之裔。不过，程大功一支迁居地为扬州，③而非淮安，迁淮的为程大典及程大鹏的后人，即程量越与程必忠，这也就是迁淮的两支岑山渡程氏。杨庆之又曾曰："至明万历名嗣功者，由徽之岑山渡始迁于淮，入安东。后又由安东分支扬州之甘泉、仪征，又数传。居近山阳者入山阳籍，如玉和煜、桥门步荣、袖峰锺、治平均、仰裴师晋、访渔宗源、与九席龄、竹坪烦，皆是。"④槐塘程氏中确有名嗣功者，"字汝懋，歙槐塘人，今任河南副使"⑤，与汪道昆相交甚契，汪氏曾为之撰写墓志铭。不过，未见有程嗣功迁淮的记载，且依杨氏所言，其后人中有程袖峰锺、程与九席龄诸贤，可推知程嗣功当为程大典之讹。⑥综上，迁淮岑山渡程氏确有两支，其谱系亦渐而明朗，绘图示之（见图2-1）。

迁居山阳的徽州盐商尚有汪氏、鲍氏、曹氏、戴氏、吴氏。汪氏即为清乾隆年间著名官僚型文人汪廷珍一族。汪氏家族原籍休宁资

---

① 刘怀玉：《明清淮安河下盐商》，第259页。
② （清）程启东等纂修《槐塘程氏显承堂重续宗谱》卷13《岑山渡派源流之一》，清康熙十二年刻本。
③ 张海鹏、王廷元：《徽商研究》，第158页。
④ （清）杨庆之：《春宵剩瓮》卷1。
⑤ 嘉靖《徽州府志》卷13《选举志》，明嘉靖四十五年（1566）刻本。
⑥ 之所以出现这样的讹误，恐与淮安地方文献曾记载程大功迁淮有关，可惜笔者尚未见到程大功迁淮的确切记载。

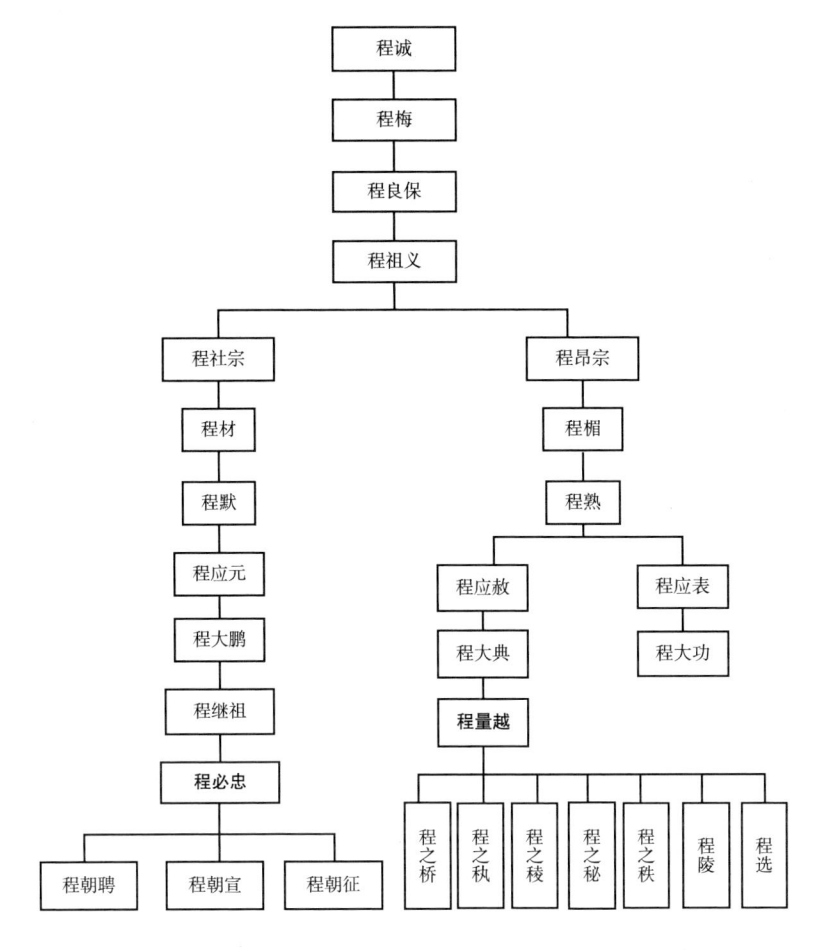

第二章 明代山阳城的移民、科举与士绅社会

图 2-1　迁淮岑山渡徽商程氏谱系图

注：黑体者为迁淮始祖。

村，① 约于明末由徽迁淮。② 同治《重修山阳县志》卷16《列女一》中记载汪廷珍母程氏曰："既归于汪，家世故业盐，号巨商。"可见

---

① 道光《休宁县志》卷9《选举》，清嘉庆二十年（1815）刻本。
② 汪廷珍述及先祖德范时说："某系自爽公，自先世流徙不一众，胜朝之末世居淮滨。"参见《实事求是斋遗稿》卷2《古文·越国汪公云岚山墓志序》，清光绪八年（1882）刻本。

休宁汪氏确因经营淮盐迁居山阳。不过，至汪廷珍时家道中落，诚如范以煦所言："公家世本业禺策，食指百余人，至公时家中落，贫乏几不自存。"① 自是汪氏一族则改习儒业。另有休宁汪氏文益者，"因掣商蹉务"，于清初"由徽州府休宁县竹林村迁淮，始隶山阳籍，改儒为鹾，分运洪德旗盐"。② 此汪氏由休宁竹林村迁出，与资村的汪廷珍一支具体属于什么宗亲关系，尚待考实。除休宁汪氏之外，戴氏亦迁自休宁。前文述及，戴晟与杨禹江、顾在瞻同为黄宗羲弟子，戴晟即为此休宁戴氏族人。戴氏原由休宁迁居淮安府阜宁县，戴晟高祖父戴宗势曾"商登、莱间"，至其父戴时遴辈，始随祖父戴华"迁郡城，其后为淮安人"。③ 休宁戴氏曾有修谱之举，戴晟自述其事曰："余庚午春修家谱世系，旧习填满胸膈，未能脱去世俗之见。"④ 戴晟为康熙中诸生，故庚午年当为康熙二十九年（1690）。黄宗羲曾为戴氏族谱作序曰："门士戴曾、戴晟寓书求序其家谱，云祖籍休宁，自高祖迁淮，至今七世，一依休宁谱式，每五代一起。"⑤ 则知休宁戴氏约于明代后期迁淮。就目前所看到的材料来说，并未见休宁戴氏业盐的直接记载，不过其族人经商当无疑义。⑥

其余如鲍氏、曹氏、吴氏均迁自徽州府歙县。鲍氏为歙县望族，其祖振宇公于明代由棠樾迁至淮安府山阳县车桥镇，后世代有闻人，

---

① （清）范以煦：《淮壖小记》卷4《汪文端公》。
② （民国）汪嘉纯主修《汪氏族谱》，民国16年（1927）木活字本。
③ 民国《阜宁县新志》卷17《人物志》，民国23年（1934）铅印本。乾隆《淮安府志》卷22《人物·德义》、光绪《淮安志》卷29《山阳县人物二》中均载戴氏原籍为歙县，未知其所自，当误。
④ （清）戴晟：《寱砚斋集》卷1《安氏族谱序》，第218页。
⑤ （清）黄宗羲：《淮安戴氏家谱序》，载沈善洪主编《黄宗羲全集》第10册《南雷诗文集》上，第71页。
⑥ 乾隆《淮安府志》卷22《人物·文苑》中载：戴晟"家事颇裕，而布衣粝食，与儒素无异"。戴晟又曰："癸丑之秋，余兄亦鲁将治生产，族子克修来共商略，未得要领。"可见休宁戴氏确实为徽商家族，《寱砚斋集》卷1《寱砚斋学文·吴公立六十序》，第230页。

第二章
明代山阳城的移民、科举与士绅社会

"由是家日以丰,乃广前人惠泽,振恤困穷,资给亲族,仁风善气,充溢里间,而鲍氏遂为吾淮甲族矣"①。歙县鲍氏与余姚邵氏,对于车桥地方公共事业,如兴修文昌宫、开设赈粥厂等,频有建树。② 迁淮鲍氏并非仅此一支,明万历年间有名鲍越者,其先世亦由歙迁淮,此鲍氏亦为乐善好施之人,曾"筑堤颜家河路三十里,为桥五以通潦水。凿井建亭以息行人,凡三纪三修之"③。明万历初年,兵备副使舒应龙为防止黄河冲蚀山阳城之患,"由草湾开河,以杀其势",是为草湾新河。此后黄河大溜"去城甚远,于是故道悉淤,三城恃以无恐"④。颜家河即位于草湾新河北支以北十五里处,⑤ 歙县鲍越筑堤颜家河,殆亦与淮城抵御黄河水患有关,由是推知,此鲍氏一支应该住居山阳城附近。至于歙县徽商黄氏以及曹氏、吴氏家族迁淮业盐的情况,张海鹏等学者均曾加以阐释,兹不赘述。⑥

3. 其他类型的移民活动

葛剑雄认为,就移民的性质而言,可将移民活动分为生存型与发展型两种基本类型,这两种类型并非全然割裂的,"在同一群移民中两者往往是同时并存的;在同一移民过程中两种移民也会同时存在"⑦。前述明代山阳城的卫所与商业移民,不易对其直接进行移民类型的归属和定位,不过这两种移民活动为明代山阳城移民人口的主要来源方式,则无疑义。除卫所与商业移民之外,尚有其他零星的小

---

① (清)鲍抡弼、鲍步衢等纂修《淮山鲍氏族谱》郝其糖序,清光绪二十九年(1903)刻本。
② (清)潘德舆:《养一斋集》卷20《车桥文昌宫记》,清同治间刻本;(清)潘亮彝:《车桥闻见记》不分卷。
③ 乾隆《淮安府志》卷22《人物·德义》。
④ 光绪《淮安府志》卷27《仕迹》。
⑤ 乾隆《江南通志》卷26《舆地志》。
⑥ 张海鹏、王廷元:《徽商研究》,第156页;刘怀玉:《明清淮安河下盐商》,第263~266页。
⑦ 葛剑雄:《中国移民史》第1卷《导论》,福建人民出版社,1997,第51页。

规模移民。在其他小规模移民活动中，因社会动乱或战争的侵扰而迁淮的情况又略占多数。前文提及，洪武年间邱氏自浙江定海县迁淮，占籍淮安卫，其族人有名邱度者，曾撰有《平涯公墓志铭》，平涯公即沈朴，为南京户部尚书沈翼族人，墓文称"沈氏'先世家东鲁，国初始祖七一公避兵徙山阳，遂家焉。后嗣以科目显，……纶音赫奕，科名蝉联，吾淮数巨姓宦族，指首屈则及沈'"。① 山东沈氏"世业农，于势利淡然无所好，至子翼始以儒起家"②，进而沈翼的祖父沈思仁、父沈仲和均得以封赠户部尚书之典。③ 不过明初沈氏迁自山东何处，又遭逢哪一战乱，尚不得而知。明代中期倭氛渐起，或有江南等地人口迁居山阳。清末李元庚"先世苏州太湖人，明嘉靖中避兵淮上，居郡城北河下西湖嘴，后遂著籍为山阳人"④。苏州李氏避兵山阳，当与嘉靖年间的倭乱有关。时至清初，李元庚六世祖颖升公讳挺秀者，"为迁淮第四世，素有隐德，至庚及骏儿入学，凡八世"⑤。骏儿即指李元庚子李锺骏，李氏"始以贾起家，累世不徙业。及迁淮，乃弃贾为儒"⑥，锺骏颇能"绍承家学，多识前言往行，亦工诗，与徐嘉、黄海长相酬唱"⑦。李氏一族实为淮城书香世家，代有闻人，清道光年间曾刊刻李氏家集，题名《七叶诗存》，流播于世。

乾隆《淮安府志》卷22《人物》中对于流寓之人曾叙曰："后

---

① 刘怀玉：《吴承恩论稿》，南京大学出版社，1991，第6页。
② 正德《淮安府志》卷13《人物·恩典》，第329页。
③ 同治《重修山阳县志》卷9《选举·原志封赠附》。
④ （清）高延第：《莘樵别传》，载（民国）王光伯原辑，程景韩增订，荀德麟等点校《淮安河下志》卷11《人物三》，第333页。
⑤ 《山阳河下园亭记》不分卷"玉诜堂"条，第554页。
⑥ （清）高延第：《莘樵别传》，载（民国）王光伯原辑，程景韩增订，荀德麟等点校《淮安河下志》卷11《人物三》，第333页。
⑦ （清）邱沅、王元章修，段朝端等纂宣统《续纂山阳县志》卷10《人物》，民国10年（1921）刻本。

第二章 明代山阳城的移民、科举与士绅社会

世则不然,或少时游学寄寓,而其后出身有大名,或生平勋绩震海内,而其后谪宦居此,或流离避难以来迁,或爱其山水而留止。"此论对寓居山阳之人做了较为凝练的概略式描述。福建莆田人方福,成化年间进士,"因谏开金矿,谪淮安常盈仓大使,遂卜居清江浦,子孙占籍山阳";顺天府宛平人杨懋,"任漕务工部分司,有惠政,商民为立生祠,后遂家于清江浦,子孙世为山阳人";还有大兴人李长敏"客游山阳,爱淮上土风淳朴,遂卜居焉","其子入淮籍,遂为山阳诸生"。① 诚然,流寓与土著均为相对的概念,并无绝对的标准,流寓之人占籍山阳后,即可称为山阳土著。

不过,在明代山阳移民群体中,尚有不明其迁移类型者。清乾隆间礼学名士陈师濂一族,即为其一例,杨庆之借陈著《听训堂文集》刊刻之际,曾述及其族派源流曰:"独霁堂先生陈氏族,非戎、非商,明初自新安珠里来淮,迄先生十三世碧涵明府,以名进士起家,嗣是秦、镳、宝、田、光、国、大、小、阮,仕绩彪炳震一时。"② 经查,珠里在基层行政区划上,属休宁县由山东乡十八都,珠里为都属图名。③ 珠里陈氏明初迁居山阳,至碧涵明府传至十三世,碧涵明府即指陈美典,字碧涵,精于三礼之学,与族兄陈台孙同为清初山阳文学团体望社中人。④ 虽说至明清之际,珠里陈氏始以儒业兴家,不过其迁淮始祖的情况尚难明晰。

---

① 乾隆《淮安府志》卷22《人物·流寓》。
② (清)杨庆之:《书霁堂先生文集后》,载(清)邱沅等修,段朝端等纂《山阳艺文志》卷5。
③ 道光《休宁县志》卷1《疆域》。
④ 光绪《淮安府志》卷29《山阳县人物二》。

第二节　明代山阳士绅家族及其社会活动

唐宋以来，随着科举制的确立与发展，士绅逐渐取代贵族成为统治阶级的主要构成力量，时至明清，士绅阶层更以其特殊的身份，在地方社会中日益充当重要的社会经济角色，对士绅阶层的关注与研究，乃成为理解中国传统社会结构与形态的有效途径。目前学界关于士绅的研究，涉及士绅及其相关概念的辨析、士绅与宗族组织、士绅与地域社会、士绅与国家政权，以及士绅的近代转型诸多层面。[①] 不过总体而言，士绅研究仍存在区域间的不平衡性，即多集中于江南、华北、华南等地，而"对淮北士绅的研究，几乎是空白"[②]。本节以山阳士绅为例，旨在状摹士绅家族的形成及其生活状态，从中寻绎明代山阳士绅的社会特性，并尝试解释这种社会特性形成的内在理路。

一　牌坊之立与山阳士绅家族的初步分析

外地移民迁居山阳城之后，多有占山阳籍或淮、大二卫籍者，故

[①] 参见徐茂明《江南士绅与江南社会（1368～1911年）》，商务印书馆，2004，第23～62页；汪颖奇：《近十年来士绅研究述评》，载唐力行主编《江南社会历史评论》第五期，商务印书馆，2013，第323～333页。

[②] 马俊亚：《被牺牲的"局部"：淮北社会生态变迁研究（1680～1949）》，第24页。

第二章 明代山阳城的移民、科举与士绅社会

可以就近参加科举考试。科场中式，不仅有助于提升家族声望，对于地方政府来说，亦是地方文化繁盛的重要指标，故而明代各地大肆修建表彰科举及第者的牌坊。山阳县作为淮安府附郭之县，除府儒学外，亦设有山阳县学，淮、大二卫则有卫学，① 其科举仕绩颇为可观，从而在山阳城内外形成了具有表彰与纪念意义的科第牌坊群。正德《淮安府志》为淮安府现存最早的地方志书，其所记内容反映的是明代前期的情况，兹以正德《淮安府志》卷5《规制一》中记载的旧城牌坊为中心，② 展开对山阳士绅家族的初步分析。从图2-2中可以看出，科第仕宦牌坊除集中分布于中长街这一主干街道上，其他大多与淮安卫、刑部分司等官署毗邻。另外山阳城内西隅亦成为科第仕宦牌坊的主要分布区域，如西门街即有6座科第牌坊，西长街亦有3座。

明代前期山阳城的科第仕宦牌坊均有特定的褒扬对象，其人或官居庙堂之上，或跻身科举世家，多为山阳城中显贵的望姓名门。具体而言，如前文述及的东鲁沈氏与金华叶氏，他们族人中名沈翼与叶淇者，"分别在景泰年间和弘治年间任过南、北户部尚书，这两家在淮安都很有地位"③。这同样反映在科第仕宦牌坊的建造中，山阳旧城区中即有进士坊、大司徒坊、恩荣坊、芳桂坊四座牌坊，均是为沈翼而立。沈翼为明宣德五年（1430）庚戌科进士，景泰四年（1453）任南京户部尚书，天顺元年（1457）致仕归乡。④ 归乡后，"日与宗

---

① 杨庆之《春宵臝剩》卷1中记载，山阳"本有卫学，后归入民学"，至于其归并时间则尚不得而知。
② 魏幼红在《明代地方城市的"坊"——以江西省府、县城为中心》（《中国历史地理论丛》2006年第2期）一文中，以江西省的实例为证，较为全面地辨析了明代地方志中"坊"的不同意涵，分为牌坊、街坊、乡坊、坊图四种，本节主要关注于表彰儒林科甲、官声宦迹的牌坊，以牌坊串联起科举与家族的某种关系。
③ 刘怀玉：《吴承恩论稿》，第6页。
④ （明）王世贞撰，魏连科点校《弇山堂别集》卷48《南京户部尚书表》，中华书局，1985，第903页。

117

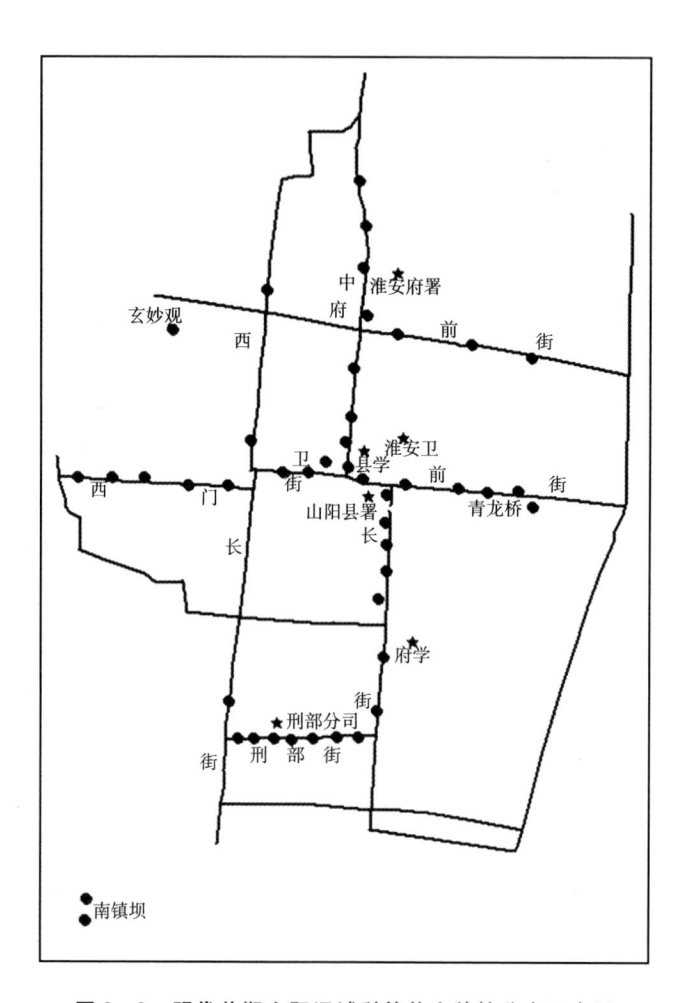

图2-2 明代前期山阳旧城科第仕宦牌坊分布示意图

注：1. 明清时期山阳城的总体空间架构基本没有发生变化，故底图采自晚清时期亦属合宜。

2. 明代前期淮安卫在府治南八十步处，即元代淮路总管府，万历十年（1582）以后为总督漕运部院驻地。

资料来源：江北陆军学堂学生测绘《淮安城市附近图》，光绪三十四年（1908）四月。

第二章
明代山阳城的移民、科举与士绅社会

党父老赏会游燕以自乐,其天年得寿六十有六"。[1] 既言"宗党父老",则其时东鲁沈氏应已衍生出较有规模的家族人口。[2] 另外,其子沈琉为天顺丁丑(1457)进士,以直谏为权贵所忌,人皆称之,[3] 故亦得立牌坊于中长街和刑部街。父子相继登科、入仕为官,可以说沈翼、沈琉实现了沈氏家族在山阳城的崛起与鼎盛。金华叶氏的科第牌坊则位于山阳旧城及城外西湖嘴一带,主要是为北京户部尚书叶淇、刑部左侍郎叶贽而立,计7座。叶淇以变更盐法而名于时,史载:"户部尚书叶淇,淮安人,盐商皆其亲识,因与淇言,商人赴边纳粮,价少而有远涉之虞;在运司纳银,价多而得易办之利。"[4] 经叶淇奏请,政府改立盐引折色之法,故两淮盐商均得沾利,淮人赖之。叶贽为叶淇侄子,中天顺甲申(1464)进士,曾"为嘉兴府知府,改台州、广信,以操履清谨闻。既去,民皆思之。迁四川布政司参政、江西左右布政使,征拜右副都御史,总督南京粮储",后"转南京工部右侍郎,又转刑部"。[5] 因此,金华叶氏在淮安地方社会中声望显著。

在山阳旧城区科第仕宦牌坊群中,金濂、金良弼父子亦有4座牌坊,分别名尚书坊、荣禄坊、经宪坊、世恩坊,前3座均是为金濂所立。金濂"其先北平人,洪武初曾祖诚始迁山阳"[6]。永乐年间,尚书金濂以功勋卓著而备受优待,明武宗性好巡游,曾"幸清江浦,

---

[1] (明)过庭训:《明分省人物考》卷32《沈翼》,《明代传记丛刊》第132册,台北明文书局,1991,第19页。
[2] (明)沈绶编,(清)沈倩重修,潘愭宽补修,沈徐行续修《江淮沈氏宗谱》,清咸丰十年(1860)刻本。
[3] 正德《淮安府志》卷13《人物》,第321页。
[4] (明)王圻:《续文献通考》卷24《征榷考·盐法中》,台北新新书局,1965,影印本。
[5] (明)焦竑编撰《国朝献征录》卷46《刑部三》,《四库全书存目丛书》史部传记类,第102册,第416页。
[6] 乾隆《淮安府志》卷22《人物·仕迹》。

驻尚书金濂第"①。金濂之母周氏亦以子贵,屡获封赐。周氏与金氏皆为淮南名族,周氏系武职出身,"国朝洪武初,始徙居淮安山阳,为山阳人,以隐德称于乡",金濂之外祖母冯氏,"亦山阳名族"。②陈循《太夫人金母周氏墓志铭》一文中又载金母生平曰:

> 一以勤俭为本,躬事纺绩,以助宾祭,虽寒暑不懈。二子随其才器,授之以事,因谓非读书无以成德,非治生无以植家,遂力赞尚书公,以濂为乡校生而躬早夜课,其力学恒勉。

可见,北平金氏在洪武初年迁居山阳,至金濂已传至四世,不过其家庭生计并未好转,尚需金母"躬事纺绩,以助宾祭"。由此亦可知,虽其时金氏一族门第寒微,不过仍行家族祭祀之礼。再者,金濂兄弟二人各负才器,金濂正是因金母周氏辛勤培养以及自身勤勉向学而中举入仕的,而其兄(或弟)可能即以治生为业,服贾而兴家。故而推知迁淮北平金氏传至金濂一代,成为其家族地位上升与显赫的转折期。

总的来说,正德《淮安府志》卷5《规制一》中记载的科第仕宦牌坊凡96座,其中旧城区50座、新城区9座、西湖嘴一带37座。经查,得立牌坊者多为进士出身,仅部分人士拔举人之衔。由此足见明代前期山阳城已呈现科甲蝉联、文风隆盛的景象。有学者曾经指出:"中国古代最基本的社会单位是家庭,科举制度推行之后,儒家学说更深入影响到民众的社会生活之中,'礼教下移'引起了全社会的士族化、君子化倾向。"③ 山阳地方政府在城区中主干街道及官署

---

① (清)梁绍壬撰,庄葳点校《两般秋雨盦随笔》卷1《簪花楼》,上海古籍出版社,1982,第57页。
② (明)陈循:《芳洲文集》卷9《铭表·太夫人金母周氏墓志铭》,《四库全书存目丛书》集部别集类,第1327册,齐鲁书社,1997,第255页。
③ 王日根:《中国社会经济史研究中的人文关怀》,《中国社会经济史研究》2013年第1期。

第二章
明代山阳城的移民、科举与士绅社会

机构与商业社区建造为数可观的科第仕宦牌坊,昭示出诸如东鲁沈氏、金华叶氏、北平金氏等士绅家族在山阳城市社会中的显赫声望,科第仕宦牌坊遂具有家族文化空间的象征意义。

二 明代山阳士绅的社会交往与活动

1. 山阳士绅社会交往的多维图景

关于明清时期乡绅或绅士的概念界定,徐茂明在爬梳各家观点后统论说:"由退居的官员和拥有科举功名所构成这一点上,看法基本一致,但对是否包括在职官员,是否包括生员,是否包括无身份的庶民地主,还存在着分歧意见。"[①] 诚然,判断退居或在职官员是否可以作为明清士绅身份的界定标准,尚需酌议。不过,对于科举中式或在朝居官的个人来说,"士绅"这一概念强调的均是个人的"地方性"。故而笔者将聚焦于致仕官员是否衣锦归乡,以及返归前后与其他仕宦家族乃至地方社会有无交往、如何接触以及建立怎样的互动关系,这一现象又折射出地方士绅怎样的社会特性,此即为本节山阳士绅研究的应有之义。就前文提及的金濂而言,景泰初年他升任太子太保兼户部尚书,任职期间实心用事,"闻四方水旱,忧形于色,讲求荒政,奏遣使赈恤。尝辞师保之俸,诏优答之,谓其于军国之事,多所用心,公益感激自效,日忘其劳。君子以谓公于是职无愧焉。景泰五年二月二十二日,以疾卒于位,享年六十有三"[②]。则知金濂终殒身于官,未及归乡,故亦无谓讨论他在山阳地方上的作为。而且金濂生前与淮安士人的交往几近于无,他的交游网络大略是以出仕为官的京师同僚为核心而形成的,据刘怀玉介绍,"金濂逝世以后,山东许

---

① 徐茂明:《江南士绅与江南社会》,第21页。
② (明)萧镃:《金荣襄公濂传》,载(明)焦竑编撰《国朝献征录》卷28《户部一》,《四库全书存目丛书》史部传记类,第101册,第422页。

某为他写了一篇行状,太子太傅兼东阁大学士高谷为他撰写了神道碑",内阁辅臣户部右侍郎萧镃及内阁首辅陈循为他撰写了传记。①

同为卒于任的京官,翰林院学士蔡昂则通过门生、同僚以及乡里,构建起相对广泛的社会交际网络。蔡昂"以布衣登甲科,官禁近,终践台省,清华之名,遍满四海"②,慕其名者多有之。明代藏书家薛应旂即为蔡昂门生,他曾自述曰:"某自髫稚,读公文章,窃知慕公,分缘蹇薄垂二十年,未获窥公户牖。乙未南宫,公适校士,遂以程文受知门下。"③ 薛氏中嘉靖十四年(1535)乙未科进士,故其入为蔡门弟子当于是年。应天府上元人许毂④与薛应旂同中嘉靖乙未科,且并拜师于蔡昂,诚如徐存庵所言:"石城许仲贻毂与方山,同为蔡鹤江所得士。"⑤ 蔡昂传世诗集《鹤江先生颐贞堂稿》即为许毂、薛应旂合力刊刻。⑥ 阎若璩又述曰:"蔡公鹤江在词馆,与新都杨升庵友善。"⑦ 杨升庵系明代著名文学家,名慎,升庵为其号。蔡昂本人颇钟爱古旧图画之作,且"世业临本,宛然犹存",⑧ 蔡、杨二人当因切磋画艺而结识。而阎若璩知悉蔡、杨旧交之事,恐与山阳阎氏、蔡氏的姻娅之亲有关。阎若璩记其父阎修龄事曰:"过鹤江蔡

---

① 刘怀玉:《明户部尚书金濂》,《淮安古今人物》第一集,1993,第46页。
② (明)吴承恩著,刘修业辑校,刘怀玉笺校《吴承恩诗文集笺校》卷3《鹤江先生诔》,第210页。
③ (明)薛应旂:《方山先生文录》卷22《祭文·祭蔡鹤江先生文》,《四库全书存目丛书》集部别集类,第102册,齐鲁书社,1997,第457页。
④ 上元许氏为明代南京科甲世族,罗晓翔在关于明代中后期南京士绅家族的研究中,曾论及许毂的家族情况。参见《明中后期南京士绅家族的社会形态》,载唐力行主编《江南社会历史评论》第二期,商务印书馆,2010,第296、298~299页。
⑤ (清)梁章钜:《制义丛话》卷5,《续修四库全书》集部诗文评类,第1718册,上海古籍出版社,2002,第559页。
⑥ 刘怀玉:《探花郎蔡昂》,《淮安古今人物》第二集(《淮安文史资料》第13辑),1995,第45~46页。
⑦ (清)阎若璩:《潜邱札记》卷1,第387页。
⑧ (清)孙岳颁等:《佩文斋书画谱》卷85《历代名人画跋五·元赵孟頫画秋江待渡图》,上海古籍出版社,1991,第614页。

第二章 明代山阳城的移民、科举与士绅社会

公宗伯墓,下为水所啮,公先孺人曾王父也。"①"公先孺人"即指阎修龄母蔡氏,蔡昂为蔡氏之曾祖父,阎修龄称蔡昂为宗伯。另外,溧阳人彭爱琴曾有《旧院行》一诗,为阎修龄题识于姜如真画兰一事而作,其中有曰:"自书甲戌上元前,为赠翙翙蔡公子。公子才华宗伯家,南国征歌遍狭邪。"且注曰:"蔡为鹤江宗伯子。"② 由此可旁见山阳阎氏与蔡氏之间的姻亲关系,亦可窥识山阳蔡氏在士人交游场域中的影响力。其实,蔡氏与山阳其他致仕归乡的士绅家族,诸如潘埙、李元、杨谷、胡琏等人,均有姻亲之谊。③ 经查,胡琏中弘治十八年(1505)乙丑科进士,蔡昂与潘埙、杨谷同中正德二年(1507)丁卯科举人,又李元、潘埙、杨谷同中正德三年(1508)戊辰科进士,蔡昂则中正德九年(1514)甲戌科进士。④ 其中,李元为蔡昂之妻舅,⑤ 潘埙与胡琏、杨谷亦互为姻娅之亲,潘埙之女"采蘋适胡效诠""采藻适杨忆昆",⑥ 胡效诠为胡琏之子,杨忆昆系杨谷之子。由此可见,蔡昂等人在科举应考的过程中建立社会关系,再经由家族联姻,形成了山阳地方士绅家族紧密而复杂的人际网络。

因家族联姻而交结的人际关系,明代山阳尚有诸多实例,吴承恩的诗文集中载有寿序、祭文等酬应之作,以此可以略窥明代山阳姻亲网络之一斑。吴承恩在《先府宾墓志铭》中曰:"公壮岁时,置侧室张,实生承恩,娶叶氏。徐夫人生一女承嘉,适同郡沈山。"经刘怀玉考证,吴承恩所娶之叶氏,乃前述北京户部尚书叶淇之族女,吴承

---

① (清)张穆撰,邓瑞点校《阎若璩年谱》,第7页。
② (清)彭楒:《旧院行为阎丙彭题姜姬画兰作》,(清)徐钪:《本事诗》卷12,《丛书集成续编》集部,第147册,上海书店出版社,1994,第173页。
③ 刘怀玉:《探花郎蔡昂》,第45页。
④ 天启《淮安府志》卷14《选举志》,第588~589、604页。
⑤ 万历《淮安府志》卷19《贞节传》,第796页;天启《淮安府志》卷14《选举志·封荫》,第695页。
⑥ (明)吴承恩著,刘脩业辑校,刘怀玉笺校《吴承恩诗文集笺校》卷3《通议大夫都察院右副都御史潘公神道碑》,第188页。

· 123 ·

恩姊承嘉所适之沈山，为南京户部尚书沈翼二兄沈诩之孙。① 相较而言，吴承恩与叶氏的关系更为紧密，他曾作《贺笛翁太丈七十寿词》曰："隆庆庚午，我笛翁丈人寿晋七帙。七月二日，是维初度之辰，内族外姻，远近宾客咸来贺。"淮安卫叶氏"大显我明，宫保振其鸿猷，司寇标其淑望"，"今吾淮族望，犹以叶氏为甲"。②"笛翁"即为司寇叶贽之子叶筌，吴承恩与叶筌相交甚密，所谓"承恩缔姻门下余四十年，在行则甚卑，而翁顾礼之为上客"。又吴承恩曾为陈拙翁作寿、祭文，荣禄大夫太子太保礼部尚书兼武英殿大学士贾咏又为其撰墓志铭文，称陈拙翁"讳锱，字时用，别号拙翁，世为山阳人"，弘治年间曾输金助济边饷。③ 陈锱在乡里邻舍中亦多"好义乐施，遇贫鬻妻者，捐粟赎之"，④ 被誉称为"淮南义士"。贾咏《明故拙翁陈君暨配沈孺人合葬墓志铭》中又曰："女四人，长适丁辅、次宣隆、又次王正，俱淮安卫指挥，次叶筌，国子生。"则知叶筌为陈锱四女之夫婿。"因为有这样的亲戚关系，吴承恩更容易接近和了解陈拙翁，为陈拙翁写诗贺寿和写挽诗，自是理所当然的了"。⑤

陈拙翁之妻沈氏，"讳善贞，淮故家也，与陈门第相望"。⑥ 迁淮陈氏以治生兴家，"饶裕甲于淮"，在山阳城中当亦为望姓名门，故与陈氏门第相埒者，或即户部尚书沈翼或大河卫籍状元沈坤之族。山阳城中另有陈、沈二族通婚之事，即山阳处士陈以昇陈氏与沈翼之

---

① 刘怀玉：《吴承恩论稿》，第6～8页。
② （明）吴承恩著，刘脩业辑校，刘怀玉笺校《吴承恩诗文集笺校》卷2《叶太母挽诗序》，第164页。
③ （明）贾咏：《明故拙翁陈君暨配沈孺人合葬墓志铭》，转引自刘怀玉《吴承恩论稿》，第107页。
④ 乾隆《江南通志》卷158《人物志》。
⑤ 刘怀玉：《新发现的与吴承恩有关的几块墓志铭考略》，《东北师范大学学报》1982年第1期，第24页。
⑥ （明）贾咏：《明故拙翁陈君暨配沈孺人合葬墓志铭》，转引自刘怀玉《吴承恩论稿》，第107页。

第二章 明代山阳城的移民、科举与士绅社会

族,陈以昇配沈孺人系"户部尚书沈公之女,平阳府同知公默之姑",① 则沈氏为沈翼之胞姊(妹)。沈氏族人中官平阳府同知者当为沈志,成化元年(1465)乙酉科举人,② 沈志与沈默之关系尚待查考。沈氏与淮安卫邱氏亦有家族联姻,邱度《平涯公墓志铭》中曰:"夫沈族乃淮之乔木旧家,吾母敕封赠恭人毓秀之门,而平涯公与余有表兄弟之雅者也。"平涯公指谓沈朴,系沈翼二兄沈诩之四世孙。③ 邱度母沈氏,为吴承恩姊吴承嘉与沈山之女,故邱度为吴承恩之表外孙。④ 现存吴承恩诗文集,乃"丘少司徒汇而刻之"⑤。邱度即明初淮安卫籍人邱伯明之裔孙,"以万历四年丙子举于乡,丁丑成进士",其父邱岚"以公贵,累赠中宪大夫、山西按察司副使,母沈氏累赠恭人"。⑥ 淮安卫邱氏自邱度始,历晚明以至清代乾、嘉年间,"门族颇盛"。⑦ 前述大河卫籍中亦有沈氏,即沈坤之族。沈坤为嘉靖二十年(1541)辛丑科状元,"历官南京国子监祭酒"⑧,"昔承恩与祭酒俱童稚,同试生儒郡县,一见相钦异,定交数百人中,因互拜其父母"⑨,可见吴承恩与沈坤甚为投契。吴承恩为沈坤父母撰写的墓志铭文中又曰:"生子男二:祭酒坤为长,娶赵氏,封安人;次坊,郡学生,娶宋氏。女二:长德容,适刑科给事中侃;次德真,适太学生

---

① (明)金铣:《明故处士陈公孺人沈氏合葬墓志铭》,转引自刘怀玉《吴承恩论稿》,第110页。
② 天启《淮安府志》卷14《选举志》,第601页。
③ 刘怀玉:《吴承恩论稿》,第7页。
④ (明)吴承恩著,刘修业辑校,刘怀玉笺校《吴承恩诗文集笺校》卷2《送郡伯愚郡公擢山东先副序》及刘怀玉笺校,第132、133~134页。
⑤ 天启《淮安府志》卷16《人物志二·近代文苑》,第744页。
⑥ (清)韩梦周:《理堂文集》卷9《明亚中大夫光禄寺卿赠户部右侍郎邱公墓表》,清道光三年至四年(1823~1824)静恒书屋刻本。
⑦ (清)邱崧生辑《邱氏家集·山阳文献私记》自叙。
⑧ 乾隆《淮安府志》卷22《人物·仕迹》。
⑨ (明)吴承恩著,刘修业辑校,刘怀玉笺校《吴承恩诗文集笺校》卷3《赠翰林院修撰儒林郎沈公合葬墓志铭》,第201页。

陆钧。"沈氏德容所适之夫家姓张,张侃为嘉靖二十三年(1544)进士,其父"张敷斋者,淮之巨室,乡里之杰然人也"①。故沈坤则为张侃之妻舅,沈、张二族亦属名门联姻之代表。

明嘉靖三十五年(1556),沈坤"居母丧时,倭贼犯淮,坤散家资,募乡兵千余人,自教练之",连破倭贼,"巡抚李遂荐其功,起为北祭酒,为给事某所构陷"。②地方志书中为避嫌起见,并未言明构陷者之名。谈迁则有相关记载曰:"坤跌宕负气,不谐里党,倭患作,倡乡兵。稍犯,辄榜笞之,多怨。而给事中胡应嘉仇坤,布流谣构之于润,俱无指实",③则知构陷沈坤入狱者即为胡应嘉,胡应嘉为南津先生胡琏之孙,中嘉靖三十五年(1556)丙辰科进士。弘治、正德以后,淮城"科第仕宦,子孙之盛,莫尚于胡氏"④,"一门群从,俱各有集"⑤。前引"不谐里党"似亦可旁证出其时胡氏一族门第族望之盛。而胡氏之所以科第兴盛,当与胡琏的言传身教有关。史书称其"家学有法,其子孙知府效才、京府判效忠、经魁应征、都给事应嘉,悉知名"⑥。又天启《淮安府志》卷16《人物志二》载,胡琏"邃于经术,教授生徒甚众,邹东廓守益、程松溪文德,皆以童子传业成儒宗",邹守益、程文德均为明代阳明心学代表人物,程文德称其师曰:"公文渊,奥淮南后先。"⑦由此亦可见胡琏学识之精。吴承恩在《寿胡内子张孺人六帙序》一文中曰:

---

① (明)吴承恩著,刘脩业辑校,刘怀玉笺校《吴承恩诗文集笺校》卷2《张凤原诸母姚挽诗序》,第166页。
② 乾隆《淮安府志》卷22《人物·仕迹》。
③ (明)谈迁:《国榷》卷63"嘉靖三十九年三月戊寅"条,中华书局,2005,第3936页。
④ 万历《淮安府志》卷14《名贤传》,第712页。
⑤ (清)吴玉搢:《山阳志遗》卷3《遗献》。
⑥ 天启《淮安府志》卷16《人物志二》,第734页。
⑦ (明)程文德:《程文恭公遗稿》卷17《祭胡南津尊师文》,《四库全书存目丛书》集部别集类,第90册,齐鲁书社,1997,第257页。

第二章
明代山阳城的移民、科举与士绅社会

自孺人之归西畹也，我师南津翁，方在九列，双洲公由侍御典大邦，双洲牛夫人总统家政。①

胡琏致仕归乡后，在龙溪书院中讲学，吴承恩曾受业于此，故称胡琏为师。"西畹"指胡琏长孙胡应恩，"双洲"则胡琏长子胡效才之别号。② 胡效才妻牛氏，当为大河卫指挥牛斗之族人。山阳士绅群体中尚有蒋琮、倪润诸人，乃以课徒授学为业。蒋琮中成化七年（1471）举人，"少孤力学，以《葩诗》承家学，清雅一时。及门者如布政沈纯、副使韦斌、同知高绶、郎中王益谦，皆经指授，同领乡荐"③，其中沈纯、韦斌得祀于乡贤祠。④ 倪润中嘉靖二十三年（1544）甲辰科进士，丁忧归乡后家居授业，陈文烛曾叹曰："假令倪公而在，余为执鞭所欣慕焉。"⑤ 可见其在塾师同行中声望之重。潘埙次子潘采曾"师事淮涯倪润"⑥，"淮涯"当作淮崖，为倪润之号，万历五年（1577）丁丑科进士、倪润门生朱维藩曾为其搜辑文稿，即《淮崖倪先生遗稿》刊刻行世。⑦ 倪润与潘埙、吴承恩均互为契友，潘埙所辑之《淮郡文献志》，乃"间与水部倪子伯雨、太学吴子汝忠，商评校订"而成。⑧

吴承恩素以撰写神话小说《西游记》而为世人所稔知，不过，以上通过对吴承恩传世诗文集的展阅与分梳，形成了对吴承恩认知

---

① （明）吴承恩著，刘修业辑校，刘怀玉笺校《吴承恩诗文集笺校》卷2《寿胡内子张孺人六帙序》，第161页。
② 吴承恩《寿胡内子张孺人六帙序》刘怀玉笺校，第162~163页。
③ 天启《淮安府志》卷16《人物志二》，第732页。
④ 光绪《淮安府志》卷21《学校》。
⑤ 万历《淮安府志》卷14《名贤传》，第714页。
⑥ （明）吴承恩著，刘修业辑校，刘怀玉笺校《吴承恩诗文集笺校》卷2《寿潘母杨孺人六帙序》，第160页。
⑦ 王重民：《中国善本书提要》，上海古籍出版社，1983，第622页。
⑧ （明）潘埙：《淮郡文献志》卷首自序。

的另一面，即以吴承恩的人际关系为线索，串联出明代中期前后山阳城士绅群体多维社会交际网络的概略图景（见图2-3）。这一概略式的人际交往图景，虽不足以反映明代山阳士绅社会交往的全貌，但却不失为理解山阳士绅家族衍变与发展机制的典型范例与有效途径。

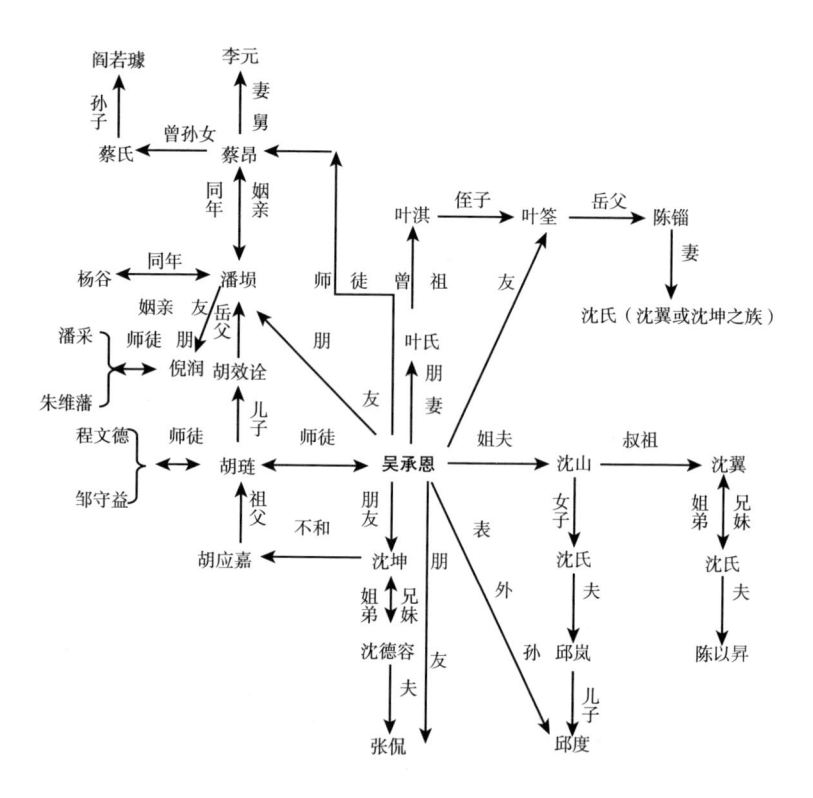

图 2-3 明代山阳士绅人际关系网络架构图

2. 明代山阳士绅的心性及社会活动

李洵曾根据叶梦珠《阅世编》中记载的江南家族兴衰情况，总结说："这数十家族的起家，大多数是以科甲起家，以科甲蝉联而维持不败。"而且在时段上，这些士绅家族基本上起家于明嘉万以后。

第二章
明代山阳城的移民、科举与士绅社会

这与"江南地区在十六七世纪经济、文化的突出发展有关"。① 而南京地区由于缺乏优越的商品经济环境,"南都士大夫家族的整体经济实力则较弱"。② 那么,明代山阳士绅家族依循怎样的发展路径,其经济状况如何,这种经济状况的成因何在,这一成因彰显出山阳士绅怎样的内在心性?

以天启《淮安府志》卷14《选举志》的记载为准,嘉靖以前山阳县的进士计40名,而嘉靖以后则为24名,显然这与江南地区士大夫家族的情况并不相符。且依前文所述,明代山阳士绅家族如东鲁沈氏、金华叶氏、北平金氏等家族,均起家于明代前期,其科举功名、仕宦经历与社会声望,都是明代后期的家族后代所无法企及的。隆万年间淮安知府陈文烛为胡效谟《西斋集》作序时亦曾曰:"往吴汝忠、吴惟一,俱余翰墨交,老而下世,淮寥寥焉。太守公之系淮文献,其桐江一丝乎,宁独重胡氏也?"③ 可见在陈文烛看来,万历以后山阳士人的社会地位有所下滑。不过即便明代前期山阳仕宦为官的士人,其致仕里居的经济状况亦难称宽裕,每有另寻其他途径以谋家计者。如永乐间贡生宫安,"致仕归,囊橐萧然,家徒壁立","贫无生业,恒养猪资薪水";④ 如成化辛卯年(1471)举人赵沄"以疾乞归,家徒壁立",正德戊辰科(1508)进士李元悼以诗曰:"金紫荣归卧白云,一官至死只清贫。"⑤ 成化戊戌科(1478)进士顾达"贫甚,卖文为活"。⑥ 当然,也有购置田产而生活略显优裕者,如户部

---

① 李洵:《论明代江南地区士大夫势力的兴衰》,《史学集刊》1987年第4期,第35页。
② 罗晓翔:《明中后期南京士绅家族的社会形态》,载唐力行主编《江南社会历史评论》第二期,第294~295页。
③ (明)陈文烛:《二酉园续集》卷4《西斋集序》,《四库全书存目丛书》集部别集类,第139册,齐鲁书社,1997,第461页。
④ 天启《淮安府志》卷16《人物志二》,第727页。
⑤ (清)丁晏原辑,周桂峰校点《山阳诗征》卷5《明》,第133~134页。
⑥ 天启《淮安府志》卷16《人物志二》,第733页。

尚书沈翼"累疏乞骸骨，诏赐致仕，公即日上道抵家，课子弟，力田农，日与宗党耆旧畅饮"①。正德戊辰科（1508）进士潘埙"以致仕归，归后三日，始叙青羊之赏，获赐银币。公既退处，乃买田平河桥，以农自业，别号平田野老"。②

明代士绅的此般生活情状，并非仅从商品经济环境角度就可以解释的，就山阳士绅而言，士人风尚及其文化自省与体认或许更具说服力。清人吴玉搢曰："淮俗从来俭朴，士大夫夏一葛、冬一裘，徒步而行。"③ 如沈翼"往来故乡，陆行徒步，水则乘舟"，④叶贽居乡时亦是"近则徒行，远则买舟"⑤，潘亨亦"每以古之清苦者自拟"。⑥ 陈文烛莅任知府期间，曾主持编纂淮安地方志书，他在名贤传中续以按语，如论刑部员外郎史敏曰："淮之缙绅多务本，实乐清澹，出则树功业，退则自怡于文史，史公其一也。"⑦ 由此则知明代前期山阳士绅崇尚清雅，恬淡过活，对于物质感官上的享受几近无欲无求。除此之外，士绅个体更倾向于内在心性的修为与塑造，这主要表现在山阳士绅以不营私干政为准则，羞与官府结交，且终明一代这种现象始终存在。为便于行文，兹将之排列成表（见表2－2）。⑧

---

① （明）翁世资：《南京刑部尚书沈公行状》，载（明）潘埙《淮郡文献志》卷23《行状》，第507页。
② （明）吴承恩著，刘怀业辑校，刘怀玉笺校《吴承恩诗文集笺校》卷3《通议大夫都察院右副都御史潘公神道碑》，第187页。
③ （清）吴玉搢：《山阳志遗》卷2《遗事》。
④ 天启《淮安府志》卷2《舆地志·风俗》，第114页。
⑤ 天启《淮安府志》卷16《人物志二》，第729~730页。
⑥ （明）金铣：《武昌府同知潘公墓志铭》，载（明）潘埙《淮郡文献志》卷23《墓志铭》，第512页。
⑦ 万历《淮安府志》卷14《名贤传》，第704页。
⑧ 参见天启《淮安府志》卷16《人物志二》。

第二章
明代山阳城的移民、科举与士绅社会

表2-2 明代山阳士绅致仕行状一览表

人物	功名	行状
宫安	永乐岁贡	杜门却扫,不问人间事
叶赞	天顺庚辰进士	或干以官府事,概不欲闻,有前辈之风焉
陈让	天顺庚辰进士	贫居二十年,杜门不出,一介不求,一刺不入公门
张素	成化乙酉举人	家贫甚,安处三十余年,惟以文史自娱,足迹未尝入城府
顾达	成化戊戌进士	上书乞归,卧家逾二十载,人稀见其面
杨谷	正德戊辰进士	比归,泮涣池塘鸥鹭间,不一字入公门也
朱维藩	万历丁丑进士	淮人常言朱公三绝,谓绝足公门,绝面士夫,绝口宦途旧事
张世才	万历己丑进士	兢兢益饬,约子弟,毋以荣宦绚里中,不渎公府

可见明代前期山阳士绅具有较强的个人自律意识,其意指士绅对政府作为的不干预、不理会,冷峻视之。不过山阳士绅不入公门,应该持以辩证的眼光来看。

其一,不入公门并不妨碍山阳士绅与地方官员的社会交往,政府公事与人情私交互不牵扯。其实,明代前期山阳士绅与地方官员的交往即有之,其典型者如出入寄寄亭的人们。寄寄亭落成之际,翰林院编修程敏政适寓其间,为之记曰:"户部主事邵君文敬,理饷事于清口,得隙地于公署之南,偏中为高丘,杂植桃柳,引水环之,而结亭其上,将以寄寄名之。"① 邵君文敬即明成化己丑(1469)进士宜兴人邵珪,时任清江浦常盈仓户部主事。② 金铣有《寄寄亭》一诗:"自是东西南北人,寄亭寄在楚江滨。啸歌聊遣闲中趣,吏隐全忘见在身。"③ 则知其时寄寄亭当为一声誉极盛的官办园林,殆亦成为淮安士绅与地方官员觞咏诗情的文化交往空间。再如山阳城西南隅万柳

---

① (明)程敏政:《篁墩文集》卷13《寄寄亭记》,第238页。
② 正德《淮安府志》卷12《官守》,第258页。
③ (清)丁晏原辑,周桂峰校点《山阳诗征》卷4《明》,第98页。

池"烟水渺沵,最为游赏胜地"①,正德年间李元曾同刑部主事邵德容②等人游宴于此,刻有《游万柳池灵慈宫联句》诗,李元手书之。③明代中后期,士绅与官员结交的情况并未消减。嘉靖年间知府葛木创建龙溪书院,继任者王凤灵"因而宏之,广征属邑士与肄。又引淮入泮,以开科第之祥,故一时显闻仕路者多其门人"④,胡琏归乡后曾任教职于龙溪书院,吴承恩、汪云岚等人同受学于此。⑤隆万年间,沔阳人陈文烛知淮安府,他与吴承恩的关系甚为投契。其《吴射阳先生存稿叙》曰:"往陈子守淮安时,长兴徐子与过淮,汝忠往丞长兴,与子与善,三人者,呼酒韩侯祠内,酒酣论文论诗不倦也。"⑥与吴承恩同时者有吴从道,"字惟一,沭阳籍,世居郡城。陈玉叔守淮安,常延为上客,不以部下士待之"⑦。吴从道"善书法"⑧,陈文烛从吴承恩处得唐代李邕娑罗树碑旧本,"属沭阳吴从道摹勒上石,并筑宝翰堂以贮之"⑨。继陈文烛者为贵阳人邵元哲,"初公之始临淮也,都试郡士,首拔度千百人中"⑩,度即指邱度,此后

---

① (明)李元:《游万柳池联句诗》序,丁莲辑《万柳池志》卷1《本志》,《河北大学图书馆藏稀见方志丛刊》第14册,国家图书馆出版社,2011,影印本。
② (明)李元:《游万柳池灵慈宫联句诗序》,丁莲辑《万柳池志》卷7《艺文志上》;(明)倪宗正:《倪小野先生全集》卷1《送邵南峰尹庐陵序》,《四库全书存目丛书》集部别集类,第58册,齐鲁书社,1997,第440~441页;光绪《余姚县志》卷23《列传十》,清光绪二十五年(1899)刻本。
③ (清)吴玉搢:《山阳志遗》卷4《遗献》。
④ 万历《淮安府志》卷10《循吏传》,第581页。
⑤ (明)吴承恩著,刘修业辑校,刘怀玉笺校《吴承恩诗文集笺校》卷1《忆昔行赠汪云岚分教巴陵》,第29页。
⑥ 刘荫柏:《西游记研究资料》,上海古籍出版社,1990,第12~13页。
⑦ (清)吴玉搢:《山阳志遗》卷4《遗献》。
⑧ 万历《淮安府志》卷3《建置志·古迹》,第370页。
⑨ 罗振玉:《淮阴金石仅存录》不分卷《楚州淮阴县娑罗树碑》,《石刻史料新编》第2辑第9册,台北新文丰出版公司,1977,第7011页。
⑩ (明)吴承恩著,刘修业辑校,刘怀玉笺校《吴承恩诗文集笺校》卷2《送郡伯古愚邵公擢山东宪副序》,第132页。

第二章
明代山阳城的移民、科举与士绅社会

邱度遂"馆于郡守邵公署"①。可见山阳士绅在干涉政事与人情私交之间,寻求到人际交往规则的较好平衡。

其二,不入公门并不意味山阳士绅在地方事务中的缺席。前文述及,山阳士绅的经济状况固然窘迫,但在重义轻利的精神感召之下,他们仍积极参与地方社会的义行与善举之类的实践。永乐岁贡生宫安苦于生计,"有司每有所遗,公亦不受",相反地方政府却取其薪资之一二。② 顾达虽以卖文为生,而"于轻财举义,尤胜于膏腴家也",陈文烛甚至将之归结于其生计贫苦的主要原因。③ 不过山阳士绅经济实力确实有限,很大程度上制约了其义行善举全面而广泛地生成与发展。明代前期山阳地方政府屡有修建文教设施之举,而就其经费来源而言,主要得自地方政府及商贾富民,鲜见山阳士绅捐资助学者,可能即与其财力短绌有关。在重建地方文教设施的过程中,山阳士绅主要扮演撰文作记的文化传递者角色,如史敏、金铣、胡琏、潘埙等人均有记文传世,④ 其中金铣的记文更是播及淮安府属邑,此即谓"四方走币谒文者,应酬不暇"⑤。

明代中后期山阳士绅的社会参与,更是较多地转向道德教化与风气改良的担当上来。我们知道,与江南地区约略同步,明代嘉万以降淮城社会风气"凋瘵日甚,俗渐浇漓",士风遂亦发生变化,山阳士绅不入公门的现象有所松动。嘉靖年间,身为总漕都御史的唐龙借重修徐节孝祠之机,曾明言:"今淮之士大夫亮节砥行,不诣公府,不

---

① 天启《淮安府志》卷16《人物志二》,第742页。
② 天启《淮安府志》卷16《人物志二》,第727页。
③ 万历《淮安府志》卷14《名贤传》,第709~710页。
④ 参见天启《淮安府志》卷19《艺文志一》;(清)邱沅等修,段朝端等纂《山阳艺文志》卷2。
⑤ 天启《淮安府志》卷16《人物志二》,第730页。

嘱官政，薄田弊庐晏如也，被先生之德深矣。"① 唐氏认为，明代山阳士绅的居乡行状，乃受益于宋代山阳人、著名学者徐积的贤风懿德，而唐龙的此番赞许与认同，恰又暗含部分山阳士绅"骄盈浮佻、诡随世昧"，"雌黄时政，腼缕官府"②的行为可能已经初露端倪，故有重修先贤徐节孝祠之举，意在规劝士民，移风易俗。表2-2显示，虽然某些士绅的律己意识仍然存在，如朱维藩、张世才诸人，不过社会风气渐趋奢侈浮靡化已然成为不可争辩的事实。山阳士绅对此颇有非议，并力行清简节约。如万历丁丑年（1577）进士邱度，在个人衣饰方面"一蓝绸衣，终年不易"，冠帽则"与秀才儒巾无异"，③又有诗曰"一餐常自足，终食竟忘贫"，"欲寻真乐境，不与世为徒"，④亦足见其安贫乐道之心迹。举人沈柿"为文有先民典型，不作佶倔聱牙以逐时趋"，⑤倪润甚至以"恶纷华""远势利"作为自身行止的精神准则。⑥不过诚如知府刘大文所言：

> 习俗移人，贤者不免。所贵障澜砥柱之士，力挽颓风。奈何晚俗浮靡，学校转甚。左朴茂，右奢淫，矜罗绮，卑布素。红紫则窃女服，惨淡则假道装，宴会则挟妓俳优，窆葬则高歌剧乐。摇唇鼓舌，尘动生风，刻羽引商，酣沉继日。甚至遗簪堕珥，毁冕裂冠。⑦

---

① （明）唐龙：《渔石集》卷1《重修节孝祠记》，《四库全书存目丛书》集部别集类，第65册，齐鲁书社，1997，第360页。
② 天启《淮安府志》卷2《舆地志·风俗》，第114页。
③ （清）吴玉搢：《山阳志遗》卷2《遗事》。
④ （清）丁晏原辑，周桂峰校点《山阳诗征》卷8《明》，第270页。
⑤ 天启《淮安府志》卷16《人物志二》，第739页。
⑥ 万历《淮安府志》卷14《名贤传》，第714页。
⑦ （明）刘大文：《作士八约》，载天启《淮安府志》卷21《艺文志一》，第867~868页。

第二章
明代山阳城的移民、科举与士绅社会

可见至万历年间,地方政府的训诫与山阳士绅的导向,均未抑制住日益浮靡的社会风气。而就不入公门层面来说,山阳县主政者并不希望地方士绅过度地介入地方事务,但他们又深知士绅操守的表率作用格外重要,所谓"夫学者,道德文章之府,礼义忠信之标,风俗之原,万化所宗"①,基于这样的认识,明代后期地方政府更加大对士子教育的投入,同时重视对士人品性的纯化与塑造,旨在借助士人品性对社会风尚实现其导向与示范功能。万历二十一年(1593),淮安府推官曹于汴"建志道书院以课士"②。所谓志道,乃"志大学之道也。大学之道,明德、新民、格致、诚正、修齐、治平之道也。斯道也,孔子之道也"③,可见志道书院以尊孔崇儒为兴学宗旨,地方政府"乃共诸人士明学其中"④。志道书院之设,为山阳士子提供了学艺切磋的交往空间,"一时澡雪励精,业已勃变"⑤。曹于汴莅任期间,还创立安定、节孝文会,分别于胡安定祠、徐节孝祠内"训课士子,讲性命、实践之学"⑥。又于韩侯祠内设鹰扬会,"遴郡之韬略素谙者为之长,而罗英俊于其中"⑦,以承继韩信登坛拜将之遗意,讲授武学,砥砺武艺。安定、节孝、鹰扬诸文会均立有会约,如安定祠会"以月之初三、十七为期,辰而入,尽午而散",其他诸如仪礼、会歌、簿册等事宜均有规则可循,井井有条。⑧ 不过,曹于汴等人的兴学造士措施,似乎并未取得突破性的实际效果,天启三年(1623)宋祖舜知淮安府时,仍说:"近来科目寥寥,多士以开巽门

---

① 天启《淮安府志》卷8《学教志》,第455页。
② 天启《淮安府志》卷7《秩官志四》,第436页。
③ (明)曹于汴:《仰节堂集》卷11《志道书院约言》,第802页。
④ (明)曹于汴:《仰节堂集》卷4《重修志道书院置田供赡碑记》,第732页。
⑤ (明)刘大文:《作士八约》,载天启《淮安府志》卷21《艺文志一》,第869页。
⑥ 乾隆《淮安府志》卷19《名宦》。
⑦ (明)朱维藩:《淮郡新建鹰扬会祀事碑记》,载(清)邱沅等修,段朝端等纂《山阳艺文志》卷2。
⑧ (明)曹于汴:《仰节堂集》卷11《叙安定祠会约》,第802页。

请咨。"① 宋氏则又立申文、淮阳等文会,"未数月,喜淮士蒸蒸有变色,其才亦自吞吐隐见于笔墨间"②。明代后期,山阳地方官员投资文教,锐意兴学,从主观上讲其初衷意在更易俗尚,客观上则有利于山阳士子科举仕迹的提升,甚至可以说催生了晚明山阳士绅社会的萌动与发展。

---

① （明）宋祖舜:《大立文会》,载天启《淮安府志》卷21《艺文志一》,第871页。
② （明）宋祖舜:《淮阳课士录序》,载天启《淮安府志》卷19《艺文志一》,第807页。

小　结

元末农民战争之后，包括淮安府在内的苏北地区，人户凋零、田亩闲置，亟待移民垦种耕植。明代初年的山阳城，流传着"淮人止余七家"的说法，这一说法较早得自明末清初思想家黄宗羲，具体指的是节孝徐、槐树李、梅花刘、切面张、面盒王、裱褙王、南门潘氏，本章尽可能地考订其家族源流，不过需要强调的是，此"七家"之说并非确指，即"七家"之外尚有其他族姓，如杨氏与韩氏。即便如此，明初山阳城的人户凋零，仍为不可争辩的事实。由是可知，山阳城为典型的移民城市。明代外地移民进入山阳，主要可以分为明代初年的卫所移民与明代中期以后的商业移民。卫所军籍移民与明初实行的政治决策有关，在这种政策的引导之下，浙江、江西、四川及苏州、嘉定等地的大量军籍人口屯驻山阳城。明代中叶以后，受盐法变革的影响，盐商群体逐渐由边商转变为内商，趋利于淮扬地区，其中以晋陕与徽州商人为主。

外地移民迁居山阳城之后，多有占淮、大二卫或山阳县籍者，故可以就近参加科举考试。科场及第不仅有助于提升家族声望，同时对于山阳地方政府来说，亦是地方文化繁盛的重要指标，为了表彰科举及第与仕宦为官者，由政府出资或家族自筹，在山阳城内外建成了具有表彰与纪念意义的牌坊建筑群，其中以沈氏、叶氏、金氏等家族的牌坊最多，昭示出这些士绅家族在山阳城市社会中的显赫声望，科第仕宦牌坊遂具有家族文化空间的象征意义。关于士绅概念的界定，本章聚焦于致仕官员是否衣锦归乡，以及返归前后与其他仕宦家族乃至地方社会有无交往、如何接触以及建立怎样的互动关系，这一现象又折射出地方士绅怎样的社会特性。在社会交往方面，山阳士绅之间通过家族联姻、门生、同僚及乡里的纽带作用，结成较为复杂的社会关系网络。由于山阳士绅难称宽裕的经济状况，以及士人风尚及其自身的文化认知与实践等因素，士绅个体更倾向于崇尚清雅、恬淡的生活方式，并且以不营私干政为准则，具有较强的个人自律意识。不过这并不妨碍山阳士绅与地方官员的社会交往，政府公事与人情私交互不牵涉。另外不营私干政并不代表山阳士绅在地方事务中的缺席，明代前期在重建地方文教设施的过程中，山阳士绅主要扮演撰文作记的文化传递者角色，如史敏、金铣、胡琏、潘埙等人均有相关记文传世；明代中后期山阳士绅的社会参与，更多地转向道德教化与风气改良的担当上来。明代中期以后，山阳城的社会风气趋向侈靡，基于此，山阳地方官员希图发挥士绅操守的表率导向作用，遂参与文教，锐意兴学。从主观上讲其初衷意在更易俗尚，客观上则有利于山阳士子科举仕迹的提升，甚至可以说催生了晚明山阳士绅社会的萌动与发展。

第三章
明清山阳城的空间形态与地域结构

城市被赋予一种空间的概念，即为生活于城市地域范围内的人群提供了经济与社会活动的舞台。这一活动空间对于不同地区的城市，有着不同的表现形式与地域特征。这种地方差别和城市特性不仅表现在特定历史时期某一城市的地理面貌与社会经济结构，还表现在这一城市形态与空间结构的历史演变过程。李孝聪、鲁西奇等学者已对江南运河、汉水流域城市进行了相当深入的区域研究，[①] 为本章山阳城空间形态与地域结构的研究提供了典型范例。[②] 不过，对于明清山阳城的具体个案研究来说，更侧重于"深入城市细部，考察社会经济活动的地域分异特征"[③]，即在城市空间形态复原的基础上，辨明城墙内外的区块分化及其功能分区，并尝试以城市住宅的分布与演变过程为切入点，观照文化、权力与城市空间的关系问题。

[①] 李孝聪：《中国封建社会城市城址选择与城市形态的演化：以江南运河城市为例的城市历史地理学方案研究》，载《九州》第一集，中国环境科学出版社，1997；鲁西奇：《城墙内外：古代汉水流域城市的形态与空间结构》；马剑：《夔州城市形态与空间结构的演变》，《中国历史地理论丛》2008年第3期。

[②] 关于山阳城市的发展演变与空间结构，已有研究成果参见单树模、范元中《两淮的兴衰及其河道变迁史略》，第184~208页；贾珺《明代淮安府及其所辖州县城市形态与构成要素浅析》，载《建筑史》第29辑，清华大学出版社，2012，第43~57页；贾珺《城阙缮完，闾阎繁盛——清代淮安府城及其主要建筑空间探析》，《中国建筑史论汇刊》第6辑，中国建筑工业出版社，2012，第195~232页。

[③] 李嘎：《潍县城：晚清民国时期一个区域性大都会的城市地域结构（1904~1937年）》，《中国历史地理论丛》2012年第4期。

第一节 旧·夹·新：山阳三城的外缘形态

一 城墙的修筑与演变

旧城。元至正年间，江淮地区战乱频繁，作为各种军事力量角逐的据点，山阳城受到重视，驻守将领曾对城墙加以修筑，但由于驻将变更，仅对原来的土城进行局部的修整，以加强军事防御的能力。明朝建立之后，山阳城成为府级治所，行政衙署相继设立，城墙的修筑亦随之展开。正德《淮安府志》卷5《规制一·城池》载：旧城"国朝累增修筑，包以砖甓，周置楼橹"。可见明朝前期山阳旧城经历多次重修，并且通过设置城楼等建筑使得城防体系逐渐完备，更重要的是，淮安城在原来土质城墙的外面，用方砖加以包砌，实现了由土城向砖城的转变，此为淮安城墙修筑史上的重要阶段。就旧城墙规模而言，其城墙高30尺，周长11里，东西510丈，南北525丈，这是目前获知关于山阳旧城城墙高度与长度较早且精确的数据，另外东西、南北长度相当，接近于方形。明清时期，山阳旧城的城垣与门楼规制基本成形，其后虽历有维修，然其城郭形态并无改变。①

---

① 明代中后期以后，山阳城的维修主要有以下数次：（1）万历三十八年，知府姚鈇重建西门城楼；四十八年，知府宋统殷重建南门。（以上见天启《淮（转下页注）

新城。山阳新城，位于旧城北一里许，即古代的北辰镇，明清淮安方志中多载其筑自元末张士诚属将史文炳，① 这一说法可能源自明初平定淮安城者，② 清代考据名家吴玉搢亦持此说，③ 其实不然。前文已述，山阳新城为南宋郡守陈敏所筑，④ 当时已经形成旧城、新城的双城格局，元代因之，前引杨万里、王秋涧等人诗作均可为证。乾隆《淮安府志》卷30《艺文》中对此曾作辨识，清末范以煦亦辨之甚明。⑤ 不过元代可能处于废隳不修的状态，直至元末，张士诚的属将史文炳驻守淮安，再次对新城加以整修，当时仍为土质城墙。洪武十年（1377）大河卫指挥使时禹复增筑城墙，乃"废宝应城砖石砌焉"⑥。新城防御功能愈益增强。这种防御功能亦体现在城门与门楼、

---

① 上页注①）安府志》卷3《建置志一·城池》）（2）崇祯年间，漕抚朱大典遍修三城。（3）清康熙初年，城楼日渐倾圮，漕院林起龙"设费鸠工，尽撤而新之，城垣残缺者，悉修补坚固"；康熙二十三年，漕院邵甘重建西门城楼，又修整东、北二楼；二十八年，漕院董讷捐资率属重建南门城楼；其后漕院兴永朝、桑格又"屡加葺理"。（4）至乾隆元年，"复多塌卸"，经"委员估计，督抚题准"，五年着山阳知县沈光曾承修。（以上见乾隆《淮安府志》卷5《城池》）（5）嘉庆二年，复经修补。（6）道光十五年，漕运总督周天爵建西、南门楼；二十二年，"复集资大修，新建炮台二，重建过街楼四，又拆造北城圈及东、北二楼"。（7）咸同年间，"间加修补。又于东城建敌楼一所，及四城践更窝铺"。同治十二年，漕督文彬重建西门城楼。（以上见光绪《淮安府志》卷3《城池一》，又见同治《重修山阳县志》卷2《建置·城池》）（8）光绪七年，署理漕督谭钧培重修东、南、北三门城楼。（见光绪《淮安府志》卷3《城池一》）

① 此一记载最早见于正德《淮安府志》卷5《规制一·城池》中，后世诸如万历《淮安府志》卷3《建置志·城池》、天启《淮安府志》卷3《建置志·城池》、乾隆《淮安府志》卷5《城池》、乾隆《山阳县志》卷4《建置志·城池》、光绪《淮安府志》卷3《城池一》等文献均未加辨识，因仍其旧。

② （明）胡应恩：《淮南水利考》卷下，《续修四库全书》史部政书类，第851册，上海古籍出版社，2002，第296页。

③ （清）吴玉搢：《山阳志遗》卷1《遗迹》。

④ 《宋史》卷402《陈敏列传》（第12183页）中曰："及是，再出守高邮，乃诏与楚州守臣左祐同城楚州，祐卒，遂移守楚州，北使过者观其雉堞坚新，号银铸城。"陈敏筑城当在其间。

⑤ （清）范以煦：《淮壖小记》卷1《新城联城》。

⑥ 正德《淮安府志》卷5《规制一·城池》，第47页。

第三章
明清山阳城的空间形态与地域结构

子城与角楼、窝铺与雉堞等设施的建置上。新城高 28 尺,周长 7 里 20 丈,东西 326 丈,南北 334 丈,可见无论是高度、长度还是周长,比旧城均相差不少。明清时期,新城曾经多次修葺。不过明末以后,新城呈现出衰败景况,这与明末清初的藩镇形势有较大关系。

夹城。明初,运道行于旧城、新城之间,诸如陆家池、马路池、纸坊头等处,均为粮船屯集之地,清代仍留存屯船坞之遗迹。自运道改经城西,其地多涸为平地。嘉靖年间,倭氛愈紧,山阳地方遂有筑城之议,史载:

> 欲将西湖嘴另筑一城,又虑财力地势俱有未便,聊将夹城中间联筑为道,一自新城东南角楼起,抵旧城桃花营,一自新城西南角楼,抵旧城北水关,共计四百余丈,比之扬外城之工,不及十之一二,如此则两城相通,粮草兼济,攻守有备矣。[①]

负责夹城修筑工程的为漕运都御史章焕,不过修筑夹城提议初始,知府范檞力言不可,曰:"淮安故两城,新城者,南宋时筑也。时乱后,漕院以多备也,议合之,公意弗同。院怒,遄举之,身为植工,竣,命曰玉带,绘联城图。"[②] 可知联城又名玉带城,且绘有城市舆图,惜未传世。所谓联城,即筑东、西城垣将新、旧城连贯而成,其中东城垣自旧城东北隅以接新城东南隅,西城垣自旧城西北隅以接新城西南隅,分别长 256 丈 3 尺、225 丈 5 尺。[③] 至于高程,初建时"因砖土骤高,虑不经久",只有一丈四五尺左右,万历二

---

① (明)郑若曾撰,李致忠点校《筹海图编》卷6《直隶事宜·江北诸郡》,中华书局,2007,第427页。
② (明)陶望龄:《歇庵集》卷17《淮安府知府范养吾先生墓志铭》,《续修四库全书》集部别集类,第1365册,上海古籍出版社,2002,第567页。
③ 乾隆《淮安府志》卷5《城池》。

十一年（1593），"倭奴愈横，乡官胡效谟等议请加高"，"始与新、旧城平"。①

二 城门的设置与变迁

1. 旱门的设置与变迁

一般来说，城门可分为旱门与水门。根据正德《淮安府志》记载，明代以前，山阳旧城建有五座旱门，分别为西门望云、北门朝宗、东门观风、南门迎远，另在西门稍北处原有清风门，宋元之际被南宋守将孙虎臣堵塞而废弃，因此明代旧城建有四座旱门。这四座城门各有子城与门楼，各门楼最初俱无名称，隆庆六年（1572）改原"城楼"名为"通漕"。后来王宗沐又建举远楼于西门子城上。另置三座角楼，分别为北、西、东南角楼，其中东南角楼"下临龙王庙闸"，后世名之曰瞰虹楼。②万历二十三年（1595），倭寇作乱，曹于汴着力措置防御工事，添设四座敌台。其后城门形制与名称基本未变，仅至咸同年间，四门名称俱改，分别改为东门瞻岱、南门迎薰、西门庆成、北门承恩。

新城共有五座旱门，东、西、南三个方位各有一座城门，北面城墙除设置北门外，另在其西侧建有小北门，各城门初时均无名称。成化十四年（1478），南门城楼毁坏，正德二年（1507），漕运总兵官郭鋐加以重建，同时对各城门命名，分别是东门望洋、西门览运、南门迎薰、北门拱极、小北门戴辰。"门各有楼，惟小北门无"。③城上除建门楼外，亦有角楼之设，凡四座，另有"窝铺四十八，雉堞一千

---

① 天启《淮安府志》卷3《建置志·城池》，第126页。
② 同治《重修山阳县志》卷19《古迹》。
③ 乾隆《山阳县志》卷4《建置志·城池》，（清）金秉祚修，丁一焘等纂，清乾隆十四年（1749）刻本。

第三章
明清山阳城的空间形态与地域结构

二百垛",东、西门建有子城。清代前期,新城衰败,各城门楼均逐渐毁坏。乾隆十一年(1746),政府拨款重修,较以前更加巩固。此后,新城再次衰败。与旧城更名形成对照的是,新城城门的名称保持不变。

关于夹城旱门的记载,历史文献多有歧异之处。据天启《淮安府志》卷3《建置志·城池》记载,夹城的旱门共有四座,分别是东南门天衢、东北门阜成、西南门成平、西北门天衢。又据吴玉搢《山阳志遗》卷1《遗迹》援引明代淮安人冯一蛟《闲园志遗》记载,夹城四座旱门名称分别为东北阜成门,西南平成门,东南、西北均为顺成门。乾隆《淮安府志》卷5记载,东南天衢门、东北阜城门、西南平成门、西北天衢门。此后晚清方志文献的记载与乾隆《淮安府志》一致。总体看来,对于东北门与西南门,虽然在个别字眼和顺序方面存在差异,但它们的名称基本一致。而对于东南门与西北门,两门名称相同,不过文献记载有较大差异,即有天衢门与顺成门两种说法。至于为何有两种说法?可能是文献记载本身的舛误,亦有可能是城门名称一度更改等其他原因,置此存疑。

2. 水门的设置与变迁

山阳三城除了设置旱门之外,还设置了不少水门,体现了运河城市的典型特色。山阳旧城建有三座水门,或称水关,分别位于城西南隅、西北隅、东南隅,是为西、北水关以及巽关。乾隆《淮安府志》卷5《城池》中称"西水关旧制可行船入西湖",亦可"由西水关引湖水入城",这一旧制延续至明代初年。明永乐年间,这一引湖入城的格局发生变化。永乐十三年,陈瑄依循宋故沙河旧道,"疏清江浦,引水由管家湖入鸭陈口达淮,以免淮河风涛之患,就管家湖筑堤亘十里,以便引舟"[①]。由此漕运水道经由城南而沿城西行,管家湖

---

① (明)杨士奇:《平江伯追封平江侯谥恭襄陈公瑄神道碑铭》,(明)焦竑编撰《国朝献征录》卷9《伯一》,《四库全书存目丛书》史部传记类,第100册,第294页。

成为供给漕船航行的主要水源,"而湖与城隔矣"①。所以自管家湖中筑堤后,"改建一小闸进水,其制甚狭,由旧城西门稍南数十步穿城下入",② 这一形制狭小的水闸称为响水闸,又名上兴文闸,与之相对的则为运河东岸下一铺之南的下兴文闸。

在旧城北门西另有北水关,其设置甚早,北宋欧阳修宦游楚州时,曾"与元均小饮仓北门舟中,夜宿仓亭",③ 似可推知北宋时期城西北隅的北门已为水关,可通行舟楫。至明代前期,仍可乘"小舟通于城中"④。不过因为其形制较窄,仅能通行小舟,本来御驾龙舟的正德帝南游至山阳时,"却侍卫,步入城"⑤,这一点在清乾隆帝南巡时表现得更为明显,"六次巡幸江浙,皆过山阳境,每次御舟驻北角楼登岸,乘马入北门,由西门出登舟"⑥,其实当时的北水关仍在使用,而且是城内通往城外风景游览名区萧湖的主要水行通道,⑦只是御舟体型甚阔,无法通行而已。

明天启年间,在淮安旧城东南隅疏凿巽水关。鉴于南门外的宝带河水"东去之无情",在"东南巽方凿渠引水入城",⑧ 是为巽关或巽洞。其实东南巽关的开凿,更重要的是风水堪舆层面的考量。天启三年(1623)冬天,知府宋祖舜、知县孙肇兴采纳士民公议,疏凿

---

① (明)马麟原撰,(清)李如枚重修,元成续纂《续纂淮关统志》卷12《古迹》。
② 乾隆《淮安府志》卷5《城池》。
③ (宋)欧阳修:《欧阳修全集》上,中国书店,1986,第1006页。
④ 正德《淮安府志》卷5《规制一·城池》,第47页。
⑤ (明)徐复祚:《花当阁丛谈》卷1《巡游考详节》,《丛书集成初编》第2818册,中华书局影印本,1991。
⑥ (清)曹镳:《信今录》卷5《纪事》。
⑦ 乾隆年间,山阳人任东涧与陆竹民、王荔亭,自城北凉陂桥乘舟,"里许出北水关,豁然平远,豁然溶漾,视之无极,波光云影,上下相照",可见其时北水关仍可行舟,且从任东涧等人出北水关前后的心态来看,北水关处确实狭窄逼仄,见(清)任瑗《六有轩集》卷3《游萧湖记》,《清代诗文集汇编》第274册,上海古籍出版社,2010,第103页。
⑧ (清)任瑗:《六有轩集》卷1《巽关说》,第31页。

巽关，引宝带河水入城。城东南巽关的修造及与宝带河的连通，不仅形成了山阳城巽亥合秀的水关格局，同时对城市供水体系及水域景观的呈现均有重要影响。另外宝带河下达涧河，与城市泄洪及东南乡村聚落的农田灌溉均关系匪浅，这也成为地方官府与社会精英主要关注的水利问题。

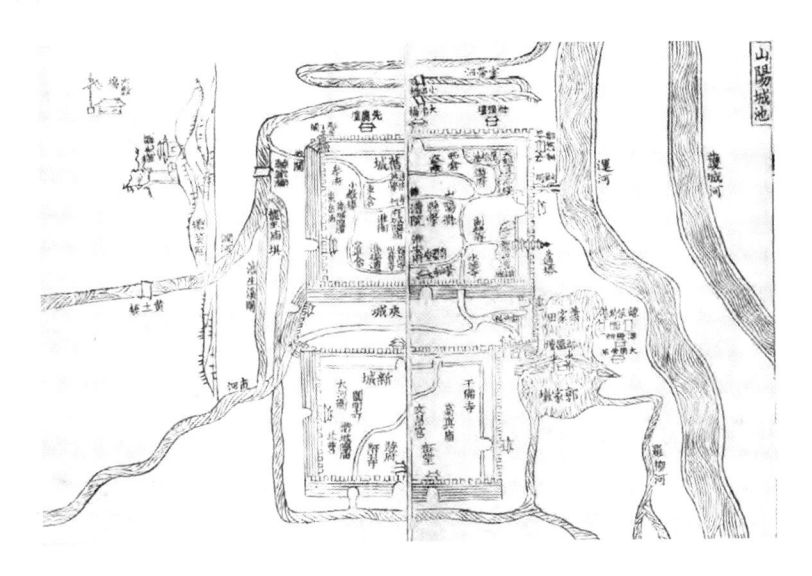

图3-1　清代前期山阳城池图

资料来源：乾隆《山阳县志》卷首图。

新城南、北门侧开设水门或水关，据正德《淮安府志》卷首图所示，新城南门稍西处为南水关，北水关则位于大、小北门之间，其中北门水关虽不行舟，但城内河道仍经此注入外围城河。乾隆《淮安府志》卷5《城池》中说：

> 北水关在未筑城前为石闸，古邗沟由射阳至末口入淮，石闸即古末口。自北辰堰筑而末口变为石闸，自新城筑而石闸变为北水关矣。

可见，明初重筑新城时，将石闸改置为北水关。这一说法如若不虚，则北水关即为古末口、北辰堰所在，古运道由此达淮。明洪永年间又于新城外西北、东北方向修筑淮安五坝，每遇清江口淤塞，漕运粮船及其他官民商船均经此盘坝入淮，所以在明万历年间黄河北徙之前，新城北门外形成了较为繁盛的商业街区。

夹城曾有运道经过，多有面积不等的水域分布其间，所以其水关即水门的设置相当重要。夹城修筑工程完竣时，漕运都御史章焕撰写记文，并勒于碑石，至清末碑石仍存于北门子城茶济庵内，内称："门四，水关称之，关桥二。"[①] 可见夹城旱、水门配对而置，各有四座，如东北门曰阜成，旁置水关曰阜成关，西南门名平成，水门亦名平成。不过，东南、西北的天衢门亦为水门，史载：既筑联城，"乃悬空二水门，以便船栀出入，故号其门曰天衢"[②]。必须强调的是，清代前期夹城四座水门中，东南天衢门水关亦称巽关，久已闭塞，不通行舟，而夹城东北、西北方向的两处水关，分别为通向东北涧河、西北关厢的主要关口，由此勾连起城市水利渠道的交通网络。

---

① （清）范以煦：《淮壖小记》卷1《新城联城》。
② （明）马麟原撰，（清）李如枚重修，元成续纂《续纂淮关统志》卷12《古迹》"屯船坞"条。

第二节　基层行政分区与城市街巷格局的复原

一　坊厢隅图：基层行政分区及其变迁

作为城市空间重要元素的坊，出现于东汉后期，由先秦时期的邻里演变而来，是为坊里制或里坊制。传统观点认为，隋与唐前期地方城市中实行较为严格的里坊制，形成四周围以坊墙或篱栅的封闭式区块，中唐以迄宋代这一制度趋于解体。[1] 坊市制为厢坊制所取代，以厢统坊。[2] 不过，宋元时期坊的基层行政单位意义仍被保存下来。[3] 时至明代，"坊"的内涵出现了明显的扩展，除了作为明代黄册里甲制度在城郭中的具体编制名目仍具有基层管理组织的功能，更为主要的是，"已演变为一种纯用以表示人户的籍贯和地理概念的地理性的社会单位，以一定地理区域进行划分，无具体的职役人员，亦无实际的乡治职能"，城郭或市邑中还建有纪念性意义的牌坊；另外，"厢"

---

[1] 有学者根据地方城市的个案研究，对里坊制的性质、成立及形态、松弛与解体，及其引发的关于"中世纪商业革命"等社会经济意义的传统阐释体系，提出了质疑且给出了否定的结论。参见鲁西奇《唐代地方城市中的里坊制及其形态》，载《厦门大学国学研究院集刊》，中华书局，2010；成一农：《走出坊市制研究的误区》，《唐研究》第12辑，北京大学出版社，2006。
[2] 马继云：《宋代厢坊制论略》，《史学月刊》1997年第6期。
[3] 朱玲玲：《坊里的起源及其演变初探》，《郑州大学学报》（哲学社会科学版）1986年第2期。

"隅"同"坊"类似，或表示一种地理区划或户籍归属概念，或作为城邑中里甲赋役的派征单位。① 同样地，明清山阳城亦以坊厢隅图作为基层管理组织，那么在具体设计中，它又处于怎样的城市分区状态，这一行政空间分区是否发生历时性变化？以下通过对这一问题的简析，以求为山阳城空间形态与地域结构的研究，提供背景性解释框架。

山阳城自明初旧城、新城重筑城垣、开设城门后，即形成了连接城门的东西、南北向大街，城区由此自然划分为四大行政区域，尤以旧城行政分区为典型。② 山阳旧城分为东南、西南、东北、西北四大区，冠以"隅"字，以"图"属之，分别辖三图、三图、二图、三图，新城的情况与之相类，不过其行政分区集中于城市北半部，是为东北隅、西北隅，分辖四图、二图，可见新城北半部为其重点规划与建设区域。在城郊或近城处，多以"厢"称，如安乐厢、南锁厢、柳淮厢、淮北关厢，其下亦分领一定数量的"图"，这些关厢恰与布设于附近的南锁关、安乐关、柳淮关、淮北关相互对应，其中柳淮关位于淮城东门外，亦即下关，其他关口亦应在城垣之外。据此推见可能由于商贸船只经由关口，逐渐形成相当规模的城外关厢街区。另外明代前期山阳城辖有"图"的，尚有北辰坊、满浦坊以及安乐乡等基层行政单元，北辰原以堰、镇为名，迨唐宋时期始有坊名，沿用至此，在新城大北门外；满浦坊在淮城西北，"自湖嘴至窑沟一带皆

---

① 余清良：《明代"乡"、"区"、"坊"、"厢"、"隅"含义考析——以福建地区为例》，载《明史研究》第11辑，黄山书社，2010，第116~118页。该文虽为关于福建地区基层行政组织的区域研究，不过诚如作者文末指出，"这些组织名目在明代具有多种不同的含义，具有一定普遍意义，是适用于整个明代基层乡治组织研究的"，且经比照淮安方志文献，其结论多与之相合，值得参考。

② 本段引文如无标注，均出自正德《淮安府志》卷5《规制一》中"街市""坊镇""里图""津梁"等项。

第三章
明清山阳城的空间形态与地域结构

是"①,共有八图,二坊之地商贾辐辏,最为繁盛。余清良在城邑基层乡治组织研究时特别指出:"明代黄册里甲组织中的'里'和'坊',在方志等地方文献的记载中,常不以其本名行,而是常以'图'之名出现。"② 山阳城中以上诸"隅""厢""坊"均辖有"图",故可断言其当是作为城市里甲赋役的派征单位而设的。同时,明代山阳城的"坊"仍有作为城市聚居空间的功能,北辰、满浦二坊即为此例,再如旧城属地有安乐坊,在北门外,亦为城市民众日常聚居之所,另外新城的仙鹤、临淮、清平,以及城外西湖嘴一带的端本、来远、颁春诸坊,均系"表厥里居之名"。由此可见,就"坊"之名目而言,除纪念性牌坊之外,明代前期山阳城形成了两套城市基层行政区划体系,即黄册里甲组织中的赋役单位与城市居民的日常生活空间,形成这一认识,对于理解地方文献中"坊"的演变及其与前近代山阳城市社会的关系尤为重要。

明代前期山阳城的基层行政分区,在万历、天启年间的方志文献中得以保留,且其具体格局未有变动。总而言之,以上两种类型的"坊"名,明代方志文献中计有九处,即安乐坊、仙鹤坊、临淮坊、清平坊、北辰坊、端本坊、满浦坊、来远坊、颁春坊,皆作为山阳城区基层管理单元与聚居空间而设,其中北辰坊、满浦坊复为城市里甲赋役单位,辖有"图"数。不过,至清乾隆年间"坊"之形态出现变化,是为与"镇"并称的坊镇之"坊",多达75处,附注曰:"与坊表之坊不同。"③ 必须指出的是,清代前期淮安地方文献中的"坊"名,其下已不辖有"图"数,即不再作为黄册甲甲体系中城市赋役征收单位而存在,仅为表达城市民众聚居空间的地理方位概念,类之

---

① (明)马麟原撰,(清)李如枚重修,元成续纂《续纂淮关统志》卷4《乡镇》。
② 余清良:《明代"乡"、"区"、"坊"、"厢"、"隅"含义考析——以福建地区为例》,载《明史研究》第11辑,第117页。
③ 乾隆《淮安府志》卷5《城池》。

于今天的某街某道,而且原先分领"图"数的"隅""厢"亦不见于记载。这一现象与明代中叶以后粮长、里甲制度的变动有关,其时以南直隶等地区为代表的农民,由于土地兼并而破产与分化,更重要的是"被过重的赋役所逼而不得不放弃其一向耕种的土地",逃离农村、进入城市成为小工商业者,那些过重的粮差原额则转嫁到里长、粮长身上,而逋赋现象的不断加剧,则"宣告了粮长制已彻底失败"。① 作为"乡村里甲组织在城市与郊区的对应物"的坊、厢,② 其赋役征收的意涵与功能可能亦渐行消亡,地方文献中"图"之名目的阙载似为其证。

罗晓翔关于明代南京城市社会的研究显示,"从嘉靖至万历初年,南京坊厢赋役经历过一系列重要的改革",而明清之际山阳城的基层行政组织确实亦曾发生了一些变动甚或改革。那么,变革之后的"坊"名具有怎样的意涵,与此前的山阳九坊是否存在关联性?是否还存在城市基层行政区划,又该如何定位与分析?凡此均须在山阳地方的话语文本与社会实践中,方可寻得其变迁之轨迹。幸赖明崇祯年间的一份文献可得窥其端倪,曰:

> 路抚台出示:会淮城有七十二坊,各集义士若干,不上册,不督练,亦不给饷,每家出一人二人以四至五,从义而起,出于自愿。小帽、箭衣、快鞋、刀仗,俱自备。每坊举一生员为社长,一生员为社副,随便操演。③

---

① 梁方仲:《明代粮长制度(校补本)》,中华书局,2008,第147~163页。
② 罗晓翔:《明代南京的坊厢与字铺——地方行政与城市社会》,《中国社会经济史研究》2008年第4期。
③ (明)佚名:《淮城纪事》,载(清)冯梦龙著,魏同贤主编《冯梦龙全集》第17册《甲申纪事》第6卷,凤凰出版社,2007,第117~118页。

路抚台即指时任淮扬巡抚路振飞，此段材料则为路氏为抗御大顺政权农民军而设计的地方武装训练方案。其时，淮安三城共有七十二坊，具体坊名尚难得其详，不过这与乾隆时期的数目颇为接近，故笔者推断二者意涵当相吻合。有学者曾谈及明代开封城的八坊，均为王府贵族及其他士民里居之所，以便对城市居民进行社会治安方面的管理与控制，并引《汴围湿襟录》《大梁守城记》等文献中的"将合城八十四坊，每坊议立一社"，"立社八十有四"，将"社"释读为"一种临时性的备战组织"，而所谓八十四坊或地方，则指谓开封城内的街巷与胡同数目。① 山阳与开封两城的文献记载，时段相当，内容契合，均反映大顺农民战争影响下的黄淮地区地方武装防御生态，故似可推知崇祯《淮城纪事》抑或乾隆《淮安府志》中的坊名，当亦指山阳城的街巷即街坊之"坊"。

二 城内外街巷格局的形成与变迁

前文已述，明代前期山阳城内被划分为几个区块，冠以"隅"字，旧城、新城均如此，城外多以厢、坊等基层行政组织统领之。这些基层行政区块，由宽窄不等、南北交错的街巷连接而成，街巷作为连接城市内外空间的经脉，"官署、学校、寺宇、民宅、园林等均分布其中，是市民栖居往来的主要空间要素"②。虽然淮安方志文献中关于街巷的记载较为简略，不过运用历史地理的时空分析方法，将不同时期的内容相互参照、缀合，尚可辨明、复原街巷分布格局与空间架构的变与不变，以及随着城市周围微观地理环境的变动而出现的街巷拓展或萎缩的演进过程。

---

① 孔宪易：《试谈明代开封的八坊及其它》，载《中国古都研究》第 5、6 合辑，北京古籍出版社，1993，第 131~138 页。
② 史红帅：《明清时期西安城市地理研究》，第 375 页。

1. 大街与小巷：明代山阳城的街巷格局

就命名方式而言，明代前期山阳城的大街主要可分为两种：以方向位置或军政衙署命名。正德《淮安府志》卷5《规制一》山阳县"街市"条记旧城内中长街曰："自迎远门抵卫前，转西以北抵朝宗门。"迎远门为南门，朝宗门为北门，可见中长街连接南、北门，乃南北纵向的街道；"卫"指淮安卫，在府治南八十步，旧为元代淮安路总管府，① 亦即明万历以后的漕运总督衙门驻地，② 位于卫前街与中长街交叉处，诚为山阳旧城的空间中心，这也是中长街至淮安卫处，需"转西以北"的原因所在。卫前街即淮安卫正门前之街，"东西抵长街"，又东长街、西长街均为"南北抵城"的情形，③ 显然卫前街呈东西向，东、西长街呈南北向，且卫前街分别与东、西长街相交。同书同卷又记有西门街"自西门至西长街，转北以东经县学、卫前，抵东长街"；东门街"自东门以西抵城"。从方志卷首所附城市图来看，西门的位置稍偏南，东门基本上在城东北隅方位，故其时西、东门街并不对接；另外细审之则可见出，西、东门街当分别与卫前街、府前街存在一定路段的重合之处。④ 以上诸如中长街、东长街、西长街、东门街、西门街均因所在空间方位而得名，其中中长街与东门街、西门街的铺设，显然与四门之形制相对应，即南门与北门、东门与西门各有长街相通，且彼此分别在淮安府、卫署处交会，东、西长街则与之共同成为山阳旧城内的主干街道，从而形成了城市内部街道的主体空间架构。卫前街、府前街则因毗邻公署而得名，除

---

① 正德《淮安府志》卷6《规制二·公署》，第101页。
② 关于淮安卫与漕运总督衙门等军政官署的空间位置关系，将详于后文城市职能建筑的分布一节。
③ 正德《淮安府志》卷5《规制一》，第49页。
④ 正德《淮安府志》卷5《规制一》山阳县"街市"条记府前街言"东抵观风门"，观风门即为东门；另外西门街则经过淮安卫，故笔者判断府前街、卫前街当为东门街、西门街的构成部分。

第三章
明清山阳城的空间形态与地域结构

此之外，都察院前街、县前街均属此例。关于都察院前街及其周遭街巷状况，正德《淮安府志》卷5《规制一》中记述颇详，曰：

> 东西抵长街，进迎远门，至谯楼，东有四街，西有五街，为之纬，此其西之第一街也。自院西转北以西至西门，正德十二年纳粟指挥陈镕重修，又修刑部前、名宦祠、旧参府前及北门里、仓巷、史坝七街，人甚便之。

都察院即指总漕巡抚都察院，"院治在郡城迎远门内西"①，与前引材料所述相合。自迎远南门至城市中央的谯楼即镇淮楼处，"东有四街，西有五街"，可见其时旧城南半部分为街道分布集中区，且均呈东西走向。不过，就"自院西转北以西至西门"来看，都察院前街并非东西直向的，而是自东向西再北向西转以至西门的街道走向。前文提及的陈镕所修街道，是否即在东西向的九街之列尚不得而知，但可以肯定的是，刑部前等大街的公共通达性较好，故笔者认为诸如卫前街、刑部前街等以行政公署而名的街道，当构成旧城街道体系的第二层级，而北门里等当为供城市民众里居的小巷，则属于第三层级。

如果说大街构成了城市空间总体架构，从而将其划分为若干区块，那么狭窄短促的小巷则可视为这若干区块的填充要素。据正德《淮安府志》卷5山阳县"街市"，并参照乾隆《淮安府志》卷5《城池》及光绪年间《淮安城市附近图》等图文记载，除四门附近的近城巷之外，城西南隅一带，主要巷道有仓巷（在西门内，南北向）、局巷（西门内北首，因造作军器局而名）、铜王巷（县治西南）；城西北隅以南北向的驸马巷与龙窝巷最为显要；城东南隅一

---

① 正德《淮安府志》卷6《规制二·公署》，第76页。

· 155 ·

带，则以打箔巷（南北向）、打线巷（在军营坊）、百姓巷为较早成形的巷道。小巷与大街相较，具有不同的社会功能，它常作为城市居民生活的聚居区。方志中对城西南、西北、东南三隅巷道的记载与其里图编制的数目略相一致，亦说明这三大区块呈民居稠密之态。需要强调的是，这些巷道多分布于军政衙署附近，或者可以说旧城内以上诸多巷道当主要作为行政官员或卫军将士及其眷属的里居住所。①

相对来说，山阳新城鲜见如旧城层级分明的官僚衙署，仅有创设于洪武二年（1369）的大河卫，故新城内的街道多以方位命名。据正德《淮安府志》卷5《规制一》山阳县"街市"条的记载，主要有南街（南北向）、东门街（东西向）、西街（南北向），三条主要干道分别将南门与北门、东门与西门以及小北门连接起来，从而形成了山阳新城内外交通的基本骨架。除此之外，并未见及城内巷道的记载，故新城的街巷布局呈疏阔状。至于夹城，其时尚未修筑，不过其地为运道所经，"如马路池、陆家池等处，皆粮艘屯集处"②，新、旧城间遂成为山阳城重要的居民区之一。明万历举人张泰烛有诗曰："东北隅通万斛舟，居人鳞集纸房头。"③ 纸房头又作"纸坊头"，在夹城之东，为城外重要居民区段，前文述及旧城北门外设有安乐坊，系里居之坊，其地恐即在夹城纸坊头一带。另外，夹城之南有地名桃花营者，"妓馆旗亭，鳞集水面"④，漕粮运输亦带动了士商文化消费

---

① 如城西之仓巷，旧有西新仓，因是得名，清代山阳人曹镳《信今录》卷10《道古编》中载曰："前朝行兑运，淮安一屯驻之地，今仓巷是其西，皆护粮军士所住，曰头条营、二条营之类。"仓巷当为护粮军士居住的最早巷道，后又向西逐渐衍生出头、二、三条营等巷。
② （明）马麟原撰，（清）李如枚重修，元成续纂《续纂淮关统志》卷12《古迹》"屯船坞"条。
③ （清）丁晏原辑，周桂峰校点《山阳诗征》卷8《明》，第255页。
④ （清）吴玉搢：《山阳志遗》卷1《遗迹》。

场所的兴起与发展。谈及城外商业街区，城西北隅的西湖嘴一带最为繁盛，[①]与城内齐整的街巷格局相比，西湖嘴的街巷显得随意或零乱，且尚未形成通达性较好的街道，均为狭窄短小的巷道，如粉章巷（在东湖市北）、钉铁巷、干鱼巷、茶巷、锡巷、竹巷、花巷（均在安乐关厢广惠桥西）以及满浦坊的羊肉巷、绳巷，[②]其中竹巷、绳巷、粉章巷、钉铁巷等巷道，皆因"明朝造船厂在淮安，设工部抽分司一员，督造南数省粮船"而形成，[③]其他诸巷则是在此基础上，借助商业贸易的集聚功能渐次衍生出来的。

明代中后期的山阳城内街道格局，万历《淮安府志》卷3《建置志》山阳县"街市"条的相关内容，乃照袭旧章，只字未改，可能其间旧城、新城内街道确实未有任何变化，夹城虽已修筑，不过关于其街巷情况仍无一语。至天启年间，城内主干街道格局仍未有太大变化，仅在个别街道方位与走向的文辞表达上略有出入，旧城卫前街、府前街的阙载，则可作为其与西、东门街相互重合的旁证。而较之正德、万历府志所记，天启《淮安府志》卷3《建置志》山阳县"街巷市井"条所记城内巷道，则多出火巷（各街市）、水巷（俱在东门），城西北隅的草巷（又作草郎巷）、高皮巷（后俗称"羔皮巷"）、双刀刘巷，以及城西南隅的头、二、三条营巷与东南隅的锅铁巷，城东北隅则生成诸如夯轮寺巷、二郎庙巷、城隍庙巷等以寺观庙宇命名的巷道，显然这些新增的巷道主要为居

---

① 明代大学士丘濬曾有诗盛赞之，曰："十里朱楼两岸舟，夜深歌舞几曾休？扬州千载繁华景，移在西湖嘴上头。"并慨叹道："今其地（指扬州）阛阓人烟之盛，视淮阴反若不及焉。"参见（明）丘濬《重编琼台稿》卷4《夜泊淮安西湖嘴》，《景印文渊阁四库全书》集部别集类，第1248册，台湾商务印书馆，1986，第65页。

② 正德《淮安府志》卷5《规制一》，第50~51页。

③ （清）曹镳：《信今录》卷10《道古编》。

民生活区。①

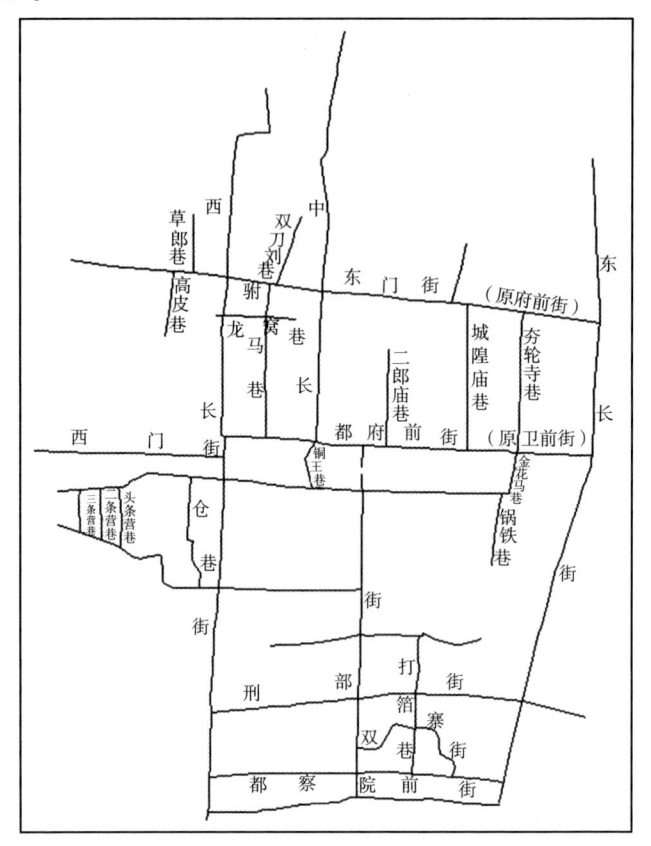

图 3-2　明代山阳旧城街巷空间分布图

注：图中显示的城南部分街巷未予标明名称，这主要是因为方志中记载自南门向北至今镇淮楼处，"东有四街，西有五街"，而这九条街道尚难确定其方位与名称，故而采取了这样的处理方式。

资料来源：江北陆军学堂学生测绘《淮安城市附近图》，光绪三十四年（1908）四月。

① 如位于漕运总督署东的郡城隍庙，其后"东西通达，为居民拥塞"，天启年间知府宋祖舜曾决议"清出立案"，可见城隍庙巷一带为居民聚居之地，参见乾隆《淮安府志》卷26《坛庙》。清乾隆年间山阳人任瑗《游萧湖记》（见任瑗《六有轩集》卷3，第103页）中曰："余与竹民、荔亭自凉陂桥，一篙中碧，夹岸民居相望，斗折蛇行，里许出北水关。"凉陂桥亦作梁皮桥、梁陂桥，位于旧城东长街北。明代后期城东北隅巷道的生成，亦可从梁皮桥的角度加以阐释，即至天启府志中方见及梁皮桥的记载，故可推断自梁皮桥至北水关里许"夹岸民居相望"的状况当始现于明代后期，至清乾隆年间方志中又有梁皮桥坊的记载，均可为证。

第三章
明清山阳城的空间形态与地域结构

2. 变与不变：清代山阳城的街巷格局

明崇祯后期，国祚已危，以李自成为首的农民军，先在中原地区造成巨大骚乱。崇祯甲申年（1644）春，其兵力"渐及江北，百姓日夜震恐"①。就清淮地区而言，这批农民军遭逢淮安地方官员的强烈阻击，诚如吴玉搢所言："吾淮当南北要冲，其能扼河而守，不使有一人一骑渡河者，则漕抚路公振飞、巡按王公燮之功居多。"② 其时路、王二人各有守御分工，"燮自任守河，托抚臣路振飞守城，守民恃以屹然"③。逮南京弘光政权建立后，马士英等人扰乱朝政，路振飞被罢免，由田仰代替他的职位。王燮亦调赴山东襄理军务。同时，明末藩镇之一的刘泽清屯驻山阳新城，"大治宫室，穷极壮丽，造一水阁，费及千金"，④ 对此"田仰不能禁制，而淮事不可为矣"。⑤ 故而明清鼎革之际，山阳城虽频经战乱的扰攘，间有如高岐凤、李栖凤等在城西门外大肆掳掠，⑥ 不过端赖于路振飞、王燮等人的战略措置，城市面貌总体上得以存留。⑦ 其后刘泽清建邸于此，以"兴屯置榷，兼课鱼盐"，搜刮民资为能事，⑧ 清兵攻至山阳城，"泽

---

① （明）佚名：《淮城纪事》，第116页。
② （清）吴玉搢：《山阳志遗》卷2《遗事》。
③ （明）东村八十一老人：《明季甲乙汇编》，《四库禁毁书丛刊》史部第33册，北京出版社，1997，第635页。
④ （明）应廷吉：《青燐屑》卷上，沈云龙主编《明清史料汇编二集》第5册，台北文海出版社，1967，第2357~2358页。
⑤ （明）文秉：《甲乙事案》卷上，《四库禁毁书丛刊》史部第72册，北京出版社，1997，第50页。
⑥ （清）吴玉搢：《山阳志遗》卷2《遗事》。
⑦ 乾隆《淮安府志》卷19《名宦》中记崇祯间淮安知府周光夏曰："时流寇充斥，独淮郡未被蹂躏。光夏加意爱民，悉心御贼，淮人赖之。"同书同卷又记崇祯山阳知县刘景绰曰："流寇蹂中原，独淮安完聚。"可见得益于地方诸官的悉心抵御，明末战乱对山阳城造成的破坏并不大。
⑧ （清）钮琇撰，南炳文等校《觚剩》卷3《吴觚》"姜楚兰"条，《近代中国史料丛刊》续辑第940册，台北文海出版社，1982，第45页。

清迎降，归于京师"，① 淮安府境遂悉入清朝版图。故清初满洲兵至淮，山阳城几近不战而降，未见如"扬州十日""嘉定三屠"等的惨烈情状，城市设施与空间格局亦基本维持原态。

具体来说，自康熙年间至清末，山阳城内的街道格局未有太大变化。旧城内部街道，据乾隆《淮安府志》卷5《城池》中的记载，中长街等仍为主干街道，不过较之前代府志则多出旧南府街，② 以及太清观、东岳庙、龙兴寺等以寺庙命名的街道，另外西门街与原卫前街的存在形态亦略有调整，即西门街的街域范围仅止于与西长街会合处，而其东亦即原卫前街的部分更名为漕院前街。③ 新城的街道名称多出北街（大北门内），夹城西北隅、东南隅亦出现了南北长街、马路街。④ 旧城内巷道格局亦基本上未有改变，仅在数量上添设了以人物科第命名的潘都巷、倪进士巷。⑤ 清代前期山阳城巷道格局稍有变动的当为新城，原先与城门形制相应而形成的较为疏阔的大街附近，其时新设崔官巷（西门内）、周官巷（小北门内）、莫家巷（大北门内）、东长巷（东门内），⑥ 这些巷道的生成，殆与明清之际的战乱有关，有学者曾指出："在路振飞的指挥下，淮安变成了效忠明朝者，尤其是从北方逃来的官僚贵族的避难所。"⑦ 此处的"淮安"当主要

---

① （清）王士禛：《带经堂集》卷80《蚕尾续文》第八"刘泽清小传"条，《续修四库全书》集部别集类，第1415册，上海古籍出版社，2002，第73页。
② 万历《淮安府志》卷3《建置志·公署》中已称南门内的漕运总兵官署为南府，当相结于淮安府治东的"北府"而言，故结合街巷地望，南府街当即都察院前街。
③ 乾隆《淮安府志》卷5《城池》"漕院前街"条记"东自青龙桥，西抵西长街"，可为证。
④ 此二街分别通接西北、东南天衢门，故判得其位于夹城西北隅、东南隅。
⑤ 旧城南门附近建有都宪坊，为明右副都御史潘埙而立，潘都巷即位于南门内中长街之东，故可推知其以潘埙命名。至于倪进士巷，惜无确考，仅得大河卫人倪润曾中正德甲辰科进士，殆即巷名之源。
⑥ 乾隆《山阳县志》卷4《城池》附街巷。
⑦ 〔美〕魏斐德：《洪业：清朝开国史》，陈苏镇、薄小莹等译，江苏人民出版社，1998，第240~241页。

第三章
明清山阳城的空间形态与地域结构

代指山阳新城,再加上刘泽清的临时官邸亦驻于新城,明清之际其城内人口数量一度达至万余户。① 可能新城内居民本不为众,尚有安置北来落难贵族的余地,故添设以上诸巷作为其里居之所。不过,清初又设漕运部堂于此,"居东平旧府,部下率四十家满洲兵至新城,居人尽室远徙"②,望社魁首靳应升及其家眷经历即为其一斑。③ 鼎定后,新城内增设的巷道得以保存,殆地方官员亦锐意招徕流散民众,故至乾隆年间,其城市风貌"犹称蕃盛"。④

清代山阳城街巷格局最为明显的特征,当为城外商业街区的进一步拓展与变迁。前文述及,明代山阳城外西湖嘴一带多为小巷,后在此基础上衍生为四面通达的大街,同时复增设若干巷道,从而亦形成了大街横贯小巷的街巷空间布局。西湖嘴因其"两旁旧系湖荡,沙嘴独出湖心"而得名,⑤ 时至清代这一称谓渐为"河下"所取代,⑥ 据

---

① 光绪《淮安府志》卷3《城池一》"新城"条曰:"在明季,城内居民尚有万家。"又据吴玉搢《山阳志遗》卷1《遗迹》,城内有大、小肠河,历时久远仅存故道,遂"渐为居人隐占矣",可见城内已然成为居民聚居区。
② (清)吴玉搢:《山阳志遗》卷1《遗迹》。
③ 靳应升曾作《渡河卜居二首》,其中有云:"我母愁无似,将儿更卜居。但言寻乐土,何必恋吾庐","萧条同作客,珍重辑藏书。河北人谁识,相惊客到初"。靳氏自山阳新城迁居河北东里,且以"渡河"名其诗集。参见(清)丁晏原辑,周桂峰校点《山阳诗征》卷12《国朝》,第406页。
④ 光绪《淮安府志》卷3《城池一》"新城"条。
⑤ 同治《重修山阳县志》卷2《建置·街市》。
⑥ 前引明崇祯年间文献《淮城纪事》中已出现"河下"一名,与"湖嘴"并称,有学者据此分析道:"当时湖嘴与河下应分指两地,湖嘴应指今河下西南靠近运河的地区,而河下应为今河下北部靠近淮黄故道的地区",其言似较合理。参见杜涛《淮安历史地名考述六则》,载淮安市历史文化研究会编《淮安历史文化研究》第1辑,第208页。不过明代淮安府志中,将包括靠近淮黄故道的钉铁巷、粉章巷等划归西湖嘴,即是说明末出现的"河下"一名,当与满浦坊、安乐关厢等坊厢之制相类,俱从属于西湖嘴。关于河下的地名缘起,见《山阳河下园亭记》自序;(清)段朝端《椿花阁文集》卷2《与王光伯书》,稿本。

"反映极盛时期的《淮安河下志》来看,河下有 22 条街,91 条巷",①由此形成的街区范围"东西广约五六里,南北袤约二里",且这些街巷分隶于 13 坊,②占乾隆年间山阳城 75 坊的 1/6 强。虽西湖嘴作为微型区域的概念渐行消亡,不过它转化成一条街道即西湖嘴大街,吴锡麒曾对河下街巷市廛称道:

> 南自运河口,北抵相家湾,万商之渊,尤为繁盛。列屋栽宇,则萧曼云征;连甍掎裳,则衿袢雾合。晴炊接乎花竹之巷,雨屐喧于姜菜之桥。③

西湖嘴大街为纵贯黄、运二河之间的南北向大街,与之相交的东西向大街名为相家湾,一纵一横构成了城外河下街区的骨架主干。乾隆年间河下东西向的街道尚有状元里街(即竹巷大街)、罗家桥街、空心街,而中街与板厂街则呈南北走向。④ 其中,西湖嘴大街的北段又称为花巷大街,⑤ 花巷大街的东侧为茶巷大街,吴氏所谓的姜菜之桥则位于竹巷与茶巷大街的交会处;自花巷大街往西至菜市桥为罗家桥街,古菜市桥往北至相家湾为板厂街。另外罗柳河自西北来,沿途先后穿越过绳巷、礼拜寺巷、判厅巷、中街,最终"由空心街汇聚

---

① 王振忠:《明清徽商与淮扬社会变迁》,第 92 页。尚需指出的是,河下关厢的街巷有一显著特征,即某街有某巷,以街统巷,具体参见(清)程锺《淮雨丛谈》卷 4《区域类》"河下街巷"条,民国稿本。
② (民国)王光伯原辑,程景韩增订,荀德麟等点校《淮安河下志》卷 1《疆域》,第 21~22 页。
③ (清)吴锡麒:《还京日记》,(清)王锡祺:《小方壶斋舆地丛钞》第 5 帙,上海著易堂光绪十七年(1891)排印本。
④ 乾隆《淮安府志》卷 5《城池》"城外街"条。
⑤ 西湖嘴大街"南自运河口,北抵相家湾",而花巷则自相家湾接连西湖嘴大街,表面上看来二者颇有龃龉之处,不过明代西湖嘴大街未设之前,花巷即已存在,将西湖嘴大街视为花巷的南延线,应属合理。

· 162 ·

第三章
明清山阳城的空间形态与地域结构

于郭家墩阔水处"①。

河下关厢的另一主干街道为相家湾街。相家湾之名约略出现于明代前期,②不过相家湾一带最早的商业中心乃位于其西侧的窑沟,因"与礼、智、信三坝相近,商贾往来络绎不绝",明代前期已形成规模可观的商业活动街区即窑沟市,③并带动了相关服务行业的产生与发展。④ 至明末方见及相家湾市的记载,天启《淮安府志》卷3《建置志》"街巷市井"条曰:"沿河,礼字坝堤迤南转湖嘴。""河"指黄河或淮河,明隆万年间,漕抚都御史王宗沐修筑郡西长堤即黄河大堤,礼字坝堤当为其堤工重要区段,起自西桥经相家湾至新城,⑤至清末新城西门外古红桥、三条巷等处"犹存石工遗迹"⑥。郡西长堤的修筑在一定程度上实现了河下关厢避灾减灾的目的,以至商贾辏集,生聚日繁。另外,明代后期,受黄、淮水道变迁等自然环境因素的影响,"西湖遂涸为田"⑦,河下关厢的陆域面积有所扩展,清代相家湾街即在相家湾市的基础上生成。自"新城西门外起,至窑沟头止",均为相家湾之街道范围,即古黄河堤也,⑧ 从

---

① 乾隆《山阳县志》卷11《水利志》。
② 黄河自西北迤逦而来,至山阳城西北一带,形成了水流湍急的山阳湾,相家湾当为其组成部分。又(民国)王光伯原辑,程景韩增订,荀德麟等点校《淮安河下志》卷5《第宅》(第117页)记载相栋家族之事曰:"河下有相家湾,殆其先世云。"相栋中明嘉靖年间举人,故相氏一族当于明代前期已适居相家湾,因有是称。
③ 正德《淮安府志》卷5《规制一》,第50页。
④ 如清代山阳人阮葵生在《茶余客话》卷21《窑沟》(中华书局,1959,第677页)中指出,明弘治年间,窑沟一带"妓馆环列",由此可见其商业繁盛之一斑。
⑤ (明)王宗沐:《淮郡二堤记》,载天启《淮安府志》卷21《艺文志一》,第857页。
⑥ (清)程锺:《淮雨丛谈》卷4《区域类》"淮河石工故址"条。
⑦ (明)马麟原撰,(清)李如枚重修,元成续纂《续纂淮关统志》卷12《古迹》"西湖故迹"条。
⑧ 乾隆《山阳县志》卷4《城池》附街巷。

而在河下关厢北部形成了以相家湾街为主干的街巷体系,① 故而从窑沟至相家湾的商业中心转移中,可以明显地看出河下关厢自西向东的空间拓展趋势。

---

① 以东西向的相家湾街为主干,在其两侧分布有如下诸巷:仓桥街、殷家码头巷(北侧);钉铁巷、粉章巷、打铜巷、周管巷、草楼巷、倪家巷、七条巷、三条巷(南侧),见(清)程锺《淮雨丛谈》卷4《区域类》"河下街巷"条,其中仓桥街、钉铁巷、粉章巷为笔者所加。

第三节　山阳城典型职能建筑：
　　　　基于政商要素的空间分析

本章首先尝试爬梳山阳城墙、城门等外围设施的修筑过程，接着比较清晰地复原出明清两代城内外街巷格局的形成与演变，二者均可视为对城市基础设施建设的线性描述与分析，这为我们解读山阳城的具体构造与地域结构提供了知识框架与背景。本节拟择取城市典型职能建筑[①]为研究对象，即公署机构与商业市场及会馆，以二者显现的政商要素为落脚点，重点突出其在空间分布格局的差异，这种空间差异同样反映在城居者的住宅分布中，由此可以生发出关于城市空间属性的思考，以期有助于理解明清山阳地域社会的变迁过程。

一　公署机构的设置与变迁

作为淮安府附郭之县，山阳乃府县同城之地，再加上明永乐以后，漕运管理机构驻扎于此，"故自元明以来数百年中，督抚部司，文武厅营，星罗棋布，与省会无异"，[②] 其辞虽有溢美之意，不过亦

---

① "职能建筑"的提法采自李孝聪关于北京城的个案研究，参见侯仁之主编，唐晓峰副主编《北京城市历史地理》第6章《城市职能建筑分布》。
② 光绪《淮安府志》卷首桂嵩庆《重修淮安府志序》。

可见山阳县域衙署之多、公务之繁。明洪武初年，徐达率部攻占淮安，即置有淮安府、卫署，正德《淮安府志》卷6《规制二·公署》中曰：

> 府治在中街谯楼北横街之上，即元总管府，国朝卫指挥华云龙镇守淮安，改为卫。时知府范中因元之旧屯田打捕总管府开设府治。洪武三年庚戌，知府姚斌以其狭隘，废五通庙及旧沂郯万户宅建今治。

"中街"即中长街，"谯楼"指镇淮楼，1366年范中知淮安府，"横街之上"的元总管府被辟为府治。不过淮安卫随即亦屯驻山阳城，位于城市中心点的元总管府则成为淮安卫署，并将"横街"命名为卫前街，可见明洪武年间淮安卫在山阳城中的显赫地位。[①] 前引材料中所谓"以其狭隘"而迁建府治的说法，当可释为方志纂者对权力屈从的一种托词。迁建之后的淮安府治与淮安卫形成了"卫在府前"的公署空间格局。[②]

明成祖登基之后，"建立漕运而革使职，乃命武职重臣总理"[③]，即设漕运总兵官一职，以平江伯陈瑄与前军都督佥事宣信充任。[④] 永乐初年的漕粮运输方式先为海运，继之以海陆兼运。永乐十二年（1414）闰九月，明廷决定停罢海运，改行河运，并议将江南重点产

[①] 清康熙山阳人邱闻衣亦曾指出，"明初重卫使，多侯伯摄之，遂改府治为卫治"。参见氏著《山阳县学旧制说》，载（清）邱沅等修，段朝端等纂《山阳艺文志》卷3。

[②] （清）吴玉搢：《山阳志遗》卷1《遗迹》。

[③] （明）杨宏、谢纯：《漕运通志》卷3《漕职表》，第177页。

[④] 《明太宗实录》卷18"永乐元年三月戊子"条，黄彰健等校勘，台北"中央研究院"历史语言研究所，1962，第327页。永乐六年，宣信以都督佥事降任首位漕运参将，陈瑄遂历正统、宣德年，独掌漕运镇守总兵长达三十余年，参见天启《淮安府志》卷4《秩官志一》，第234页。

第三章 明清山阳城的空间形态与地域结构

粮区的粮米都运赴淮安,"很明显,这次决议将国家南北转运的起点放在了淮安",遂有次年陈瑄开通清江浦河之举。[1] 不过其时漕运总兵官督运粮储北赴燕京或辽东,淮安仅被视为其漕粮运输的枢纽要点之一,直至宣德元年(1426),朝廷敕命陈瑄驻扎淮安,文曰:

> 今命指挥黄让、内官谭顺、内使陈锦,助尔镇守淮安,抚绥军民,或有寇盗窃发,即与军卫有司同心勠力,固守城池,遣人驰奏自余,一切钜细事务尤在审处,毋得一毫扰及军民。[2]

山阳城遂成为全国漕运管理与控制中心,并建漕运总兵官衙署(又作漕运镇守府)于迎远南门内,乃时任"知府彭远因三皇庙废基创置"[3]。关于漕运总兵官署的基址略见抵牾之处:既言"废基",意谓宣德初年三皇庙倾圮,而乾隆《淮安府志》卷26《坛庙》中记三皇庙则称其"明弘治十七年建",位于"旧城南门内永安营旁",[4] 至清末此处三皇庙仍得留存。[5] "永安营"一词至迟于清康熙年间即已出现,且用以指代南门内的总督漕运公署,[6] 由是可见漕运总兵官署即据旧基而建的三皇庙,与弘治十七年(1504)所建的当为一处无疑,这恰为二者抵牾所在,可能的解释就是弘治年间在漕运总兵官署附近再次重建三皇庙。

漕运总兵官署初设时规模宏阔,总体格局当为东府西第,这一情

---

[1] 樊铧:《政治决策与明代海运》,第82页。
[2] 《明宣宗实录》卷20"宣德元年八月乙丑"条,黄彰健等校勘,台北"中央研究院"历史语言研究所,1962,第525页。
[3] 正德《淮安府志》卷6《规制二·公署》,第76页。
[4] 乾隆《山阳县志》卷17《丛志·祠祀》。
[5] 同治《重修山阳县志》卷2《建置·寺观附》。
[6] (清)邱闻衣:《山阳县学旧制说》,载(清)邱沅等修,段朝端等纂《山阳艺文志》卷3。

形至明景泰年间始发生变化。景泰二年（1451），明廷敕谕右佥都御史王竑总督漕运，"与总兵参将同理其事，寻令淮、扬、庐、凤四府，徐、和、滁三州，属竑巡抚，监督常盈仓，以淮为治所"①。首任总漕巡抚王竑莅淮的治所，位于旧城迎远门内西，系原平江伯陈瑄宅第，②即总漕巡抚在漕运总兵官署的西侧，两大总漕机构"中通一堂治事，统称帅府"③。自景泰年间总漕巡抚驻于山阳城之后，连同前文述及的淮安卫、漕运总兵官署，这三大政治性职能建筑构成了山阳城公署格局的主要角色，表现在明代中后期三者之间驻地屡有创置与更动。先看漕运总兵官署，万历《淮安府志》卷3《建置志·公署》中曰：

> 漕运总兵府二，一在旧城南门内迤西，与督抚都察院并，乃陈恭襄公镇守时，知府彭远因三皇庙废基创，成化五年知府杨昶修，今称南府。一在淮安府治东，称北府，多居之。

吴玉搢又曾记曰："昔漕镇刑部建牙南府，谓之三堂，南门迤西有一水门，凡南来漕艘到淮，俱泊舟南角楼，旗丁粮长俱由此关入城"，④"三堂"即为漕镇刑部的俗称，当指代总漕巡抚都察院、漕运镇守府、漕运理刑分司，三堂会聚的政治导引，旗丁粮长的生活消费，使旧城南门附近形成了高度集中的商业活动。不过由材料中"多居之"可知，自淮安府治东的北府兴建之后，南府殆已趋向隳坏，⑤ 天启年间

---

① （明）王圻：《续文献通考》卷90《职官考》。
② 正德《淮安府志》卷6《规制二·公署》，第76页。
③ （清）邱闻衣：《山阳县学旧制说》，载（清）邱沅等修，段朝端等纂《山阳艺文志》卷3。
④ （清）吴玉搢：《山阳志遗》卷1《遗迹》。
⑤ 前文论及明弘治十七年（1504），地方官员可能对南府基址所在的三皇庙予以重建，当即因为其时南府已然废隳，故意欲恢复三皇庙的信仰职能，这两种史实可以相互印证，由此可推知南门内的漕运总兵官署当废于弘治之前，北府的兴建工程当亦在其间。

第三章 明清山阳城的空间形态与地域结构

北府亦别作他用。漕运总兵官南、北府署的废置，当与明代漕运官僚体制的变革有关。明太祖时期，"海运的作用在于供给辽东，防范倭寇和保持海上的军事威慑"，故终太祖之世漕粮海运带有显著的军事性。① 即便至永乐十二年（1414）明廷罢废海运后，这种军事性仍在平江伯陈瑄的个人影响与威望之下得以延续，并将权力"从军事性质的漕运范围，延伸到民用和其他性质漕运的范围内"②。不过宣德八年（1433）陈瑄离世，在个人声望与资历方面，继任者与之相差甚远，一时无力"填补陈瑄留下的巨大权力空白"，漕运总兵官参与河道管理与处理地方事务的权力"被逐步褫夺"。③ 对此，《明英宗实录》卷35"正统二年十月甲子"条记敕谕总兵官王瑜等人曰："今命尔等专管漕运，不必镇守淮安。应有军民人等词讼，悉发军卫有司自理。"此处"不必镇守淮安"，是就漕运总兵官的政治职能而言的，至于其公署当仍驻于山阳城中，即南府或北府。直至天启元年（1621），漕运总兵官终因诸种弊窦而遭裁汰，④ 北府遂改置为淮海道署。⑤

在明代中后期山阳城的政治博弈中，占得上风并囊取主导权者无疑为总漕巡抚都察院。嘉靖十六年（1537），都察院经历了第一次空间位置调整，是为"都御史周金改建于城隍庙东"，⑥ 系由南府迁治于此，且仍兼有都察院之称。万历十年（1582），都御史凌云翼复移至淮安卫处，⑦ 而以城隍庙东的"旧漕抚军门改卫治"。⑧ 迁治以后，

---

① 樊铧：《政治决策与明代海运》，第38页。
② 〔美〕黄仁宇：《明代的漕运》，张皓、张升译，新星出版社，2005，第43页。
③ 吴士勇：《土兹与明代文官总漕体制》，《史林》2012年第6期。
④ 《明熹宗实录》卷6"天启元年二月戊申"条，黄彰健等校勘，台北"中央研究院"历史语言研究所，1962，第281~282页。
⑤ 天启《淮安府志》卷10《兵戎志·武署》，第485页。
⑥ 天启《淮安府志》卷3《建置志·公署》，第181页。
⑦ 乾隆《淮安府志》卷11《公署》中以万历七年为漕、卫所互调之始，不过经查凌云翼于万历八年方莅任总漕一职，故乾隆志记载为误，今据天启志辨之。
⑧ 天启《淮安府志》卷10《兵戎志·武署》，第486页。

总漕巡抚都察院遂更为总督漕抚部院,似有区别于"都察院"之意,且原淮安卫治所在为山阳城的空间中心点,其地理位置蕴含极为深刻的政治象征意味,诚如邱闻衣所说:

> 万历间,漕院专用文职,漕抚李三才知卫治为郡城正结,夺为漕院署,创大观楼五间于后,俯视合郡。①

凌云翼迁置总督漕抚部院署于淮安卫,当无疑义,邱氏所言李三才"夺为漕院署",当系张冠李戴,② 不过这一歧误恰似提供了解读明代后期山阳城基本政治格局的线索。据载,漕运总督李三才"结党遍天下",尤与东林人物甚为投契,其头首顾宪成之所以讲学东林,尚能遥执朝政,实赖淮抚李三才之力,③ 故可判知李三才在朝堂之中颇负盛名,诚所谓"东林得淮抚,则暗有所恃,淮抚得东林,则两有所挟",④ 二者交相为用,亦使李三才的社会网络更为牢靠。而时任漕运总兵官王承勋系新建伯王守仁之嫡孙,虽亦履官长达十八载,⑤ 不过论及个人威望与声名,王氏仍较显势弱。乾隆《淮安府

---

① (清)邱闻衣:《山阳县学旧制说》,载(清)邱沅等修,段朝端等纂《山阳艺文志》卷3。
② 又见宣统《续纂山阳县志》卷16《刊误》。
③ (明)蒋平阶:《东林始末》,上海书店,1982,第36页。
④ (明)顾秉谦等:《三朝要典》卷23《移宫》,《四库禁毁书丛刊》史部第56册,第337页。
⑤ 关于王承勋任漕运总兵官年限问题,文献记载多有歧误之处,今以《明神宗实录》中的记载为准:万历二十年八月"命新建伯王承勋充总兵官提督漕运",万历三十七年十月癸酉条又曰"以新建伯王承勋督漕一十八年,积有劳勋,加少保兼太子太保",此与谈迁《国榷》中相关记载相符,故其任期当为万历二十年至三十七年,计十八年。天启《淮安府志》卷4《秩官志一》中记:王承勋于万历十七年任漕运总兵官;《明史》卷195《王守仁列传》中则曰:"承勋嗣督漕运二十年",皆误。所谓督漕运二十年,即至万历四十年,当为朝廷议定撤漕运总兵官之时,而不能作为王承勋任职的下限。

志》卷18《职官》中有云：

> 明设文、武漕院，并称帅府，武即漕运总兵是也，领以侯、伯，坐文院上。万历间王文成孙承勋以新建伯统武院事，号称职。会有微过，为文院李三才所持，王屈体事之，移坐其下。李旋奏海运久废，武院应裁。自此漕运始专用文职。

王承勋"会有微过"之"过"，尚难得其详，不过李三才借此良机，排挤、压制以漕运总兵官为首的武职系统，并最终改变了明初以来武院"坐文院上"的政治格局，则属实情，时在万历四十年（1612），至此漕运总督遂独揽实权。① 从凌云翼迁督署于淮安卫，再到李三才上奏裁撤漕运总兵官，② 凡此均表明漕运总督显要的个人威望，一如陈瑄身任漕运总兵官时，在漕运体制中发挥的重要作用，这在明清山阳地方事务运作中可见其一斑。

作为明清三大政务之一的漕运，是一项繁复而琐细的系统工程，其正常运行除依赖于漕运总督等高层人物的宏观调配，具体事宜尚需诸多部门协调完成，故在总督漕运衙署之下，置设有大量各有司职的漕运管理机构，关涉河工、造船、榷关、仓储、刑事等政务，

---

① 有学者曾经就为什么在淮安府治东侧另建漕运总兵官署做出解释：漕运总督署"扩张需地或者其他什么原因，总兵府就被挤出去了，此地逐渐成为漕运总督府的一统天下"。参见刘怀玉《明清漕运总督与淮安》，载研讨会组织委员会编《"运河之都——淮安"全国学术研讨会论文集》，第317页。不过此语系概而论之，并未关注衙署变迁的时间要素，故显不甚妥帖。

② 必须指出的是，虽然笔者缕清了明代山阳城内政治公署变迁的时空序列，也略微交代了背后隐含的权力更替背景，不过我们仍不甚清楚漕运衙署自"南府"往淮安府治、城隍庙东迁置的具体原因与过程。天启《淮安府志》卷4《秩官志一》中有论曰："国初置吏，参将与总兵并，今更易矣。详在王公疏中。"此"王公"可能即指王承勋。明人祁承爁《澹生堂藏书目》中录有《王承勋稿》8卷，殆收有此一奏疏，可能记其详情，惜未寓目。

· 171 ·

以期保证漕粮运输的正常运行。这些漕运管理机构的职能或有兴废，同一基址可能先后为几处公署机构交替占用，最典型者为淮安府治东的漕运总兵官旧署，"先为总兵府，后驻海运道，改驻淮海道，今为淮扬道公署"①，官署基址职能变动不居。兹对明清山阳城内外，涵括清江浦等市镇的典型公署机构的设置与变迁做一概略式梳理，列表3-1。

表3-1 明清山阳县公署机构表

公署	方位	创置时间	公署	方位	创置时间
漕运总督署	谯楼北侧	明景泰二年	两淮盐运分司	河下大绳巷[1]	明洪武初年[2]
漕运总兵官署	府治东	明宣德元年	批验盐引所	河下大绳巷	明正统以前
漕运参将署	府治西[3]	明永乐六年	税课司	满浦坊	明洪武二十年前
淮安卫	府城隍庙东	明洪武丙午年	监钞户部分司	板闸	明弘治七年
大河卫	新城颁春坊	明洪武二年	河道总督署	清江浦运河南岸	清康熙十六年
漕运理刑分司	旧城西南隅	明景泰元年	河库道公署	清江浦户部街	清雍正八年
中察院	府学西	明万历天启间[4]	山清里河同知署	清江浦	清顺治二年[5]
漕河道	府治西	明万历二十三年	河标中营副将署	清江浦工部前地方	
漕储道	中察院西	明隆庆六年	河标中营都司署	工部前地方	
淮徐道	总督署西侧[6]	明天启二年	监仓户部分司	清江浦	明永乐十三年后
淮扬道	府治东	清康熙九年[7]	监厂工部分司	清江浦	明永乐十三年
淮安府治	府前街	明洪武丙午年	清江提举司	工部分司署南	明正统元年[8]
山阳县治	谯楼西侧	明洪武三年	漕务工部署	清江浦	明万历四十年[9]
淮安府学	旧城南门内	宋景祐二年	漕厂公署	清江浦	

---

① 乾隆《淮安府志》卷11《公署》。

第三章
明清山阳城的空间形态与地域结构

续表

公署	方位	创置时间	公署	方位	创置时间
山阳县学	总督署西侧	宋庆历四年[10]	西河船政同知署	清江浦东河厅东	明万历四十年
大军仓	旧城西北隅	元泰定元年	东河船政同知署	工部署东北	清康熙二年[11]
东新仓	府学东北	明洪武元年	东西河船政厅		

说明：1. 某些公署机构的空间位置，多有历时性变动，为避免繁复，"方位"一栏取其最终定位点，必要时对其空间变迁过程，以注释的形式标出。

2. 关于创置时间，方志文献中明确记载的，径直列出，尚需考证的已做注释，另外部分公署机构，如监钞户部分司等的创置时间，参照的是首位官员的任职情况。

注：[1]（民国）王光伯原辑，程景韩增订，荀德麟等点校《淮安河下志》卷 2《公署》，第 58 页。

[2] 嘉靖《两淮盐法志》卷 2《秩官·署宇》，荀德麟等点校整理，方志出版社，第 97 页。

[3] 漕河道公署基址原先为漕运参将署驻地，而漕河道于公署则确知"建于府西"，故漕运参将署即位于淮安府治西，参见天启《淮安府志》卷 3《建置志·公署》、乾隆《淮安府志》卷 11《公署》。

[4] 万历府志尚无中察院之称，至天启志方有记载，故有是判。

[5] 山清里河同知最初称为山清河务同知，始设于清顺治二年，参见光绪《淮安府志》卷 12《职官表四》。

[6] 天启《淮安府志》卷 3《建置志·公署》，第 187 页。

[7] 光绪《淮安府志》卷 12《职官表四》。

[8]（明）席书编次，朱家相增修《漕船志》卷 5《公署》，王云、李泉主编《中国大运河历史文献集成》第 68 册，国家图书馆出版社，2014，第 382 页。

[9] 明天启年间东河船政同知方尚祖曾曰："自万历四十年，从总督陈公之请，始盖綦重哉，其制：立东西河两厅，特主船政。"而清江提举司恰亦于万历四十年经陈公疏请裁撤，则可以说东西河船政同知取代清江提举司，而掌控督造漕船事宜，表格中的漕务工部署、漕厂公署等机构当与东西河船政厅相配套，亦置设于其时，另外提举司署则改为营缮所公署。以上诸论请参见天启《淮安府志》卷 3《建置志·公署》、（明）方尚祖《东河船政厅题名记》、天启《淮安府志》卷 19《艺文志》、乾隆《淮安府志》卷 11《公署》。

[10]（宋）王呈瑞：《楚州兴复学记》，载正德《淮安府志》卷 16《词翰》，第 460 页。

[11] 乾隆《淮安府志》卷 11《公署》。

总体看来，旧城无疑为山阳县公署机构的集中分布区，具体表现为：明代前期，自南门入城内，沿中长街往北，呈带状分布，尤以西侧公署机构数量为多，故可判得旧城公署多位于城西南隅、西北隅；明代中叶以后，南府废隳而另建北府，再加上漕运总督署与淮安卫的互调，山阳城的公署分布重心趋向北移，且城东北隅的政治职能当有所增强。如此，漕河公职人员的客寓淮上，不仅促使城内人口数量颇具规模，一定程度上也决定了城市社会结构与文化属性。不过漕河官员究系流动人口，真正对城市文化属性具有塑造功能的当为山阳士绅阶层，是为"淮安城内多地主豪绅，因此亦多大宅院"①。而表格中值得强调的另一层面，当为漕船、仓储以及河工衙署会聚的清江浦镇，其衙署创置时间呈分散状态：明前期、明后期、清前期。也就是说，明初平江伯陈瑄开清江浦河，并建清江造船厂、户部常盈仓、清江闸等漕运机构与管理设施，故"以清江浦为名的聚落也由此发展起来"②，明万历年间裁撤清江提举司，增设东、西河船政厅，清江浦公署的河政职能渐行强化，至清康熙年间南河总督署驻于清江浦，城市经济更趋向繁盛。

二 商业市场的空间分布

就性质和起源来说，"城市是一种消费性地域单元，因此交易是满足城市人口生活所需的必备行为，这就形成了商业，进行商业交易的地点通常被称为市场，市场集中的区域被称为商业区"③，可见商业市场乃应城市居民之日常需求而生，换句话说商业区必然是人口聚居区。前文城内外街巷格局的复原研究略涉于此，难称详赡，本节在其所得结论基础上，通过具体分析商业市场的点状分布，来形成对城市人口居住区域的认识，并尝试分析其空间特征与人文意涵。

---

① 阮仪三：《旧城新录》，同济大学出版社，1988，第64页。
② 邹逸麟：《淮河下游南北运口变迁和城镇兴衰》，载《历史地理》第6辑，第70页。
③ 樊铧：《明清北京市场考》，载氏著《城市·市场·海运》，第31页。

第三章
明清山阳城的空间形态与地域结构

1. 城内市场:"官市"与庙市

刘凤云研究指出,明代北京宫城的玄武门外设有内市,玄武主北向,故内市的方位设定符合宫阙之制中"前朝后市"的规划准则,遂具有按照封建礼法规范建置起来的"官市"性质。① 既然山阳旧城空间很大部分为公署机构占据,在其周围自然容易形成商品市场,这种以军政衙署公职人员为服务对象的商业市场,在旧城中不乏其例。明代前期即有之,如淮安府治前、山阳县治东的十字街附近,均为"通衢闹市",即府前市、县前市,方志称其"人烟稠密,贸易居多"②。可见,这也是城区人口最为稠密的地段。与明代北京玄武门外的内市相似,山阳城的府前市、县前市恰亦位于旧城北半部,亦当属于地方政府规划设定的官市。至明代后期,城西南隅复增设十王堂市,③ 后在此基础上又形成了十王堂坊,④ 这一街坊为卫军衙署集中区,分设有漕标中镇副总兵官兼管中营署、中军都司署、左营守备署等驻兵机构,⑤ 可见十王堂市、坊,当与前文提及的揆文坊、美里坊以及仓巷、三条营巷、陈千户巷⑥共同构成旧城西南隅卫所、武备官兵聚居区。

十王堂亦即地藏寺,位于淮安府治西的大圣桥西侧,为当地声名显著之寺观,故以十王堂为中心形成的十王堂市,当视为山阳城商业市场的重要类型之一的庙市。山阳城寺庙不仅数量可观、门类齐全,⑦

---

① 刘凤云:《明清城市空间的文化探析》,中央民族大学出版社,2001,第184~185页。
② 正德《淮安府志》卷5《规制一·街市》,第50页。
③ 天启《淮安府志》卷3《建置志》"街坊市井"条中记草巷曰:"十王堂市口西转北,又名草郎巷。"(第129页)可见十王堂市已然出现。
④ 乾隆《淮安府志》卷5《城池·坊镇》。
⑤ 乾隆《淮安府志》卷11《公署》。
⑥ (清)曹镳:《信今录》卷10《道古编》。
⑦ 就寺庙发展鼎盛时期的统计来说,清代淮城一镇"便有各类寺庙120余所,只有观音、地藏、关帝、城隍等少量重复者",此语出自赵世瑜《明清时期江南庙会与华北庙会之比较》,载氏著《狂欢与日常——明清以来的庙会与民间社会》,生活·读书·新知三联书店,2002,第229页。

且多见年代弥远的古寺,如开元寺、龙兴寺等,殆于唐代即已孕生出商业性庙市,① 其中又以龙兴寺庙市的发展最为成熟。龙兴寺位于城西北隅旧清风门内,初建于西晋永嘉二年(308),中兴于唐前期,太宗贞观三年(629)领诏分立楚州十子院,② 自兴建迄元代,该寺"累奉历朝敕赐田土约有五千六百余亩",③ 可以想见其规模与影响,亦可见出龙兴寺与王朝政治的传统渊源。明代龙兴寺仍受到地方官府的优渥礼遇,"每圣节及元旦及长至节,淮中文武诸司习朝仪其中,遵为定所"④。不过可能是定期庙市的原因,其发育程度仍稍逊于常年市,故而至清代前期方见及龙兴寺街、坊的记载。⑤ 乾隆山阳人阮葵生记鼎盛时期的龙兴寺庙市曰:

> 每腊后至王正,庙内外列肆栉比,门摊席舍无尺寸隙地,货物山积,百戏具陈,端午竞渡亦然。而沿池四面,竹篱花圃,酒楼歌馆,竟夕笙歌不辍。⑥

阮氏所谓"每腊后至王正"以及端午时节,殆为龙兴寺庙市的集期,前者即指腊月至正月,时值新春贺岁,故龙兴寺周围虽"货物山积",不过花灯及灯具营造的节日氛围当为其特色,可能形成了专门性的灯饰市场。王光伯引吴玉搢《山阳志遗》卷4《遗文》"龙兴寺"条批注云:"予儿时每正月随诸长老入城贺节,必至寺买面具

---

① 王颖:《淮安市的空间结构与区域发展》,南京师范大学硕士学位论文,2003,第32页,又见赵世瑜《明清时期江南庙会与华北庙会之比较》一文中言及的唐代淮南楚州龙兴寺庙市,载氏著《狂欢与日常——明清以来的庙会与民间社会》,第214页。
② (明)陈文:《重修淮安龙兴禅寺碑记》,载(明)杨大伸纂辑《淮安(阴)龙兴禅寺志》卷4《文翰志》。
③ (明)杨大伸纂辑《淮安(阴)龙兴禅寺志》卷2《土田志》。
④ (明)杨大伸纂辑《淮安(阴)龙兴禅寺志》卷1《建置志》。
⑤ 乾隆《山阳县志》卷4《建置志》。
⑥ (清)阮葵生:《茶余客话》卷22《龙兴寺之今昔》,第713页。

第三章 明清山阳城的空间形态与地域结构

琉璃等物，自寺门至前殿，遍地老少杂还，较城外天兴观为尤盛。"[1] 该批注者当为吴玉搢族孙吴进，吴氏居于城外河下关厢，[2] 故曰"随诸长老入城贺节"，其生活年代与阮葵生相当，所述情形亦合。

关于地方政治、寺院庙宇与商业市场的关系，更为典型的实例来自旧城东北隅。前文已述，明代后期山阳城街巷格局的最大变化，乃东北隅夯轮寺巷、二郎庙巷、城隍庙巷的生成，而漕运总兵官"北府"与淮安卫署的建置，是不能不被注意的重要因素。虽然万历末年漕运总兵官被裁撤，不过其衙署被其他政府机构所承用，从明后期的海运道、淮海道，至清康熙年间的淮扬道等政治公署，凡此均刺激了旧城东北隅商业市场的兴起与城市人口的增长。杨庆之曾忆述淮扬道署周遭景况：

> 淮扬道驻扎淮安郡城府署东，乾隆间袁浦人来，皆至小坝换城河船，抵梁陂桥上岸，桥巷中（即予所住之巷），茶馆、酒肆、碾坊、汤店，色色皆全。所有房宅皆道书人家，如龚、阎、林、祁聚族于此，出巷西则至道署矣。[3]

段朝端的记载与之相似，称自旧城北向"入北水关，至吕祖社上岸，两岸皆旗亭酒馆，生意极盛"，向东复途经豆腐巷、蜡烛街等街巷以至道署。[4] 而乾隆五十八年（1793），淮扬道署迁驻清江浦后，"东门一带日就萧索"，[5] 这亦反证出淮扬道等公署机构对城东北隅商

---

[1] （民国）王光伯原辑，程景韩增订，荀德麟等点校《淮安河下志》卷4《祠宇·寺观附》，第108页。
[2] 吴进《吾庐诗》曰："吾庐在穷巷，巷口对河水。韩亭大堤南，北即枚皋里。"见（清）吴进《一咏轩诗草》，乾隆五十年（1785）乙巳碧润堂刻本。
[3] （清）杨庆之：《春宵癞剩》卷4。
[4] （清）段朝端：《跰𨇹余话》卷5，民国3年（1914）稿本。
[5] （清）曹镳：《信今录》卷9《香火志》"孚佑帝君庙"条。

· 177 ·

业贸易的决定性影响。

2. 城门市与城关市

由于具有往来城内外的交通优越性，城门附近亦极易催生商业市场。旧城西门大街的西门市、迎远南门内双寨街口的鱼市，均为"人烟稠密"之地；① 新城南门附近因临近夹城旧境最盛处的四马头，② 明前期为粮艘屯驻之地，故亦形成南门市；又有高桥位于新城南门里；③ 当为新城民众聚居处。至清前期旧、新城的城门市场更趋繁盛，两城八门处均各有分布。④

不过，"城外商贾辐辏，较胜城中"⑤，故城外商业市场当亦盛于城内。这类商业市场多分布于城外坊厢社区，其发展动因最初来自对过往船只榷税的征收，故被称为城关市。⑥ 在探讨城关市之前，有必要了解城外闸坝设施，即满浦闸与砖闸的设置及其变更，其设置均与南宋时期调运兵粮有关，⑦ 后又分别改筑为满浦坝与南锁坝，以通舟楫，其地分别与淮安关上、下一铺口相近，明初又于南锁坝设抽分厂，"凡船料、梁头、竹木、灰石等项，三十税一"⑧，系商税征收重要关口，满浦坊、南锁关厢即在此基础上发展起来，而西湖嘴市、窑沟市及杨家庙集成为其境内主要商品市场。就前文论述之基层行政分区而言，明前期城外西北隅当划分为安乐关厢二图、满浦坊八图，具

---

① 天启《淮安府志》卷3《建置志·街巷市井》，第130页。
② 乾隆《淮安府志》卷5《城池》。
③ 正德《淮安府志》卷5《规制一·津梁》，第54页。又乾隆《淮安府志》卷32《杂记》中记新城运河故道曰："香桥则为南闸，天妃宫则为北闸。"香桥位于高桥之东，故新城南门市确实是在运道转输的过程中形成的。
④ 乾隆《淮安府志》卷5《城池》。
⑤ 乾隆《山阳县志》卷4《建置志·城池》。
⑥ 此处城关市之"关"，既指榷关，也指关厢，即在商税关口的基础上，逐渐形成城外关厢社区，恰为一语双"关"。
⑦ （宋）王象之：《舆地纪胜》卷39《淮南东路·楚州》景物下栏，第1650~1651页；正德《淮安府志》卷5《规制一·津梁·闸坝附》，第55页。
⑧ （明）马麟原撰，（清）李如枚重修，元成续纂《续纂淮关统志》卷2《建置》。

体来说，东湖市①北的粉章巷与广惠桥西的钉铁巷、干鱼巷、茶巷、锡巷、竹巷、花巷等，均属于安乐关厢辖域，羊肉巷、绳巷则归属于满浦坊，另外诸如西义桥、罗家桥、杨家桥、姜桥、菜桥等商品市场错落其间，②这些专业性巷道及桥市的生成，在在说明西北关厢为山阳城的核心市场区。同时在北门外十里处的淮北关、新城东门外的柳淮关附近，因濒临淮河、涧河等重要水道，海州、沭阳、安东以及盐城、阜宁等地东来货船均需在此落地检查输税，③故而亦分别形成了一定规模的商品交易场所，即柴市、牛羊市、猪市及下关市。明代后期，山阳城外市场格局无甚变化，仅见及西义桥市受河道冲刷"坍入淮"中。④由乾隆府志中记载可知，清代前期西北关厢增设诸多街道已如前述，且在城周形成了东、南、西、北四关厢街，不过，同书同卷记载的城内外市场的分布格局则未产生显著变化，反而出现了西湖嘴市、窑沟市"今不及矣"、"今因河迁，久废"的衰颓迹象⑤。

3. 城郊经济区：鱼、柴、米、花市⑥

（1）鱼市。鱼市向为山阳县境传统商业市场，北宋宣和年间楚州有名孙卖鱼者，即"以卖鱼为生"⑦。至明代前期在南门附近开设定期集市，明代后期形成鱼市街，⑧清前期又扩展为鱼市口坊，且分

---

① "淮郡旧城之北，新、联城之西，有萧家湖，亦称萧家田，又曰东湖"，可见东湖即指萧湖、珠湖，故东湖市北的粉章巷，当属于安乐关厢，参见（清）程钟《淮安萧湖游览记图考》，清光绪二十一年（1895）抄本。
② 正德《淮安府志》卷5《规制一·街市》，第55页。
③ （明）马麟原撰，（清）李如枚重修，元成续纂《续纂淮关统志》卷5《关口》。
④ 天启《淮安府志》卷3《建置志·街巷市井》，第130页。
⑤ 乾隆《淮安府志》卷5《城池》。
⑥ 关于"城郊经济区"概念及其具体类型，参见王振忠《明清两淮盐商与扬州城市的地域结构》，载《历史地理》第10辑，第114~116页。
⑦ （宋）徐梦莘：《三朝北盟会编》卷100，第739页。
⑧ 万历《淮安府志》卷3《建置志·坊镇》中记玉堂学士、兰省尚书两座科第牌坊在鱼市街，为礼部尚书蔡昂立，而曹镳《信今录》卷10《道古编》中又载蔡昂故宅即在南门大街，二者可以互证。

为大、小鱼市,居人仍"最为繁盛"[1]。南门鱼市的兴起,当与宋代城东菊花沟即涧河的凿通不无关系,它"疏纳三城积涝,通达各乡舟楫,厥利匪细",如若涧河浚治,"沿海一带鱼盐萑苇之利连楫而来",[2] 山阳人胡应恩亦曰:"东方诸乡及诸州县之米刍赀货,亦由此通,俗号为柴米河。"[3] 可见除鱼鲜产品之外,尚有米粮、柴薪等其他商货运销自沿海州县,往来货船经轧东、流均等关口稽征商税后,[4] 卸于城东、南门再贩运至城内外各处。

淮安府境湖域广阔,渔产丰足,渔业课税亦逐渐成为府县财政的主要来源。所以说不独南门一隅设有鱼市,城外渔业从事者当更多,其中又以河下、清江浦等地为最。淮安府城西高家堰外旧有"阜陵、泥墩、范家诸湖,西南为洪泽湖"[5],其中阜陵湖又名富陵湖,"有沟通淮,泽广鱼蕃,采鱼船大小百十只,每岁委官量船纳料,以备鱼油翎鳔之税,然岁额只二十七两,而湖利奚啻十倍"[6],可见富陵诸湖之利多为当地渔民所得,这恰促进了山阳城鱼市的繁盛。距城稍近者如城西门外运河西岸的管家湖,其地"烟艇渔榔,可骋游目"[7],"西湖烟艇"且为"淮阴八景"之一,时人咏景组诗中多见渔人形象,如"海翁横楫泛湖潮,湖里烟浓午未消。杨柳渡迷人语暗,杏花村暝酒旗遥。漫牵渔网归前浦,忽载菱歌出小

---

[1] 乾隆《淮安府志》卷5《城池》"旧城市""坊镇"栏。
[2] (明)马如龙:《重浚涧河碑记》,乾隆《淮安府志》卷8《水利》。
[3] (明)胡应恩:《淮南水利考》卷下,第296页。
[4] (明)马麟原撰,(清)李如枚重修,元成续纂《续纂淮关统志》卷3《川原》、卷5《关口》。
[5] (明)潘季驯:《河防一览》卷2《河议辨惑》,《景印文渊阁四库全书》史部地理类,第576册,台湾商务印书馆,1986,第173页。
[6] 万历《淮安府志》卷3《建置志·山川》,第274页。
[7] (明)马麟原撰,(清)李如枚重修,元成续纂《续纂淮关统志》卷12《古迹》"西湖故迹"条。

第三章 明清山阳城的空间形态与地域结构

桥",①"杏花村"实有其地,在望云门外,宋代即形成聚落,②当取自唐人杜牧名句,③意在表明杏花村以酒而兴盛,可见鱼市与酒肆等消费性场所形成了良性互动,故可以说明代前期环管家湖周围形成一定规模的商业市场。运河东岸的山子湖、邱家湖的情况与之相类,"□□近居民数百家,惟恃纬萧卷箔,以捕鱼为业",而"山湖渔艇"则为"淮关八景"之一,④可见在城西、北诸湖未淤之前,周边从事捕鱼业者尚多,故而在编制城市基层行政区划时,特设有船户、渔户,分领四图、二图,⑤其中即于城外北关厢处设渔户一图。⑥另外明代前期河下关厢即已形成干鱼巷,诗曰:"湖滨百里网悬渔,南去江程一夜余。五月冰船才泊岸,干鱼巷口卖鲥鱼。"⑦可见干鱼巷为鱼商麇集之所。关于干鱼巷的得名,尚有一民间传说,⑧不过难称允论,笔者认为干鱼巷的形成与发展,当与河下关厢的盐务兴盛密迩相连,"在古代的技术条件,食用鱼的保鲜是个颇为棘手的难题。通常的做法是在鱼产丰收时,使用大量食盐加以腌制",而"为了节约成本,鱼商常常集中在盐场附近,从事食用鱼的加工和

---

① 正德《淮安府志》卷16《词翰》,第535页。
② (宋)王象之:《舆地纪胜》卷39《淮南东路·楚州·景物下》,第1649页。
③ 明嘉靖年间日本贡使策彦周良三次途经淮安,曾记曰"又酒店外面纸障题云:'勒马问樵夫,前村有酒无。'"并认为这与杜牧名句"借问酒家何处有,牧童遥指杏花村"有暗通之妙,由此我们不排除策彦周良所访的村落即为杏花村的可能。见南炳文《明代中日朝贡贸易中的策彦周良与淮安》,载研讨会组织委员会编《"运河之都——淮安"全国学术研讨会论文集》,第178页。
④ (明)马麟原撰,(清)李如枚重修,元成续纂《续纂淮关统志》卷3《川原》。
⑤ 正德《淮安府志》卷5《规制一·里图》,第53页。
⑥ 清后期山阳人段朝端在《楚台见闻录》卷下中记王果亭一族事,称其"曾祖名孝定楚楼,原山西太原县诸生,因游学于淮,从郡教授海宁许令典同先生游,遂隶籍于山阳县之北关厢渔户一图八甲四门民籍"。
⑦ (清)黄以隽:《淮阴竹枝词》,载(民国)王光伯原辑,程景韩增订,荀德麟等点校《淮安河下志》卷2《巷陌》,第65页。
⑧ 具体参见郑泽云主编《人文淮安:淮安民间文学集萃》上册《神话传说篇·地名建筑传说·干鱼巷的传说》,南京大学出版社,2009,第212~213页。

运输"①，故在淮北盬务重要运输节点的河下关厢等地，鱼商多借盐业客居于此。与河下关厢相似，城西北三十里处的清江浦镇亦多有渔业经营者，有诗曰："结庐多苇箔，入市半渔翁。"② 足见其鱼商之众。

（2）柴市。柴作为商品在淮安府境亦较为常见，且分布颇广，以至于明代前期新城大北门外即已出现专业性柴市，至清代更在城外形成六大市场，分别位于旧城东门外、西门外、涧河南岸、礼字坝、草湾堤、清江浦，③ 细究之，这些市场的形成多与涧河、盐河等地方性水道有关。涧河又称柴米河，顾名思义，此河即运输盐城、庙湾等地柴、米货物的主要通道，故在城东门外极易形成柴市。海州属沭阳及安东等地的商品货物，则经由盐河运抵淮城，此乃"淮北引盐及苇荡左营柴船经行要道"④，盐河通畅则淮北"民间柴、米船只藉以通行"⑤，如草湾堤处的柴市即因此形成。⑥ 由是观之，山阳城外的柴市之货源主要来自府境周边的沿海地带。山阳城柴市上流通的柴草，部分用于河工修防，前引清代苇荡左营的设置，主要目的即在于采办、购置沿海芦苇、柴草等修防物料，以御黄、淮水患。⑦ 河工系统

---

① 王振忠：《徽州社会文化史探微——新发现的16~20世纪民间档案文书研究》，上海社会科学院出版社，2002，第45~46页。
② （清）程崟：《清江浦》，载（清）丁晏原辑，周桂峰校点《山阳诗征》卷17《国朝》，第616页。
③ 乾隆《淮安府志》卷5《城池》。
④ （清）陶澍：《陶文毅公全集》卷27《奏疏·会同钦差总河议覆毋庸改河折子》，清道光二十年（1840）刻本。
⑤ （清）康基田：《河渠纪闻》卷15，《四库未收书辑刊》第1辑第29册，北京出版社，2000，第267页。
⑥ 草湾在淮安关东北十里处，"人烟凑集，柴艘聚屯，盐船从此过坝"，坝即草湾坝，可见柴、盐为其过境主要商品，参见（明）马麟原撰，（清）李如枚重修，元成续纂《续纂淮关统志》卷4《乡镇》。
⑦ 关于清代河工用料的具体类型及管理组织的设置、运作过程，参见李德楠《工程、环境、社会：明清黄运地区的河工及其影响研究》第3章《河工物料问题及影响研究》，复旦大学博士学位论文，2008。

第三章
明清山阳城的空间形态与地域结构

柴草物料多于秋冬季节采办，分为购办与自办两种方式，其中购办方式即由官府下拨银两，由附近州县里民负责办运，这一运作模式实有其弊，势必会影响柴草的市场价格。道光间曹镳的记载恰为较好的证明，曰：

> 淮城自乙巳、丙午以来，柴价日昂，缘河工概不积料，猝有事故，见柴即封，致贩柴者视为畏途。又有所藉口高抬价值也，至兰河台责成购料，实积在工，无复张皇截拿之事，来者坦然，民间薪氇之便几于复古，今又为陈迹矣。①

官府采办河工物料的行为，致使柴市上柴草价格日高，以至于"贩柴者视为畏途"，这一事实从侧面可推知明清时期山阳城经营贩柴业者不在少数。具体实例如明代淮阴朱氏昆弟三人，以卖柴为业，"心协气和"，守望相助，遂致"三家各有二万之资"，故而淮城人呼之为"卖柴朱"。②

除了河工修防的功能外，山阳城的柴草也作为日用炊爨与民舍苫盖之用。柴草首先用于烧火做饭，明人田艺蘅引《四民月令》"收积柴薪"注曰："薪施炊爨，柴以给燎，今总名曰柴薪"，并指出"淮人烧荻芦"，③"荻芦"即芦苇的一种，当与柴同为山阳城柴市的主要商品门类，一般来说淮人炊爨用料均需购自柴市，而由于河工修防占用柴埽苇草等因素，"淮扬一带民间炊爨，每柴一担须钱七百余文，八口之家釜下之需倍难于釜上，自河工兼用碎石以后，民间柴价几减

---

① （清）曹镳：《信今录》卷6《纪事下》。
② （明）沈周：《石田翁客座新闻》卷4《淮阴朱氏孝友》，《续修四库全书》子部杂家类，第1167册，上海古籍出版社，2002，第140~141页。
③ （明）田艺蘅：《留青日札》卷26《七件事》，上海古籍出版社，1985，第838页。

· 183 ·

一半，于小民生计裨益无穷"，① 则正常情况下一担芦柴当在三百五十文左右。从一定意义上说，对于以贩柴为业的沿河、湖居民，柴价下跌实非其所愿，以至于诸多沿河、湖居民尚难像前引朱氏兄弟一般，以贩柴达至富足生活水平。清初时谈迁称山阳城西处的"淮人俭约，故云淮贫，滨河多苫舍"，虽有"苫之以避徭也"的可能性，②但笔者更倾向于认为城外西北关厢之西直至清江浦沿河地带，生活艰辛更应为普通民众的真实处境。③ 苫舍所用之物料即为柴草之类，是为"沿淮民舍缚柴荆"④，"淮民编芦作屋，贫家皆然"⑤，可见这种苫盖柴草的清贫寒舍在山阳县境尤称普遍。因其素朴无华，遂亦为清雅文士所喜好，仿照为之，且称为"淮屋"，其名得自淮安知府许令典，诚如钱谦益为之作记云：

> 淮人作芦屋，缚芦为桷椽。砖墼省涂塈，樽栌无刻镂。结构朴而雅，庀治廉且便。许君守淮阴，但饮淮上泉。归来结淮屋，亭午犹醉眠。⑥

由此亦可见淮安苫柴民舍之一斑。明末万寿祺曾筑室于清江浦西侧，其隰西草堂则以芦柴围之而成墙垣。⑦ 至此，我们可以对山阳城

---

① （清）黎世序：《复奏碎石坦坡情形疏》，载（清）贺长龄、魏源等《清经世文编》卷102《工政八》，中华书局，1992，第2496页。
② （清）谈迁著，汪北平点校《北游录·纪程》，中华书局，1997，第16~17页。
③ 又见沈红亮《明清时期黄淮运交会地区的人口和民风——有关淮安府的个案研究》，第52页。
④ （清）赵翼撰，李学颖、曹光甫点校《瓯北集》卷25《淮游》，第563页。
⑤ （清）阮葵生：《茶余客话》卷21《淮屋》，第652页。
⑥ （清）钱谦益撰，（清）钱曾笺注，钱仲联标注《牧斋初学集》卷8《淮屋记淮安太守许令同生作淮屋之事也》，上海古籍出版社，2009，第258页。
⑦ （明）万寿祺《隰西草堂诗集》卷4《隰西草堂》中曰："淮浦西边开草堂，获柴槿树列为墙。"《续修四库全书》集部别集类，第1394册，上海古籍出版社，2002，第214页。

第三章
明清山阳城的空间形态与地域结构

柴市的研究做出如下论断：柴市的货源主要来自海州、盐城等沿海地方，再经由盐河、涧河运抵淮城，遂在临近山阳城的河道关键节点上形成专业性市场，供应山阳城市居民的日用炊爨，同时亦用作河工修防物料；而在距城稍远的沿河、湖地带，荻芦柴草更多地用于苫盖屋舍，从而可以推知其地当为城市贫民聚居区，另外亦有崇尚节制的贫寒雅士落居其间。

（3）米市。首先仍需提及俗称柴米河的涧河，明洪武年间，"饷辽卒者，从仪真上淮安，由盐城泛海"① 北上，涧河即作为由淮至盐的粮运要道，其后则成为盐城、庙湾等地兑运漕粮，以及将土产货物运赴淮城的主要通道。故在旧城南门外、东门涧河岸均形成米市，在此基础上旧城南门外还生成古东米巷，② 诚为米粮交易中心，当亦为居民群聚之地。另外两处见于记载的米市分别位于河下关厢茶巷的天兴观后与清江浦，且以清江浦米市规模最大，称为"大市"。作为漕粮转输中心的山阳城，其米市之米部分得自"漕米"，河下关厢与清江浦米市的繁荣与此不无关联，可惜这一粮米市场份额尚难得其数。而从淮安关过境商品所征钞税的角度看来，粮食税额大大超过其他类型的商税，总额平均占比竟高达62.3%，不过这粮食税额中以北来豆货为其岁入之大半，③"忽听樯乌声不断，前头可是豆船来"④，正体现了豆货贸易在山阳县境内的重要地位，故似可断言在运河流域的北来商品流通中，山阳城附近的稻米交易所占份额较小。有学者指出，"扬州城市的粮食供应，在乾嘉时期主要是依靠淮瓼引地的盐、米交易"，即来自川、楚等省的"江米"，⑤ 这可能继续借由商人转输

---

① 《明史》卷86《河渠四》，中华书局，1974，第2108页。
② 乾隆《淮安府志》卷5《城池》。
③ 许檀：《明清时期运河的商品流通》，《历史档案》1992年第1期。
④ （清）盛大士：《蕴愫阁诗续集》卷2《淮阴竹枝词》，清道光四年（1824）刻本。
⑤ 王振忠：《明清两淮盐商与扬州城市的地域结构》，载《历史地理》第10辑，第114页。

· 185 ·

至淮安府，从而南来"江米"构成山阳城米市的主要供应源。另外在一定程度上，本地稻米也弥补了米粮供应的不足。虽然"明清以来，淮北地区要么根本无稻，要么仅有极少量种植"①，但与之一河之隔的淮南地区，诸如山阳、盐城、阜宁等地，"厥土涂泥，其谷宜稻，灌溉之源在于运河，运河又上承洪泽湖之水，递相轮灌，水腴而土沃，亩收数钟。秋稔所获，民食既饶，且可菓济邻省"②。所以清同治年间漕运总督张之万重建丰济仓时，曾有购置田亩之举，而这些田亩主要位于山阳县境，③ 亦乃情理中事。

（4）花市。④ 从晚明至晚清，上下二百余年，山阳河下关厢逐渐兴造起百余座园亭建筑，⑤ 花卉成为士商阶层的文化消费对象，河下关厢遂亦成为花卉交易的中心区域。明代前期城外安乐关厢形成的花巷，当因花卉交易而兴，即为其明证。文献中时常见及置田种花的记载，兹择其要者分述之。据高岱明研究，永乐时有名严武郎者，出资在河下湛真寺北、三元宫南购置几十亩菜园蒲田，种植花木，以至严家花园渐而成为山阳城最早的专业性花市，且以兰花而名。⑥ 时至晚清复见及"兰市"的记载，位于"姜市北，为春初市兰之所"，⑦ 则

---

① 马俊亚：《被牺牲的"局部"：淮北社会生态变迁研究（1680~1949）》，第246页。
② （清）殷自芳：《筹运篇缘起》，载（清）邱沅等修，段朝端等纂《山阳艺文志》卷6。
③ 参见（清）许佐廷辑，赵晓华点校《重建清江丰济仓图案》，李文海、夏明方主编《中国荒政书集成》，天津古籍出版社，2010。
④ 高岱明《淮安园林史话》（中国文史出版社，2005）在《花木竹石衍春秋》一章中，以清淮地区树木、花卉为纲，较为细致地呈现出园亭建筑与花木竹石有机融合的文化景观，本段参引文献多取其间，特此说明。
⑤ 此数目据李元庚等人撰《山阳河下园亭记》及续编、补编中所载园亭合计而得。关于河下园林的造园意匠及其文化内涵的解析，请参见贾珺《明清时期淮安府河下镇私家园林探析》，载《中国建筑史论汇刊》第3辑，清华大学出版社，2010。
⑥ 高岱明：《淮安园林史话》，第189~190、192页。
⑦ 同治《重修山阳县志》卷2《建置·街市》。

第三章
明清山阳城的空间形态与地域结构

其亦位于河下关厢,可见严家花园影响下的市花传统得以保留,三元宫附近仍为河下关厢的花卉交易中心,"还向三元宫里买,腊梅花伴水仙花",① 花卉门类亦呈多样化。梅花在宋代已经受到文士的偏爱,廉布尤擅长画梅,南宋诗人杨万里的"来从真蜡国,自号小黄香"② 一诗,吟咏的即为河下湖嘴大悲庵中的蜡梅,殆其呈黄色,别称小黄香,庵前的巷道且被命名为黄香院巷。③ 月季在宋代亦已深得楚州人钟爱,徐积、张耒均有咏诗。值得强调的是,现如今月季的纷繁花色品种,与清代淮安产生的人工杂交育种方式颇有关联,即"月季花先止数种,未为世贵,考之花谱,种法未明,近得变种之法,愈变愈多,愈出愈妙,始于清淮,延及大江南北"④,"清淮"即指清江浦与淮安府城一带,具体以严家花园、清晏园、淮关怡园、湖心寺、慈云寺等官私园林与寺院为多,⑤ 清同治年间月季品种竟达一百多个。⑥ 明清时期山阳当地种菊人亦颇多,故以卖菊为业者当不在少数,世居淮城的名士胡琏曾自谦道:"贫家购菊图遮眼,但取盈盆不辨名",⑦ 可知其时菊以盆装进行交易,且名目可观,不识者则不辨其名。山阳城种菊者最为集中的当在旧城南门、东门外:

  淮人种菊,以南关杨氏为最古,国初名人集中多有往杨氏访

---

① (清)黄以㬎:《淮阴竹枝词》,载(民国)王光伯原辑,程景韩增订,荀德麟等点校《淮安河下志》卷4《祠宇·寺观附》,第108~109页。
② (宋)杨万里撰,王琦珍整理《杨万里诗文集》卷11《蜡梅》,第190页。
③ 高岱明:《淮安园林史话》,第174页。很明显,作者认为黄香院巷因院内所植蜡梅而得名。
④ (清)佚名:《月季花谱》不分卷,《续修四库全书》子部谱录类,第1116册,上海古籍出版社,1995,第619页。
⑤ 高岱明:《淮安园林史话》,第177~178页。
⑥ (清)刘传绰:《月季群芳谱》,转引自高岱明《淮安园林史话》,第178页。
⑦ (明)胡琏:《对菊》,载(清)丁晏原辑,周桂峰校点《山阳诗征》卷5《明》,第138页。

菊之作。后则东门沈题峰先生宾南亦耽此事，先生予长姑翁也。咸丰中东门张氏菊畦亦多，无多佳品，惟高至出墙者曰丈菊，深藕色者曰墨菊，稍异。①

南关指军饷口，在旧城南角楼对河，"往时，杨砚农家菊花极盛"②，故此处南关杨氏即指杨砚农一族。盛子履任官淮安时，亦有诗："要移军饷关前住，秋圃黄花插满头。"自注曰："军饷关在南门外，有杨处士家菊花极盛。"③ 故南门附近很可能形成专业性市菊之所。

三 山阳城居民的第宅分布：社会分层的视角④

除政治公署、商业市场外，居民住宅亦为城市的重要职能建筑，它可被视为城居者身份等级、地位、权势的物化表征，其"区位、形式、空间都具有重要的社会与文化意义，同时也具有社会与文化资本意义，地理位置、建筑风格和规模、居住者身份和文化品位等因素决定了居住空间的形态，不同人群会形成不同的

---

① （清）段朝端：《跰躚余话》卷5。
② （民国）冒广生修，荀德麟、刘怀玉点校《淮关小志》不分卷，方志出版社，2006，第472页。
③ （清）盛大士：《蕴愫阁诗续集》卷2《淮阴竹枝词》。
④ "第"指代中古时代的"门第""甲第"，前者专指魏晋时期门阀士族的宅第，后者的主人则泛指"皇亲国戚、军功贵族，也有传统士族、新兴士人，中晚唐还有地方节帅、宦官中贵等各色人等"，与"门第"相比，"甲第"更强调的是"高大的豪宅和富贵的排场与张扬"，参见荣新江《高楼对紫陌，甲第连青山——唐长安城的甲第及其象征意义》，载复旦大学文史研究院《都市繁华：一千五百年来的东亚城市生活史》，第2~4页。诚然，明清山阳的城市居住空间无法与唐长安城的恢宏气象相提并论，不过此处笔者借用"第"之概念，意欲说明这些官宦、士绅、商人的第宅，对于山阳城来说同样可视为奢华、高贵的象征，进而试图分析城市第宅的空间格局，及其折射出的阶层关系与权力话语。

第三章
明清山阳城的空间形态与地域结构

聚居地"①。以往研究已涉及古代城市住宅的布局、规模及其空间演变过程等诸层面,以古都城市尤其是唐长安城最为系统、深入,②而缺乏对其他重要城市的关注,③以下即以社会分层的思维理路,来窥探明清山阳城居住空间所展现出的文化与权力,进而说明"住宅与城市形成发展过程的关连性"④。

1. 城内第宅的空间分布:以卫籍家族为中心

淮安卫、大河卫官兵乃世代相袭,这类群体在山阳城市人口构成中较为稳定。明代初年,卫籍人口因追随大明朱氏攻城略地,拥有显赫的军功爵禄,故而淮、大二卫移驻山阳城后,分居于山阳旧城、新城内,且率先占据较为核心的空间。其中,甚至有皇戚勋贵为淮安卫籍者,如洪武初年湖广武昌人黄琛因"征伐戍守,勤劳有年",晋封驸马都尉,兼任淮安卫指挥使,且令其子孙世袭之,⑤至嘉靖年间仍"不改辙焉"⑥。旧城驸马巷的命名当与此相关,⑦正德《淮安府志》卷5《规制一·街市》谓之曰:"在大圣桥西,旧有驸马府,后废为

---

① 陈蕴茜:《国家权力、城市住宅与社会分层——以民国南京住宅建设为中心》,《江苏社会科学》2011年第6期。
② 以日本学者妹尾达彦的研究为代表,参见王静评述妹尾达彦的《長安の都市計畫》一书的部分章节,见《唐研究》第9卷,2003。单篇文章如雷巧玲《从居住方式的变迁看唐王子权利的消长》,《晋阳学刊》1996年第3期;杜文玉《唐代长安的宦官住宅与坟茔分布》,《中国历史地理论丛》1997年第4期;孙英刚《隋唐长安的王府与王宅》,《唐研究》第9卷,2003年;张永帅:《唐长安住宅研究》,陕西师范大学硕士学位论文,2006。
③ 管见所及,李嘎《潍县城:晚清民国时期一个区域性大都会的城市地域结构(1904~1937)》(《中国历史地理论丛》2012年第4期)一文指出,潍县城市地域结构表现为"西绅东商"的居住特征。
④ 〔日〕贵志俊彦:《日本中国城市史研究与评析》,汪寿松译,《城市史研究》第15~16辑,1998。
⑤ 《明太祖实录》卷175"洪武十九年九月壬申"条,第2658页。
⑥ (明)杨宏、谢纯:《漕运通志》卷3《漕职表》,第179页。
⑦ 天启《淮安府志》卷7《秩官志四·武绩列传》"黄琛"条曰:"赐本府西驸马巷宅一所,钦建祠宇,有奉祀。"

民居，故名。"则驸马巷与淮安卫、府治毗邻，位于中长街西侧，为旧城核心地段，逐渐成为卫籍官兵及坊里居民的生活空间，淮安卫黄氏当亦世居其地。① 依傍这一核心地段而居的尚有淮安卫段氏，其裔孙段朝端记曰：

> 吾家在府治不远数十步，居此几三百年，当家道全盛时，自府署前牌楼起，至观音寺止，两街第宅尽段姓，土人呼为东牌楼段。别有西牌楼段，为春生大叔房，其宅自府市口起，至西牌楼止。后家道中落，至春生大叔迁徙无定，而吾家犹保故居。②

淮安卫段氏于明洪武年间迁自四川，至清末族众繁衍近三百年，世守此居，可谓淮城著姓望族，毗邻淮安府治而居的生活空间，可见其族身份等级之一斑。邱氏家谱记载："凡本卫差徭，世世无与，居旧城中右所地方。"③ "中右所"为淮安卫属千户所之一，位于中长街之东，④ 故淮安卫邱氏聚居于旧城东侧，明成化年间以后复"置宅于东门大街"⑤，明清之际邱氏当又迁至西长街，⑥ 虽其屡易第宅，但均位

---

① 黄琛九世孙名黄周者，"事母以孝闻，母以节终"，又有募建湖心寺等义举，"乡三老白郡守宋统殷，旌其门"，参见乾隆《淮安府志》卷22《人物·德义》。黄周等人整修湖心寺事，又见（清）李铠《湖心禅寺传贤碑记》，载（清）邱沅等修，段朝端等纂《山阳艺文志》卷3。由此可见，至明代中叶淮安卫黄氏一族当仍住居山阳旧城驸马巷。
② （清）段朝端：《楚台见闻录》卷上。
③ （明）邱逊孙：《邱氏族谱始末》，（清）邱宝廉：《邱氏族谱存略》卷首。
④ 天启《淮安府志》卷10《兵戎志·武署》，第486页。
⑤ （明）邱逊孙：《邱氏族谱始末》，（清）邱宝廉：《邱氏族谱存略》卷首。
⑥ （清）阮葵生：《茶余客话》卷22《淮郡三城名园亭》中记载邱象升的南斋、邱象随的西轩，均位于桐园之内，在西长街，而桐园为邱霖川即邱象观始建，其兄弟三人生活于明清之际，故有是判。关于邱氏桐园的宴集景况，见（清）邱夬《醒庐杂著》不分卷《小桐园跋》，清同治三年（1864）刻本。

第三章
明清山阳城的空间形态与地域结构

于旧城内，直至清代后期方迁于城外河下关厢竹巷街。① 旧城南门附近，亦为淮安卫籍者的主要聚居区。前文述及，明代礼部尚书蔡昂籍隶淮安卫，其祖宅即置设于南门大街。② 又清顺治年间兵部侍郎徐越，阮葵生记其事曰："卫籍历官兵部，则削籍入民贯，故明旧制。国初尚有行者，吾乡徐山琢先生任督捕侍郎，例得去其籍。"③ 由此判知徐越原为卫籍人士，而其第宅亦位于南门大街，④ 故又可反推其当为淮安卫人。就城市功能分区而言，城内西南、东南隅分布有仓巷、局巷、三条营巷，以及打箔巷、打线巷、军营坊等，这是军政公署与卫所第宅集中分布区，这亦与城南门外淮安卫教场的建置相互应合，以上卫籍家族的居住空间，恰为此提供了微观化的解释框架。

大河卫的情况与之类似，其卫籍家族多居于新城。如原籍江西清江的阮氏，其裔孙阮葵生曾忆述曰："予家新城北辰坊老屋，三百余年旧居也，自卜此宅，至葵凡七世矣。"⑤ 既言新城为旧居所在，则大河卫阮氏复又别迁他处，是为乾隆壬申年（1752）阮学浩"迁宅于城北之西隅，又北设讲舍，即勺湖草堂也"⑥，其长子阮葵生亦曾记曰："吾家傍城西北隅。"⑦ 则清乾隆年间大河卫阮氏迁居旧城西北隅勺湖之畔。再如沈坤沈氏家族，据载，嘉靖年间沈坤以丁忧家居，适逢"倭事起，将吏奔溃，坤率壮勇保其乡里"⑧，即"保所居淮安

---

① 《山阳河下园亭记》不分卷"小桐园"条，第551页。
② （清）曹镳：《信今录》卷10《道古编》。
③ （清）阮葵生：《茶余客话》卷22《卫籍》，第702页。
④ （清）阮葵生：《茶余客话》卷22《淮郡三城名园亭》，第704页。
⑤ （清）阮葵生：《忆家园杂诗》，载《山阳阮氏家谱》卷下。
⑥ （清）阮锺琦：《山阳阮司寇安甫公行述》，附于《山阳阮氏家谱》之后。
⑦ （清）阮葵生：《七录斋文钞》卷4《宣南邸舍书目序》，《续修四库全书》集部别集类，第1446册，上海古籍出版社，2002，第94页。
⑧ （明）沈德符：《万历野获编》卷16《嘉靖三丑状元》，中华书局，1997，第411页。

· 191 ·

新城，远近依附者众"①，则可判知大河卫沈氏移驻山阳时适居新城。方志文献对沈坤事迹记载道：

> 居母丧时，倭夷数千犯淮孔棘，公散家资，募乡兵千余，独居城外。倭纵火延烧，官兵且却，公率乡兵，亲当矢石，射中首酋，乘胜追杀，城上人望呼曰状元兵。②

这则材料为明晰大河卫沈氏第宅提供了有效信息。因沈坤中嘉靖二十年（1541）辛丑科状元，故其所率之"壮勇"被呼为"状元兵"，里人为纪念沈坤抗倭功绩，遂将新城南门城楼命名为状元楼。③ 山阳城状元楼有两处，另一座在河下竹巷街，此楼较早见于康熙年间山阳人胡天放所撰《重建魁星楼记》中，谓："玉皇殿西有砖桥，仍旧名曰'板桥'"，"桥之上，起建更楼，与状元里楼、广惠桥楼相为犄角，东西门户"。④ 状元里楼即状元楼，可能即为沈坤本人所筑，以作为抗御倭贼的军事设施，⑤ 这亦与胡天放所谓的"相为犄角，东西门户"相合。同时据前引材料所言"独居城外"，则状元楼亦兼作沈坤抗倭的战时居处，而诸多文献却将此视

---

① （明）徐学聚：《国朝典汇》卷64《吏部·国子监》，《四库全书存目丛书》史部政书类，第265册，第397页。
② 天启《淮安府志》卷16《人物志二》，第737页。
③ （清）吴玉搢《山阳志遗》卷1中曰，新城"南门楼名状元楼，以卫人沈十洲大魁天下，旧有邑人熊斗甫所书状元楼额"。
④ （民国）王光伯原辑，程景韩增订，荀德麟等点校《淮安河下志》卷4《祠宇·寺观附》，第82页。
⑤ 清康熙年间阜宁北沙人陈守让撰有《淮上元夕》诗，其中有云："是处危楼俯列城，九衢如镜久时清。"并自注云："城外里中各楼，均备倭时所建。"王天池复引此曰："注言城外各楼均状元团练乡兵时创造，状元里楼逼近里门，更必状元所缔造。状元卒后，里人思其功，即备倭之楼以祀剿倭之先哲，无可疑者。"参见（清）王天池《沈十洲先生垂永录·城外状元楼》，民国抄本。

为沈坤旧宅,① 其实不然,大河卫沈氏的祖居当位于新城,且可能即在南门附近。②

必须强调的是,山阳城尤其是旧城区为漕河公署及其附属机构的驻地,城内市场亦多毗邻公署机构,是为官市或庙市,虽然漕河官员为流动人口,不过明清两代漕运、河道总督均驻节于山阳城或原为其属地的清江浦,但凡莅任漕河官者均曾在此作短暂居留,其第宅大多置设于衙署厅堂之后,个别雅好文墨的官员与淮城缙绅、商贾亦时有唱和宴饮,甚至建有官家园林,这不可避免地塑造了明清山阳城的城市文化与社会记忆。③

诚然,除了卫籍家族与漕河官员外,山阳城内亦有部分平民世家迁居于此,不过就目前所及文献来看,这一社会群体的迁移乃至定居,尚需附带一定的"准入条件",而这恰可视为平民家族建设且逐渐土著化的过程。前文提及的新安珠里陈氏,系"非戍非商"之族,其始迁祖尚难判知,正德年间以轻利重义而名闻乡里的陈锚当为其族人,居于城西南隅南市桥。④ 前引明代礼部尚书贾咏为陈锚所作墓志铭中有曰:"世为山阳人,曾大父兑永乐初坐事徙滦阳,太父安生善、致,善生彬、林,俱家滦,惟致留于淮,致字允泰,是为翁父。"⑤ 而此陈氏当原由新安珠里迁淮,这一论断榫接得不甚充分,

---

① 《山阳河下园亭记》不分卷"可继轩"条,第538页;(民国)王光伯原辑,程景韩增订,荀德麟等点校《淮安河下志》卷4《祠宇·寺观附》,第103页。
② 天启《淮安府志》卷10《兵戎志·武署》中记载大河卫教场,位于新城南门外,可为旁证,而这恰亦与淮安卫及其教场之于山阳旧城一致。
③ 囿于材料,兹对山阳城的官僚第宅不做深究,关于其园林建筑的建构,参见高岱明《淮安园林史话》第2章《衙署连云接芳苑》,第74~91页。
④ 阮葵生《茶余客话》卷22《淮郡三城名园亭》中记:"陈阶六之鹦笑斋,在南市桥。"又陈锚于正德十二年有重修南市桥之举,故似可推知陈阶六当为陈锚族孙,陈锚则为新安珠里陈氏,南市桥一带当为其族定居之所。
⑤ (明)贾咏:《明故拙翁陈君暨配沈孺人合葬墓志铭》,载刘怀玉《吴承恩论稿》,第107页。

聊备一说。明弘治年间，边地战紧，国库空虚，以至于储粮不足，陈锱借此向朝廷输纳军饷，故被授予纳粟指挥的名衔，并非实授。类似于此的人不乏其例，且在正统年间即已出现，常彦斌、杨熙杰、马仲英、陆志学、邹原等人均曾"纳粟一千石，赐敕旌表"①。《明英宗实录》卷84"正统六年冬十月"条中亦载："淮安府民沈彦礼，扬州等府民雷信、杨熙杰、常彦斌、毕文贵"等人"各出稻麦千石有奇，佐官赈济，赐玺书，旌劳复其家"。② 其中毕文贵乃毕文德胞兄，文德"家丰，性喜施"，正统初亦曾"应诏输粟助边"。③ 与陈锱重修南市桥相似，毕文德也重修了淮城北门内通往北水关的桥梁，这座桥梁遂改称毕家桥，由此可推知所谓毕氏兄弟"同爨五十年"，当即居于城西北隅的毕家桥附近。前引输粟济边的常彦斌、杨熙杰等人，虽不能确指其第宅方位，但值得注意的是，杨庆之在谈及山阳商籍家族时曾说："余如马、许、毕、邵、陆、冯、卢、邹，则未谂所自。"④ 其中马、陆、邹等家族，与马仲英、陆志学、邹原的姓氏不谋而合，很可能即为同一宗族。故而可以说，类似于陈锱陈氏、毕文德毕氏的平民家族，因为经商而家资相对充裕，借国家财政困乏之机，输粟济边，为国效力，从而提升这些家族在地方社会中的声望与地位，其他诸如修桥铺路等善举亦可作如是观。

对于明初"淮人止余七家"的土著居民潘氏、杨氏来说，则不需这种"准入条件"。前文已述，清乾隆之前潘氏世代居于南门大街，故称之为南门潘。杨氏亦居于南门附近，有学者考证，山阳杨氏系穆斯林，元末明初名杨友谅者为其族祖，其后世名望显要者如杨

---

① 正德《淮安府志》卷13《人物·义民》，第332页。
② 据正德府志沈彦礼当为睢宁人，时属淮安府，杨熙杰、常彦斌等人为淮安府人，"扬州等府"当包括淮安府，故《明英宗实录》中所言均为确。
③ （清）张鸿烈：《淮南诗钞》卷上《同爨五十年》。
④ （清）徐嘉：《味静斋文存续选》卷2《山阳掌故记》。

第三章
明清山阳城的空间形态与地域结构

锦、杨士杰、杨开沅、杨庆之等,另外杨斐禄与杨开沅为同宗兄弟,清顺治年间举人杨才瑰(字赋臣)与杨开沅的父亲(字补臣)份属同辈。① 杨斐禄字淇益,其园林大椿楼与杨景西的晴霞山房、老树轩均位于南门大街,② 园林殆即宅之所在,故山阳杨氏世居于旧城南门附近。

综上所述,元末明初因征战有功,淮安卫籍者迁驻山阳时,多居于旧城之内,部分卫籍家族如四川段氏居住于淮安卫、府治附近,毗邻中长街等核心地段,不过由于淮安卫教场位于城南门外,淮安卫籍人口当更集中分布于城西南隅、东南隅,诸多与此相关的街巷坊里的生成即为其证。大河卫的情况与之类似,其人多居于新城之中,另外清江阮氏于清乾隆年间迁居旧城西北隅,这应该是当时较为普遍的情况。③ 漕、河官员的第宅多位于城内衙署后院,颇多林泉之乐。山阳土著居民如潘氏、杨氏居于旧城南门附近,还有依靠输粟济边与修桥铺路等善举的陈锚陈氏、毕文德毕氏亦居于旧城内。山阳城内的这一居住格局大约在明代前期即已形成,其后随着家族繁衍,支系派生,卫籍人口逐渐向两侧拓展生活空间,山阳城内的人口密度趋向饱和,所以明代中期以后,山陕、徽州商人业蹉迁淮之时,多居于城外,尤其是西北门外的河下关厢,从而形成了明清山阳城"内绅外商"居住空间的整体性差异。

2. 第宅与会馆:河下关厢社区的形成与发展

(1)河下关厢商人第宅与商业社区

天启《淮安府志》卷2《舆地志二·风俗》中述及淮安府境居

---

① 杨大业:《明清回族进士考略》,《回族研究》2005年第2期。
② (清)阮葵生:《茶余客话》卷22《淮郡三城名园亭》,第704页。
③ (清)吴玉搢《山阳志遗》卷1《遗迹》中曰:新城"城垣楼橹久颓败不全,乾隆八九年间,朝廷发帑修建,焕然一新,城中景象其复旧观乎"?关于新城的发展前景,吴玉搢很明显抱持保守怀疑的态度。

195

民商业经营时曰：

> 民惮远涉，百物取给于远商，即有行贩，自稻、秫、麦、菽、醃切、园蔬、水鲜之外，无闻焉。若布帛、盐醝诸利薮，则皆晋徽侨寓大力者负之而趋矣。

这则材料较好地区分了淮安土著与客籍居民的商业观念，此薄彼厚，以至于出现了"客户多而土著少，商户多而民户少"[①]的人口与阶层结构特征，同时也说明了当地商业的繁盛很大程度上端赖外籍商户，尤其是山陕、徽州商人的雄厚财力。这些"山右、新安贾人担策至淮，占籍牟利"[②]，"由于他们人数众多，在一个短时期内（明代中叶至清代前期）持续不断地迁入湖嘴河下一带，形成了特别的社区"[③]。兹以《淮安河下志》卷5《第宅》为文献依据（见表3-2），探讨河下关厢社区的形成与发展。

表3-2 淮安河下关厢第宅建筑分布表

人物	第宅	方位	人物	第宅	方位
杨靖	杨仲宁尚书第	杨天爵巷	程量越	程莲渡先生宅	五字店巷
夏日瑚	夏涂山太史第	仓桥	程眷谷	可继轩	梅家巷头
相栋	梅南堂	相家湾	程得龄	枣花楼	竹巷
李颖升	玉诜堂、愓介山槃	湖嘴	程沉	情话堂	湖嘴大街
黄申	黄甫及光禄宅	萧湖	程世椿	耘砚斋	竹巷
万寿祺	隰西草堂	菜市桥西北	程世桂	高咏轩	高家巷
马骏	听山堂	东溪水畔	程易	程吾庐副使宅	柳家巷
阎若璩	眷西堂	竹巷状元里	程梦鼐	懋敷堂	绳巷

---

① 乾隆《淮安府志》卷12《赋役》。
② （清）阮葵生：《茶余客话》卷22《生日祝暇》，第707~708页。
③ 王振忠：《明清徽商与淮扬社会变迁》，第149页。

续表

人物	第宅	方位	人物	第宅	方位
张新标	张岸斋太史第	东溪水畔	程晋芳	程鱼门太史第	干鱼巷西
李时谦	耕岚阁	大绳巷	程勋著	秋声阁	粉章巷右侧
杜首昌	杜湘草先生宅	摇绳巷	程小迁	伴竹居	竹巷
徐赋	西郊草堂	古枚里	程锺	岑山草堂	竹巷
崔玉阶	春水楼	湖嘴	程竹坪	芝兰堂	土地庙巷
沈肇厚	移云堂	湖嘴	程秀岩	培兰书屋	大绳巷
吴宁谔	梅花书屋	打铜巷	汪隐园	道宁堂	相家湾路南
吴玉搢	东头书屋	萧湖	杨小莎	为谁甜书屋	灵惠桥南
吴澹泉	持白复斋	倪家巷南	丁兆祺	引翼堂	湖嘴大街
杨皋兰	杨香谷先生宅	相家湾	邱广业	卧云居	杨天爵巷

表3-2 中可以确知的商人家族有阎若璩阎氏、李时谦李氏、杜首昌杜氏，与吴宁谔吴氏、程量越程氏、汪隐园汪氏。明正德初年，阎氏因业盐策由山西太原迁居山阳，"遂家焉"[①]，"居淮之竹巷状元里"[②]。阎若璩子阎咏亦自述：运河东岸的西湖嘴，"距余家状元里仅二百步"。[③] 阎氏所居第宅名眷西堂，"阎氏自山右来淮，名其堂眷西，不能忘旧"。[④] 不过阮葵生则记阎修龄眷西堂在新城东门，中有金石庋、嘉树轩等景，[⑤] 至阎修龄时太原阎氏经营盐业已然中落，[⑥]

---

① （清）张穆撰，邓瑞点校《阎若璩年谱》，第3页。
② （清）陈维崧：《陈检讨四六》卷14《赠阎梓勤二十初序》，《景印文渊阁四库全书》集部别集类，第1322册，台湾商务印书馆，1986，第182页。
③ （清）张穆撰，邓瑞点校《阎若璩年谱》，第4页。
④ （清）毛奇龄：《西河集》卷171《题眷西堂》，《景印文渊阁四库全书》集部别集类，第1321册，台湾商务印书馆，1986，第750页。
⑤ （清）阮葵生：《茶余客话》卷22《淮郡三城名园亭》，第703页。正德初年，因"旧所基岸当河冲流，日夜湍激，未十余年三圮三筑"（嘉靖《两淮盐法志》卷2《秩官·署宇》，第109页），淮北批验盐引所由淮安坝西迁至淮河北岸即后来的河北镇，其地距新城较近，故山陕盐商可能大多适居于此。
⑥ （清）张穆撰，邓瑞点校《阎若璩年谱》，第14页。

故而弃商服儒。梁廷桢的《眷西草堂诗》亦可为证，曰："蒲庵虽小一乾坤，南有鹇巢北鹤墩。太息新城遗宅尽，秋山红树泣龙门。"① 这势必联系到阎修龄的遗民心态，清初山阳城失陷后，阎修龄曾"隐居白马湖"，② 梁廷桢诗表明白马湖畔的阎氏第宅仍名眷西堂，而所谓"蒲庵、鹇巢、鹤墩"即筑于其间，并且原山阳新城的第宅已零落殆尽。故由此可推演出太原阎氏在山阳城的居所移迁路线，即先新城，后迁居城西南四十里处的白马湖畔，最终复迁回城市，即居于城外河下关厢的状元里街。③ 同样地，表3-2中马骏的听山堂、万寿祺的隰西草堂，以及徐赋的西郊草堂等处，均体现了晚明清初的山阳城蕴含着浓烈的遗民情绪，这将在后续篇章中予以揭示。

其他如李时谦李氏，与阎氏的发展路径极为相似，"由山西迁淮，以禺策起家。迨家道中落，遂业儒"，李氏族人科举及第后，则"移入城内院东"，④ 此"院"当指漕运总督部院，很明显其地为旧城内的中心活动区域。绳巷李氏放弃禺策而致力于科举功名，且达致令人欣羡的成就，李恂庵与"苏庵先生、惺庵先生同为顺治辛丑进士"，并称为"三李"，⑤ 从而实现了由商入绅的成功转型。其实明代中叶以后，山右西贾经营盐业的同时，徽州商人也逐渐开拓了在两淮地区的盐业市场，对于淮安府境来说又以岑山渡程氏最为显要，并且逐渐凌驾于西贾之上，故可以说山右西贾改投举业，一定程度上反映

---

① （民国）王光伯原辑，程景韩增订，荀德麟等点校《淮安河下志》卷5《第宅》，第131页。
② （清）丁晏原辑，周桂峰校点《山阳诗征》卷10《明》，第342页。
③ 清末山阳人李元庚的记载亦印证了这一点，"五世祖居淮安，以商籍应试。自龙门大参，世居新城，至牛叟先生修龄，有眷西堂、金石庋、嘉树轩。明季戍兵至，乃避居平河桥，有一蒲庵、影阁、鹇巢、鹤墩，西为饮牛草堂是也"，参见《山阳河下园亭记》不分卷"眷西堂"条，第533页。
④ （民国）王光伯原辑，程景韩增订，荀德麟等点校《淮安河下志》卷4《祠宇·寺观附》，第90页。
⑤ （清）范以煦：《淮壖小记》卷3《李恂庵》。

第三章
明清山阳城的空间形态与地域结构

了徽州商人控制淮盐经营权的事实，清乾隆时期徽州盐商达致其盐业经营的顶峰。岑山渡程氏迁淮始祖程量越，"生子九人，俱成立。孙、曾蕃衍，旧宅渐不能容，分居各处，亦尚有一两房仍居老宅"，①河下关厢如五字店巷、仁字店巷、文字店巷、亘字店巷，以及太史第巷、光禄第巷等街巷的形成，均与岑山渡程氏徽商的经营活动、人物设定颇有关联，②"分居各处"，除了指落居山阳本地外，岑山渡程氏亦多见占籍安东、清河、阜宁等地者。③ 分居于山阳本地者如副使程易之俭德店，李元庚述曰：

> 俭德旗名店者，吾庐副使宅也。宅自副使父始迁此，在竹巷西，东首柳家巷，西首侯家巷，地约七八亩。大宅象虎形，何以言之？大门为头、口，东柳巷头，有土地庙一座，西侯巷有更房一间，为虎两眼；后门甚大，为虎谷道；金家桥旗杆一，为虎尾。中有园，园有山石，即虎胃也，此话得之裔孙程苇庭百禄云云。④

明代后期，淮盐实行纲运制度，"商纲又称商帮，是承办盐运的基本单位"，⑤ 俭德即为程易行盐的商帮旗号，其第宅横跨柳家巷与侯家巷，可见其结构之宏敞。商帮行盐均设有临水码头便于转输，材料中提及的"金家桥"即为此，置立一座旗杆以为标识，金家桥旗杆处实为程易第宅的构成部分。表3-2中的吴宁谔吴氏亦系徽商出

---

① （清）程锺：《讷庵杂著》，载（民国）王光伯原辑，程景韩增订，荀德麟等点校《淮安河下志》卷5《第宅》，第137页。
② 参见（民国）王光伯原辑，程景韩增订，荀德麟等点校《淮安河下志》卷2《巷陌》。
③ （清）程锺：《淮雨丛谈》卷2《纪事类·程氏占籍安东》。
④ （清）李元庚：《梓里待征录》卷4《逸事记》"俭德店宅相"条。
⑤ 薛宗正：《明代盐商的历史演变》，《中国史研究》1980年第2期。

身，明嘉靖年间由歙县西南溪迁至淮安，吴氏分运食盐，亦"以金家桥为码头"，① 可能吴氏由于财力有限，乃依附于岑山渡程氏而行销食盐。休宁汪氏自汪尧仙由徽迁淮业盐，"三世至隐园公，卜居此宅，道宁堂，其大厅也，文端公生于此。伯外祖一宅，门由倪家巷；先外祖一宅，门由草楼巷。嗣因中落，屋易主，移居城中。文端公通籍后，京师寓斋曰'实事求是斋'，而道宁堂售他姓"②。汪隐园为李元庚外祖，与其兄旧居分别位于河下草楼巷、倪家巷，后因盐业生意萧条而售予他姓。清道光年间，改纲运制度为票引制，河下盐商经济受到巨大冲击，程氏、吴氏等家族均出现了第宅转售的情况，表3-2中丁兆祺、邱广业等人的第宅即得此，从而导致河下关厢商业社区的新陈代谢。

（2）河下关厢的商业会馆

明清时期，"商业的发展，商业利润的增加以及贩运商人的占籍使商人得以在会馆组织的兴办中扮演了主要的角色"③，会馆逐渐成为同乡客商聚议交流的重要人文空间。淮安会馆出现的时间较晚，比较集中的记载见自李元庚，曰：

> 会馆之设，京都为胜，吾淮未之闻也。当乾隆、嘉庆间，生意鼎盛，而且官幕在淮者十居八九，无人创此事，后新安人在质库贸易，借灵王庙余地，启房为新安义所。④

"新安义所"即为新安会馆，不过其创立者并非在淮盐商，而

---

① （民国）王光伯原辑，程景韩增订，荀德麟等点校《淮安河下志》卷5《第宅》，第135页。
② 《山阳河下园亭记》不分卷"道宁堂"条，第546~547页。
③ 王日根：《乡土之链——明清会馆与社会变迁》，天津人民出版社，1996，第126页。
④ （清）李元庚：《梓里待征录》卷3《建置记》"会馆"条。

是典当商人，这一点值得深究。另外，乾隆时期山阳城商业鼎盛，而未有会馆之设，而且山阳城为百官会聚之所，同样也没有创建地域性同乡会馆的先例，个中缘由有待发掘分析。接着，李元庚缕述了清道光以后在淮会馆的基本情况，王振忠据此列制成表（见表3-3）。

表3-3 淮安河下关厢商业会馆分布表

馆名	地址	创建人	年代
新安会馆	灵王庙同善堂	徽州典商	
福建会馆	福建庵	闽人	
润州会馆	北角楼观音庵	镇江人	
浙绍会馆	绳巷水桥	浙人	
定阳会馆	竹巷魁星楼西马宅	山西人	道光初年
四明会馆	湖嘴大街程宅	宁波人	
江宁会馆	中街张宅	句容人	
江西会馆	西门堤外	赣人	
湖北公所	都天庙旁	楚人	

资料来源：王振忠：《明清徽商与淮扬社会变迁》，第93页。

就李元庚所提供的材料，淮安会馆涉及皖、闽、浙、晋、赣、鄂等省域，江苏省内则有润州会馆、江宁会馆，由是观之清代中后期淮安城仍具有一定的商业辐射功能。这些会馆集中分布于河下关厢一带，各省各地商贩麇集于此，此间也应是其商业贸易与商铺会聚之地。而且，淮安会馆的建置时间似乎还可以追溯至更早，以闽人聚居的福建庵为例：

> 我天上圣母功奠阳侯，泽隆海国，天命天聪，特生灵异，立德立功，媲美慈航，垂享祀于普天，绵香烟于淮海。吾等乡友公提厘头，积少成多，置买市房田地，于丙戌年春淮阴城北莲花街旧址重建圣母宫殿，市房余资以备春秋祭祀之需，永远

香火之费。①

这是清道光八年（1828）福建同乡重建河下莲花街上福建会馆即福建庵的缘起与过程。在这方碑记正文之后，又开列历次置办市房田地情况，其中言及"顺治十七年置本处基地一垾建庙，乾隆四十七年置本处基地一垾建庙"，这是两个值得注意的时间点，其间是否形成具有浓烈地域性的同乡会馆尚不得而知，至少可以说清初河下关厢已见福建商人的活动迹象，且建有福建庵，庵内供奉天妃神灵。

淮安会馆中供奉神灵的不止福建庵，莲花街西首的新安会馆灵王庙内，祭祀周宣灵王，反映江南地区较为盛行的周孝子信仰。② 乾隆年间，灵王庙内"香火极盛，演剧报赛无虚日"③，两淮都转盐运使朱孝纯的这一说法，似乎亦可说明清乾隆时期新安会馆也已成形。徽商后裔程锺亦有相关记载：

> 河下当鹾务盛之时，商贾荟萃，街衢中各建会馆。岁时伏腊，聚集于斯，以联乡谊，兼可筹商公事，故特慎重其地，规制颇为宏整，其内多奉关帝神位，或塑像以祭祀焉。惟新安会馆内奉周宣灵王，……更有中街江宁会馆，专祀祠山大帝。④

值得强调的是，程锺的叙述建立在"河下当鹾务盛之时"的前提之上，即在清道光之前，河下关厢街区巷弄中可能确实建有各地会

---

① （清）福建十闽堂众友会：《福建天后宫碑记》，载淮安市楚州区历史文化研究会等编《淮安楚州金石录》，第59页。
② 参见朱海滨《祭祀政策与民间信仰变迁——近世浙江民间信仰研究》第2章《周雄信仰的发生及其变貌》，复旦大学出版社，2008。
③ （民国）王光伯原辑，程景韩增订，荀德麟等点校《淮安河下志》卷4《祠宇·寺观附》，第90页。
④ （清）程锺：《淮雨丛谈补编》卷上《祠祀类·祠山大帝》。

第三章
明清山阳城的空间形态与地域结构

馆。这则材料还提及，专门奉祀祠山大帝的为江宁会馆，该会馆为客寓淮安的句容人所建，位于中街张宅；清同治年间镇江人张良沅曾在河下盐务衰落之后，会同山阳地方士绅李元庚、黄海长等人，创建量济堂、济稚局等局所善堂，以恤生灵。[①] 笔者揣测，句容人创办的江宁会馆所在的"张宅"可能即指张良沅的第宅，故综合看来，江宁会馆当始建于清道光以前，同治年间张良沅等人予以重建。[②]

河下商人群体中亦有部分从事钱庄业经营者，乾隆时人程锺《圣帝觉世经注证》记载，浙江慈溪人陈士选"年十八来淮，于湖嘴街开设钱铺生意，日盛，积累至六十万金"，至其曾孙辈遂入山阳籍。[③] 慈溪陈氏经营钱庄，聚赀六十万两，已然巨富之家，前述宁波人创建四明会馆，殆慈溪陈氏裔孙亦曾参与其中。至嘉庆二十五年（1820）以后，"河下钱铺约有三、四十家，本大者三万、五万，本小者亦三、五千不等"，[④] 淮安河下遂成为区域金融中心。钱庄业这种兴盛的局面，并未随着清末淮安城交通局势的变化而衰弱，相反从清末至20世纪30年代，实为淮安钱庄业的鼎盛时期，且逐渐形成了"州帮"（扬州）、"江帮"（镇江）、"淮帮"（淮安）的地域分野。[⑤]

清道光年间，淮北盐务中衰之后，部分盐商逐渐转向经营其他行当如典当业，其中尤以太谷王氏的业态转型最为成功。明代中叶，王氏始祖天佑公偕其兄元凯公迁淮，"立业遂家"，居于清江浦徐家湖，

[①] （清）李元庚：《梓里待征录》卷3《建置记》"量济堂""济稚局"条。
[②] 清代后期，自镇江迁居淮安的人不乏其例，如以《老残游记》名誉海内外的刘鹗，"刘氏虽籍丹徒，后则居于淮安，成忠曾遣人在淮安买廖姓田宅，此数年前事也。"（蒋逸雪：《刘鹗年谱》，齐鲁书社，1980，第8页）"成忠"为刘鹗父亲，该条记事在光绪二年（1876），可见丹徒刘氏迁居淮安当在咸同年间。
[③] （清）程锺：《淮雨丛谈》卷1《厚德类·杂述淮人善行》。
[④] （清）李元庚：《梓里待征录》卷2《奇闻记》"钱铺"条。
[⑤] 张仲钧口述，王士义整理《淮安钱庄业的兴衰》，《淮安文史资料》第5辑，1987。

王氏宗祠、祖茔均位于其地。① 不过为了便于经营盐业，太古王氏长期客居山阳河下，至清嘉庆年间，经五公王锟仍然继承先世经营的盐业，并"益恢廓"，② 其子王履谦亦"以盐致富"。③ 同时王履谦开始兼营典当行业，是为位于旧城南门大街的肇庆当典。而太古王氏的履泰、履亨一支经营典当业则更早，其祖父王维德即于乾隆年间在龙窝巷之东创建永懋当典。④ 太古王氏经营典当业初期，可能仍居于河下，王履亨的存质轩、王兆祯的旧梅花庵，分别位于湖嘴白酒巷、黄香院巷头。⑤ 直至咸丰年间皖北捻军起义，相继攻占清江浦、河下等地后，王氏遂迁居山阳旧城之内。⑥

---

① （清）王维德：《王氏宗祠记》，《清河王氏族谱》卷首，清同治七年（1868）冬介福堂刻本。
② （清）王琛：《先世述略》，《清河王氏族谱》卷末。
③ 罗振玉：《王比部传》，《罗雪堂先生全集》续编第 2 册，台湾大通书局，1989，第 505 页。
④ （清）钱咏撰，张伟点校《履园丛话》卷 16《放火》，中华书局，1997，第 438 页。
⑤ （民国）王光伯原辑，程景韩增订，荀德麟等点校《淮安河下志》卷 5《第宅》，第 153 页。
⑥ 王琛在《清河王氏族谱》序言中曰："咸丰庚申，琛以寇警，赁居城内，族兄问山亦由浦先后来城，与族叔友三公相聚，谋辑族谱。"故有是判。

小　结

　　城市可以被赋予一种空间的概念，它为生活于这一地域范围内的人群提供了经济与社会活动的舞台。本章即考察卫所与商业移民进驻山阳城后，在漕、河、盐等因素的带动之下，城市空间的拓展与变化，以及人们如何利用、分配这一城市空间，即在国家制度安排与人口结构的双重影响之下所形成的地域结构。

　　明代山阳城为旧、夹、新三城并峙的总体格局，旧城在东晋以来的旧址上改建而来，新城始建于南宋时期，夹城则是在明嘉靖年间倭患侵扰的背景下，连接旧城与新城而形成的。山阳城自明初旧、新城重筑城垣、开设城门后，即形成了连接城门的东西、南北向大街，城区由此自然划分为四大行政区域，尤以旧城行政分区为典型。旧城被划分为东南、西南、东北、西北隅四大区块，新城的情况与之相类。在城郊或近城处，多以"厢"称，如安乐、南锁、柳淮、淮北关厢。除了"隅""厢"之外，山阳城基层行政区划还有"坊"的设置，其下领辖有"图"，当具有派征城市里甲赋役的功能，另外还有作为城市聚居空间的里坊。这些基层行政区块，又由宽窄不等、南北交错的街巷连接而成，街巷作为连接城市内外空间的经脉，并且成为其他公署、市场与住宅等职能建筑的参照物。

　　总体看来，本章所探讨的山阳城的这些空间要素之间是存在暗合之处的，也就是说，因元末明初征战有功，大批军士迁驻山阳城时被编入淮安卫、大河卫籍，分别居住于卫所驻地山阳旧城与新城之中。起初淮、大二卫在山阳城中享有较高的政治地位，迨漕河官员驻设于山阳城后，城市的政治格局发生变化，漕河系统的官僚体系开始占据主导位置。故而可以说山阳城内为军政衙署的集中分布区，城内的街巷与市场布局，亦与这种军政属性不无关联，主干街道多以公署机构命名，总体布局较为规整，商业市场亦多毗邻公署而设，服务于这些军政官员及其家属的日常生活。

山阳城内的这一居住格局大约在明代前期即已形成，其后随着家族繁衍，支系派生，卫籍人口逐渐向两侧拓展生活空间，山阳城内的人口密度趋向饱和。更主要的是，因为城外水道交通便于商业贸易，明代中期以后，山陕、徽州商人业蹉迁淮之时，多居于城外，尤其是西北门外的河下关厢，从而改变了城外关厢社区的人文地理景观。与城内齐整的街巷格局相比，明代西湖嘴的街巷确实显得随意或零乱，且尚未形成通达性较好的街道，而均为狭窄短小的巷道，在此基础上衍生为四面通达的大街，同时复增设若干巷道，从而亦形成了大街横贯小巷的街巷空间布局。与此相应的是，河下关厢仅有少数的军政公署分布其间，而它的商业市场却显现出盛于城内的态势，会馆建筑亦多设置于此。由此可见，明清时期的山阳城存在较为明显的功能分区，即"内政外商"的整体性格局，这种城市空间的特征一定程度上影响了清代后期山阳城市的变迁过程。

第四章
山阳城市水环境的变迁与社会因应

中国古代社会以农为本，水利始终是地方要政之一。中国水利史的研究以往多关注农田水利开发与治理等问题。不过从城市的起源与发展来看，水资源的作用亦是不容忽视的。水对于人类而言具有双重性，即水利与水患，这两种问题在清淮地区同时存在。山阳城始建于东晋义熙年间，隋朝开凿山阳渎运河后，成为因漕粮转运而商业发达的区域中心城市。唐宋以后，历为州、府治所驻地。明清时期，山阳城位于黄、淮、运河交汇地区，这种地理形势提供了便捷的交通条件，造就了城市发展的丰水环境，不过受黄淮水患等影响，城内外水道常出现淤塞不通、积水难泄的困境。为此，漕运总督、府县官员与士民绅商等群体，均不同程度地参与城内外水道的治理事务，在这一过程中，巽亥合秀的风水观念逐渐被提出、重申与强调，城市水利衍生出丰富的文化内涵。同时，在黄淮水患等因素的作用之下，管家湖、山子湖、邱家湖、萧湖等湖泊先后兴废，其中的生计与景观折射出当地民众对水环境变化的适应性策略。

第一节　山阳城市水系的形成与演变

一　市河的修凿、流路及其经济功能

龙兴寺碑阴记载，唐景龙二年（708）僧伽大士将原丰登桥改建为北市桥，可知北市桥始建于唐中宗年间，丰登桥当更早，一般来说，有桥必有河，由此可以概见山阳城内渠道的始现时间，即唐代中期以前。与北市桥相对的为南市桥，《舆地纪胜》卷19《淮南东路·楚州》"景物下"栏记"如归亭，在南市桥西"，故此桥至迟始建于宋代。同时，宋代山阳城内渠道上尚建有南、北桥，"在治西北，南桥乃宋之州桥，北桥曰宜民，二桥分跨市河，故名"[①]，参照正德府志卷首所绘《郡城之图》，可以明显看出南、北二桥呈"八"字形的空间架构，故复称其为"八字桥"，当为可信。八字桥位于城西北隅，地近龙兴寺，风景清幽，为游赏胜地。[②] 宋景祐三年（1036）欧

[①] 正德《淮安府志》卷5《规制一·津梁》，第54页。
[②] （清）阮葵生《茶余客话》卷22《龙兴寺之今昔》中称，龙兴寺后形成一片水域，即后来的郭家池、放生池，"唐时极盛"，并引唐代山阳人赵嘏诗句"城碟十洲烟岛路，寺临千顷夕阳川"，认为说的可能就是龙兴寺及其周遭的地理景观，聊备参考。

阳修曾宿留楚州"凡一十七日",① 泛舟赏花、叙饮畅谈,其游记有曰:"泊舟西仓","移舟舣城西门","小饮仓北门",② 唐宋时期山阳城西北隅已经形成一定面积的水域景观,文人雅士可以泛舟赏景,亦可见当时城内渠道的开凿与利用。值得注意的是,前引正德《淮安府志》中有八字桥横跨市河的记载,那么唐宋时期的城内渠道是否即名市河,南、北桥与南市桥、北市桥是什么关系,南市桥、北市桥所跨之河是否也是市河?这些疑问尚待考证。不过很明显,市河之名在山阳城内水道体系中出现较早,城内渠道开通之后,不仅提供了居民日常生活用水,城郊及农村市场的商品经此亦可运送至城内,诚如范以煦所作诗曰:"但看鱼盐堆北市,小桥岁岁应丰登。"③ 由此形成山阳城较早的商品市场,市河名称的出现可能与其经济功能有重要关系。

明清时期,市河之名仍在沿用。明永乐年间,运道改经城西,同时建响水闸于城西门外,汲引运河之水经西水关入城,至城内借助的渠道即为市河。市河自响水闸、西水关流入城内,天启府志中记其具体流路曰:

> 东流至八字桥,一枝经县前入白虎桥,萦注城隍庙东,又自白虎桥南注于府学左跃龙池、学前泮池;一支由府西大圣桥、高公桥、章马桥,复转东南通小教场,合巽水,自章马桥出北水关,由联城中、新城南,折东入涧河下海。④

---

① (清)吴玉搢:《山阳志遗》卷1《遗迹》。
② (宋)欧阳修:《欧阳修全集》上,第1006页。欧阳修所览之处尚有水陆院东亭,前引(明)杨大伸纂辑《淮安(阴)龙兴禅寺志)》卷4《文翰志》中记水陆院"在治西北大军仓",此仓当为宋元以来贮藏漕粮的重要仓储设施(正德《淮安府志》卷6《规制二·公署》,第81页),应该即为欧阳修所说的"西仓"。
③ (清)范以煦:《淮流一勺》卷上《大圣堂》。
④ 天启《淮安府志》卷3《建置志·街巷市井》,第130~131页。

第四章
山阳城市水环境的变迁与社会因应

此处的"八字桥"应为南市桥,乾隆府志中已经改之,不过可能受到天启府志记载的影响,接着又说"一支经小八字桥县大门下桥"①,这里的小八字桥仍然为误,径直记作南市桥即可。② 总体来看,明代山阳城的市河首先自南市桥分为向东、北两支,其中东支复自白虎桥分为两小支,③ 分别注入城隍庙东的水池与淮安府学附近的跃龙池、泮池;北支的主要水量则向北出旧城北水关,其中一支经联城分流入新城南水关,再从其北水关注入城河,再经涧河入海,这样看来响水闸即下兴文闸则为"城河之首"。④

值得注意的是,材料中还提到,市河北支至章马桥处,"复转东南通小教场,合巽水",可见明代后期巽水为市河水道体系的构成部分。清代前期,市河复另辟一支渠道,即:

> 自南市桥略东,转折而南行,过街心暗桥,至童王桥,复折而东入文渠,绕察院后,出南门大街南行,东入府学泮池,与东北分流之水二支相合,总入巽方,谓之"三奇合抱"。⑤

这条市河支线由南市桥至童王桥,即山阳县署西南的铜王巷附近,再东折接入文渠河道,经察院后注入府学泮池,此即为市河的第

---

① 乾隆《淮安府志》卷5《城池》。
② 八字桥位于府城西北隅,分为南桥与北桥,二桥形如八字,合称八字桥,在大圣桥即北市桥之北;另外清代确实存在称南、北桥为小、大八字桥的说法,见光绪《淮安府志》卷3《城池一·津梁》。本来市河的这一支流经漕院总署前向东,不可能与八字桥或小八字桥出现相交的情况。
③ 乾隆《淮安府志》卷5《城池》中记载市河东支曰:"又东至白虎桥,稍北行至城隍庙东,复折而南,转入府学泮池。"城隍庙东、府学泮池的两处终点均为确,不过这句话的字面意思理解为自城隍庙东再转而向南入府学泮池,不免有点令人费解,究其原因则在于遗漏了白虎桥,应改为自白虎桥向南入府学泮池,更为妥帖。
④ (清)曹镳:《信今录》卷6《纪事》"己卯重建文渠闸"条。
⑤ 乾隆《淮安府志》卷5《城池》。

· 211 ·

三条支线,与前两条支线形成"三奇合抱"的水道格局,自北往南姑且称之为市河北线、中线、南线,这三条支线也是山阳城人口居住最为集中的区域。北线主要途经淮安府署,中线途经山阳县学、县治,南线则途经察院、淮安府学等政治公署。对于占据旧城公署机构主导地位的漕运总督衙署来说,虽然市河未直接流经其地,但漕署距离市河较近,而且还特地采取开沟引水的方式利用市河。由是可知,山阳市河将旧城内的主要行政官署勾连起来,换句话说,以市河为中心的渠道供水系统带有较为显著的政治意味。

明代市河修浚之后,充分发挥了沟通城内外的重要功能,这在山阳联城未筑之前已较明显,胡应恩论曰:

> 两城中有市河通货郎,舟行者、居者皆便节,因浜水入城也,闸以遏之,因闸不坚也,土以塞之,两城气脉不通,士民凋弊日甚。若建坚闸而开通,则仁、礼坝运堤之内舟货往来,行旅便益,而地方气运庶可复回也,此最为便益。而人讳言之者,以利未得而先被扰也,如无扰则善政矣。①

这段材料的大意略为:新、旧二城之间,以市河为中心,形成了城市水道系统的交通格局。市河浚深与否,及其护城水闸的质量高低,关系二城之间商贸物资与居民出行的能否正常运转。如若地方政府能够针对市河施行善政的话,甚至可以改良地方气运。

其实,市河的商业经济功能,更主要地体现在其出旧城北水关后,一支流向西北注入西湖嘴与满浦坊一带。市河行至西湖嘴之东时,设有小坝,作为"由市河达运河转货之处"②,然后再沿运河西

---

① (明)胡应恩:《淮南水利考》卷下,第301页。
② (明)马麟原撰,(清)李如枚重修,元成续纂《续纂淮关统志》卷4《乡镇》。

北流至清口转运商货北上。明崇祯甲申年（1644）九月，东平侯刘泽清"立榷关于小坝口"，①敛征过境商税，小坝口可能即上一铺口，其依据就是这两处关口位于商业繁盛的西湖嘴。西湖嘴的繁盛与运河通行密迩相关，这不仅表现在运河通行之后西湖嘴获得了较为优越的交通区位，亦表现在运河筑堤之后西湖嘴水体景观的逐渐缩小，更具备了适宜定居与地域开发的生态环境。尤其是诸如杨氏、罗氏等家族势力的迁入与定居，加快了西湖嘴由湖荡之区向宜居之所转变的进程。东自花巷头、西至菜市桥的罗家桥街、市，可能在明代初期即已形成。由于临近运河，大批商人麇集于西湖嘴，也就是后来的河下，其成为南北商货集散中心，市河与西湖嘴的连通也促进了城内外的商品交易，从而使得市河依靠运河强大的运输能力，被纳入更广区域的商品市场贸易之中。

二 文渠的开凿、流路及其文化功能

山阳城文渠始凿于明嘉靖年间，"在府学前，嘉靖间，知府王凤灵开创"②，"因旧沟渠改凿"③而成，所谓"旧沟渠"应为南宋时期环绕楚州儒学的水渠。④当时通过挖土掘沟、引水入坑的方式，形成泮水或称泮池，在其周围修筑垣墙以环绕之。文渠修成之后，"自西门涵洞引水绕府学泮池、跃龙池，转巽方，出北关入涧河"，可见其流路与市河第三条支线基本重合，即府学周围的这段渠道曾一度有市河、文渠两种称谓，文渠作为市河水系的支线而存在，经行区域大致

---

① （清）吴玉搢：《山阳志遗》卷2《遗事》。
② 天启《淮安府志》卷3《建置志·城池》，第127页。
③ 乾隆《淮安府志》卷5《城池》。
④ （宋）宋鬴：《淳祐州学纪事》、（宋）吴莘：《楚州重建学记》，分别载正德《淮安府志》卷16《词翰》，第457、459页。

圈定在淮安府学周边,当时在整个城市水系中并不占据重要位置,其地位亦不及明天启年间开凿的巽关水道,乾隆《淮安府志》中载:

> 巽关,旧城东南隅水门也。明天启中知府宋祖舜、知县孙肇兴采士民公议,凿巽关引宝带河水入城。一支由真武桥汇于府学泮池,曲折入文渠,绕中察院后至八字桥;一支由白虎桥穿漕抚谯楼前桥,过县大门下桥,与真武桥水会于八字桥,总过县学前,由大圣桥、高公桥至北门章马桥;一支由小教场经东岳庙小桥,穿东门大街砖桥,环绕道、府署后,出北门大街章马桥,会八字桥南来之水,总出北水关。至联城会城外之水入新城、下涧河,与前市河同。①

明代后期,"市河水量不足的问题愈加凸显,地方政府官员与士民开始寻找新的水源",从城南宝带河引水入城,分三条支脉,向西北、正北两个方向流贯于山阳三城,更重要的是,"巽关来水经流之河道与市河河道大体重复,但流向相反",市河向东南、巽关水向西北流,呈对流的状态。② 可以说,整个明代山阳城市水利主要是围绕市河与巽关水展开的,文渠所占据的水利空间较为有限。

清代前期,这一城市水利格局仍然未变。乾隆八年(1743),地方官员在"涧河之北别开一河,引三城市河之水出联城东北阜城关,直达此河",③ 新开凿的这条河为城外市河,后来被称为"旧市河"。这里既然称三城之水为"市河",可见市河在城市水利系统中仍占主导地位。巽关及其引水入城形成的巽关水的地位也依然重要。明末为

---

① 乾隆《淮安府志》卷5《城池》。
② 肖启荣:《明清时期淮安城水道管理体制的变迁》,载《历史地理》第32辑,上海人民出版社,2015,第18~19页。
③ 乾隆《淮安府志》卷5《城池》。

第四章
山阳城市水环境的变迁与社会因应

抵御地方叛乱,巽关被人为堵闭。清雍正四年(1726),"许其恕等复呈漕院张大有,始行开通,于城外筑坝,逼水进城,小舟可以出入,未一二年仍复堵塞"[1]。受到黄河泥沙的影响,"通塞不常"成为巽关的常态,不过它的地位依旧显要,而市河与文渠的地位却出现逆转。就市河而言,虽说统称城内渠道为市河的说法仍时或有见,[2] 但它多指城东门外渠道。光绪《淮安府志》卷6《河防二》"市河"条载:"旧市河上承西门兴文下闸,分运河一线之水,贯旧城文渠,兼泄城内积潦,出北门,经夹城,出阜成关,先下涧河,后入市河,东去七八十里,下注马家荡,入射阳湖。"这里出现"旧市河"与市河的区别,旧市河经流之处仍在城区,不过这是旧故情形,出城区之后,先汇入涧河,再入市河,此乃清代中后期市河主流经行之地。此时的市河主要发挥宣泄三城积潦与农田灌溉之用,丁晏说,"会郡大旱,运河干涸,城河尚积水五六尺,蓄坝未启。市河两岸民田龟坼,无以插秧,乃复资城河以沾灌溉","夫市河区区小渎耳,一旦尽心为之,不独泄潦,而且济旱,可见水利为天下之急务"。[3] 很明显这时市河已经淡出了山阳三城的空间范围,成为宣泄城市内涝兼利灌溉的城外渠道。[4] 而清代文渠的具体流路与内在意涵,经历了逐渐扩展的过程。清代后期,文渠甚至成为城内渠道的总称,对此段朝端记载:

---

[1] 乾隆《淮安府志》卷5《城池》。
[2] 《嘉庆重修一统志》卷93《淮安府·山川》"涧河"条(《四部丛刊续编》,上海书店出版社,1984,史部第5册,第11页)中曰:"在府城东门外,上流自运河灌城中市河,出东门直达射阳湖。"此处仍称城中渠道为市河。
[3] (清)丁晏:《石亭记事》不分卷《壬子春重浚市河记》,清道光二十八年(1848)刻本。
[4] 光绪《淮安府志》卷6《河防二》"解阜洞"条(清光绪十年刻本,第14页)中曰"昔之故沙河,今改为市河头",故沙河位于城外,为市河的起始河段所在,由此可以进一步明确市河由淮安新城北门外,由西向东注入马家荡等处。

· 215 ·

漕署东有大沟巷，曲折迤北至报恩寺对过，止系文渠中支。由白虎桥向北过青龙桥，汇城隍庙东大汪，向西经六合桥分两枝，一向南入大沟巷之大沟，出巷向西经漕署、县学，下大八字桥、城河；一向北入本沟出巷尾，经报恩寺前空口下城河，会同北行。①

既然说"文渠中支"，则必有上支、下支或南支、北支。丁晏又说："巽关有三支，其前开通者为南支。戊子三月，余与同乡诸君重浚市河，复检邑志，并疏城内文渠，中支折而西流，开凿湮渠凡二百余丈。"② 可见，此时淮安城市水利依然保持"三奇合抱"的格局，只是原来市河与巽关水对流的状态，演替为文渠与巽关水主导的局面。

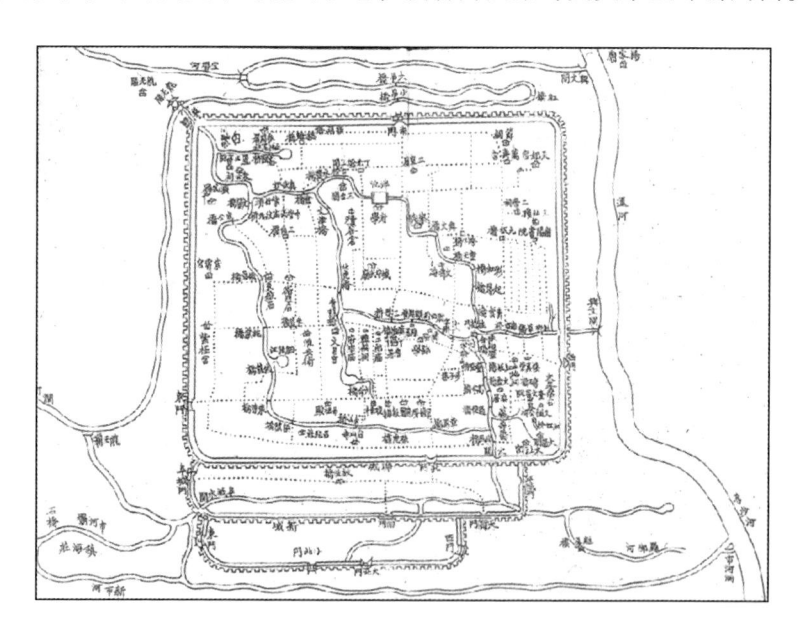

图 4-1　清代后期山阳文渠水系图

资料来源：（清）吉元、何庆芬辑《淮郡文渠志》卷首，清同治间刻本。

---

① （清）段朝端：《跻鲽余话》卷6。
② （清）丁晏：《石亭记事》不分卷《己酉春重浚罗柳河记》。

第四章
山阳城市水环境的变迁与社会因应

文渠不仅是山阳城内水道的组成部分,是民生日常用水的主要来源,更是当地士气文风的象征,具有较强的文化功能与意义。需要强调的是,巽关水被称为"巽关文渠",西北关厢的罗柳河亦为文渠水系的重要构成,① 而且文渠这样的理念与功能,拓展到三十余里之外的清江浦,同样发挥宣泄城市积潦、振兴学风士气的作用,这在清代文渠历次修治工程中得到了更为具体的实践与阐释,至今文渠仍然深存于当地人的记忆当中。

三 山阳三城总濠与城市排水系统

漕运总督毓奇在关于城内文渠修治事宜记文中,开篇对山阳城市水利总体特征做了比较宏观的阐释,曰:

> 淮城北据大河,西南据洪泽湖,运河之水环城下,自北而西复折而南,淮郡三城向资灌输。而通其利者曰兴文闸、曰文渠闸,兴文、文渠导其源,市河、涧河宣其流,顺时启闭,脉络贯通。②

其中,"导其源"意谓城市供水系统,需要保证水源的正常引导,"宣其流"则指城市排水系统,重在将城市居民日常需用产生的生活废、污水,排泄至城外,以保持渠道水质安全与卫生,进而达到提升城内环境的目的。除此之外,由于黄、淮水患侵扰灌城的影响,会有部分泥沙顺流而入,这对于汲引运河之水以通城内渠道的山阳三城来说,无疑带来渠道极易淤塞的隐患。故而城市排水系统的运行良

---

① 同治《重修山阳县志》卷3《水利》。
② (清)毓奇:《重修文渠闸记》,载(清)吉元、何庆芬辑《淮郡文渠志》卷上《碑记》。

好，即渠道尾闾段的通畅，似乎更为关键，而作为积水缓冲地带的城濠，可谓城市排水系统中的典型水利设施。诚如有学者指出，黄、淮水患"这种洪涝灾害的自然过程，与人们不懈的生存实践活动，相互作用，形成了黄泛平原古城独特的适应性景观"，城墙和护城堤的修筑增强了城市防洪的功能，而作为蓄积洪涝的坑塘洼坎，与之"共同构成了古城的防洪御涝体系"①。本段即主要说明山阳城的环城坑塘亦即城外濠河的空间形成过程，以便探讨黄、淮水患背景下山阳城市水利的迁变过程及其社会意义。

目前所见资料中并无关于山阳城濠确切起始时间的记载，不过宋代开凿的菊花沟即涧河，当可视为城濠设施。乾隆《淮安府志》卷5《城池》中载曰：

> 淮安在明洪、永以前，北枕黄，西凭湖，运河自南而东而北，行于二城之间，故黄、湖、运皆城濠也。自运道改由城西，而城东、北无濠，自联城筑，而二城之间无濠，自黄河北徙，而新城以北无濠。

这则材料分述了山阳城濠渐变的三个层面，即运道更移、联城修筑、黄河北徙而造成相应的环城区块城濠的湮废。不过，就地方志文献的书写方式而言，明初黄河尚未固定夺泗入淮的流向，故难称其为山阳新城以北之濠河。② 其实，弘治、正德以前，漕船到淮经由新城北门外之五坝，牵挽车盘以入外河，溯流至大清河口而北上，"淮不入里

---

① 俞孔坚、张蕾：《黄泛平原古城镇洪涝经验及其适应性景观》，《城市规划学刊》2007年第5期。
② 现存最早的淮安方志即正德《淮安府志》的风土志山川门中，竟无"黄河"词条，故推知其时黄河泛滥为灾问题尚未凸显，前引乾隆《淮安府志》之说，是基于其"以今视昔"的角度而言，略欠妥帖。

第四章 山阳城市水环境的变迁与社会因应

河,黄不至清口"。至嘉靖初年,桃源县境三义口淤塞,"黄流横绝清口矣,自开天妃坝而外河引入内灌矣,黄、淮转折直射清浦,淮南之患始殷"①。其水流挟带的大量泥沙在城市周遭逐渐停积,严重影响了山阳城附近地方河道的正常通行,而护城或环城等城市濠河的开通与浚深,则成为地方官员与士民治理河道淤塞的重要内容。万历四十八年(1620),知府宋统殷得请挑浚久淤旧濠,以此则概知山阳城濠河之流路,史载:

> 惟旧城钟楼角而南角楼一带濒近运河,新城东坝起至礼坝止一带迫近黄河,原皆平地无濠外,自南角楼由小吊桥、东角楼、春亭后、东联城、东仁桥、东坝,抵黄河堤止;礼坝起,由西联城天衢水关,至钟楼角止,接联相通。②

可见城濠设施有天然与人工之别。在山阳河道体系中,黄、淮、运无疑为其县境一级航道,旧城城垣西向运河、新城北向黄河,所以黄河、运河均可视为山阳城的天然城濠,在战争状态下,可充分发挥其作为护城河的军事防御功能。就便民汲引的角度来说,山阳县境水源并不与黄河、淮河发生直接关系,而是均取给于运河,诚所谓:"山阳之为邑,运河经其中,而水利在河东,最南曰溪河,其北曰泾河,又北曰涧河,又北曰市河,又北曰盐河,盐河下游为鱼变河,皆首受运河之水,以马家荡、射阳湖为尾闾。"③ 包括市河与文渠在内的山阳县境东部河道,基本上都遵循这样的运行轨迹,由此以上诸地方性河道构成了山阳县境河道体系的第二层级,山阳人工城濠设施当为第二层级河道的重要组成部分。

---

① (明)潘季驯:《河防一览》卷14《祖陵当护疏》,第496页。
② 天启《淮安府志》卷3《建置志·城池》,第126页。
③ (清)范以煦:《淮壖小记》卷4《杨太常》。

· 219 ·

前引天启府志可以见出，山阳城濠约略分为东南与西北两段，东南段为涧河自城南引运河水，经小吊桥、东角楼转至联城之东，再经新城东门外东仁桥、东坝，至黄河大堤为止；西、北段则自新城西北方向礼字坝起，沿新城城根向南行，至联城天衢水关入城内，再沿东南方向出联城入城外河道归于马家荡、射阳湖。关于西北段城濠，乾隆《淮安府志》卷5《城池》中载有两种说法，曰：

> 旧志言城西北之濠，自礼字坝起，由西联城水关至钟楼角即北角楼止，似从联城外行，不及新城南门也。张检讨《山阳县志》言自礼字坝起，直进联城水门，东过新城南门，抵东南隅，又南抵旧城钟楼角止，似在联城内行，且添新城南门一路，丈尺必有不同。旧志本于《实录备草》，张志必别有所考，非但据今日现行河道而言也。备存二说，以俟参定。①

这两种歧见，必须结合联城水关的建置及其变迁，方能探其堂奥。联城最初在四隅设有四处水关，旧志中的说法来源于《实录备草》，经查康熙府志的说法与之一致，即自礼字坝起，由西联城水关至旧城北角楼，这一段城濠所进的水关当为联城西南水关平成关，② 沿途会经过旧城北角楼，再沿旧城北侧城垣向东行，经联城的东南水关天衢关即巽关出城，这可能是东南水关未予闭塞之前的城濠流向。明末为了抵御军事骚乱，三城水关均被堵塞，③ 联城东南巽关亦当闭于其间。清代前期地方官府希图重新浚治水关的时候，联城东南巽关

---

① 乾隆《淮安府志》卷5《城池》。
② 必须说明的是，"似从联城外行"的说法应当不实，假若从联城外行至旧城北角楼的话，城濠的流向如何？经北水关进旧城内？这显然不太可能，因为旧城渠道尚需经过北水关，入联城再从其东侧的水关注入城外涧河，所以西北城濠必须由西南平成水关入联城内，东行出城。
③ （清）铁保：《重开巽关河道碑记》，载（清）曹镳《信今录》卷7《艺文》。

第四章
山阳城市水环境的变迁与社会因应

未得其列，故而三城总濠的排水口遂寄于东北阜成水关上，如旧城由兴文闸引运河水，即"由城中文渠出联城阜城关，以达涧河"[①]。这条由联城东北阜成水关出城的城濠，可能自联城初建水关时即已通行，不过当时乃是过新城南门，趋向东南隅由东南巽关出城，清初改为经新城南门外，直趋联城东北阜成水关而入涧河。乾隆八年（1743），鉴于"涧河河身日高，城中积水至不能泄"[②]，遂又于涧河之北别开一河，即阜成水关外不远处的旧市河，以整饬城濠的方式完善城市排水系统。

[①] （清）程嗣立：《重浚涧河碑记》，载乾隆《淮安府志》卷29《艺文》。
[②] 乾隆《淮安府志》卷5《城池》。

第二节 巽亥合秀：山阳城市风水的阐释框架

一 巽位：龙光阁与巽关

风水观念在中国古代城市的建设与发展中有极为广泛的运用与实践，山阳城亦是如此。清康熙年间，刘超宗谈及山阳城市空间构造的风水时指出："闻之故老云，淮安郡城为灵龟顾海形，龟必有蛇，城东蛟龙冈迤逦蜿蜒，首起东南，尾缠东北，成北方元武之象。"[①] 曹镳亦记载："一说旧城发脉管家湖，昂首东向，状若灵龟，故于城东建青龙、白虎、朱雀桥，以佩带之。于城外东南筑长冈，象蛇，取龟蛇相恋，得蟠固也。"[②] 可见，蛟龙冈缠绕龟形的山阳城，可以保障城市秩序安定与气运稳固。在蛟龙冈的头首处，建有龙光阁。明崇祯九年（1636），漕运总督朱大典为"振厉风纪，扶植士气"[③]，创建龙光阁。[④] 从堪舆学的角度来说，龙光阁位于山阳城的东南，"为一郡

---

① （清）刘超宗：《郡城风气根本图说》，载（清）邱沅等修，段朝端等纂《山阳艺文志》卷3。
② （清）曹镳：《信今录》卷10《道古编》。
③ 同治《重修山阳县志》卷5《职官一》。
④ 明末清初山阳人张养重曾作《登龙光阁》[（清）邱沅等修，段朝端等纂《山阳艺文志》卷7]一诗，其中有曰"我记阁成犹弱冠"，丁志安结合张养重生于明万历四十五年（1617），推知龙光阁始建于明崇祯九年，即朱大典任职次年，当确。参见丁志安《龙光阁》，《淮安文史资料》第15辑《淮安名胜古迹》专辑，1997。

第四章
山阳城市水环境的变迁与社会因应

风水所系,故建诸护城冈上,踞最高之地,俯瞰城中"①。所以,朱大典建造龙光阁的初衷,必有其军事战略的布置与考量。迨清军攻克山阳城后,地方局势趋向安定,龙光阁的社会文化功能凸显出来。御史吴节元孙吴交泰有《九日登巽阁绝顶》一诗:

> 振衣此地即登台,竟日淹留览胜回。帆影曳云随鸟没,笛声背水送鸿来。
> 醉淩海色千舲少,雄夹天风两腋开。华发不禁迫往昔,茱萸岁岁迫相催。②

诗文状摹之景观显示,此处的巽阁当即龙光阁。因其地势高爽,山阳士民有九月九日重阳登阁望远的俗尚,这种传统被后世沿袭承继下来,张养重所谓"前贤高宴坐晴空"③,亦说明龙光阁为地方形胜之地,来此题名觞咏者颇多。④

明清之际,江淮地区的军事骚乱对山阳城造成一定程度的破坏。顺治十六年(1659),蔡士英再度到淮任职,有重修龙光阁之举。⑤同时,鉴于山阳城市水利形势,康熙元年(1662)蔡士英创建龙光闸,高邮人王永吉在修建碑文中谈到龙光阁与龙光闸蕴含的城市风水意义,曰:"盖龙于五行属乙,洎巽风皆木也,阁锐为金,从所克也。然金复生水,水复生木,则环相生也。南方属火,金、水绕之,

---

① (清)丁晏:《石亭记事》不分卷《重建龙光阁记》。
② (清)丁晏原辑,周桂峰校点《山阳诗征》卷8《明》,第285页。
③ (清)张养重:《登龙光阁》,载(清)邱沅等修,段朝端等纂《山阳艺文志》卷7。
④ (清)李铠《九日南厂登高》[载(清)丁晏原辑,周桂峰校点《山阳诗征》卷12《国朝》,第443页]中曰:"重阳无风亦无雨,那能独坐守环堵。同心选胜得九人,携榼城南错宾主。道旁精舍堪徘徊,罢筵舒啸凌高台。"李铠等人罢筵之后登临的高台,当亦为龙光阁。
⑤ 乾隆《淮安府志》卷19《名宦·镇抚大吏》。

文明之象也，于是乎赍焉。观乎人文，以化成天下，公之嘉惠斯土者至矣。"① 可见，既然龙光阁象征地方人文的兴盛与崛起，那么巽水关淤塞不通的状况也急需改变，所以复建龙光闸，按时启闭，将城外的水流引入城内，使山阳城重新焕发生机。清代，这种主文明之象的风水观念依然盛行，以任瑗的论述最为深刻，他在描述了山阳城水利格局之后说：

> 夫堪舆玄机全在明乎五行之局，淮郡乃巳酉丑合成金局，则巽巳方乃长生也，长生官禄秀方，故前人于此建龙光阁、文昌楼，所以使文峰耸秀也。又兼引巽方秀水入府学泮池，潆洄停蓄，所以使文澜钟汇，科第悠长也。②

这段文字写就之时，巽关湮塞已久，此乃任瑗为倡导地方官员修浚巽关而作。这里将巽位的龙光阁与山阳城市水利联系起来，从而赋予龙光阁文化意义。任瑗认为通过凿渠引城南门外的宝带河水入城，山阳城获得活水的来源，并建议山阳县学的大门应改为向南，以迎接从巽关注入的活水。因此，假若巽关水能畅流如注的话，必然昭示山阳城科举文教事业的兴盛与繁荣。吊诡的是，巽关与龙光阁建成之后，山阳城确实出现了科第蔚起的人文气象，龙光阁成为地方文化兴盛的重要象征。③

---

① （清）王永吉：《龙光闸记》，载（清）吉元、何庆芬《淮郡文渠志》卷上。高邮人王永吉在给蔡士英修筑龙光闸所作的这篇记文中，落款署为"总漕部院蔡老爷复任临淮，仰府委官于康熙元年孟春日督造建闸完工"，故有是判。天启初年，知府宋祖舜、知县孙肇兴疏凿宝带河，引水入城，其汲引的方式为开凿渠道，其时并未建闸，而方志文献中述及龙光闸时，多记知府宋祖舜、知县孙肇兴事（见同治《重修山阳县志》卷3《水利》），可能会导致误认为龙光闸建于天启初年，其实不然。
② （清）任瑗：《六有轩集》卷1《巽关说》，第31页。
③ （清）曹镳《信今录》卷10《道古编》中记载："龙光阁建自崇祯十二三年，颓于康熙二十年间，其得力全在顺治朝及康熙初年。"所谓"得力"即指科举人才辈出。

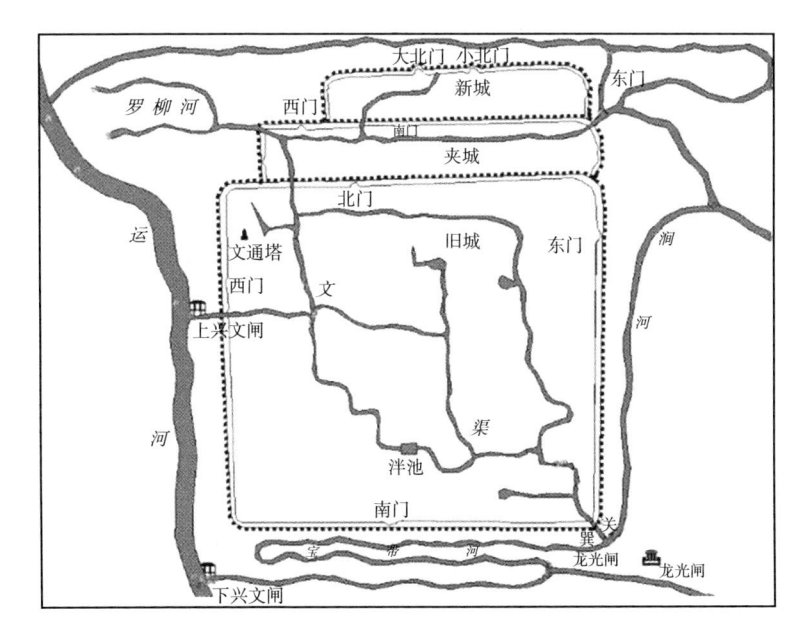

图 4-2 明清山阳城中的风水观念示意图

资料来源：（清）吉元、何庆芬辑《淮郡文渠志》卷首，清同治刻本。

二 亥位：文通塔与罗柳河

与城东南隅的龙光阁形成呼应的是城西北隅的文通塔。史料记载，该塔始建于唐代。唐景龙二年（708），诏僧伽大士入宫，"僧伽以久晏息楚州法华禅院奏帝，帝遣中使缮治，更龙兴万寿禅寺额，立尊胜塔，赐常住田千亩，此寺塔之始"，[①] 尊胜塔即文通塔。宋太平兴国九年（984），张溎等曾捐资重修文通塔。明崇祯二年（1629），文通塔复经大修，有碑文曰：

---

① （明）杨大伸纂辑《淮安（阴）龙兴禅寺志》卷3《德众志》"僧伽大士"条，又见（清）范以煦《淮壖小记》卷1《龙兴寺塔缘起》。

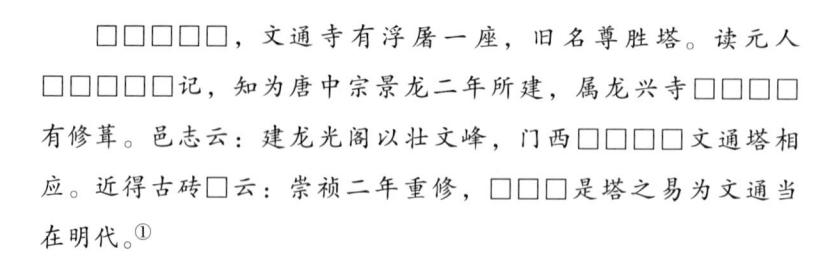

□□□□，文通寺有浮屠一座，旧名尊胜塔。读元人□□□□记，知为唐中宗景龙二年所建，属龙兴寺□□□□有修葺。邑志云：建龙光阁以壮文峰，门西□□□□文通塔相应。近得古砖□云：崇祯二年重修，□□□是塔之易为文通当在明代。①

此材料提供一则重要信息，可能是在重修尊胜塔之时，将其改名为文通塔。文峰塔与龙光阁相应而建，"以壮文峰"，则其功能已由佛门修行向文运指征过渡，寓示科第昌盛之象，重修之举彰显出明末地方官员对文教事业的关注与诉求。至清代，龙兴寺与文通塔或文峰塔，仍是山阳城文运昌隆的象征，曹镳记龙兴寺时说："淮城系乾巽龙脉，自解阜洞起抵龙光阁旧址，中间节节相应，此处于城内为龙首，故杨清恪公重加扶植，一时文运民生称鼎盛焉。"② "乾巽" 为八卦方位，分别指西北、东南向，所谓山阳城的"龙脉"，就是从城西北隅的龙兴寺与文通塔，沿东南方向延伸至龙光阁，这一"龙脉"恰与山阳城市水系的流向相吻合，亦即巽亥合秀之局。这一城市风水模式，在巽位龙光阁与亥位文通塔的推动下，得到较为普遍的认可，并与城市水利格局联系起来：

相传淮郡水法，巽亥合秀。南城外涧河，巽水也。北城外罗柳河，亥水也。巽水虽通，而亥水不流，无以合局。③

由是可知，亥水指河下关厢的罗柳河，其来水源自山子湖、邱家湖，

---

① （清）龚裕：《重修文通塔记》，淮安市楚州区历史文化研究会等编《淮安楚州金石录》，第42页。
② （清）曹镳：《信今录》卷9《香火志》。
③ （清）丁晏：《石亭记事》不分卷《己酉春重浚罗柳河记》。

经乌沙河，穿过解阜洞继而入城内文渠，达至巽关以成巽亥合秀之局。李元庚说，亥位水系中的罗柳河，"非独河下攸关也"，"实为淮地风水之河"，① 可见罗柳河不仅是商业市镇河下赖以发展的命脉，亦与山阳城市水利相互连通，为整个淮安府城水系的主要支线。如此，从城西水关引入之水，与东南巽关之水，至旧城北门附近出北水关，再汇集罗柳河之水向东流，在满足联城或新城居民生活的情况下，从城门水关排出城外，形成整个城市水资源利用的格局。

---

① （清）李元庚：《梓里待征录》卷3《建置记》"解阜洞""回澜洞"条。

第三节　黄淮水患与城市防洪措施

一　山阳城水灾发生的时间序列

淮水"势自西南，历清河而东"，① 泗、沂水于此汇淮，合流经清江浦，过相家湾、柳浦湾，② 终达至云梯关入海。淮、泗水本皆清流，南宋以迄明代中叶，黄河下游河道分别夺汴、涡、颍、泗诸水入淮，形成多股河道漫流的局面。明弘治年间刘大夏始筑太行堤，黄河遂趋于南决③，至嘉靖二十五年（1546），"全河尽出徐、邳，夺泗入淮"④。至此，包括淮安府属地在内的里下河各州县，遂成为水灾频发的地区。张崇旺依据相关府、州、县志，制作出明清时期江淮地区水灾年份的分布表，其中"淮安府"栏共计105例，包括桃源、清河、安东、盐城等县的情况，⑤ 可见山阳县的水灾频次必然低于这一

---

① （明）胡应恩：《淮南水利考》卷下，第314页。
② （明）马麟原撰，（清）李如枚重修，元成续纂《续纂淮关统志》卷12《古迹》"山阳湾"条。自清河以迄山阳新城之北的这段河道，通称"山阳湾"，其水流甚急，南宋驻淮守臣循其河形，另辟故沙河等人工河道，与之形成清淮地区的复线运河，运河在内，亦即里运河，黄、淮二河在外，又称外河，明初平江伯陈瑄疏浚清江浦河，即其运河故道。黄、淮水涨，灌入运河，造成漕运河道淤塞，此即为明清两代河臣治理南河的主要内容。
③ 邹逸麟：《黄淮海平原历史地理》，安徽教育出版社，1997，第94～99页。
④ 《明史》卷84《河渠志·黄河下》，第2064页。
⑤ 张崇旺：《明清时期江淮地区的自然灾害与社会经济》，第123页。

数据。不过笔者认为对于山阳县来说，其所统计的年份尚显不足，兹在此基础上予以完善，尝试构建出更为翔实的水患发生的时间序列（见表 4-1）。

表 4-1　明清山阳县境水灾发生时间与频次表

时段	水灾频次	时段	水灾频次
1391~1420 年	3	1641~1660 年	1
1421~1440 年	1	1661~1680 年	4
1441~1460 年	2	1681~1700 年	3
1461~1480 年	0	1701~1720 年	2
1481~1500 年	0	1721~1740 年	4
1501~1520 年	4	1741~1760 年	12
1521~1540 年	3	1761~1780 年	3
1541~1560 年	4	1781~1800 年	3
1561~1580 年	10	1801~1820 年	5
1581~1600 年	10	1821~1840 年	5
1601~1620 年	13	1841~1855 年	3
1621~1640 年	5	总计	100

说明：1. 明代府志中某些灾害条目的记载具有模糊性，即统而论之，不具指某一县份，将之与现存最早的乾隆《山阳县志》相互比照来看，明代府志中的相关条目多为后者所纳用，当为可信。

2.《清代淮河流域洪涝档案史料》的时间节点始于乾隆元年（1736），迄于宣统三年（1911），涉及山阳县的多达 112 年次，仅次于凤阳与泗州。不过查阅其档案、奏折的具体内容，并非全系灾年，而且受灾程度轻重不等，某一年份出现山阳的频次亦或多或寡。为了便于阐释分析，取其程度较重、频次偏多者。

资料来源：正德《淮安府志》卷 15《纪异》；万历《淮安府志》卷 8《祥异志》；天启《淮安府志》卷 24《丛纪志二·祥异》；乾隆《淮安府志》卷 25《五行》；乾隆《山阳县志》卷 18《祥祲》；同治《重修山阳县志》卷 21《杂记二》；《清代淮河流域洪涝档案史料》，中华书局，1988。

表 4-1 以目前所见到的最早水灾纪录洪武二十四年（1391）为始，[①] 二十年为周期，末点定位于清咸丰五年（1855）黄河北徙复归

---

① 万历《淮安府志》卷 8《祥异志》，第 542 页。

山东故道。其中可能由于文献记载的缺漏或偏差，数据录入不均衡，不过仍可略窥明清山阳县境水灾发生时间序列的总体趋势与特征。明代前期出现的水灾频次较低，嘉靖年间直至明末，发生频次明显升高，胡效谟的《淮安府大水记》显示当时的灾情可能更为严重，其中有曰："淮安自嘉靖庚戌以来，比年大水，至隆庆己巳岁为最大。"① 嘉靖庚戌为1550年，隆庆己巳为1569年，历时二十年，"比年大水"可概见其水灾之深重。其实，嘉靖三十九年（1560）至万历四十八年（1620），整个江淮地区进入了连续偏涝的灾害频发期，指数差的峰值在2.0，② 这恰好反映在表格中1561～1580年、1581～1600年、1601～1620年三个周期时段，共计33例水患（频次），占全表水灾总数的1/3。

表4-1中第二个水灾密集区段出现在清乾隆年间，彼时水灌入城乃至城内行舟的情况并不鲜见，不过由于清代山阳城市防洪设施相对健全，淤塞的水利渠道亦能得到及时的修治与浚通，即便发生乾隆甲午年强等级的水涝灾害，亦能够在较短时间内实现城市功能的恢复，出现城垣倒塌与冲毁的情况尚属鲜见。③ 就前引清代乾隆以后淮河流域洪涝灾害档案、奏折史料的内容来看，山阳县境的水患多表现为：伏汛期间，某些乡村聚落由于地势低洼，容易造成积水难退、田禾淹没、年成歉收，以及庐舍废墟、民户逃散的困境。这两大水患密集时段，也是地方官府加强城市洪灾防御和治理最为集中的时期，这在城市防洪举措的制定与实施之中得到较为明显的体现。

---

① （清）吴玉搢:《山阳志遗》卷4《遗文》。
② 满志敏:《中国历史时期气候变化研究》，山东教育出版社，2009，第325页。
③ 相对而言，中小城市抵御洪灾的能力相对弱，在北方地区亦常见河水冲坏城垣的情况。参见李嘎《关系千万重：明代以降吕梁山东麓三城的洪水灾害与城市水环境》，《史林》2012年第2期。

第四章 山阳城市水环境的变迁与社会因应

二 城市防洪策略之一：护城堤堰的修筑

地方官府与士绅热衷于护城堤堰的修筑，其中尤以明代为多。比如柳浦湾堤，潘季驯说："高家堰实淮安之前门，柳浦湾乃淮安之后闼。"① 可见对于山阳城来说，柳浦湾堤与高家堰相埒，在保护城市安全与居民生活上同等关键，高家堰之设是"使淮水不东侵"，柳浦湾堤则用以"障黄河之涨"。② 柳浦湾堤分为东、西两部分。明永乐年间，其西段已经修筑，起自清江浦，"沿钵池山，过新城、柳浦湾迤东，长四十余里，以护漕河"③，又称淮城北堤。隆庆、万历年间，王宗沐修筑高家堰的同时，复"募夫筑郡西长堤"，以"御黄、淮之南侵"。④ 即"自清江浦药王庙迤东，历大花巷，由西桥、相家湾，直抵新城，过金神庙，止柳铺湾"，这条西长堤与柳浦湾堤或淮城北堤路向基本上吻合，实为同一堤防，不过它的里长近六十里，⑤ 可能其中某一堤段复经增筑二十里左右。至潘季驯治理水患时，除了对原有的堤工单薄地方，"量行加帮外"，"仍自柳浦湾至高岭创行接筑四十余里，以遏两河之水，尽趋于海"。⑥ 高岭即高家岭，⑦ 位于今涟水县对岸，⑧ 这一堤工即为柳浦湾堤的东延部分。至此柳浦湾堤东、西

---

① （明）潘季驯：《河防一览》卷13《条陈河工补益疏》，第455页。
② （明）何乔远：《名山藏》卷49《河漕记·漕河》，《续修四库全书》史部杂史类，第426册，上海古籍出版社，2002，第437页。
③ 天启《淮安府志》卷13《河防志》，第570页。
④ （清）康基田：《河渠纪闻》卷10，第65页。
⑤ （明）王宗沐：《淮郡二堤记》，载天启《淮安府志》卷21《艺文志一》，第856~857页。
⑥ （明）潘季驯：《河防一览》卷7《两河经略疏》，第253页。
⑦ （明）王世贞：《贺大司空印川潘公治河功成序》，载（明）董斯张《吴兴艺文补》卷36，《四库全书存目丛书》集部总集类，第377册，齐鲁书社，1997，第143页。
⑧ 邹逸麟：《淮河下游南北运口变迁和城镇兴衰》，载《历史地理》第6辑，第64页。

两部分,经"补旧增新"共计百余里,① 柳浦湾新堤筑成之后,"淮城并无啮损,不特高宝田地得以耕艺,而上自虹、泗、盱眙,下及山阳、兴、盐等处,皆成沃壤,此淮水复其故道之效也"②,这在一定程度上彰显了潘季驯筑堤修坝、借水攻沙、以河治河策略的可行性。

不过即便修筑了柳浦湾堤等堤堰设施,如遇到黄、淮并涨,且淫雨不止的时段,则亦难挡其冲啮之患,况且起初这些堤防设施基本是以土修筑,其防御能力不免较低。因此,万历十年(1582),部分堤工路段改筑以石堤,且多分布于城市周边,如清江浦、西桥、包家围、范家口等处,意在加强抵御黄河水流冲击的能力,以及保护山阳、盐城等县的田庐与财产安全。③ 不过,这些石堤仍然不足以保证山阳三城的黎民安生,尤其是依据前文对城市洪灾数据时段的统计,万历朝以及天启前期,可称连年水发,山阳三城当黄、淮二河之冲,受灾程度相当严重,诚如漕储道参政朱国盛状摹其灾相曰:

> 就地形论之,淮之众庶岌岌然,皆从釜底居矣。每岁伏秋之际,黄必先溢,而淮继之。二水俱溢,势能排山,岂一线土堤之足捍乎?故一决于范口,而淮人悬釜,再决于王公祠,而城中水深四尺,三决于磨盘庄等七口,而市有游鱼、瓦有沙痕。④

范口即位于山阳新城北门外向东七里处的范家口,万历十三年(1585)五月,淮水决溢,"冲灌东联城水旱门,注三城,平地七尺,

---

① (明)潘季驯:《河防一览》卷13《条陈河工补益疏》,第455页。
② (明)潘季驯:《河防一览》卷8《河工告成疏》,第280页。
③ 天启《淮安府志》卷13《河防志》,第580页。
④ (明)朱国盛:《淮上石堤记》,载(明)朱国盛撰,徐标续撰《南河志》卷11,《四库全书存目丛书》史部地理类,第223册,第263页。

第四章
山阳城市水环境的变迁与社会因应

东乡一带及盐城诸处田禾尽淹",次年即加筑范家口石堤,"以防黄河东决"。① 然而范家口石堤与王宗沐所建的西长堤,均未能承受万历末年以迄天启初年的黄、淮洪灾,城市被涝情形有增无减。天启元年(1621),淮安府境"霪雨连旬,黄淮暴涨数尺,而山阳里、外河及清河决口甚众,汇成巨浸,水灌淮城,民皆蚁城以居,舟行街市",总河都御史、河务同知会同地方郡侯、县官亲历调查,率众堵塞决口。② 三年再次发生大水,治河官员认为随堵随决并非便益之计,于是在隆万年间护城土堤的基础上,③ 议行改筑石堤,意图永久为利,这护城石堤亦即后世俗称的三城坝。对此,天启《淮安府志》卷2《舆地志·山川》"罗柳河"条记载:"后因黄、淮河漫,诸湖大浸,三城处建瓴之势,因筑坝以拒之,曰三城坝","以一坝障西来之水"。天启年间三城坝的修筑分为两段,是为包家围洋信港段、西湖嘴许家闸段,"除旧石砌堤并新砌样工,凡一千五百二十六丈四尺二寸",④ 这一堤坝为"三城民命攸关,岁宜保固"。⑤ 崇祯辛未、壬申年,三城坝基溃圮三十丈,地方官府曾组织修缮事宜。⑥

---

① 天启《淮安府志》卷13《河防志》,第579~580页。
② (清)傅泽洪:《行水金鉴》卷44《河水》,《景印文渊阁四库全书》史部地理类,第580册,台湾商务印书馆,1986,第602页。
③ 隆庆三年,总河侍郎翁大立始筑护城堤,北自板闸镇,向南延至旧城钟楼即北角楼;隆庆五年,都御史王宗沐、知府陈文烛加以增筑,从钟楼修筑至南角楼,从而形成了紧贴山阳三城的护城堤防,即为三城坝的初型,彼时当为护城土堤,参见(明)胡应恩《淮南水利考》卷下,第305页。
④ (明)朱国盛:《淮上石堤记》,载天启《淮安府志》卷21《艺文志一》,第860页。关于这次修筑工事的人员与物料调配、具体实施过程,亦可参见朱国盛的这篇记文。
⑤ (清)顾炎武:《天下郡国利病书》不分卷"淮徐备录",黄坤等点校《顾炎武全集》第14册,上海古籍出版社,2011,第1153页。
⑥ (清)李元庚:《梓里待征录》卷1《灾异记》"三城坝"条。

三 城市防洪策略之二：疏凿河道

黄淮水流暴涨之时，大量积水无处宣泄，为了避免洪水毁堤啮城、淹没田庐，治河官员采取疏浚旧河、开凿新河的方式，以求分其水流，杀其水势，是为城市防洪的第二种措施。

1. 疏浚河道

黄河中夹带大量泥沙，易于淤垫，所以疏浚河道在治黄方略中的重要性自不待言，永乐时期已形成每岁挑浚运河的定例，"为设浅铺，又督军丁兼挑，故常疏通"①，其法良善，可惜日久废弛。潘季驯奏议恢复旧制，"由淮安至仪真内河一带，俟其重运过毕，至六月间清口大坝筑完，乘此水涸即当查复浅船，密布浅夫，多备器具，浚浅已深"②，如此增加了防溃杜决的可能性。除了运道经常需要挑浚之外，下游入海处也极易沙壅淤积，这是由多种因素造成的，首先是河流的自然地理属性使然，愈往下游，河流本身的比降愈小，其流速势必随之减小，故而泥沙易于沉淀淤积。再者运河水浅之时，尚需仰赖黄河以济漕运，虽然"借黄有倒灌清口、淤垫湖底之弊。但为通漕，只得饮鸩止渴"③。这样的做法不仅使得运河水底容易顺势灌入泥沙，造成运道更趋淤塞，且黄河因"其势西分则东流益缓"，极易造成黄河入海尾闾处"几于不泄"④。如嘉靖三十二年（1553），自山阳城东的刘伶台至赤晏庙，延袤八十里，"俱淤淀，以故水不归海，为害甚"⑤，当时这

---

① （明）徐有贞：《言河湾治河三策书》，载（明）陈子龙等选辑《明经世文编》卷37，第284页。
② （明）潘季驯：《河防一览》卷14《钦奉敕谕查理河漕疏》，第484页。
③ 张含英：《明清治河概论》，第68页。
④ 天启《淮安府志》卷13《河防志》，第569页。
⑤ （明）吴道南：《吴文恪公文集》卷4《黄河》，沈乃文主编《明别集丛刊》第4辑第13册，黄山书社，2016，第334页。

第四章
山阳城市水环境的变迁与社会因应

段河道系入海正河所在,常致淤塞,"此其疏浚所最先者",都御史曾钧奏请浚之。① 万历年间,河道决溢之后,从桃源、清河县境,以至山阳城外西桥一带淤塞,经募夫挑浚复又通流,再借助水流的洗刷功能,下游入海河道有望逐渐深阔。

2. 草湾河、永济河的开凿

除了疏浚旧河外,治河官员通过开凿新河,分泄洪流,达到治理河患的效果,草湾河的开凿即为其典型事例。草湾地方位于山阳新城西北二十里处,"离清江浦东南十三里,离安东县西六十里"②。"其名草湾者何? 先年海口横沙,黄淮下流势缓,尝苦浅涸,每水发则有泛滥之虞",③ 草湾地势卑洼最易溃决,下游的安东县屡遭其害。因此,巡抚侍郎吴桂芳奏请在"草湾低洼之地,挑新口以迎大溜"④,万历四年(1576)兵备道副使舒应龙奉命开凿草湾河,分杀黄流入颜家河,以通黄河入海之路。不过"初辟时,止分其半,半仍故道",⑤ "故道"即原先的黄河经山阳新城北堤外,终经云梯关入海的河道,新辟的草湾河当属支河。在通过开凿支河治理黄淮水患的问题上,潘季驯并不赞成,他"主张维持当时河道,反对另辟新道",这与他一以贯之的筑堤束水、以水攻沙的治河策略是完全一致的。⑥ 其理论依据在于,"水分则势缓,势缓则沙停,沙停则河饱,尺寸之水皆由沙面,止见其高",相反水合的话则可以达到冲刷河底淤沙的目的。⑦ 所以他认为"别凿一渠与复浚草湾,徒费钱粮无济于事",⑧ 既

---

① (清)傅泽洪:《行水金鉴》卷25《河水》,第397页。
② 天启《淮安府志》卷2《舆地志·山川》,第91页。
③ (明)马麟原撰,(清)李如枚重修,元成续纂《续纂淮关统志》卷3《川原》。
④ (清)康基田:《河渠纪闻》卷10,第64页。
⑤ 天启《淮安府志》卷2《舆地志·山川》,第92页。
⑥ 张含英:《明清治河概论》,第41页。
⑦ (明)潘季驯:《河防一览》卷2《河议辨惑》,第171页。
⑧ (明)潘季驯:《河防一览》卷7《两河经略疏》,第254页。

便草湾河已经开凿,"亦须置之勿浚矣"①。其实,潘季驯的担心和忧虑是有一定道理的,开凿草湾河,在短期内可能分泄洪流,不过确实容易造成淤沙壅积,下游水流随即排泄不畅,反而不能治理黄河水患。

开凿支河以便泄洪,然后再试图打通入海之路,这是开凿河道抵御黄淮水患的举措之一,此外开辟新河转输漕粮也应是这种举措的另一种类型。永乐时期,平江伯陈瑄开凿清江浦河,置闸通舟。明嘉靖年间,黄淮渐趋合流,"黄强淮弱,五坝不通,闸座不闭,以致沙泥内侵,伏秋水溜,漕舟上闸,难若登天",故而万历十六年(1588),"于前各闸旁俱开月河一道,避险就夷,以便漕挽"②。而永济河的开凿亦基于同样的权宜部署,万历九年(1581),鉴于黄河"水势南薄,冲涮(刷)运堤"③,且闸坝启闭不时,运河多淤,总漕都御史凌云翼借助原旧河形,从山阳城南运河西岸杨家涧起,历武家墩以至清口,开永济河,长四十五里,又称为新河,④"以避清江浦之险"⑤,借此通漕。因永济新河接连清口,淮水经此达泾河,"下射阳湖入海"⑥,黄沙易于侵灌入河,故而"甫数月,遽尔堙塞"⑦,其后又"以部税旋闭"⑧。而且自万历十一年(1583)清江浦改筑石堤时,"运艘仍旧由城西故沙河以出清口"⑨,故沙河即指清江浦运河。待到

---

① (明)潘季驯:《河防一览》卷7《两河经略疏》,第251页。
② 天启《淮安府志》卷13《河防志》,第579页。
③ 天启《淮安府志》卷13《河防志》,第575页。
④ (明)李东阳等:《大明会典》卷196《工部十六·运道一·淮安运道》,江苏广陵古籍刻印社,1989,第2652页。
⑤ (清)曹溶编《明漕运志》不分卷,《丛书集成初编》,中华书局,1985,第5页。
⑥ (清)靳辅:《治河奏绩书》卷1《河决考》,《景印文渊阁四库全书》史部地理类,579册,台湾商务印书馆,1986,第648页。
⑦ (明)张养蒙:《为河工新叙乞久任诸臣以图永利事》,载(明)陈子龙等选辑《明经世文编》卷427,第4663页。
⑧ 乾隆《淮安府志》卷6《河防·运河》。
⑨ (清)傅泽洪:《行水金鉴》卷150《运河水》,第374页。

第四章 山阳城市水环境的变迁与社会因应

天启初年，治河官员再次疏浚永济河，彼时运河亦沙壅淤塞，故而朱国盛、宋祖舜等人，本着先治新河再浚运河的指导方针，"爰具畚锸，构篷厂，调淮扬廪夫，以穿新河"，"历数月，而久壅之渠潺潺矣。新河既通，始定治运河之方略"，最终二河均得浚治通行。① 不过永济河的通航效果始终并不理想，最终仍以清江浦河为主要漕河运道，于是"浚正河，自许家闸至惠济祠长千四百余丈，复建通济月河小闸，运船皆由正河，新河复闭"②。

四 防洪措施的效果与评价

必须强调的是，城市洪灾的产生，固然是黄、淮水涨的直接后果。但柳浦湾堤等人工堤堰逐渐加高，在短时间内可能抑制灾患的发生，同时亦容易生成今后决口崩毁的隐患，也就是说堤堰修筑越高，城市遭受灾患威胁的危险系数亦越高。史载："运渠卑隘，最易沙淤，淮地低洼，最易盈溢。"③ 一旦遇到水位暴涨，极有可能就出现"水高于城，堤薄如掌，一夫荷锸，晋阳之产蛙立见"的危情。④ 从另一层面来说，国家漕粮河运的政策并未改变，仍然借由运河转输江南粮米供应京师消费，在这种强大的政治导向之下，淮扬地区的城市水利陷入了一种恶性循环的困境之中。⑤ 也就是说，黄、淮、运河未合之前，各自顺轨安流，当黄河泛滥为灾之时，必定会倒灌本属清流的淮、运二河，致使泥沙停积，运道梗阻，其河床必呈高垫状态，以

---

① （明）朱国盛：《重修二河记》，载（明）朱国盛撰，徐标续撰《南河志》卷11，第262页。
② （清）傅泽洪：《行水金鉴》卷130《运河水》，第141页。
③ （明）潘季驯：《查复旧规疏》，（明）陈子龙等选辑《明经世文编》卷375，第4069页。
④ 天启《淮安府志》卷2《舆地志二·形胜》，第83页。
⑤ 马俊亚：《被牺牲的"局部"：淮北社会生态变迁研究（1680~1949）》，第39页。

至于运河堤身"几圮城埤"[1],可见明代后期黄淮水患对山阳城的巨大威胁仍未改变,以至"频年以来,日事修筑疏浚"[2],于是董理河渠成为漕河官员与地方士民的重要社会事务。

草湾河的开凿与利用,以及由明入清后河道官员的治理行为,造成了整个清淮地区水道运作体系的易动,即清河县境的清口附近河道与堤防逐渐成为国家河道整治策略的规划重点,从而引致山阳、清河两座城市不同的发展路径,这一论点留待后文详述。永济河的开凿则对当地水利造成了严重困扰,即"河西民田水不得出,终岁淹没",因此山阳知县孙肇兴措置伏龙洞以泄积水,故而永济河道复又逐渐湮塞。[3] 清康熙年间靳辅又通过开凿引河的方式,对永济河加以改造利用。[4] 清代后期,永济河经行路线的一支,仍向东经伏龙洞,"贯护城河"[5],由此永济河便与山阳城市水利发生密切关系。也就是说,此河虽有通航与泄洪之利,不过黄河水溜亦可经此冲入城内,不仅当时会造成经济损失,而且大量的淤沙亦由此经西门水关,灌注入城内渠道,造成水道宣泄不常,地方官员势必需要组织动员展开修浚工程,而在这修浚事宜的具体考量中,比如经费措置与人员分工,地方士绅与商人的参与,可以窥探出地域社会中更为丰富的社会情态。

---

[1] 天启《淮安府志》卷2《舆地志二·山川》,第92页。
[2] (明)张敦仁:《府官题名碑记》,载乾隆《淮安府志》卷29《艺文》。
[3] 乾隆《淮安府志》卷8《水利》。
[4] 邹逸麟:《淮河下游南北运口变迁和城镇兴衰》,载《历史地理》第6辑,第67页。
[5] 光绪《淮安府志》卷6《山阳县河防》。

第四节　山阳城市水环境的治理：
　　　　以文渠为中心

一　黄淮水患与城市水利的文化功能

明清时期，山阳城为黄、淮、运河交汇之地，黄淮水患对城市安全与水利设施的威胁、破坏不可谓不大。明代前期，山阳城市水患已有记载，如"正统二年夏五月，大雨一月，水深数尺，城内行舟"①，不过总体上发生频次较低。明代中期黄河两岸筑堤，黄河水道固定南趋，以淮河受纳黄河等西来之水，"淮安一郡实当两河之尾闾"②，山阳城的水患渐趋增多。隆庆四年（1570），高家堰大溃以后，"每岁四五月间，淮阴畚土塞城门，穴窦出入，而城中街衢尚可舟也"③，此处"淮阴"即指谓山阳县城。邹逸麟引潘季驯《河防一览》卷2《河议辨惑》指出，万历十六年（1588）"黄河一次冲决，草湾河大通，夺正河十分之七，至赤晏庙仍归大河。从此黄河离开了淮安城紧北，居民得以安居"④。其实这种情况并未持久，山阳城居民仍然面

---
① 正德《淮安府志》卷15《纪异》，第372页。
② 乾隆《淮安府志》卷6《河防》。
③ （明）潘季驯：《河防一览》卷2《河议辨惑》，第174页。
④ 邹逸麟：《淮河下游南北运口变迁和城镇兴衰》，载《历史地理》第6辑，第64页。

临洪灾漫城的威胁与困境。万历末年,"河淮交涨,城内外淹浸";天启元年(1621),"淮安霪雨连旬,黄、淮暴涨","水灌淮安新、联二城,小民蚁城而居,城外汇成巨浸"。① 可见明末山阳城市水患仍然严重。

清代初期,山阳城的水灾趋于缓和,可能跟这一时段偏旱的气候呈正相关性,② 当然明代后期修筑的堤防水利系统也发挥了良好的防洪作用。乾隆年间为山阳城水灾发生的又一高峰时段,尤以乾隆甲午水灾为重,曹镳较为详尽地状摹彼时的情境,曰:

> 乾隆三十九年八月十九日卯时,黄河老坝口溃。午前城内传信,至晚北门有水。二十日早,势大增,人惊惶,而南门迹未甚著。至二十一日,皆有水矣。人尽出,官堵北水关,工不牢,水仍夺入,盖由河下罗柳河一路冲开,已淹毙多人,径达城内。又向新城小北门外,冲开盐河坝口,直灌新城。③

洪峰来临之际,一般需要堵闭水关,以防水流冲入。据曹镳所言,迨城内"皆有水矣",地方官府方知堵闭北水关,水流已呈强不可遏之势,以至城内唯有占据制高点的漕运总督署等处未遭水浸。④ 关于清代山阳城市水患的记载还有很多,如乾隆四十七年(1782)八月,"大雨二日夜,平地水深二尺",五十五年七月,"大雨一昼夜,城内行舟,秋禾漂没"。⑤ 嘉庆十七年(1812),"北门街上行船,人家俱在沮洳中。草房泥墙,倒卸数年,拆毁多处。至二十一年,又

---

① 乾隆《淮安府志》卷6《河防》。
② 满志敏:《中国历史时期气候变化研究》,第326页。
③ (清)曹镳:《信今录》卷5《纪事上》"甲午水厄"条。
④ (清)李元庚:《梓里待征录》卷1《灾异记》"老坝水灾"条。
⑤ 同治《重修山阳县志》卷21《杂记二》。

第四章
山阳城市水环境的变迁与社会因应

加甚焉。悬釜而炊者历半年"。① 这种水漫入城的情况,对山阳城的民众日常生活造成了极大的负面影响。

其实,不独黄淮水患本身对山阳城居民的生计造成威胁,为了抗洪救灾采取的修堤等措施一定程度上也会产生负面影响。万历年间,王宗沐修筑的王公堤在短期内显现抵御洪水的效果,"居者、田者皆有宁处,可望生全"②,但是也造成城市积水难以宣泄,"郡城外满浦诸坊,自漕抚王公宗沐筑堤成,各坊潴水不能出,民居作苦"③。为了抵御水患,王宗沐在山阳城东侧又"加筑长堤护城,以防黄淮泛溢"④,同样造成"三城内涝水不可泄"⑤。因此,城外涧河作为宣泄三城积潦的主干水道,屡经修浚。⑥ 诚如张世才《宝带河成》诗曰:"湖水当年曲抱城,河堤改筑事多更。"⑦

如此严重的黄淮水灾,势必带来大量泥沙淤积停滞。乾隆甲午水灾后,大量泥沙灌入山阳城,巽关内外已被填为平地,而且沙土逐渐隆起堆高,涧河上的水闸基本已被埋没,铁保号召并组织人力挑浚巽关水道。受此影响,山阳城的局部地势被抬升,"东门地势比北门高六尺,南门又高三尺"。黄水倒灌带来的沙土,淤积在城内外的河道中,"浑水建瓴直下,最易淤垫。放闸三日,则坦步桥东平沙涨满"⑧,这对城市居民的生计造成极大困扰,也必然影响城市水利功能的发挥。

就城市水利功能而言,市河在服务民生家计、发展商品经济、美

---

① (清)曹镳:《信今录》卷6《纪事下》"丙子大挑市河"条。
② (明)胡应恩:《淮南水利考》卷下,第314页。
③ (明)马麟原撰,(清)李如枚重修,元成续纂《续纂淮关统志》卷3《川原》。
④ 乾隆《淮安府志》卷5《城池》。
⑤ (明)马麟原撰,(清)李如枚重修,元成续纂《续纂淮关统志》卷3《川原》。
⑥ 参见天启《淮安府志》卷20《艺文志一》、光绪《淮安府志》卷6《河防二》。
⑦ (清)丁晏原辑,周桂峰校点《山阳诗征》卷8《明》,第248页。
⑧ (清)曹镳:《信今录》卷6《纪事下》"己卯重建文渠闸"条。

化城市环境等方面，均有非常重要的作用。文渠同样具有以上功能，但是其文化功能更为突出。起初文渠的修造与疏浚，可能正与王凤灵振兴学政、发展教育有关。此前葛木任淮安知府，亦"重学校"并以"尼寺橐奸，毁为书院以造士"。①葛木创建龙溪书院，王凤灵继续扩大规模，广征郡属士子入学，吴承恩诗曰："忆昔龙溪鸣鼓钟，后有王公前葛公。"②王凤灵对文渠的疏凿与改造，其目的可能不仅在于增加城市供水来源，改善城市居住环境，更重要的是文渠的疏凿贯通，使府学泮池等处呈现出全新向上的面貌，昭示着科举及第队伍的壮大，从而促进地方教育事业的发展。

但是受黄淮水患的影响，不仅城市水利的基本功能难以正常运作，地方人士更认为城市风水遭到破坏。胡应恩曾说，山阳旧城与新城，倚赖市河为主要水上通道，实现彼此之间的商业贸易与社会生活的联系。受到洪水漫城的影响，因为水闸不坚，不得不用土堵塞水关抵御水灾，由此造成旧城与新城气脉不通，士子举业与民众生计日趋凋敝。所以他建议重修水闸，按时启闭，不仅可以满足两城的舟货贸易与日常交往，地方气运也可以恢复。③其后，风水观念经数位地方学者加以叙述与阐释，④清初淮安士绅仍强调黄淮水患、城市水利与地方风水、文运的联系，刘超宗说：

> 数十年来，河渐湮淤，水与岸平，河身愈高，水反内灌。三

---

① 万历《淮安府志》卷10《循吏传》，第581页。
② （明）吴承恩撰，刘脩业校，刘怀玉笺校《吴承恩诗文集笺校》卷1《忆昔行赠汪云岚分教巴陵》，第29页。
③ （明）胡应恩：《淮南水利考》卷下，第301页。
④ 任瑗在描述巽关风水功能时说道："昔有先正，其言明且清，如明代郡乘之言巽关也，张太史之图说也，潘中丞之楮记室，邱孝廉之五言诗也。"说明潘埙、张鸿烈等人均有对于山阳城巽关风水的论断。参见（清）任瑗《六有轩集》卷1《巽关说》，第31页。

第四章
山阳城市水环境的变迁与社会因应

城坚塞水门以拒之,积潦霢霂涓滴不能外泄,东水关既闭,西水关绝不敢启,生方吉秀之水不得内通,内水不出,外水不入,遂成否膈之病,此淮安风气之所以日坏也。①

黄淮水患造成河道湮塞,河身逐渐抬高,甚至形成水流与堤岸持平的局面,这必定会造成洪水剧烈地冲击城墙及其他设施。洪水来临之时,以堵塞水门抵御之,东、西水关均已关闭,洪水确实进入不了城内,同时城内积水也难以排泄出去,就造成城市的气脉出现不畅,"成否膈之病",山阳城的"风气"遂日趋败坏。乾隆年间的洪水灾害更加剧了城市"风气"的恶化程度,铁保在《重开巽关河道碑记》中说:"乾隆丙戌,前督漕杨清恪公锐意兴复,活水通流,民情悦怿。但官吏督役工程浮漫,未久复滞。甲午水灾后竟湮塞矣,吾民生计日困,气象因以萎苶,科名亦稍不逮。"②

总结来说,山阳城市水利布局中蕴含着浓厚的风水观念,龙光阁与文通塔为重要的风水建筑,很大程度上影响着地方社会的发展轨迹。明末清初这两座建筑均得到较好的兴修与完善,有趣的是,这段时间恰是山阳城人文鼎盛的时期。乾嘉时期,山阳城复遭受几次黄淮水灾的破坏,城市渠道湮塞不通。"巽方龙光阁颓敝不修,阁下交龙冈掘土几断"③。龙光阁这种颓敝的情状,与康乾以后淮安士子举业衰颓相契合,即"虽冠冕相继,而荣名厚实之处有间矣"④。士人认为城市水利的治与不治,与地方文化的发展有密切关联。若城市渠道水流畅通,巽亥合秀的风水格局就能较好地发挥作用,为山阳城的科

---

① (清)吴玉搢:《山阳志遗》卷1《遗迹》,第28页。
② (清)铁保:《重开巽关河道碑记》,载(清)曹镳《信今录》卷7《艺文》。
③ (清)邱闻衣:《山阳县学旧制说》,载(清)邱沅等修,段朝端等纂《山阳艺文志》卷3。
④ (清)曹镳:《信今录》卷10《道古编》。

举教育与社会发展提供保障，反之则不然。在这一过程中，作为城市水利的文渠的文化功能逐渐凸显，这恰与前文所述的文渠空间范围扩展的趋向形成呼应。

二 城市风水与文渠治理中的官绅形象

明嘉靖以后，清淮地区河患愈重，官员治河活动对山阳城市水环境造成了正、负面的双重影响。如此循环往复，有些河段屡浚屡塞，徒增其费，治与不治两难，城市水利系统逐渐陷入困境之中，即便如此，治河官员等仍然必须寻求治理水患的处方。就山阳城历次水利工程的兴修与建设而言，较长时期内政府官员是主要组织者。"在传统社会，也只有政府官员才能动员足够多的资源，才能有足够的号召力，来保证工程组织的合法性和有效性"[①]，这对于山阳城来说基本是适用的。不过山阳城为漕运管理机构驻所，在城市水利治理活动中，参与的官员行政级别较高，直至清末漕督仍然发挥一定的领导和协调作用，当然府县官员始终是水利工程的筹划与组织者。如前所述，文渠为嘉靖年间知府王凤灵所开。万历初年，为了宣泄城外河下关厢积水，知府邵元哲疏凿罗柳河。[②] 万历四十二年（1614），知府詹士龙则疏通城内文渠以通涧河。[③] 再如天启年间，山阳知县孙肇兴开凿伏龙洞，以解决运河西岸积水难消、田禾被淹问题。[④] 值得注意的是，在城市水利建设的过程中，地方官府不可避免地与漕运行政官员发生关系，如万历四十八年（1620），山阳三城的总濠疏浚事务由

[①] 叶舟：《繁华与喧嚣：清代常州城市社会》，南京大学出版社，2012，第126页。
[②] （明）马麟原撰，（清）李如枚重修，元成续纂《续纂淮关统志》卷3《川原》"罗柳河"条。
[③] 天启《淮安府志》卷3《建置志·城池》，第127页。
[④] 天启《淮安府志》卷2《舆地志二·山川》，第88页。

第四章
山阳城市水环境的变迁与社会因应

知府宋统殷疏请为之,① 地方知府所呈请的上级机构当为漕运总督部门。身为朝廷从一品或正二品的高级官员,在山阳城市水利建设中,漕运总督始终处于最高领导者的地位,这对于山阳城来说,是一种非常宝贵的政治资源,地方官员当然深谙此道。就官宦场域潜在的礼仪规矩角度而言,山阳地方官府的水利施政活动,绕不开以漕运总督为首的高层政治系统。不过这种地方官府呈请上级批示,更多的当是因为地方财政短绌,从这一层面上说,这种呈请行为可视作地方官府对于政治资源的有效利用。

至于山阳城市水利工程的具体实施者,固然有地方官府派遣的营兵或雇请的丁夫,② 不过山阳地方士绅与普通民众对于城市水利的贡献同样不可忽视,清乾隆年间以后越发显示其重要性。隆庆年间王公堤的修筑,其主持者与组织者为总漕都御史王宗沐与淮安知府陈文烛等人无疑,而真正身任其事的则为致仕归乡的士绅周于德、胡效谟等人。③ 此前在山阳移民研究中已经指出,明代周、胡二族在山阳地方声望甚隆。明弘治初年,周于德祖周瓒官大河卫指挥佥事,其后周氏子孙世袭之,代有闻人,后入山阳籍,"得称为淮人"④;胡氏亦为淮城门第簪缨望族,南津先生胡琏向为乡邑士子所敬重,其子胡效谟、孙胡应恩,均心系灾黎群氓与地方水利,⑤ 积极参与城外堤防的修筑,当为其儒生实践的重要层面。天启年间知县孙肇兴开凿伏龙洞的时候,曾"周览咨嗟,喻父老曰:吾欲乘挑河之隙,穿漕河底,使

---

① 天启《淮安府志》卷3《建置志·城池》,第126页。
② 参见(明)王宗沐《淮郡二堤记》,载天启《淮安府志》卷21《艺文志一》;(明)马化龙《重修涧河碑记》,载天启《淮安府志》卷20《艺文志一》;(明)朱国盛撰,徐标续撰《南河志》卷11《重修二河记》《淮上石堤记》。
③ (明)王宗沐:《淮郡二堤记》,载天启《淮安府志》卷21《艺文志一》,第856页。
④ 乾隆《淮安府志》卷22《人物·将略》。
⑤ (明)胡效谟:《淮安府大水记》,载(清)吴玉搢《山阳志遗》卷4《遗文》。

漕堤以西之水从涧河东泄于海，若辈能以畚锸助否？众稽首欢呼。肇兴捐俸构良木，请乡都阃何世爵董其事"①，在地方士绅与普通民众的鼎力支持之下，运河西岸积水渐涸，复为腴田。

官员履任的制度设计系流动不居的，这势必造成初任者在短时间内难以知悉地方水利的具体情况，故而山阳地方士绅与普通民众的作用更主要体现在城市水环境治理中的建言献策层面，这恰恰迎合了他们希图改善城市居住环境乃至振励地方风气的愿景。仍以山阳知县孙肇兴开凿伏龙洞事为例，史载：

> 天启四年，府县采士绅"亥水合巽"之议，又诸湖百姓具呈力祈，遂于坝中涵小洞，即所称伏龙洞，随时启闭，立碑定约，往例仍存，必三城及满浦各坊无虞，然后为拯邻之计。②

可见，这次疏凿事宜不仅得力于山阳士绅关于城市风水的阐释，山子诸湖周边的普通民众亦曾力请为之，而且据"立碑定约"见得，当时可能形成了由地方百姓共同管理伏龙洞的运作模式，虽然我们尚难获知其碑约之细微情形。这种绅民建言以供官府采择的城市水利维治模式，在清代得以继续保留，尤其是士绅，某些情况下甚至成为其主要组织者，漕督与知府等其他地方官员则退居其次，在士绅主导城市水利治理的过程中，巽亥合秀的城市风水阐释体系被反复申称与强调，这越发彰显出文渠对于地方社会的人文意义与精神价值。明永乐年间，山阳城西门外始凿响水闸，又名鸡心闸，后又改称兴文下闸，③虽然其名称变更的时间断面不得而知，但可以肯定的是，这一闸名的出现当与文渠有关，由此判得其始称于明嘉靖以后。很明显兴文

---

① 乾隆《淮安府志》卷19《名宦·守令》。
② 天启《淮安府志》卷2《舆地志二·山川》，第87页。
③ 乾隆《淮安府志》卷5《城池》。

第四章
山阳城市水环境的变迁与社会因应

下闸的意涵与文渠一致,又有兴文上闸,均暗含兴复地方文运之意旨。可见,在这些政府官员开展城市水利建设的过程中,城市格局中蕴含的风水观念发挥了极大的作用,很多情况下甚至成为城市水利兴修的先导,山阳知县孙肇兴开凿伏龙洞事即为一例。孙肇兴在三城坝里面穿凿涵洞即伏龙洞,宣泄城市中的积水。他的这次疏凿正是缘于府县士绅对于城市风水的阐释,也就是城内外的积水排泄之后,巽水与亥水才可能实现对流,整个城市水利及民众生活也就能恢复正常的秩序。

表4-2 明代中叶以降山阳城市水利工程表

修建时间	工程概况	主持者	参与者	资金来源
嘉靖五年	自故沙河开渠三百丈,以接罗柳河			
嘉靖前期	始凿文渠	知府王凤灵		
万历初年	开凿罗柳河	知府邵元哲		官府拨款
万历二十二年	城西兴义闸开凿涵洞、郭家舍建闸	总河舒应龙、淮徐道曹时聘	令山阳县佐贰官,专管岁修	官府岁修银两等
万历二十七年	复修兴文旧闸	知府刘大文	郡幕邑佐暨诸营、官属丁夫	取诸岁修,不敷则以河饷佐之,分毫不扰民间
万历四十八年	得请挑浚三城总濠	知府宋统殷		
万历年间	请开浚城南宝带河		邑绅、礼部郎中张世才等率士民	
天启初年	天启年间重修运河、水济河,改护城土堤为石堤即三城坝	总漕吕兆熊、巡漕练国事、漕储参政朱国盛、淮海道宋统殷、知府宋祖舜、知县孙肇兴等	山阳河官、士民建言;募夫供役;淮扬廪夫;分属乡约,全民供役,奖赏机制	官府帑金;官员捐俸
天启三年	疏开巽关	知府宋祖舜	形家之言	
天启四年	置伏龙洞即解阜洞	知县孙肇兴	府县士绅、山子诸湖百姓	

· 247 ·

续表

修建时间	工程概况	主持者	参与者	资金来源
明后期	开凿盐河抵草湾三坝,并于鱼滨河头砌三孔石涵洞	盐商		
明末	建兴文上闸石洞			
康熙二十三年	兴建永利闸石洞,重修兴文上闸			
康熙四十年	挑修兴文下闸	漕运总督桑格		捐资
康熙四十七年	开挑罗柳河	知府姚陶		
康熙五十七年	兴文下闸尾部建一外闸	河道总督赵世显		
雍正四年	重启巽关	漕运总督张大有	生员许其恕等	
乾隆八年	开挑市河	知县金秉祚	检校迟维执等董役	官帑
乾隆八年	奉旨挑浚乌沙河、鱼滨河;疏凿盐河			帑银
乾隆十一年	请拆去三孔石涵洞,建裕民闸石洞	淮安府、卫		
乾隆三十一年	兴复巽关	漕运总督杨锡绂	诸绅士	
乾隆甲午后	建新城南北二闸	郡绅陈师濂		自费
乾隆五十年	开西水关	河台太守	郡绅李超玢	
嘉庆四年	大启巽关	汪廷珍、李超玢、张廷杰、朱一桐、曹镳		诸绅士捐输
嘉庆五年	挑浚罗柳河,开凿举河三百余丈、建石洞、造桥	郡绅张廷杰、曹镳、程元吉、李崇俭、朱一桐		劝募
嘉庆二十一年	大挑北门市河	胡玉山	其他郡绅	募捐
嘉庆二十三年	修复下兴文闸,且更名文渠闸	河道总督黎世序	邑绅、礼部尚书汪廷珍	官帑
道光七年、八年	重浚市河、城内文渠中支	邑绅丁晏	其他士绅	募捐

第四章 山阳城市水环境的变迁与社会因应

续表

修建时间	工程概况	主持者	参与者	资金来源
道光二十七年	挑浚罗柳河	邑绅李元庚		募资
道光二十九年	修治罗柳河	邑绅丁晏、李元庚		文渠岁修费
咸丰二年	重浚市河	知府恒廉、知县杨承忠等	邑绅丁晏等士民	官帑
同治三年	永利闸旁新耳洞			
同治九年	大浚城内外文渠	漕督张之万		政府拨款
同治九年	开凿回澜洞	邑绅杨鼎来		浚河余款;自筹
光绪六年、七年	大挑文渠	漕督谭钧培、黎培敬,知府孙云锦	邑绅段朝端等	政府拨款
光绪二十九年	疏瀹城内文渠与罗柳河等	漕督陆元鼎	邑绅丁宝铨等	文渠岁修费

资料来源：天启《淮安府志》卷2《舆地志二·山川》、卷3《建置志·城池》、卷20《艺文志一》、卷21《艺文志一》；乾隆《淮安府志》卷4《山川》、卷5《城池》、卷6《河防》、卷8《水利》；（清）曹镳：《信今录》卷3《列传上》、卷5《纪事上》、卷6《纪事下》；（清）丁晏：《石亭记事》；（清）吉元、何庆芬：《淮郡文渠志》；（清）陆元鼎：《重修淮郡文渠志》,清光绪三十年（1904）刻本；（清）段朝端：《跰䠦余话》。

清代，风水观念仍主导城市水利的兴修与治理，甚至有些官员深谙风水之道。乾隆年间任漕运总督的杨锡绂即是代表性人物，"公深于形家言，驻淮城久，多所建造，修两学宫，疏通文渠，新龙兴寺，是其钜工"①。"形家言"即关于堪舆或风水的言论，所以无论是修建学宫、疏通文渠，还是翻修龙兴古寺，包括丽正书院的创建，都是杨锡绂致力推动文教事业的有力见证，而这些施政举措的开展，不仅是政府官员职权范围内的例行公事，也可看出风水观念的助推作用。还有毓奇、铁保等人对于山阳城的风水格局也深信不疑。毓奇曾说文渠闸"为阖郡民生所关，文风所系，议重加挑浚"，工竣后，淮安呈现

---

① （清）曹镳：《信今录》卷4《纪传下·名宦传》。

人文兴盛景象，毓奇更强调文渠闸所包含的风水及文化意义。① 嘉道年间，漕督已"不再充当督修者的角色，而绅士充当了工程维修呈请者、经费筹集与管理、工程主持者的角色，漕督只是从经费上予以一定的支持，但态度并不积极"②。但仍可看出他们对巽亥合秀水利格局的认同，所以才会鼓励与支持地方士绅主持、参与城市水利建设活动。

前文述及，山阳城市中巽亥合秀格局的风水意义经过刘珵、任瑷等人的系统阐释。乾嘉以后，当地方士绅逐渐成为水利治理的主力时，风水观念以其固有的文化内核在城市水环境治理与科第功名博取的相互作用与验证之下，逐渐为山阳士绅所认同且被反复强调。随着城市水环境的治理工作渐行繁重，山阳士绅投入城市水利建设与文化实践行动之中，自陈师灏、陈师濂兄弟开始，其后诸如汪廷珍、李宗昉、张廷杰、曹镳、程元吉等人继之成为其中的代表人物。山阳岁贡生陈师灏，号南洲，陈氏世居新城，史载：

> 乾隆甲午黄水灌城之后，亡羊而思补牢，则建闸为急。新城少富室，人意逡巡，南洲慷慨昌言，无靳小费以贻大害，已而肩承其事。③

在此之前，陈氏即为淮城名望甚重的门第之家，段朝端引阮葵生《茶余客话》卷21《为师者反为弟子》中曰：陈氏祖辈陈碧涵"为望社名诸生，专精三礼之学，淮上治礼经者多从先生游"。并案曰：

---

① （清）毓奇：《重修文渠闸记》，载（清）吉元、何庆芬辑《淮郡文渠志》卷上《碑记》。
② 肖启荣：《明清时期淮安城水道管理体制的变迁》，载《历史地理》第32辑，第23页。
③ （清）曹镳：《信今录》卷3《列传上》。

第四章
山阳城市水环境的变迁与社会因应

乾隆年间的陈师灏、陈师濂兄弟，系陈碧涵元孙，① 陈师濂"少从从兄师灏学"，② 他们继承了祖辈的遗志，二人当亦精于礼学。彼时陈氏有修谱之举，"修宗族法，订祭墓礼，酌定家荐事宜，寝之南构祖庙三楹，諏二仲吉日承祀"，这一家族之礼法，复推及淮安其他家族，故陈师濂文集中为别族作谱序者十之二三，这对于振兴当地士气亦颇见功效。③

作为礼学名士，陈师濂尤为山阳学者所推重，汪廷珍、丁晏均曾为之作传，其中有曰："己卯解组归里，维持风教，学者奉为典型。"④ 再"以理学风化乡党，兴起斯文，学者称为纯儒云"⑤，此皆侧见出陈师濂对于改良山阳文化风气的砥柱作用，亦反映出汪廷珍、丁晏等人对地方教育的关注与责任担当。汪廷珍系休宁徽商出身，其先辈即以仁厚勤施著闻于乡里，⑥ 虽然至汪廷珍时家产悉尽，不过在其母程氏的辛勤抚育之下，乾隆己酉科汪廷珍以一甲第二名进士及第，主考官员为后来莅任漕运总督的铁保，⑦ 及第后初授翰林院编修，又历侍讲、祭酒、礼部尚书等要职，⑧ 官禄显赫。嘉庆三年（1798），汪廷珍奉讳归里，见及巽关内外"皆成平陆，且附城则土益隆起，城外俱为菜圃，又乱葬其中，甚至骸骨抛积关下，涧河岸上仅存一废闸，已大半埋蚀，旧碑窖土中，并不见顶"，遂于次年率乡邑士绅呈请知

---

① （清）段朝端：《跰蹨余话》卷5。
② 同治《重修山阳县志》卷14《人物四》。
③ （清）杨庆之：《书霁堂先生文集后》，载（清）邱沅等修，段朝端等纂《山阳艺文志》卷5。
④ （清）汪廷珍：《实事求是斋遗稿》卷4《杂著·霁堂陈先生传》。
⑤ （清）丁晏：《先师霁堂先生行状》，载（清）丁晏原辑，周桂峰校点《山阳诗征》卷22《国朝》，第814页。
⑥ 汪嘉纯主修，汪鸿润编辑《山阳汪氏支谱》，民国15年（1926）中华书局铜活字本。
⑦ 铁保莅任漕督时，汪廷珍作《和铁梅庵座师拜总督漕运纪恩原韵》一诗为记，参见（清）丁晏原辑，周桂峰校点《山阳诗征》卷23《国朝》，第833页。
⑧ 光绪《淮安府志》卷29《山阳县人物二》。

县钱塘陈廷栋疏凿䕫关,同时又修葺䕫关东南的龙光阁,以壮地方文风。① 值得强调的是,这次疏凿工程的经费基本上来源于山阳士绅的踊跃捐输,铁保称之为"实从来所未有"的局面,② 这着实反映出山阳士绅对地方文化建设的逐渐重视,以及要求改变当地士林风气颓势的摸索与努力。嘉道以降,借由地方士绅的关系网络与社会资源,这一层面的摸索与努力不仅得以承继,且展示出更具张力的城市水利治理与地方文化图景。③

继汪廷珍而起最著者当为李宗昉,他中嘉庆壬戌科一甲第三名进士,历官浙江学政、礼部尚书,且称汪廷珍为师。④ 以教为职的官宦经历,使得汪、李二人更趋热衷于兴办地方教育事业,这对于彼时的山阳县尤为紧要。汪廷珍在给李宗昉的书信中,曾谈及振兴山阳教育之法,曰:

> 再吾乡后起之士,亦尚有人,而恒苦于贫窭,鄙意欲偕我辈三数人,各量力醵金二三千,寄商一行,生息积之,三年分给,计偕诸君以后似可接续,意足下于此兴复不浅,暇时望于介庭商之,未知可否又及。⑤

汪廷珍希望通过个人捐输的形式,资助家境贫寒却励志向学之

---

① (清)曹镳:《信今录》卷7《艺文上》。
② (清)铁保:《重开䕫关河道碑记》,载(清)曹镳《信今录》卷7《艺文》。
③ 李宗昉《闻妙香室诗》卷11《东河帅严小农煨河上防秋图》(清道光间自刻本)中曰:"徙薪上策吾闻诸,碎石坦坡行可久。"并自注曰:"议始于汪文端,行于黎襄勤,小农督南河时亦遵之。"迨至道光十一年,山阳发生水灾,周寅作诗有云:"文端今已逝,道路语犹新。"不难见出汪廷珍对山阳防河措施所做出的贡献及其影响,见(清)周寅《耳鸣山人剩稿》不分卷《辛卯水灾闻星使至淮抚恤》,收入(清)王锡祺辑《小方壶斋丛书》,清光绪十九年(1893)铅印本。
④ (清)李宗昉:《闻妙香室文》卷5《谢金銮教谕语序》,清道光间自刻本。
⑤ (清)汪廷珍:《实事求是斋遗稿》卷4《杂著·复李芝龄学政书》。

第四章
山阳城市水环境的变迁与社会因应

辈,体现出山阳士绅奖掖后进、兴复地方教育的意愿。材料中提及的"介庭"姓丁,其先世曾于明永乐年间世袭淮安卫指挥使,遂定居山阳,丁介庭中嘉庆乙丑科(1805)进士,致仕后不仅"厚赡亲族"①,更重要的是"遇乡里善举,则躬为倡率"②,地方水利与学校教育当为其诸多善举的重要维度,由此士绅阶层的价值理念逸出了血缘家族范围,而逐渐向外扩张,从而兼具社区保障的意涵。③

嘉庆年间,关注与投身山阳城市水利治理的尚有其他诸多士绅。前述嘉庆四年(1799)汪廷珍率众疏浚巽关、山阳士绅踊跃捐输之事,诚如漕督铁保记曰:"其发端提唱、筹画全局,则学士暨原任湖北荆门州州同李君超玠,董理周匝、坚力任事,则增贡生朱一桐及恩贡生曹镳,协谋佽力则举人李秉恭、张廷杰,捐赀则关部巴公、候补员外郎程君世椿、前金坛教谕候补员外郎程君世栋及诸绅士。"④ 罗柳河为城外河下关厢的主要水道,因为黄河决溢,罗柳河身淤浅,加上"下游民居稠密,颇有侵占,瓦砾堆积,日以垫隘,暑湿郁蒸,夹河居民咸受其病"⑤。汪廷珍偕同程元吉、张廷杰等人,开浚罗柳河。⑥ 事未尽成,汪廷珍须回京师,嘉庆五年(1800)罗柳河的修浚事务,则由张廷杰、曹镳等人主持,他们筹资挑浚罗柳河道六百余丈,又自乌沙河开凿举河三百余丈,"取众擎易举之义",接入罗柳河。"其劝输购料,分职效能,众材济济,而始终佐佑张君,自明经曹君外,则有中翰程元吉、举人李崇健、贡生朱一桐,皆勤劳有坚力

---

① (清)王锡祺编纂,张强点校《山阳诗征续编》卷8《国朝乾隆》"丁兆祺"条附徐嘉《遁庵丛笔》语,陕西人民出版社,2011,第188页。
② 光绪《淮安府志》卷29《山阳县人物二》。
③ 徐茂明:《江南士绅与江南社会》,第192页。
④ (清)铁保:《重开巽关河道碑记》,载(清)曹镳《信今录》卷7《艺文》。
⑤ 同治《重修山阳县志》卷3《水利》。
⑥ (清)李元庚:《梓里待征录》卷3《建置记》"罗柳河"条。

者也。"① 可见举河的开凿与罗柳河的挑浚，得益于地方士绅的协同合作。

丁晏曾述曰：嘉庆己未年、庚申年，汪廷珍、张廷杰、曹镶等人，开通巽关与浚治罗柳河之后，"壬戌会试，李芝龄先生联捷大魁，文风振兴，此其明验矣"②。再如道光初年，山阳城唯文渠中支尚得畅行，"遂有倡挑北支之议，众谋金同，不匝月而工竣。是秋，潘四农先生魁省试，为吾淮二百年来所未有，群情大忱，便倡议兴挑南支"③，可见即便是丁晏、段朝端等知识分子，对城市风水之学说，即巽亥合秀或三奇合抱的空间格局似亦未予排斥，相反可能深信无疑。由此，地方人士认为风水学说果然可信，在这种思想导引与现实激励之下，清代后期更积极投入城市水利的治理。道光二十三年（1843），丁晏主持重修龙光阁；二十九年（1849），重浚城外罗柳河，重修南门城外宝带河上的吊桥等。④ 同治年间，淮安城市水利问题仍很严重，"近年运河流不畅下，兴文闸底高仰，文渠无来源，其水亭居焉，罗柳河之湮塞殆有甚焉者"⑤。当时以何其杰为首，淮安士绅联名呈请漕督张之万，建议挑浚河道与闸洞，最终由张之万饬发政令，从同善局中划拨钱款，用于同治九年（1870）龙光闸、解阜洞等的疏凿工程，并且城内文渠、城外举河与罗柳河均得以挑浚。在修浚工程的实施中，地方士绅继续承担具体事宜，"城内文渠则通长二千五百余丈，县宪邀董分段督工焉"⑥。需要指出的是，清同治

---

① （清）铁保：《新开举河并濬罗柳河碑记》，载曹镶《信今录》卷7《艺文》。
② （清）丁晏：《石亭记事》不分卷《己酉春重浚罗柳河记》。
③ （清）段朝端：《楚阳见闻录》卷下。
④ （清）丁一鹏：《丁柘唐先生历年纪略》，《北京图书馆藏珍本年谱丛刊》第147册，北京图书馆出版社，1999，第613、615页。
⑤ （清）张之万：《兴造淮郡闸洞渠河记》，载（清）吉元、何庆芬辑《淮郡文渠志》卷上《碑记》。
⑥ （清）何其杰：《重建龙光闸并浚文渠洞河附记》，载（清）吉元、何庆芬辑《淮郡文渠志》卷上《碑记》。

第四章
山阳城市水环境的变迁与社会因应

以后,罗柳河被称为城外文渠,成为山阳文渠水系的重要组成部分,进言之,巽关、文渠、罗柳河等处均能妥善疏治和有效治理,山阳城方可实现人文蔚起,"物阜民丰,百事畅遂"[①] 的景象,这样的思想仍是当地士绅对"巽亥合秀"风水学说的认同与坚持。

[①] (清)吉元、何庆芬:《郡尊酌定挑渠条规告示》,载(清)吉元、何庆芬辑《淮郡文渠志》卷下。

第五节 水环境变迁视野下的山阳城西湖泊兴废与社会因应

南宋以降，黄河侵夺颍、泗诸水入淮，这一河道变迁确实给清淮地区造成了严重的洪涝灾害，筑堤、凿河等城市防洪举措已如前述。换个角度来看，黄河夺淮这一历史事件，首先使得洪水在城市低洼地带停留积蓄，因此在一定程度上，洪涝灾害促成了城市水体景观的形成乃至扩展。这些自然生态景观在漕河郡守与士商群体等的歌咏酬唱下，错落其间的园亭建筑被次第营造与增建，成为山阳城的公共或私家游赏胜地，这可被视为地方社会对城市水环境的一种因应与利用。鉴于此，本节在吸收既往湖泊史研究视角的基础上，从微观地理环境的角度出发，以明清时期淮安府城（附郭山阳县城）西部的湖泊兴废为研究对象，重点探讨在黄淮水患等因素作用之下，管家湖、山子湖、邱家湖、萧湖等湖泊的存废过程，尝试揭示城外湖泊环境变迁的规律和特征，并探讨民众生计、生活以及景观营造对湖泊环境变迁的因应之策，以此分析城市型湖泊与区域社会之间的互动关系。

一 城西湖泊的兴废过程与特征

历史上，山阳城西地区出现过大小湖泊多个，其中最具代表性的

第四章
山阳城市水环境的变迁与社会因应

是管家湖、山子湖、邱家湖与萧湖等,受到黄、淮水患携带泥沙与漕运水源等因素的影响,这些湖泊水体先后出现交替与存废,而且呈现出较具规律性的时空特征。民国王光伯所辑《淮安河下志》卷1《疆域》中有曰"其地之最著者,旧有满浦坝,握西湖要枢",其中"西湖"指管家湖,在山阳城西、望云门外,为南宋嘉定年间楚州安抚使应纯之所凿,他对楚州地理形势加以权衡后,利用城西一带"湖荡相连,回绕甚广"的地理环境,将之择定为军事作战区,作为平日训兵练习之所。可见南宋时期,以管家湖为主的城西地区具有较强的军事功能。

南宋以后,随着黄河南下侵夺淮河水道进程的逐步推进,管家湖的水体呈现萎缩的趋势,西湖嘴地方的形成即为重要表现。史载:西湖"往时渚泽平连","惟沙嘴一支独出",[1] 西湖嘴之名因此出现。明朝永乐年间,平江伯陈瑄疏凿清江浦河,逐渐改变城西一带"渚泽平连"的状态,原因涉及两个方面:其一,淮扬地区的运河多以湖泊为主要水源,即所谓"湖漕",根据陈瑄的规划,清江浦河的流通主要得益于管家湖水的供给,由此导致管家湖的逐渐萎缩;其二,陈瑄疏凿清江浦河后,为了加强运河抵御黄河水患的能力,在运河沿岸部分路段修筑堤防,这保障了运堤东岸成为较为稳定安居的区域,迁居者逐渐增多,成为人烟稠集之地,因此,"沙嘴一支独出"的西湖嘴地方不断得到开发与利用,人类活动的展开使得管家湖一带的水体呈现萎缩的趋势。这从杨家沟、罗家沟的形成亦可见一斑。乾隆《山阳县志》载"杨家沟"曰:"运河成后,沟迹仅存,今居人稠密。"[2] 可见原先城西湖荡相连之时,杨家沟即已存在,且沟形较阔,明永乐年间运河疏凿之后,来水不丰,致使"沟迹仅存"。又,正德

---

[1] (清)吴锡麒:《还京日记》,(清)王锡祺:《小方壶斋舆地丛钞》第5帙。
[2] 乾隆《山阳县志》卷6《疆域志·山川》。

《淮安府志》记罗家桥曰：在罗家沟，去治三里，罗家小沟为罗文振所建。罗氏原籍江西吉水，罗文振之父始迁山阳，"居山阳湖上，当南北之冲"，① "湖上"当指西湖嘴一带，可能当时仍处于湖荡相连的景况，遂有罗氏仗义修筑罗家沟、罗家桥之举，由此"罗氏之声望益著闻于远迩"。② 经查，罗文振弟罗铨，字文衡，中永乐辛丑科（1421）进士，③ 故罗家沟、罗家桥的修筑当在明永乐年间前后。

明嘉靖以后黄、淮水患日趋严重，汹涌洪水裹挟的大量泥沙逐渐沉积，直接导致管家湖的水域面积更加趋向萎缩，相应地明代后期招隐亭日渐倾圮，徒具其名。清顺治初年，吏部观政、地方名士张新标重新葺治招隐亭，且"与胡从中、程涞诸人赋诗纪胜"④。可见既便受泥沙堆积等作用，管家湖水的淤垫与消退，必然经历逐渐变化的过程，至张新标重修招隐亭的时候，管家湖并未完全湮废。清康熙十五年（1676），受到黄河水流的迅猛冲击，管家湖处"烟墩堤倒，淤一丈八尺深，始为平陆"⑤。其后管家湖景则多给人以衰败凄清之感，如邱象随诗曰："太息五游去，风流事事残。一林疏雨细，半壁夕阳寒。烽燧留筇杖，烟波倚石栏。凄凉词赋客，未许吊刘安。"⑥ 由邱氏咏叹招隐亭的情况，亦可观出管家湖逐渐退变为人迹稀落之地。

管家湖在明代逐渐淤垫的同时，继之而起的是山子湖与邱家湖。

---

① （明）王直：《抑庵文后集》卷18《送罗文振序》，《景印文渊阁四库全书》集部别集类，第1241册，台湾商务印书馆，1986，第749页。
② （明）陈循：《芳洲文集》卷9《铭·罗文振墓表》，第595页。罗文振在当时享有极高的社会声誉，虽然他本人"隐居不仕，然而两京搢绅君子，以及其郡县之长贰皆知其名，而重其行义，四方大夫士之往来山阳者，亦慕其为人，而思纳交焉。"见（明）周忱撰，（清）周继魁校《双崖文集》卷1《乐善堂记》，清光绪四年（1878）周氏山前崇恩堂刻本。
③ 正德《淮安府志》卷8《学校二·科贡》，第130页。
④ 同治《重修山阳县志》卷19《古迹》。
⑤ （清）丁晏原辑，周桂峰校点《山阳诗征》卷7《明》，第222页。
⑥ （清）邱象随：《西轩诗集》卷3《过招隐亭和程娄东》，稿本。

第四章 山阳城市水环境的变迁与社会因应

山、邱二湖位于板闸镇境内,其地"为南北舟车之要道,故于此设关焉",即为淮安关驻地,运河横穿镇境,关署坐落于运河北岸。① 在淮安关署的西北五里许有钵池山,因其"冈阜盘旋八九里,形如钵盂"而得名。钵池山的四周"环以水",② 指的即为山子湖与邱家湖。《续纂淮关统志》卷3《川原》"山子湖"条中曰:"板闸关署之后,旧有邱家湖,因钵池山积水不泄,遂成山子湖,亦名邱、山二湖。"可见正是由于钵池山的积水难消,遂形成邱、山二湖,且邱家湖先于山子湖而形成。关于山子湖的形成时间,尚有文献可资推论,曰:"乡官都御史潘埙作河防议云,地名山子湖,连窑沟一带,正系受水之处,此处筑堤高厚,尚恐不能捍水,乃谬于此开方家坝受水。"③ 潘埙《河防议》一文作于嘉靖初年,可见山子湖当初现于嘉靖之前。又李元庚《山阳河下园亭记》中载:

> 山、邱二湖,系三城坝以上,雨潦积年汇为巨浸。西北抵钵池山,名山子湖;东南过通源寺前,至三城坝,名邱家湖。④

可见邱家湖在山子湖东南向,其间以"一水相通",⑤ 习惯并称为山、邱二湖。⑥ 其水域面积最初不过数亩,后"黄、淮夹流于外,

---

① (明)马麟原撰,(清)李如枚重修,元成续纂《续纂淮关统志》卷4《乡镇》"板闸镇"条。
② (清)王棠:《燕在阁知新录》卷30《钵池山记》,清康熙五十六年(1717)燕在阁刻本。
③ (明)胡应恩:《淮南水利考》卷下,第308页。
④ 《山阳河下园亭记》不分卷"隰西草堂"条,第524页。
⑤ (明)马麟原撰,(清)李如枚重修,元成续纂《续纂淮关统志》卷13《续纂·人物》"杨钶"条。
⑥ 又据"旧有邱家湖"等语判断,可能清代邱家湖逐渐湮废,山、邱二湖遂统称为山子湖。

左右捍河之堤皆高丈余，夏秋积潦无所归宿，因而民间畦垄皆淹没成湖"①。另外，万历年间修筑三城坝这样的城防设施，固然提升了山阳城抵御水患的应急能力，但也引致钵池山与三城坝之间的"湖水不行者三十年"，②从而助推了山、邱诸湖呈现不断扩容的趋势。清康熙九年（1670），受黄、淮倒灌之患，山、邱二湖积水再度涨溢，三城坝溃决，③伏龙洞之淤塞殆亦当其时。④鉴于城西北关厢积水难消，康熙二十五年（1686）杜琳"广募夫役，疏开乌沙河刁家嘴，泻去积潦，一时居者稍宁，行者得路"⑤。至乾隆间邱崧称周"约十数里"⑥，乾隆甲午大水涨溢前夕，"山子湖周四十里"⑦。这应该是其湖域面积的顶峰。然而，乾隆甲午大水之后，山子湖骤然淤垫不存。吴进记载：

> 乾隆三十九年甲午岁八月十九日夜半，河决车路口，去老坝口二里许。破外堤，下竹子厂。巳时，汩钵池山、板闸，水深六七尺，关署全没，居民逃散。午后，水漫河下暨盐河北一带。河下水深七八尺，庐舍漂没，人死无数，三城俱闭。⑧

---

① （明）马麟原撰，（清）李如枚重修，元成续纂《续纂淮关统志》卷3《川原》"山子湖"条。
② 天启《淮安府志》卷2《舆地志·山川》，第87页。
③ 同治《重修山阳县志》卷3《水利》。
④ （清）杜琳：《重筑新路碑记》，见冒广生《钵池山志》卷1《山水志》，民国27年（1938）国光书局铅印本。
⑤ （明）马麟原撰，（清）李如枚重修，元成续纂《续纂淮关统志》卷3《川原》"山子湖"条。
⑥ （清）邱崧：《游爱莲亭记》，载（清）王锡祺《小方壶斋舆地丛钞》第4帙第16册，上海著易堂光绪十七年（1891）排印本。
⑦ （清）伊龄阿：《板闸被水歌》，载（明）马麟原撰，（清）李如枚重修，元成续纂《续纂淮关统志》卷14《艺文》。
⑧ （清）吴玉搢：《山阳志遗》卷4《遗文》附吴挹堂记。

第四章
山阳城市水环境的变迁与社会因应

此次黄河自老坝口溃决之后,水退沙留,"一切沙漫成平地,二湖之源已涸"①,山、邱二湖遂亦淤废。板闸镇地势低洼,乾隆甲午水灾中首受其害,水退后淮安关署竟"没于淤泥中八九尺矣"②,诚如淮安关监督伊龄阿感喟曰:"板闸万烟乱飞蓬,榷署高楼平如掌","明湖千顷成陆地,大厦积土深肮脏。家人相见道余生,只庆生全莫怏怏。荡然所有非一人,千门万户愁殊曩"③,可见甲午洪灾更造成了民生家计之艰窘,此为明代中叶以来山阳城水域变迁最著之变局,因此乾嘉以后清淤、浚河成为淮安关同寅以及板闸士民的主要事务。④

管家湖与邱家湖、山子湖相继淤垫之后,山阳城西部湖泊水体的主角无疑落在萧湖身上。萧湖,位于运河东岸、河下关厢的东南向,距城西北隅仅里许。⑤ 关于萧湖的形成原因与时间,清光绪年间程锺记载:

> 淮郡旧城之北,联城之西,有萧家湖,亦称萧家田,又曰东湖,不知始于何时。当运道经由城东之时,此湖盖与城西之管家湖、城北之屯船坞溪港交通,而波澜未阔。自联城东建,运堤西筑,中间洼下之地,乃悉潴而为湖,以成一方之胜概。⑥

---

① (清)铁保:《新开举河并浚罗柳河碑记》,载(清)曹镳《信今录》卷7《艺文》。
② (明)马麟原撰,(清)李如枚重修,元成续纂《续纂淮关统志》卷14《艺文》。
③ (清)伊龄阿:《板闸被水歌》,载(明)马麟原撰,(清)李如枚重修,元成续纂《续纂淮关统志》卷14《艺文》。
④ 具体修浚事宜,参见(清)丁玉衡《挑浚泄水河碑记》,载(清)邱沅等修,段朝端等纂《山阳艺文志》卷4;(明)马麟原撰,(清)李如枚重修,元成续纂《续纂淮关统志》卷13《续纂·人物》"杨铈"条。
⑤ 光绪《淮安府志》卷37《古迹》。
⑥ (清)程锺:《萧湖游览记》,载氏著《淮安萧湖游览记图考》。

综观程锺的这一记载，虽然他说萧湖"不知始于何时"，其实从"运道经由城东之时"，已经暗含了比较明确的时间信息，即萧湖或其前身，当于明初即已存在，只不过彼时"波澜未阔"而已。至明嘉靖年间，为防御倭乱，取土加筑联城，遂形成"洼下之地"，由此萧湖水域遂有扩大。① 不过，需要指出的是，修筑城濠固然可以构成萧湖形成的地理条件，嘉靖以后淮安地区水患频发的历史事实当与之亦具有必然的因果关系，即与山子诸湖形成的条件相似，西来的洪水难以消退，逐渐潴积为萧湖。起初，萧湖可能仅是山阳城外一方普通的水域，关于它的文献记载也颇少见，明末以后经过文人雅士与富商巨贾的推动和经营，大量园亭佳构相继产生，且名声闻于当世，从而成为山阳城外的风景游赏胜地，一直延续至晚清时期。

二 湖泊环境变迁下的民众生计适应

湖泊是重要的自然资源，具有水利灌溉、景观亮化等多种功能，功能的有效发挥体现了民众对湖泊资源的正当利用，反之则会造成严重的生态环境问题。明清时期，在黄淮水患的侵扰乃至破坏下，山阳城西地区的湖泊经历了不断变迁的过程，在这一过程中，民众对于湖泊的利用即其生计方式随之发生变化。正德《淮安府志》载"管家湖"曰：

> 续申水内筑岸，工役难施，不能经久，合别开新河与运河接，取土填垒捍岸，则旧运河与湖通连，水面深阔，形势益便。遂开一河于湖岸之北，筑垒湖岸，底阔四丈，高及一丈，以限湖

---

① 有学者据《淮安萧湖游览记图考》中的相关记载，也指出：萧湖"系因构建淮安城、筑垒浚濠而逐渐形成"，参见王振忠《再论清代徽州盐商与淮安河下之盛衰——以〈淮安萧湖游览记图考〉为中心》，《盐业史研究》2014 年第 3 期。

第四章
山阳城市水环境的变迁与社会因应

水。又自马家湾西至陈文庄，就湖筑滩岸二百七十余丈。自管家湖与老鹳河相接岸处，平地开深，方围二十丈，置斗门水闸。①

从"马家湾""陈文庄"等地名可知，至少在明代前期，管家湖一带已经形成一定规模的村庄聚落，当地居民多有以经营渔业为生计者。吴锡麒记载，西湖嘴"居人多以纬萧捕鱼为业"②。渔人的日常营生颇具画意与诗情，"西湖烟艇"被列为"淮阴八景"之一而负盛名。这样的美景吸引诸多文人雅士流连于此，地方乡贤齐昭、顾达、杨谷、胡琏等人均赋有状景组诗，以彰其胜。

前文已述，随着黄、淮水患渐趋严重，城西地区的水环境发生变化，汹涌洪水裹挟大量的泥沙逐渐沉积，直接导致管家湖的水域趋向萎缩，而当地民众的生计方式也随之发生改变，即由以渔业为主向以农业为主转变。《续纂淮关统志》卷12《古迹》中又记曰：管家湖"旧隔仁济桥，为南、北二湖"，似可判断出至明代仁济桥已然倾圮，南、北二湖之名遂亦消亡，因管家湖位于运河西岸，而统称其为西湖。在管家湖逐渐淤废的过程中，当地民众开始对淤涨土地加以垦殖。潘季驯记载，数十年来，黄、淮洪水"使淮安城外楼台烟火之地半为川源，桑麻禾稻之区尽成沮洳"③。此时管家湖一带的居民耕种桑麻与水稻等农作物，只是时常受到洪涝灾害的影响，管家湖西的"民田水不得出，终岁淹没"，造成严重的社会问题，因此天启年间山阳知县孙肇兴开凿伏龙洞以泄积水。④ 然而，乾隆甲午大水使得管家湖彻底淤废，其后逐渐转变为可以耕种的土地。诚如光

---

① 正德《淮安府志》卷3《风土一·山川》，第17页。
② （清）吴锡麒：《还京日记》，（清）王锡祺：《小方壶斋舆地丛钞》第5帙。
③ （明）潘季驯：《河防一览》卷13《条陈河工补益疏》，第455页。
④ 乾隆《山阳县志》卷11《水利》。

绪《淮安府志》中记载:"西南湖荡泥淖之地,多变而为田。"①

山阳城西北山、邱二湖周边也是如此,《续纂淮关统志》载:"钵池山南、北两湖多民田,堤成后,每遇时雨,皆为巨浸。主事李爵建置涵洞,甃以砖石,以时启闭,水有蓄泄,民得垦田。"② 此"南、北两湖"当指邱家湖与山子湖。洪水侵入后,助推了山、邱湖不断扩容,以至于运河以西"田沉釜底,民苦逋负"③。天启四年(1624),刘一焰等士民之公议与呈文,④ 力陈民困,知县孙肇兴于三城坝中许家涧南河底,置设伏龙洞以泄山、邱诸湖水,消长启闭,"引水合于许家闸,而入涧河",于是运道以西巨浸复涸为良田矣。⑤ 这与管家湖的变迁过程颇相一致。

萧湖的情况与管家湖及山子湖、邱家湖有所差异。起初,萧湖一带适宜耕种,且被称为"萧家田",其较早载于清康熙年间胡从中《重建魁星楼记》中,曰:玉皇殿西的板桥,"面城带河,南通萧家田,北连礼字坝、单家园,东为三城往来咽喉,西为茶巷、花巷、西湖嘴外卫,洵竹巷之保障,水陆之要津也"⑥。揆诸地望,萧家田即为萧湖的方位所在。天启年间孙肇兴等官员,开凿涵洞泄水,均意在改良运河两岸的农田生态环境,而由萧姓耕植的萧家田当恰与其间。由萧家田转为萧湖的现象来看,受洪水灾害的影响,山阳城西农田被淹没的情况当较为普遍。这亦可从张养重诗中得到确证,曰:

凭吊西邻枚里近,悲歌南上钓台荒。只今击楫中流处,三十

---

① 光绪《淮安府志》卷2《疆域·形势》。
② (明)马麟原撰,(清)李如枚重修,元成续纂《续纂淮关统志》卷9《公署》。
③ 乾隆《淮安府志》卷19《名宦》。
④ (明)马麟原撰,(清)李如枚重修,元成续纂《续纂淮关统志》卷13《人物》。
⑤ 天启《淮安府志》卷2《舆地志·山川》,第88页。
⑥ (民国)王光伯原辑,程景韩增订,荀德麟等点校《淮安河下志》卷4《祠宇》,第82页。

第四章
山阳城市水环境的变迁与社会因应

年前见插秧。①

由"枚里""钓台"等字眼,见出该诗所述的对象即为萧湖,所谓"三十年前见插秧",指的是萧家田原为水田。这与明代后期的黄淮水患关系甚密,诚如县志所言:"城外西北角萧家湖,乃田沉水底者,全非湖云。"② 所谓"全非湖云",则知其地尚有部分裸露田土,不过显然已经不适宜耕作。可以说张养重所处的晚明清初,萧家田已然不存,而只得泛舟萧湖之上了。所以据张养重的说法,萧家田当淹没于明代后期,萧湖亦即形成于其间。胡从中与张养重基本为同时人,故其所述的"萧家田"亦为历史故迹。

三 湖泊水体景观的营造与嬗递

一般来说,湖泊的自然风光秀美,会吸引众多游客观赏。历史上,山阳城西湖泊也是如此,而且成为当时城市文化活动的主要空间或中心地带。管家湖(即西湖)吸引了不少富贵子弟、致仕官员营建园亭景观。借助管家湖的宽广水域,不仅"有金牛、石桥、锣鼓墩诸景"③,明代前期西湖园亭建筑也初崭头角。吴承恩《西湖十园》记载:

> 摹写金、张、韦、顾诸园之胜,金牛、石桥、锣鼓墩诸处,征车游舫,绎络缤纷。清明社火,夏至秧歌,尤令过者忘倦。④

---

① (清)张养重:《古调堂集》不分卷《再彭城西放舟》,民国间抄本。
② 乾隆《山阳县志》卷6《疆域志·山川》"管家湖"条。
③ (清)范以煦:《淮壖小记》卷2《淮郡古迹》。
④ (清)吴玉搢:《山阳志遗》卷1《遗迹》。

既言为"西湖十园",不难想见彼时管家湖一带,乃"风气磅礴,秀丽所钟,郡地盖最胜处"①。此则材料虽未言明金、张、韦、顾诸园主的名讳,不过明代前期为山阳县科举功名较为凸显的时段,这些致仕官员归乡后,诗酒娱目,构筑园亭,"西湖十园"当即在此社会背景下兴建的。这些园亭多作为归乡士绅的别业而存在,如籍隶淮安卫的蔡氏蔡昂,祖居旧城南门附近,致仕后复在管家湖择地建房,其《西湖房落成》诗自叙曰:"朝回解带花前坐,尚有炉香满袖携。"②这西湖屋宇当即蔡昂晚年与乡邑同好恣肆情怀、征歌觞咏的自由空间。前引吴承恩所记金、张、韦、顾诸园主,生活于蔡昂之前,其中顾氏当指谓成化戊戌科(1478)进士顾达,"家住新城古刹旁,小桥流水浴斜阳。月明鹤影润松径,风暖莺声闹草堂",顾达顾氏属大河卫,"家住新城"谓其祖居之地,与其后辈蔡昂的情况相似,顾达当在管家湖处另建园亭,以供赏游。吴承恩所述的张氏,殆指成化乙酉科(1465)举人张素及其子张雍,史载张素"归卧林下三十年,踪迹未尝入城府,日以文素自娱"③,由是可见彼时顾达、张素等归乡士绅的内在心性与生活情态。需要说明的是,虽然蔡昂等人互相唱酬,觞咏湖景,不过在西湖这一游赏空间中,彼时士绅仅为配角,是为"至于士夫棹小舟一觞一咏者,亦或有之"④。可以推断,即便金、张、韦、顾诸园为士绅所有,其造价规格恐亦不阔。

明代中期,管家湖周边仍不失为山阳城士绅的游赏胜处,如嘉靖十四年(1535)武进士周于德《泛舟西湖》诗曰:"野阔风多夏亦凉,湖阴避客懒衣裳。一双白鸟不飞去,无数红蕖相对香。"⑤至隆

---

① 正德《淮安府志》卷3《风土一·山川》,第17页。
② (清)丁晏原辑,周桂峰校点《山阳诗征》卷7《明》,第194页。
③ (明)邵经济:《河阴令张公素》,载(明)潘埙《淮郡文献志》卷7,第199页。
④ 正德《淮安府志》卷4《风土二·风俗》,第42页。
⑤ (清)丁晏原辑,周桂峰校点《山阳诗征》卷7《明》,第209页。

第四章 山阳城市水环境的变迁与社会因应

万时期,陈文烛、邵元哲等人莅任时,更成为文士雅集、赋诗啸咏的活动中心。隆庆四年(1570),陈文烛任淮安知府,他与焦山道士郭次甫的关系甚笃,莅淮期间特于管家湖畔建招隐亭以待之,陈文烛自叙其事曰:

> 淮城西门外有西湖,其垂杨烟水,盖胜概云。稍三里许,地脉坟起,钵池山寺僧圆智慕居士许曔结庵,舍茶于上。五游山人郭次甫往来东岱,特居然,后隐焦山不来。余招之始来,遂以真形图一、杖一、衲一、瓢一、锄一、舭一悬焉。参知潘公题曰隐庵,后为一亭。①

是为招隐亭,同时建有庵舍,即招隐庵。由材料可知,招隐庵、亭在管家湖西三里处,建成后陈文烛常于政暇之余,与郭次甫、吴承恩等人于此交相唱和、坐而论道。万历二年(1574),继陈文烛任淮安知府者为邵元哲,同好风雅,复邀郭次甫等人集饮于招隐庵,吴承恩诗曰:"水环幽树绿渐渐,暖日从游二妙兼。秋社欲催玄鸟去,晴沙喜见白鸥添。"② 可见,此时管家湖仍是山阳城西重要的文化交往场所。不过随着黄、淮水患渐趋严重,城西地区的水环境发生变化,从而也改变了当地的人文地理景观,即明代后期陈文烛等人修建的招隐亭日渐倾圮、徒具其名耳;清代初期,张新标等人虽有重建之举,却终究未能摆脱管家湖一带被泥沙淤积、景观败落的困境。

山、邱二湖与管家湖的情况较为相似,也因景色秀美而营造的"山湖渔艇"被列为"淮关八景"之一。因此,山子诸湖自初成以至

---

① (明)陈文烛:《二酉园文集》卷9《招隐亭记》,第116~117页。
② (明)吴承恩著,刘怙业辑校,刘怀玉笺校《吴承恩诗文集笺校》卷1《七言律诗·邵郡公邀同郭山人饮招隐庵》,第53页。

未淤之前，历来也是山阳城外风景观览胜地。明清之际，山阳士绅交结文社，集饮唱和，山子湖为其活动中心，所谓"国初时，笙歌画舫，游人骈集"①。如戴晟诗曰：

> 十里晴湖放一船，水心云意钵山连。数椽茅屋依鱼鸟，百代荒台绕芰莲。
> 福地旧时真隐约，仙家往事尚流传。买山有志何年遂？得共渔人稳醉眠。②

戴晟的这首诗作，涉及钵山福地、荷香花影、禽言鸟鸣、渔舟烟艇，较为完整地状摹出山子湖及其周遭的水域景观。湖水与渔舟相得益彰而成山阳城外胜景。山子诸湖中有莲荷之种植，除颇具经济价值外，亦兼有观赏的功能。更主要的是，因山子湖、钵池山等处环境清幽，远离尘嚣，其间又有景会寺、诞登寺等古刹寺庙，钟磬和鸣、梵音深妙，无疑成为隐逸高士的绝佳修身之地。晚明时期，万寿祺因避邳徐之乱，起初卜居于山子湖滨，"蒲汀柳岸，杂居园丁渔户中，即以隰西名其草堂"③。

结合管家湖畔的招隐亭更易理解，山阳城西之所以成为风景揽胜区，首先得益于山光水影的自然景观，同时还多有隐逸高士择居其地，从而成为地方官员与士绅经常出入甚至迁居的社会交往与生活空间。清康熙年间，由于淮安关官员的投入与经营，山子湖的名声逐渐显著，以爱莲亭为主的园亭景观次第修建。淮安关监督修建爱莲亭，这本身即决定了其属于官家园林的范畴，诚如黄达所言："板闸爱莲

---

① 冒广生：《钵池山志》附《志余》。
② （清）戴晟：《寤砚斋集》卷2《寤砚斋学诗·泛湖》，第269页。
③ （清）吴玉搢：《山阳志遗》卷3《遗献》。

亭，久为榷关使者别墅，外人少问津者。"① 乾隆甲午水灾后，爱莲亭"既倾圮，莲亦就湮"。其后继任监督多对爱莲亭加以重建，嘉庆以后，又修建有文津书院与篆香楼。可见，虽然山子湖已然淤垫，爱莲亭亦成旧迹，不过经过淮安关监督的勤力经营，清代后期的板闸镇仍为山阳城外重要的文化活动中心。如熊德庆有《竹枝词》云："四月年年赛会朝，篆香楼外漫停桡。笙歌画舫知多少，不是头桥即二桥。"② 篆香楼成为四方游士"扬扢风雅"的公共场域，亦即"唱和饮宴，不于篆香楼，即于爱莲亭"③。"河工盛时，各厅员载酒看花，门外车马恒满"④，篆香楼等地无疑成为清后期山阳城唱和与游赏活动的主要场所。

谈到对湖泊水体加以利用，进而营造园亭建筑与景观的事例，最为典型者莫过于萧湖。明代中后期，萧湖逐渐形成，时人亦称其为东湖或珠湖，其后成为地方士绅诗酒唱酬的聚集区域。以明末南直隶徽州人范良组织的舟社为例，他"尝以五日招同人于淮之珠湖舟中举社事，曰'舟社'，唱予和汝，歌管声闻数里，岸上观者如堵墙，毛奇龄作诗艳称之"⑤。当时范良招集四方名士设立舟社于淮安，其活动的地方即在萧湖。除了范良的舟社之外还有望社，它由靳应昇、张养重、阎修龄始创，定期举行集会活动，较舟社等团体更趋组织化，影响力亦大幅提升。不过，与江南的复社、几社等团体不同，望社成员较少具有政治抱负，亦鲜见评议时政的内容，其活动内容只不过是

---

① （清）黄达：《一楼集》卷17《重游爱莲亭记》，《四库未收书辑刊》第10辑第15册，北京出版社，2000，第736页。
② （清）熊德庆：《浣花阁词钞》卷1《竹枝词》，清嘉道间写刻本。
③ （清）杨庆之：《春宵寱剩》卷3。
④ （清）黄钧宰：《金壶浪墨》卷2《篆香楼》，载王广超点校《黄钧宰集》，陕西人民出版社，2009，第93页。
⑤ 宣统《续纂山阳县志》卷10《人物》。

"里中人士,风雨晨夕,饮酒赋诗"而已。① 借助望社成员的个人声望与社会关系,山阳县形成了一批明遗民的活动群落。萧湖以其环境清幽、适宜隐匿,恰好成为这些望社成员及外籍客旅的活动中心。

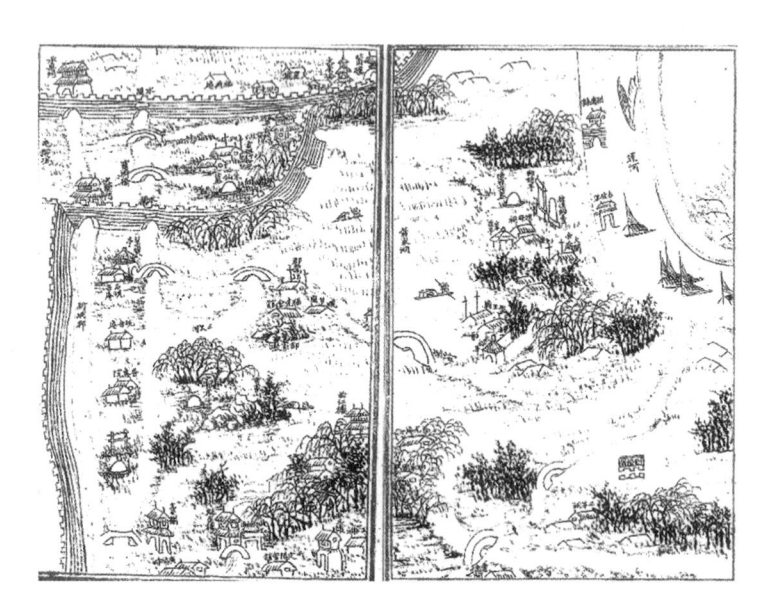

图 4-3 城外萧湖人文景观图

资料来源:程锺:《淮安萧湖游览记图考》,清光绪二十一年抄本。

乾隆时人任瑗曾记萧湖景致曰:"出北水关,豁然平远,森漫溶漾,视之无极,波光云影,上下相际。"② 可见与城内逼仄的视界完全不同,萧湖水域面积较阔,足资凭眺,毗邻处又有韩侯钓台、漂母祠等历史故迹。缘于此,以萧湖为中心,晚明以降数量可观的园亭建筑被逐渐构建起来,点饰于其间,文士雅客的诗文集社活动随之达至新的高潮,萧湖及其园亭景观亦渐而具备文化意涵。这些园亭建筑,

---

① (清)李元庚:《望社姓氏考》李锺骏跋,(清)王锡祺辑《小方壶斋丛书》第3册,广陵书社,2020,第241页。
② (清)任瑗:《六有轩集》卷3《游萧湖记》,第103页。

第四章
山阳城市水环境的变迁与社会因应

均依临萧湖而建,园主中既有退居官宦、致仕文士,亦有身兼盐商与文人双重身份者,园亭中最为显要的为依绿园、柳衣园(包括曲江楼)。依绿园最初的主人为张新标、张鸿烈父子,"在萧湖,中有云起阁、曲江楼最宏丽"。吴玉搢记张新标招集名士宴饮事曰:

> 张吏部鞠存公有曲江园在东湖之滨,八月十五夜遍集诸名士之寓淮者,张灯水亭,设伎作诸色囊弄,而爇星盘火树于洲渚间。酒再巡,清歌间作,丝竹幼眇,西河先生为赋《明河篇》。①

"西河先生"即指萧山毛奇龄,所撰《明河篇》一诗展述萧湖中的曲江胜景,灵动俊逸,成为推介曲江楼的最佳文本,其中有曰:"西园冠盖翔绿池,东第笙箫启华帐。张家旧院倚水陂,珠湖千顷漾琉璃。"② 此诗凸显依绿园、曲江楼对萧湖等周遭水体的利用与营建,互为借景。清顺康年间,张新标当为山阳文坛主事者,前述管家湖的招隐亭以及萧湖的依绿园,均成为山阳望社成员与寓淮明遗民游宴酬答的理想场所。张新标子张鸿烈,山阳廪监生,"初名礽炜,字云子",后改字为毅文,"淮人集中多与张大云子酬唱之作"。③ 嵇宗孟诗云:"放船瓜步后,湖海屡惊秋。中散家多竹,曲江诗一楼。"④ 刘谦吉《祝园听张毅文弹琴》诗中有云:"不是曲江风度好,诸公何以慰遐心。"⑤ 由此足见曲江楼在山阳文士群体中的归依情感。不过因

---

① (清)吴玉搢:《山阳志遗》卷4《遗文》,原文见(清)毛奇龄《西河集》卷101《自为墓志铭》,第128页。
② (清)毛奇龄:《西河集》卷156《七言古诗二·明河篇》,第607页。
③ (民国)王光伯原辑,程景韩增订,荀德麟等点校《淮安河下志》卷10《人物二》,第280页。
④ (清)丁晏原辑,周桂峰校点《山阳诗征》卷14《国朝》,第495页。
⑤ (清)丁晏原辑,周桂峰校点《山阳诗征》卷14《国朝》,第532页。

· 271 ·

直言劝谏，张鸿烈招致谪官，遂"隐郁洲山中"①，"郁洲"即海州，张氏父子之依绿园等遂为徽商程氏所得。依绿园的真正主人是程朝宣，史震林关于柳衣园的记文中载：

> 淮阴教授既辞官，亨道人馆之于珠湖柳衣园。园之中有曲江楼，尝携酒登楼饮余，曰：此吾祖二樵公暨吾父大川公，与贤士大夫宴游处也。……亨道人既下世，其子尧峰、盘村、令和、昇白，重扫曲江楼以延余。②

柳衣园的前身即依绿园，由是可知依绿园最初为二樵公程朝宣所购，大川公程眷谷予以继承，并将之更名为柳衣园。③ 其后又有亨道人即程云龙及其子嗣程昶等人经营管理。④ 程朝宣支系中殆无文学高士，故延请程用昌主事曲江楼唱和宴饮活动，至程眷谷经营曲江楼、依绿园时，则改由程垲、程嗣立主之。⑤ 在程用昌、程垲、程嗣立等人的引领酬唱之下，曲江楼渐趋成为淮安乃至运河流域的著名园亭。程用昌撰有《亦爱堂诗集》，集中多收录他主事依绿园期间，与士林俊彦、当地官员的唱和诗作，如：

> 淮阴之城西北隅，诸园环处中有湖。依绿园居湖南面，园后枕湖前开渠。

---

① （清）范以煦：《淮壖小记》卷3《张太史》。
② （清）史震林：《华阳散稿》卷2《柳衣园记》，《清代诗文集汇编》第274册，上海古籍出版社，2010，第391页。
③ 《山阳河下园亭记》"依绿园、柳衣园"条，第530～531页。
④ （民国）王光伯原辑，程景韩增订，荀德麟等点校《淮安河下志》卷7《园林二》引史震林《柳衣园记》所附案语，第199页。
⑤ 王名泰：《河下曲江园》，《淮安文史资料》第15辑《淮安名胜古迹》，1997，第180页。

第四章 山阳城市水环境的变迁与社会因应

湖影澄澄水如镜,池花茂密荷成区。池荷湖水一堤隔,绕堤轩廊何绎绎。①

该诗较为明显地点出依绿园借助萧湖水体,所呈现的湖光潋滟景致,另外池沼中的田田荷叶为依绿园的主要景观元素。又有与淮安当地官员唱和之作,如与淮安知府姚陶、山阳知县武柱国。不过程用昌的声名终究还是无法与程垲、程嗣立相媲,程垲"其为人广结纳,喜交游,三吴人士亦争趋之,往往有馆于其家者"②,丁晏《柘塘脞录》中称程嗣立"风流儁(俊)望,倾倒一时,交游满天下"③,兄弟二人"就故家曲江楼,结诸名士为文社"④,诸名士如"会稽徐笠山、宛陵汪师退、涂山吴钝人,及里中白民、万资、镜湖、慎公、颐公"等人⑤,里中同好又有"曲江十子"之谓,一时称为胜集。又以"金坛王罕皆、耘渠两先生,长洲沈归愚先生主坛席"⑥,"于时曲江楼课艺名天下"⑦。萧湖所在的"河下又当南北之冲,坛坫之英,风雅之彦,道出清淮,鲜不至柳衣园者",曲江楼中的唱酬活动,复以诗文集结刊印的形式而成《曲江楼稿》,"风行海内"⑧。萧湖的声名

---

① (清)程用昌:《亦爱堂诗集》卷3《七月十六日夜依绿园池上观灯赋此纪胜》,清康熙间刻本。
② (清)王懋竑:《白田草堂文录》不分卷《曲江会艺序》,载(清)李祖陶《国朝文录续编》,《续修四库全书》集部总集类,第1671册,上海古籍出版社,2002,第344页。
③ (清)丁晏原辑,周桂峰校点《山阳诗征》卷18《国朝》,第663页。
④ (民国)王光伯原辑,程景韩增订,荀德麟等点校《淮安河下志》卷13《流寓》,第380页。
⑤ (民国)王光伯原辑,程景韩增订,荀德麟等点校《淮安河下志》卷7《园林二》,第196页。
⑥ 《山阳河下园亭记》"依绿园""柳衣园"条,第531页。
⑦ (清)程晋芳:《勉行堂文集》卷6《晚甘先生传》,清嘉庆二十五年(1820)刻本。
⑧ 《山阳河下园亭记》"依绿园""柳衣园"条,第531页。

亦得以广为传播。晚清时期，萧湖园亭多倾圮废堕，程氏族人程锺慨于世事，重新编订萧湖游览图记的时候将前引程嗣立、程晋芳以及程世椿的《萧家湖竞渡曲》等诗律，附录于末，"所展示的皆是盛清时代淮安河下的繁荣景象，从中可见，当年有四方知名之士载酒问奇，流连觞咏，足令后人动追慕之思"[①]。

---

① 王振忠：《再论清代徽州盐商与淮安河下之盛衰——以〈淮安萧湖游览记图考〉为中心》，《盐业史研究》2014年第3期。

小　结

　　水对城市本身的重要性，无论就其起源还是发展前景，都是毋庸赘言的。借助明清地方志文献的记载，我们可以较清晰地复原山阳城市水系的形成与演变过程。关于山阳城内渠道，唐宋时期即已开通使用，虽然其是否名为市河尚难确定，但市河之名在山阳城市水利体系中出现较早，当无疑义。明代前期仍在沿用，彼时山阳城内渠道主要分为市河北线、中线、南线，这三条支线经行军政衙署机构附近，故而也是城市人口最为集中的区域，其为行政官署服务的功能相当明显。当然，市河经由北水关，其中一支沿西北方向流注于西湖嘴与满浦坊一带，成为沟通城内外商品交易的主要通道，更重要的是依靠运河强大的运输能力，可以形成更大区域范围的商品市场辐射圈。明嘉靖年间，山阳水利体系发生重要变化，即知府王凤灵疏凿文渠，不过整个明代山阳城市水利，仍主要围绕市河与巽关水展开，文渠所占的水利空间较为有限。清代文渠的具体流路与内在意涵经历了一个由模糊到清晰，且逐渐扩展的过程，这一过程与市河范围的缩窄紧密相关，二者可谓此消彼长，最终形成了由文渠与巽关主导的城市水系结构。清乾隆以后，文渠基本上成为城内渠道及西北关厢罗柳河等渠道的统称。

　　淮安府城格局中蕴含浓厚的风水观念，即巽亥合秀，这一观念对城市建筑、水利设施的修造具有重要影响。在淮安地方士人看来，巽位龙光阁与亥位文通塔是地方文化兴盛的重要象征,共同寓示士子科第昌盛之象。因此,文通塔尤其是龙光阁得以重修,巽亥合秀的风水观念得到强调和认可,并与城市水利兴废联系起来,巽关水与罗柳河合则文风兴盛,反之则颓败。而明代中叶以后,黄河水道固定南下夺淮入海,从而造成包括山阳县在内的里下河各州县的灾患频生乃至生态环境的变迁。为了抵御越发严重的水患灾害,保障地方城市与居民人身安全,治河官员所采取的防洪举措,诸如修筑护城堤堰,疏浚淤塞之河道、开凿新河、分泄洪流,以达到治理河患的效果。同时,受黄淮水患的威胁与侵扰,造成大量的泥沙淤积,不仅城市水利的基本功能难以正常运作,更重要的是地方人士认为城市风水遭到破坏,巽亥合秀的格局不能较好地发挥作用。围绕这一点他们积极倡议修建城市水利设施、挑浚淤塞河道,希图恢复正常的生活秩序与地方气运。在城市水利治理与科第功名博取的相互作用与验证之下,风水观念以其固有的文化内核,在地方士绅群体中被反复申称和强调,成为主导城市水利与地方文化发展的内生动力。清嘉道以来,在振励文风、文化重建的感召下,地方士绅成为以文渠为中心的城市水利修浚与治理的主力。可以说,借由地方士绅的关系网络与社会资源,对文化重建的摸索与努力不仅得以承继,而且展示出颇具张力的城市水利治理与地方文化的图景。

值得强调的是,我们还可以从更多的维度来认识黄淮水患,那就是水患较易产生洪涝灾害,在一定程度上人类可以适应环境变迁,并且能动地利用环境和资源,山阳城西湖泊兴废的研究即为较典型的事例。淤废前后的湖泊,对于当地民众意味着不同的生计方式,起初管家湖及邱家湖、山子湖水体较广,当地居民多以捕鱼为业,渔民的日常生活被美化为"西湖渔艇""淮关渔艇"等景色。随着黄、淮水患渐趋严重,汹涌洪水裹挟大量的泥沙逐渐沉积,直接导致管家湖及山、邱二湖水域趋向萎缩,湖荡之区逐渐淤为农田,当地民众的生计

第四章　山阳城市水环境的变迁与社会因应

方式随之发生改变,即由渔业为主向以农业为主转变。与它们有所差异,起初萧湖是可以耕种的土地,被称为"萧家田",后来洪水侵入田沉湖底,萧湖水域逐渐扩大。对于湖泊水体的适应和利用,还体现在湖泊周围园亭景观的营造,明代管家湖是当地文士与官员进行文化活动的中心地带,清代前期虽有重建,但终究因湖体淤废而陷入景观败落的处境。清代山、邱二湖也逐渐淤废,不过由于淮安关官员的悉心经营,清代后期仍是山阳城文化与游赏活动的中心。萧湖则先后经过当地文士与商人等阶层的推动,从明末直至清末均是重要的园亭景观营造与诗文唱酬活动的中心。总体来说,可以从两个维度——"水"与"沙"去理解黄、淮水患背景下的人地关系。"沙"的侵入导致湖泊水体萎缩,从而促使当地的生计方式由渔业向农业转变,"水"的侵入虽然造成了严重的洪涝灾害,但经过当地文士、官员与商人等阶层的营造与努力,颇具观赏性的园亭景观先后形成,这可被视为地方社会对城市水环境变迁的一种因应与利用。

第五章
水工与祠庙：
治水政治中的山阳、清河城

水是重要的自然资源，兴水利、除水害，在中国具有悠久的历史，传统中国的国家治理在很大程度上围绕"水"而实施。历史时期的黄河，以"善淤、善徙、善决"而著称于世，尤其是黄河下游，更是迁徙无定。据不完全统计，近两千多年来，"黄河下游的决溢次数，加上记载缺略可能有的次数，不下2000次；漫流时期的东西无定还不在内。平均几乎每年一次，也就是每年都要换新道"①。南宋建炎二年（1128），东京留守杜充人为地"决黄河，自泗入淮"②，企图阻止金兵铁骑的南侵。一般认为，自此黄河开始了长期夺淮入海的历史。对于古代中国社会而言，黄河及其变迁的重要性是不言自明的，学术界对黄河史的研究，在黄河水患与治理、河道变迁及其影响等方面，均已取得了丰硕成果。③ 具体以苏北地区来论，此处系黄、淮、运三河交汇之地，黄河夺淮、侵运这样的水患问题对其生态环境与社会演变的影响，同样受到学者的高度关注。④

---

① 姚汉源：《黄河水利史研究》，黄河水利出版社，2003，第144页。
② 《宋史》卷25《高宗本纪》，第459页。
③ 林修竹、徐振声：《历代治黄史》，山东河务总局铅印本，民国15年（1926）；张含英：《历代治河方略述要》，上海商务印书馆，民国35年（1946）；谭其骧：《黄河与运河的变迁》，《地理知识》1955年第8期、第9期；岑仲勉：《黄河变迁史》，人民出版社，1957；姚汉源：《黄河水利史研究》；邹逸麟：《黄河下游河道变迁及其影响概述》，《复旦学报》（社会科学版）历史地理专辑，1980；水利部黄河水利委员《黄河水利史述要》编写组《黄河水利史述要》，水利出版社，1982。
④ 中国水利学会水利史研究会、江苏省水利学会、淮阴市水利学会编《江淮水利史论文集》，1993年铅印本；彭安玉：《明清苏北水灾研究》，内蒙古人民出版社，1996年；韩昭庆：《黄淮关系及其演变过程研究——黄河长期夺淮期间淮北平原湖泊、水系的变迁和背景》，复旦大学出版社，1999；张崇旺：《明清时期江淮地区的自然灾害与社会经济》；徐成：《苏北水环境的历史变迁与经济社会的关系研究》，线装书局，2013。

第五章

水工与祠庙：治水政治中的山阳、清河城

魏特夫在将中国等东方国家定性为治水社会的论述中说道："中国在地理上和行政上的统一，大大增加了政治上对航运运河的需要，同时也扩大了国家开凿这种运河的组织权力。"① 意在说明中国运河的开凿与运作，具有明显的国家行政干预的作用与意义。冀朝鼎在叙述古代中国治水时，揭示出这样一个重要的事实。他说：

> 象这类大规模的事业，一开始就起到了国家的公共职能的作用。而大型的治水事业，几乎无例外地都属于公共工程。这一事实就使得人们理所当然地认为，这些工程是中国治水系统的不可缺少的部分。然而，除非清楚地讲明了这些工程对国家的利害关系及其所发挥的作用，不然，就永远不能充分领悟到治水发展在历史上的与社会—经济上的重要意义。②

可见，冀朝鼎强调作为公共工程的治水事业，其背后隐含地方机构乃至国家力量发挥领衔作用的职能与属性。时至明清，京杭运河南北贯通后，遂借其转运东南漕粮以实京师，故运河复统称为漕河。"漕河之别，曰白漕、卫漕、闸漕、河漕、湖漕、江漕、浙漕"，又以"闸、河、湖于转漕尤急"。③ 山阳、清河县恰处于河漕与湖漕的临界地带，而清口一带系黄、淮、运交汇之所，成为国家治理河道与漕粮转运的核心区域，④ 故置设漕河官员驻于淮安府山阳县及清江浦

---

① 〔美〕卡尔·A. 魏特夫：《东方专制主义——对于极权力量的比较研究》，徐式谷等译，中国社会科学出版社，1989，第25页。
② 冀朝鼎：《中国历史上的基本经济区与水利事业的发展》，第61页。
③ 《明史》卷85《河渠志·运河上》，第2078页。
④ 嘉靖年间淮安知府刘良卿为清口附近的惠济祠作碑记文，其中有曰："淮为畿辅要冲，而清口又淮之襟咽，洪流千里，星赴电逝，盘束于两涯之间，其据地险而系人心，盖势然也。"（见淮阴区政协文史资料委员会编《淮阴金石录》，香港天马出版有限公司，2004，第120页）其说虽经夸饰，不过仍可见清口及惠济祠等地形势之险。

镇，管理与控制漕河政务。关于漕河官员的职能结构及演变，据王英华等所述，"明初黄河为患较轻，朝廷以漕运总督监管河务。遇有洪灾，临时派遣总河大臣一员前往治理，事毕即撤，并非常设。总河设立之初，与总漕间的职掌没有明确的界限"，直至清顺治年间，专设总河一职管理黄、运河务，① 遂成定制。

漕、河乃国家要政，历来受到学者的高度关注。② 其中，侯仁之对靳辅治河过程的深入探究、③ 王英华对清口的治理活动及东、西坝等水工建筑的梳理分析，④ 颇资参考。邹逸麟对于清淮地区南、北运口的研究，对本章写作颇具启发意义。⑤ 与前章城市水利的微观视角相较，本章拟在前贤时哲的研究基础上，从中观的维度探讨国家治水活动与地方城市体系及格局的关系，也就是说，通过由明入清的国家治河方略的形成与施行，从"利""害"相生的角度，试图揭示山阳、清河两座城市截然不同的发展脉络，再以"运口"为核心，解释这一脉络形成的内在理路与逻辑；最后以水神祠庙的空间展布，尤其是天妃信仰的变迁，说明清淮地区水神信仰中心的转移，以此反映山阳、清河这两座城市的发展脉络。

---

① 王英华、谭徐明：《清代江南河道总督与相关官员间的关系演变》，《淮阴工学院学报》2006年第6期。
② 相关成果颇丰，兹不具举，请参王云《近十年来京杭运河史研究综述》，《中国史研究动态》2003年第6期；贾国静《二十世纪以来清代黄河史研究述评》，《清史研究》2008年第3期；马俊亚《被牺牲的"局部"：淮北社会生态变迁研究1680~1949》，第16~19页；胡梦飞《近十年来国内明清运河及漕运史研究综述（2003~2012）》，《聊城大学学报》（社会科学版）2012年第6期。
③ 侯仁之：《靳辅治河始末》，原载《史学年报》第2卷第3期，1936，后收入《我从燕京大学来》，生活·读书·新知三联书店，2009，第129~196页。
④ 王英华：《清前中期（1644~1855）治河活动研究：清口一带黄淮运的治理》，中国人民大学博士学位论文，2003；王英华：《清口东西坝与康乾时期的河务问题》，《中州学刊》2003年第3期。
⑤ 邹逸麟：《淮河下游南北运口变迁和城镇兴衰》，载《历史地理》第6辑，第57页。

第一节 水患共生与城市安全叙事

一 水患共生：山阳、清河城的例证

明嘉靖以后，黄河渐趋南徙夺淮，它"南从清河县前，亦与淮合，谓之小清口，径清江浦至草湾，转西南过淮安新城，北达安东"，[①] 淮河悉成黄河所经之道，可以说，黄淮合流构成了清淮地区自然与人文景观变迁的主要因素。必须说明的是，地方文献中有里河与外河之称，曰：

> 黄河以"外"称，以运渠在内曰里河，故以此为"外"，乃就清口以下之河而言也。其在清口以上则谓之北河，以其自北而来，且以别洪泽也。黄与淮自清口交会，合注而东，经关北，过郡城后，计五十余里，里俗皆称为外河。[②]

由是可知，运河与黄河因其位置，分别被称为里河与外河，而黄河的"外河"称谓，特指清口以下的这段黄淮合流的河道，清口以上的黄河则称为北河，意在"以别洪泽也"。因洪泽湖为淮河的入水

[①]（清）傅泽洪：《行水金鉴》卷60《河水》，第52页。
[②]（明）马麟原撰，（清）李如枚重修，元成续纂《续纂淮关统志》卷3《川原》。

处,这里的"洪泽"即代指淮河。另外,淮河确有"南河"之称,与黄河的"北河"相对。永乐年间,平江伯陈瑄奉命督漕,以维护运道为核心思想,形成了对黄、淮河的堤防建设与改造的总体规划。不过这些治河通漕的制度与规定,后来并未得到严格执行与落实,造成日久废弛的困境。比如闸坝设施的启闭问题,潘季驯"查得先该平江伯陈瑄创开里河,仍恐外水内侵,特建五闸,设法甚严,锁钥掌于漕抚,启闭属之分司,运毕即行封塞,一应官民并回空船只,悉令车坝,此在嘉靖初年尚尔循行故事,制非弗善也,奈何法久渐弛"①。所以这些闸坝等水工设施不能发挥应有的防御黄患的功能,遂致黄水倒灌入淮、入运,进而有可能侵袭城垣及城内。

先看山阳城的情况。《明史》卷85《河渠志·运河上》中曰:明初漕船"皆由江以入,至淮安新城,盘五坝过淮",五坝即指山阳新城附近的仁、义、礼、智、信坝,"其外即淮河",故而可以说,山阳城遭受洪涝灾害的侵扰与其濒临淮河的地理位置直接相关。再加上明嘉靖以后,江淮地区进入气候上的多雨期,山阳县更渐有黄、淮洪水冲啮城垣之患。关于城市水患的问题,在水利渠道浚治的过程中略已提及,不过叙述较为零散,且为了后文的探究与阐释之便,兹择其要者,将洪灾影响下的山阳城的情况胪列于下(见表5-1)。

表5-1 明代以降山阳城的洪涝灾害表

时间	洪水灾情	资料来源
1437年	大雨一月,水深数尺,城内行舟	正德《淮安府志》卷15《纪异》
1517年	霖雨不止,城内行舟	天启《淮安府志》卷24《丛纪志二·祥异》
1520年 1521年	大水,舟楫通于旧城南市桥	

---

① (明)潘季驯:《河防一览》卷7《两河经略疏》,第253页。

第五章
水工与祠庙：治水政治中的山阳、清河城

续表

时间	洪水灾情	资料来源
1570年	高家堰大溃，淮阴畚土塞城门，穴窦出入，而城中街衢尚可舟也	潘季驯：《河防一览》卷2《河议辨惑》
1585年	冲灌东联城水旱门，注三城，平地七尺	天启《淮安府志》卷13《河防志》
1621年	城外汇成巨浸，水灌淮城，民皆蚁城而居，舟行街市	傅泽洪：《行水金鉴》卷44《河水》
1672年	大雨五昼夜，堤崩河决数处，直犯郡城	乾隆《淮安府志》卷25《五行》
1685年	郡城水深四尺	
1705年	运渠涨溢，街市浮舟，山、盐、安淹没	
1774年	黄河决老坝口，水灌三城	
1782年	大雨两昼一夜，平地水二尺	曹镳：《信今录》卷6《纪事》
1790年	大雨一昼夜，城内街俱行船	

注：该表制作格式，参见李嘎《关系千万重：明代以降吕梁山东麓三城的洪水灾害与城市水环境》，《史林》2012年第2期。

虽然该表系不完全描述，不过仍可见出这样的事实：彼时山阳县水灌入城乃至城内行舟的情况并不鲜见，而且诚如前文提及的，这种情况可能会持续数年，从而给地方施政者造成严重的经济负担与心理压力。明嘉靖年间，知府张敦仁指出："淮居黄河、淮、泗下流，水盛则怀城襄邑，禾稼尽没；横奔则决闾市，溢运道。频年以来，日事修筑疏浚，费常巨万，是捍患之难。"①

淮安府的另一属县清河城，同样频年遭受洪灾泛溢之患、"捍患之难"，且较山阳城的情况更为严重。清河县的地理位置确实相当重要，"其地西、南皆距河，河中之舟之达于两京，与之乎四方者首尾相接也"②，当水陆交通冲要之区。不过这种区位条件并未转化成经济优势，诚如嘉靖年间山阳人胡应嘉所言：

---

① （明）张敦仁：《府官题名碑记》，载乾隆《淮安府志》卷29《艺文》。
② （明）王直：《抑庵文后集》卷7《送李太守序》，第481页。

> 河淮交会之滨，清河实莫厥邑，地瘠卤而民鲜薄。每秋水至，一望辄成巨浸，赋役之隶于制者，不稍损贷；编氓之系于籍者，日就流离。议者欲徙置其民而空其地，盖淮郡极敝之邑也。①

胡应嘉的这则序言凸显黄河秋汛带来的水患对于清河城的严重危害，即致其成为"淮郡极敝之邑也"。明正统二年（1437），知县李信圭奏报，"本县四月终霖雨坏麦，五月终淮水泛溢，漂流房屋孳畜甚众，民不堪命"②，即便这说的是清河县农村的情形，清河城必定亦未能幸免于难。清河城规模不大，城周六里，城门三座，至正德年间，受"历年淮水冲啮"之害，县治东五里处的清口驿，"崩坏殆尽"③，清河城垣亦逐渐废隳，"仅存遗址"④。

黄、淮洪灾亦造成清河居民逃亡流离，当地人口锐减，正德《淮安府志》卷9《民事·户口》中记曰："先是本县民数名存实亡，为接递夫役所困，兼以水旱频仍，逃亡者十之七八。"正德十年（1515），巡按御史张士隆檄令知府薛鏊招抚流亡民户，"构屋立市，给民散种，民始奠居"，其中"构屋立市"之策，即指清河城的"河南新市"，位于小清河南岸，故名。这些市场包括绥来坊、劝农坊、新市通衢坊、招商集贾坊、即次怀资坊、淮北通衢坊、河南新市坊等七坊，此乃地方政府为招徕流亡、发展农业、恢复城市经济而专设，张士隆、薛鏊等人俱有诗颂之。⑤ 不过嘉靖二十二年（1543），清河

---

① 嘉靖《清河县志》卷首胡应嘉序。
② （清）傅泽洪：《行水金鉴》卷62《淮水》，第80~81页。
③ 正德《淮安府志》卷6《规制二·公署》，第86页。
④ 正德《淮安府志》卷5《规制一·城池》，第48页。
⑤ 参见正德《淮安府志》卷16《词翰·诗》，如张士隆《清口绥来》曰："为惜穷愁苦，宁辞按历频。皇华生海甸，鸿雁满江滨。笑逐迁儒计，恩覃盛世民。蠡湖新有利，莘野尽耕春。"又如薛鏊诗名分别为：复业流通、乘屋托处、发廪赈穷、蠲租省负、辟芜成治、给力供耕、潴湖作□、教工勤业、凿泉资养、培植生财、懋迁居积、成梁涉利。

第五章
水工与祠庙：治水政治中的山阳、清河城

城复罹受大水，"自绥来以下七坊"，"一没尽倾，郡志惟徒存空名而已"。① 嘉靖《清河县志》卷1《建置·户口》中对民户的记载，仍然显示出水患的负面影响，曰："清之户口，视昔减耗，不啻过半焉。虽籍有成数，皆虚套也。余因并里之役，得阅核其实，细问其所以致此者，诸云：河水冲决，熟地沙淤河下，应付诸役毒累云。"故而河患与赋役使得民户逃离，可能成为清河县境的常态。前引嘉靖年间淮安知府张敦仁《府官题名碑记》中亦言及："淮户旧满十万，厥后日渐逃窜，据今版籍，仅乃半之。将欲还定安集，然有司诛求未已也，方归而复去矣，是招民之难。"② 虽然说的是赋役繁重的问题，但仍可从侧面见出水患对农业的影响，进而导致租税征收困难的局面，而就这种局面而言，清河县当是淮安府属县中较为严重的区域。

清河城规模较小，且仅存城垣废址。明嘉靖以后，黄淮并流，灾象愈重。天启府志中记曰："乃频流枕荡，市井荒凉，岁稽天浸而刚半水居，无可侈美以延大观。独三河所汇，古迹称雄，矧南北通衢，四冲表蕞，加城垣以为保障。"③ 所谓的"加城垣"当为保留其废基，而这城垣基址得以仅存的缘由，在于其濒临交通要道的地理条件。在这种利用漕河运道思想的指导之下，地方官员对清河县的现状可能亦有清楚的认识，即其城垣增修与建造徒增其劳而已，引致的后果则是水患频发与城垣废隳相互作用，清河城更加陷入生态环境恶化的困境之中，由此市井荒凉、城垣废隳成为常态。顾炎武亦引《南征纪略》曰：

  大河自宿迁东南流，过桃源县城北，又过清河县南。县无

---

① 嘉靖《清河县志》卷1《建置·街坊》。
② 乾隆《淮安府志》卷29《艺文》。
③ 天启《淮安府志》卷3《建置志·城池》，第146页。

城郭，阻水而居，闲如村落。自县渡河五里许，得淮河口。其水上承洪泽湖，湖水分注两派入河：一在清河南岸，一在甘罗城西。①

值得探究的是，《南征纪略》的作者孙廷铨中崇祯十三年（1640）进士，系明末清初时人，该书无疑与清军南下攻城略地有关，其对淮河口即清口交通路线的记载，恰恰可以见出清军的进攻路线。彼时在清口一带，清军先是遭遇了地方督抚路振飞、王燮等人的强势抵抗，其后又有刘泽清等藩镇割据地方、为祸一时，已见前述。地方士绅徐越的奏疏，复显现出藩镇势力对清淮河道与水利的影响，曰："不意甲申、乙酉年，四伪藩往来，刘泽清据淮，竟弛闸禁，以漕艘为贸易，遂至十余年来，黄水涨入，河身高于外河，河底高于城脚。"②遂致河道溃决，破城漂郭。清河城这种"无雉堞楼橹，因河为池"的城垣格局，"制度简陋，明季之乱再徙甘罗城"，不过不久仍复其旧，③即后世俗称的小清口旧县城。同样由于遭受洪水灾害的侵袭，清河县境的王家营镇亦屡易其地。史载：

> 嘉靖、万历之世，黄流失叙，廷议分河，镇滨河而处，乃数见于史，要为今镇以西之地。万历十九年夏，淮水暴涨，王家营初以河决告。自后迄于清康熙三十二年癸酉，阅年百三，而告决者十有二。康熙六年之决，民居没于水者数百家，镇东迁，分东、西营，衰落过半。二十七年秋，水大至，坊市崩于河，知县管钜

---

① （清）顾炎武：《肇域志》卷11，第398~399页。
② （清）徐越：《请复禁口利漕疏》，载（清）邱沅等修，段朝端等纂《山阳艺文志》卷3。
③ 光绪《清河县志》卷3《建置·城池》。

第五章
水工与祠庙：治水政治中的山阳、清河城

请于淮扬道，捐俸买山阳朱生地，东迁里许，期月而民复聚。①

黄河在清淮地区水流停缓、决口漫溢，直接导致了王家营镇民的东迁，在安置灾民东迁方面，地方政府如淮扬道、清河知县起了比较重要的作用。而黄河之所以连续决口，与明末的治河活动亦不无关联，即"又每水发，河臣辄加堤，而河身日益高，季驯之遗意亦失"②，此即意为洪灾来临，治河官员本能地兴筑堤坝设施。对此顾炎武亦有诗《寄张文学弨，时淮上有筑堤之役》曰："冬来寒更剧，淮堰比何如？"③顾炎武所述的这种筑堤之役，在清淮地区当极为常见。吊诡的是，修筑堤防设施所划拨的经费每至百万，却仍未能实收其效，徐越直陈其弊病曰：

自明之末年，支河故道废而不讲，黄河势大，逼住淮河，抢入天妃闸口，所以每岁五大险工告急，高家堰频危，年年修筑，岁岁救抢。运河屡挑而屡淤，下流屡修而屡决，以致终年补苴，耗糜国帑，竭尽民力，匪朝伊夕矣。④

徐越认为分黄导淮的策略，主要在于疏开支河，以泄积水，其得当与否暂且置之不论，不过他确实点明了问题的症结所在，即明末清初，河臣缺乏全盘部署，治河策略显然失当。徐越接着批判道：

自康熙二年至今，每岁当入夏徂冬，黄河水发，水大岸坍，

---

① 张煦侯：《王家营志》卷1《建置第一·沿革》，民国22年（1933）铅印本。
② 张煦侯：《王家营志》卷1《河渠第二·河水》。
③ （清）顾炎武著，王蘧常辑注，吴丕绩标校《顾亭林诗集汇注》卷5《寄张文学弨时淮上有筑堤之役》，上海古籍出版社，2006，第1020页。
④ （清）徐越：《分黄导淮事宜疏》，载（清）邱沅等修，段朝端等纂《山阳艺文志》卷3。

东补西救，万民呼号，官吏失色，或守包家圩，或叠三城坝，或救杨家庙，或护文华寺，或防高家堰，或议闭周家桥，或议筑翟家坝，或议请发国帑修复减水坝，非逼淮与河争，则听河为淮患，此皆塞口止啼之法，而不得挈领振裘、抽薪止沸之道者也。①

这种治河策略中的"塞口止啼之法"，并不能解决清淮地区的水患问题，反而由于大量水工建筑的反复生成、相互作用，整个水道系统陷于混乱而脆弱的生态环境之中，这些水工建筑的兴建过程及其对地方城市体系的影响，详见后文。另外有学者强调河道治理过程中的封建政治色彩，即"河务则可以营造出极为直观的宏大工程，给好大喜功的统治者以视觉上的满足。因此，许多治水工程，当时常常被夸为泽及万世，一劳永逸地解决了积患，实际上，真正有价值的工程并不多。这也是淮北治水事务投入多、效果差的原因之一。"② 其他原因诸如河政贪墨腐败等问题渐趋严重。因而可以说，明清两代虽出现过河道安流、漕运畅通、民生稳定的局面，但直至清咸丰年间黄河铜瓦厢决口时，国家仍未能较为彻底地解决清淮地区的河患问题。

二 水患相关传说、谣谚的生成与演绎

明嘉靖以后，清淮地区水患深重的现实，对于当地居民来说，更在心理上造成了巨大的压力，这种内在的心理压力，复通过民间传说与谣俗谚语的形式表述出来，由此我们可以大略了解彼时面对洪灾时

---

① （清）徐越：《分黄导淮事宜疏》，载（清）邱沅等修，段朝端等纂《山阳艺文志》卷3。
② 马俊亚：《被牺牲的"局部"：淮北社会生态变迁研究（1680～1949）》，第55页。

第五章
水工与祠庙：治水政治中的山阳、清河城

的民生众相。在关于清淮水患的民间传说中，无支祁的故事当最具典型意义。李若建在对 20 世纪 50 年代中国大陆地区的谣言研究中，专辟苏北地区的"毛人水怪"一章，认为"由于'无支祁'与'毛人水怪'之间存在着类似，同时考虑到传说中'无支祁'是淮河的水怪，并且还锁在苏北洪泽湖旁的盱眙县，而苏北正是'毛人水怪'的源头之一，因此可以假设'毛人水怪'很可能是由'无支祁'演化而来"。① 李若建的这一假设，在马俊亚的研究中得到了进一步证实，他说，"'毛人水怪'的出现，绝非 20 世纪四五十年代所仅见。从纵向的时间来看，淮北历史上是'毛人水怪'事件的高发区"，并给出了汉唐以降，由苏北、皖北、鲁南构成的淮北地区"毛人水怪"的历史叙述。② 他同时准确地指出，"毛人水怪"事件的出现，根源于淮北地区人们的群体性恐惧。而明代以降当地频发的水患，更加剧了这种恐惧心理，即"洪水到来时，那毁灭一切的浑然气势，让人类顿觉自身的渺小。洪灾过后，即使幸存下来，人们心理的创伤也至痛至巨。被洪水吞噬的家园、亲人的生离死别、个人的无助感，等等，均对民众心理造成普遍的伤害。由此造成民众恐惧益深，迷信日炽"。③ 这种恐惧，在淮北地区民众的意识中，逐渐酝酿，反复堆积，进而发酵，遂最终成为李若建所说的"由民间传说构成的'集体记忆'"，而又"在民间以口述的方式延续，并且通过文艺作品的形式传播"④。在科学知识匮乏的时代，类诸无支祁与毛人水怪这种关于水患的民间传说，很容易为普通民众所接受与认可，这也是淮北地

---

① 李若建：《虚实之间：20 世纪 50 年代中国大陆谣言研究》，社会科学文献出版社，2011，第 52~53 页。
② 马俊亚：《恐惧重构与威权再塑：淮北"毛人水怪"历史背景研究》，《南京大学学报》（人文科学·社会科学）2013 年第 6 期。
③ 马俊亚：《恐惧重构与威权再塑：淮北"毛人水怪"历史背景研究》，《南京大学学报》（人文科学·社会科学）2013 年第 6 期。
④ 李若建：《虚实之间：20 世纪 50 年代中国大陆谣言研究》，第 50 页。

区或清淮地区水神信仰极为兴盛的主要原因。

毋庸置疑，这类民间传说有其生态水环境恶化的现实依据，而且这在南宋以降黄河开始夺淮之后的诗文作品中亦可见一斑，如元人陈孚诗谓："黄河忽西来，乱泻长淮间。冯夷鼓狂浪，峥嵘雪崖堕。惊起无支祁，腥涎沃铁锁。两雄斗不死，大声吼乾坤。"① 这首《黄河谣》状摹出黄、淮两水"争斗"的场景，并掺入无支祁即巫支祁的形象，将河患与水怪联系起来看待，可见他对无支祁的传说亦有所闻，且不排斥，可能还想借此传达警示世人的意愿。明代以后，这种民间传说仍然存在，而且其群众基础愈益扩大，这些民间传说的因素进一步融入地方官员与士绅的文本叙述中。作为当时当地的社会精英，他们属于亲身参与者，对清淮地区的城市水患更有深刻的体认，而他们那些诉诸文字且保留下来的记载，或许更可使我们了解到水灾所带来的创伤与痛楚的记忆。正德年间知府薛鏊《悯水》诗曰："雨余洪水积初秋，新旧城中总漫流。沉灶几家烟火断，腾云无数蛟龙稠。"② 由"新旧城"可知这说的是山阳城的情况，其中值得注意的是最后一句中的"蛟龙"，这是古代传说中翻江倒海、腾云驾雾、能发洪水的一种龙，由此不难见出包括地方官员在内的山阳城居民在洪水来临时的那种恐惧心态。嘉靖以后，河患愈烈，类似的记载更趋增多，如崇祯间诸生吴珊《河道难》诗谓：

二水分流安澜久，沧桑几度河东走。昆仑直下篡桐柏，夺我淮流主人宅。

主客相争迄不宁，沙停海岸高如城。以此二水战心腹，淮流溃南黄溃北。

---

① （元）陈孚：《陈刚中诗集》卷1《观光稿·黄河谣》，第620页。
② 正德《淮安府志》卷16《词翰》，第507页。

第五章

水工与祠庙：治水政治中的山阳、清河城

> 鲸鲵入市鼋鼍奔，沙鸥一去归无门。行人过此辄叹息，昔日桑麻何处村。①

这里，吴珊具体列举出黄淮水患带来的影响包括河道溃决、泥沙淤积、洪水灌城、农田荒废等方面，其中将洪水灌城喻为"鲸鲵入市鼋鼍奔"，由这种带有神话传说色彩的语汇，仍然可以看出其内心的恐慌与不安。

清淮地区系国家运道重要路段，为了保障运道安全，朝廷派遣河臣采取系列举措治理河患，而问题的核心聚焦于黄与淮、浊与清的相互关系，由此又可缕析出黄、淮河是分流还是合流，如何利用淮河的"清"，来治理黄河的"浊"，关键是如何处理容易停积、淤塞河道的泥沙问题。其中以潘季驯的加筑高家堰，以便施行蓄清刷黄之策影响最巨，详见后文。在这种政策的指导之下，高家堰堤愈益增高，竟然势与城平，诚如丘象升《高堰叹》中所言："地中不治治地上，黄金卷埽空歔欷。"② 又如朱彝尊诗谓："城楼高见碧湖悬，淮堰将倾近百年。比岁凶荒耕未得，向来修筑计谁先？"③ 可见由于高家堰逐年加增，其西侧的淮河俨然成为地上悬河，对山阳、清河城形成建瓴之势，构成了极大的安全隐患。当然明清两代的大部分时间，清河县已无城可恃，其情势当更为严峻。④ 高家堰这样的水利工程，复使清淮民间社会中衍生出"倒了高家堰，淮扬不见面"这样的谣谚，梁章

---

① （清）丁晏原辑，周桂峰校点《山阳诗征》卷10《明》，第351页。
② （清）丘象升：《南斋诗集》不分卷《高堰叹》，《清代诗文集汇编》第113册，上海古籍出版社，2010，第610页。
③ （清）朱彝尊：《曝书亭集》卷7《古今诗·淮南感事》，《景印文渊阁四库全书》集部别集类，第1317册，台湾商务印书馆，1986，第474页。
④ 清初马西樵《清河道上愍潦》（见乾隆《淮安府志》卷30《艺文》）诗曰："空村浮浅涨，百里尽飞烟。异县秋同潦，孤城晚进船。""异县"即指谓清河县，相对于山阳县而言，两县同受秋潦之患，不过更可见清河县境之破败与荒凉。

钜《甲申仲冬杂诗》中曰:"盈科随地纳汪汪,归壑刚逢令白藏。毕竟天心仁爱甚,犹容见面有淮扬。"末句即改编自谣谚"倒了高家堰,淮扬不见面",并注曰"相传古谚如此",① 其意谓这一谣谚起源甚早,不过就"淮扬"指的是淮安府、扬州府来说,它仍然是明代中叶以降黄河固定侵夺淮河故道后的产物,高家堰无疑成为清淮地区居民心理上的最大隐忧,其一旦决溢,势必造成巨大的经济与人身损失,故有"淮扬不见面"之说。

---

① (清)梁章钜:《退庵诗存》卷11《甲申仲冬杂诗》,《续修四库全书》集部别集类,第1499册,上海古籍出版社,2002,第532页。

第二节 利害相生：国家治水方略与地方水工建设

一 国家治水方略的理论与实践

自京杭大运河南北贯通之后，国家借其转运江南地区的漕粮，供输京师百官的日常消费。在这一过程中，产生了一系列的问题，水患灾害造成运道梗阻，无疑是其中最为重要的问题之一。明初，这种情况已然出现，陈瑄等人修筑堤防是明代治运方略的初型。天启《淮安府志》卷13《河防志》中记曰：

> 虑北河溢涨，则南侵漕河，于是堤北河之南岸，起清江浦，沿钵池山，过新城柳浦湾迤东，长四十余里，以护漕河。而石礅鸡嘴于草湾对岸之冲，以护堤。虑南河涨溢，则北侵漕河，于是筑漕南之高家堰，起武家墩，经小涧、大涧至阜陵湖迤南，长二十六里二分里之半，以护漕河。

为了保障漕河运道的安全，陈瑄督漕期间即已兴筑黄、淮河堤。"北河"即指黄河，不难看出，彼时自清江浦至山阳县这段黄河，其水溜多冲刷南岸，容易造成河形坍塌，故于黄河南岸筑河堤以护之。基于同样的原理，为了防止淮河向北冲啮运道，修筑淮河北岸之堤，即高家堰的前身。

明中叶以前水患的重点区域位于鲁南及徐州一带，当时采取的策略主要是"北堤南分"。张含英总结："明代前期黄河又多次北决，冲毁张秋故道，于是，治河方略从明初的单纯分流改变为'北堤南分'的主张"，即"在徐州以上北岸筑堤防守，以免北决犯运河，而在南岸则采取数支分流，以杀水势"。① 弘治八年（1495），刘大夏兴筑太行堤，这种"北堤南分"的策略达至高峰阶段。这一策略的施行，对整个淮北地区的河道治理格局产生了重大影响。史载嘉靖六年（1527）以后，"河流益南"，其具体流路为："一支入涡河直下长淮，一支仍由梁靖口出徐州小浮桥，一支由赵皮寨出宿迁小河口，各入清河口，汇由新庄闸入里河，水退沙存，日就淤塞。"② 这三条支河，可视为明代部分河臣施行的分流以杀黄河水势策略之局部情形，虽然呈三支分流之态，不过均"入清河口"，这清河口指谓的是大清口。如此情形，以一清河口承受三条黄河支流，势必给当时的运道带来巨大安全隐患。

嘉靖初年，地处下游的清河口一带既已淤塞，桃源县境三义口遂亦淤塞。自三义口淤塞之后，"河流南徙于清河县前，与淮水交会于小清口"，由于"黄强淮弱，横截河口，于是淤湖、淤运，百病丛出矣"。③ 这种黄淮河患趋向严重的生态环境变迁，造成河患治理区域的重心转移，即由鲁南、徐邳转向淮安府，即如嘉靖年间漕运总督周

---

① 张含英：《明清治河概论》，第60页。
② （清）傅泽洪：《行水金鉴》卷115《运河水》，第689页。
③ （清）完颜麟庆：《黄运河口古今图说》不分卷，王云、李泉主编《中国大运河历史文献集成》第67册，国家图书馆出版社，2014，第131页。

第五章
水工与祠庙：治水政治中的山阳、清河城

金所言："昔之为沛县害者，今移淮安矣。"① 也就是说，这种向南分流的策略也不可行，反而因为"大势既已南徙，支河又多淤塞"②，淮安府洪灾为患频次骤升。所以明代中叶以后，淮安府尤其是清河县境的清口、高家堰等处，成为国家通运行漕与河道整治的关键性区域或节点。治河方略的施展，导致淮安府内闸、坝等水工设施的交替、兴废。嘉、隆之际，朝廷采取的治河策略又转变为"南北俱堤"，不过这一策略仍然坚持南轻北重的原则，一定程度上导致"既不能防御黄河水患，而淮又以受河水淤垫顶托，灾害日加严重，以至泗州祖陵浸没威胁日大，漕运阻滞日甚"，所以治河方略集中于分黄导淮与修筑高家堰的博弈之中。③

明中叶以后，河患治理的争论焦点集中于黄、淮是否分流的问题，即"分黄导淮"与"筑堤、束水、攻沙"之间的交锋，诚如陆陇其所言："潘季驯、杨一魁二人，相接为总河，一主筑堤，一主分黄导淮，此议论之最不同者。"④ 杨一魁于万历二十年（1592）后始任总河都御史，潘、杨二人的观点争锋，确实最具代表性。不过分黄导淮中的"分黄"提议，于万历初年即有论及，是为疏凿老黄河之议，其事曰：

> 是时，河决崔镇，黄水北流，清河口淤淀，全淮南徙，高堰湖堤大坏，淮、扬、高邮、宝应间皆为巨浸。大学士张居正深以为忧。河漕尚书吴桂芳议复老黄河故道，而总河都御史傅希挚欲塞决口，束水归漕，两人议不合。⑤

---

① 《明史》卷83《河渠一·黄河上》，第2035页。
② （清）顾炎武：《天下郡国利病书》不分卷"淮徐备录"，第1195页。
③ 张含英：《明清治河概论》，第65页。
④ （清）陆陇其：《三鱼堂剩言》卷10，《景印文渊阁四库全书》子部儒家类，第725册，台湾商务印书馆，1986，第611页。
⑤ 《明史》卷223《潘季驯列传》，第5870页。

· 297 ·

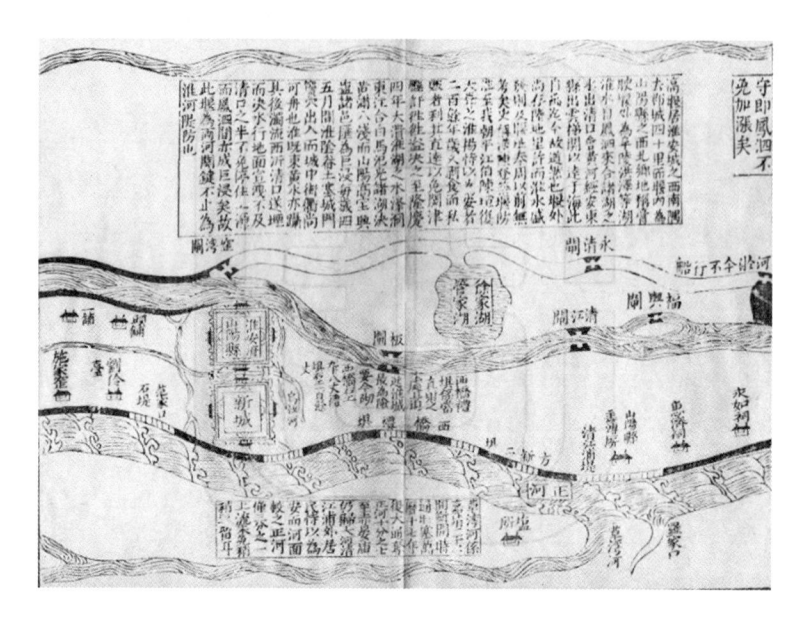

图 5-1 清淮地区水道形势图

资料来源：潘季驯《河防一览》卷1《全河图说》。

黄河这次崔镇决口，发生于万历五年（1577），时任河漕尚书的吴桂芳提议恢复老黄河故道，而傅希挚则主张筑堤束水，与潘季驯的观点较为一致。关于老黄河故道，潘季驯据淮人所言，指的是"自桃源县三义镇，经毛家沟、渔沟等处，出大河口"[①]的这段黄河，其后复分几条支流从五港灌口、云梯关等处入海。而分黄导淮策略中的"导淮"部分，万历初年亦已出现，如万恭奏曰："惟朝廷定策，固高、宝诸湖之老堤，建诸平水闸，大落高、宝诸湖之巨浸，广引支河归射阳入海之洪流，乃引淮河上流一支入高、宝诸湖"，[②] 导引淮河水流入高、宝诸湖，再借由里下河地区的各条支河，汇归射阳湖、经

[①] （明）潘季驯：《河防一览》卷2《河议辨惑》，第178页。
[②] （明）万恭：《治水筌蹄》卷上，转引自张含英《明清治河概论》，第65页。

第五章
水工与祠庙：治水政治中的山阳、清河城

范公堤入海，即为"导淮"措施之一。① 不过，万历初年的分黄导淮策略，除了开凿草湾河之外，大多仅停留于提议阶段，并未付诸实践，占据主导的为束水攻沙之策，潘季驯直陈分黄导淮方案之不可行，如缕析恢复老黄河故道的弊病曰：

> 谓之老黄河故道，殊不知大河口去见行清口，仅五里许，至此复与黄会，何能遮杀清浦、泗州水势？若如近议，欲改从叶家冲、周伏三庄、瓦子滩，入颜家河，则自渔沟而北，又非老黄河故道矣。②

因吴桂芳与傅希挚治河意见相左，遂"改希挚抚陕西"，吴桂芳则"居职如故"，不过"未逾月卒"，复以潘季驯治理漕河。③ 潘季驯在治理河患的过程中不断积累经验，以至能达到"不特公习河，而河亦习公"的境界。④ 此语虽不免夸饰之嫌，不过至万历时期，待他三任总理河道都御史的时候，确实形成了"修堤束水、使之归槽、用水刷沙、以水攻水"的相对成熟的思路，并且"通过修筑缕堤、遥堤和与之辅助的月堤、格堤的手段"，"找到了相对科学的治理途径，使随修随淤的问题得到了一定程度的缓解"，⑤ 这些治河思想在淮安府河道治理与堤防建设中得到了较为系统的实践。筑堤防洪是王

---

① 关于淮河经射阳湖入海的通道及其变迁过程，参见蔡泰彬《晚明黄河下游州县的环境变迁——射阳湖的淤浅与淮南水患》，载王纲领等主编《史学研究与中西文化：程光裕教授九秩寿庆论文集》，台湾学生书局有限公司，2007，第109~138页。
② （明）潘季驯：《河防一览》卷2《河议辨惑》，第178页。
③ 参见《明史》卷223《潘季驯列传》《吴桂芳列传》。
④ （明）王锡爵：《总理河道提督军务太子少保工部尚书兼都察院右副都御史印川潘公季驯墓志铭》，（明）焦竑编撰《国朝献征录》卷59《都察院六》，《四库全书存目丛书》史部传记类，第101册，第243页。
⑤ 牛建强：《明代黄河下游的河道治理与河神信仰》，《史学月刊》2011年第9期。

宗沐、潘季驯等人普遍采取的治理水患措施，而高家堰则为这一措施的典型代表，自明嘉靖末年以后，高家堰频繁出现在淮安府的治水实践中。

必须承认的是，潘季驯的这些治河方略虽然在短期内取得了明显效果，不过始终未能解决晚明的黄、淮水患问题。万历十九年（1591），"泗州水患异常，公署州治水淹三尺，其城内原有水关，后因淮水高于城濠，故筑塞水关以防水灌，致城内积水不泄，居民十九淹没"①，二十二年，淮水泛涨，更是"没泗州祖陵，天子震怒，逐总河大臣"②。于是朝臣上下复"有勘河之役，建议分黄导淮"③。万历皇帝则命工部侍郎杨一魁"主其事，议主分黄而治"④。万历二十三年（1595），"勘河科臣张企程、总河杨一魁等议，欲分杀黄流以纵淮，别疏海口以导黄"⑤，此为分黄、导黄之意。万历二十四年八月，开始真正全面施行分黄导淮之策。就当时"分黄"的方案来说亦有分歧，不过"惟黄家坝在清河之上，黄流入口既顺，旧渠又有可因，且与鲍王口下流交会，诚为便利"⑥，遂"行委郎中詹在泮等开桃源黄坝新河"⑦，张兆元对其具体流路的表述更为明晰，故迻录于下：

乃于黄家坝开新河分黄，由周伏庄、袁家庄、陈溪、岔庙、稽朝口、挂甲墩、五港、灌口入海，又因鲍王决口议建闸座，俾

---

① 《明神宗实录》卷240"万历十九年九月戊辰"条，黄彰健等校勘，台北"中央研究院"历史语言研究所，1962，第4460~4461页。
② （明）陶望龄：《歇庵集》卷17《四川道御史耐庵陈公墓志铭》，第558页。
③ （明）毕自严：《石隐园藏稿》卷8《书·与解石帆》，《景印文渊阁四库全书》集部别集类，第1293册，台湾商务印书馆，1986，第646页。
④ （明）吴道南：《吴文恪公文集》卷2《泇河议》，第292页。
⑤ 《明神宗实录》卷289"万历二十三年九月壬辰"条，第5361页。
⑥ （明）张兆元：《淮阴实纪》不分卷《分黄导淮议》，明万历刻本。
⑦ （清）傅泽洪：《行水金鉴》卷64《淮水》，第110页。

第五章
水工与祠庙：治水政治中的山阳、清河城

河水分泄，亦入周伏庄与黄交会，同至灌口入海。①

"导淮"则辟开位于清口的门限沙，"裁去张福堤，于周家桥则疏浚深阔，于高良涧议建减水石坝，于泾河疏渠筑堤，以通武墩之下流，由射阳湖入海；于子婴沟浚渠筑堤，以分周桥、高涧之下流，由广阳湖入海；又于金湾、芒稻河辟一新渠，俾之入江"②。这是明代河臣分黄导淮之议的全面实践，也是为"急救祖陵"而采取的权宜之计。③ 不过与潘季驯等人"束水攻沙"策略相似的一点是，分黄导淮的初期，效果明显，黄、淮"二渎春流无恙，各工渐次底绩，乃喜"④，杨一魁等人因治河有功，均得以晋升官职。然而由于分黄导淮提议本身隐含的痼疾，这种良好情势亦并未持续多久。其中应"分黄"之策而开黄家坝新河的弊端，如海州人张朝瑞所言：

> 今以泗州水患，而为分黄导淮之议，淮之患在泗州，黄之患在清河，分清河之黄，以导泗州之淮，势不相及。凡水合则力强，流急而河辟；分则力弱，流缓而沙淤。禹导河合九为一，以迎其奔放之冲，而开黄家坝新河以分其入海之路，是反症行医也。⑤

"导淮"的策略同样面临水流势缓、沙石淤积的困境。总而言之，明代中叶以降，黄、淮河患始终对淮安府的城市与民生造成安全威胁，而且更为重要的是，明代不仅要保证运道畅通，还要防止黄水

---

① （明）张兆元：《淮阴实纪》不分卷《分黄导淮议》。
② （明）张兆元：《淮阴实纪》不分卷《分黄导淮议》。
③ 《读史方舆纪要》卷127《川渎四·淮水》，第5437页。
④ 《明神宗实录》卷295"万历二十四年三月丙申"条，第5497页。
⑤ （清）康基田：《河渠纪闻》卷11，第112页。

倒灌入淮，进而淹没泗州的明祖陵。在这样的政治与社会背景之下，无论是潘季驯等人的束水攻沙，还是杨一魁等人的分黄导淮，"两种治理策略都受到技术条件的制约"①。其实不仅是技术条件的制约，河道治理的方略更带有以国家政治为导向的意涵，即每一个治河决策的生成、争议及最终的实施，均渗透着朝廷官员纷繁纠葛的政治诉求，甚至可以明显看到国家君主意志在策略取舍中的决定性影响。

二 坝与闸：山阳、清河县的水工建设及其变迁

1. 明代初期淮安府县的水工建设

"水工"即水利工程的简称，这里谈论的主要是淮安府属山阳、清河县境的坝与闸。明永乐初年，"凡漕运北京，舟至淮安，过坝渡淮，以达清河"②，"坝"指淮安、满浦诸坝。史载："满浦、淮安、南锁三坝，旧以无闸而设。"③ 以上诸坝在明永乐二年（1404）以前即已付之使用，④ 淮安卫都指挥使施文言称："淮安诸坝，舟航往来，每遇天旱，坝下淤浅，重劳人力"，并呈请修葺清江浦二闸，"以便往来"⑤。可见盘坝过淮需要耗费大量人力，所以很明显，就水工设施的效能来说，闸优于坝。为了减轻挽输之苦，陈瑄采纳淮安耆民之言，依宋故沙河之旧有河形，疏凿清江浦河，修管家湖堤十里，并在

---

① 〔美〕戴维·艾伦·佩兹：《工程国家：民国时期（1927~1937）的淮河治理及国家建设》，姜智芹译，江苏人民出版社，2011，第15页。
② （明）王圻：《续文献通考》卷39《国用考·漕运下》。
③ （明）吴道南：《吴文恪公文集》卷8《闸坝》，第364页。
④ 《明太祖实录》卷134"洪武十三年冬十月乙亥"条（第2124页）曰："其湖广、江西等处运粮船，可由大江黄泥滩口入转运河，过淮安坝，以达凤阳及迤北郡县。"可见洪武年间，淮安坝确实已然存在，且一度作为两淮都转运盐使司批验盐引所之一，实为盐运中枢，见正德《淮安府志》卷6《规制二·公署》，第83页。
⑤ 《明太宗实录》卷36"永乐二年十一月癸卯"条，第623页。

第五章
水工与祠庙：治水政治中的山阳、清河城

运道上置设移风、清江、福兴、新庄四闸，"以时启闭，严其禁"①，由此明代的漕粮河运事业步入正轨。潘季驯对诸闸的使用与运作述曰："递互启闭，以防黄水之淤。又于水发之时，闸外暂筑土坝遏水头，以便启闭，水退即去坝，用闸如常，其法至善。"② 既已建置新庄等闸，山阳城附近的淮安、满浦、南锁三坝皆废置不用。不过，为了防止黄水倒灌、运道梗阻，陈瑄在洪武年间仁字坝的基础上，复在新城东门外东北、西门外西北，分别建置义、礼、智、信四坝，坝"外即淮河，遇清江口淤塞"，运船及官民商船经此入淮，③ 行向清口北上。需要指出的是，有材料显示陈瑄修建了淮安五坝，比如傅泽洪《行水金鉴》卷106《运河水》引朱国盛《南河全考》曰：永乐十三年（1415），陈瑄"建淮安五坝，运船经坝入淮"④。其实陈瑄所建的是其中的四坝，这是运河史研究中应该注意的问题。

为了维持运道的正常通行秩序，陈瑄等人奏请设置专员管理与修治闸坝设施。永乐十四年（1416），在"山阳县之清江、福兴，清河县之新庄闸，置闸官各一员"⑤，二十一年又于移风闸置闸官一员，⑥ 各闸又有闸夫若干名，系山阳县、清河县"每年编送"⑦。闸夫之外又有坝夫之设，宣德五年（1430），陈瑄言称："满浦、五坝间废已久，其官吏、坝夫俱无差役，乞令守视西湖堤岸。"⑧ 可见明初满浦

---

① 《明史》卷85《河渠三·运河上》，第2081页。
② （明）潘季驯：《河防一览》卷8《工部覆前疏》，第274页。
③ 正德《淮安府志》卷5《规制一·津梁·闸坝附》，第55页。
④ 又见《读史方舆纪要》卷22《江南四·淮安府》"山阳县"栏"新城"条；乾隆《江南通志》卷58《河渠志·运河一》。（明）马麟原撰，（清）李如枚重修，元成续纂《续纂淮关统志》卷4《乡镇》中记云："五坝皆运河未筑之前，为湖水而设也"，运河即清浦河，此谓五坝筑于永乐十三年之前，其实不然，清江浦河未开之前盘坝入淮的"坝"，当指的是淮安、满浦等坝。
⑤ 乾隆《淮安府志》卷6《河防》。
⑥ 《明太宗实录》卷259"永乐二十一年夏五月丙戌"条，第2379页。
⑦ （明）席书编次，朱家相增修《漕船志》卷1《建置·闸坝》，第348页。
⑧ （清）傅泽洪：《行水金鉴》卷107《运河水》，第600页。

及淮安五坝等处确有坝夫，并服有差役。其差役的具体内容，诚如万恭《治水筌蹄》中所言："坝夫，若奔牛之勒舟，淮安之绞坝者是也。"① 所谓"绞坝"，即由于坝顶水流太浅，船不能过，需要"以车挽船过坝"，② 这里的"车"当指的是带有绞盘装置的水车，故称坝夫的这一差役为车盘、盘坝或车过。

明代中后期，为了治理黄河固定夺淮入海带来的严重水患，国家不定时地派遣河臣，先后施行"北堤南分""南北俱堤""束水攻沙""分黄导淮"等治河策略，已如前述。③ 这些治河方略均有其难以消解的深层弊病，其中的任何一种都没有从根本上解决河患问题。既然如此，笔者更在意的是，这些治河方略的施展对淮安府地方社会的影响是怎样的。具体来说，不仅河患本身对山阳、清河城造成生存威胁，从而采取闸坝更替与兴筑堤防等措施抵御洪灾、治理水患，这些治理策略的施行，亦必然对水工设施与城市变迁产生深刻影响。借助这两个维度，我们可以观察在国家治河方略下，淮安府城市格局变迁及最终成形的过程与理路。

2. 坝与闸：论水工建设重心的转移

在讨论水工建设重心的转移之前，还有必要先了解这一区域河道水文的宏观环境。黄、淮、运三河流经淮安府境，最为明显的特点是它们与清河县城、清江浦镇、山阳县城的相对位置极为接近。如清河城，"雄据大河之口"，"下俯长淮，前瞰清口"，④ 实为南北冲要之

---

① （明）万恭原著，朱更翎整编《治水筌蹄》卷下，水利电力出版社，1985，第12页。
② （明）王琼：《漕河图志》卷1《漕河建置》，转引自李金凤《明代漕河夫役研究》，辽宁师范大学硕士学位论文，2013。
③ 需要承认的是，张含英在《明清治河概论》的部分章节中，对这些治河策略的总体演变历程已有论述，笔者所做的工作是以淮安府为立足点，重在探讨这些治河策略对地方社会的影响，因而前文对"束水攻沙"等治河策略的梳理，正是在此基础上做出的。
④ 嘉靖《清河县志》卷1《形胜》。

第五章
水工与祠庙：治水政治中的山阳、清河城

地；清江浦镇处的"内、外河相隔仅得一线之堤，最为吃紧"①，镇即位于内河（清江浦河）的南侧；再如山阳城，在黄、淮河未经草湾改道之前，"其外即淮河"②，城市与河道的位置亦极相近。通过对这三座城（镇）周边的坝与闸等水工设施的分析，可以爬梳出淮安府城市体系形成的动因与理路。

先来看坝的情况。潘季驯《河防一览》卷3《河防险要》中指出："黄河自清河县出口，由西射东，甚湍急，然扫湾迎溜之处，不过一百五十丈。"所谓"扫湾"，指的是"河身微有湾曲之处，水势湍急，逼溜刷卸也"③，可见扫湾处水流的特点主要为溜大湍急。漕运总督户部右侍郎傅希挚奏称："清江浦至西桥一带，堤岸当黄、淮扫湾之冲。"④西桥位于山阳城西北关厢相家湾的西面，"黄河经此，最为险要"⑤。黄河流至西桥处当仅宽150丈，这一河段为清江浦河典型的扫湾迎溜之处，亦如潘季驯所谓："黄、淮二渎，交流注海，越五十里，一大折于淮郡之西桥。"⑥这一河道形态，使得山阳城西北关厢多受黄、淮河侵啮之患，永乐年间即已出现堤岸崩塌及坝工弃用，史载："淮安西湖河岸，乃牵挽舟船往来通路，比因风浪冲激，岸多崩塌。"满浦及淮安五坝亦渐趋废置。⑦潘季驯认为，"官民船只悉由五坝车盘"的转运方式甚为便利，并称"淮郡晏然，漕渠永赖，而陈平江之功至今未斩也"，遂有兴复淮安五坝之举。⑧必须指出，在潘季驯修复淮安五坝之前，山阳城附近用于车盘入淮的另有方家

---

① （明）潘季驯：《河防一览》卷3《河防险要》，第187页。
② 《明史》卷85《河渠三·运河上》，第2081页。
③ 全国经济委员会水利处编《中国河工辞源》，全国经济委员会出版，民国25年（1936），第23~24页。
④ 《明神宗实录》卷142"万历十一年十月戊午"条，第2643~2644页。
⑤ （明）马麟原撰，（清）李如枚重修，元成续纂《续纂淮关统志》卷4《乡镇》。
⑥ （明）潘季驯：《河防一览》卷3《河防险要》，第187页。
⑦ 乾隆《淮安府志》卷6《河防》。
⑧ （明）潘季驯：《河防一览》卷7《两河经略疏》，第251页。

坝。嘉靖八年（1529），"漕抚都御史唐龙于淮安城西北开乌沙河，筑方家坝，以车船只，坝内建闸"①。据此似可得知方家坝、闸俱始建于嘉靖八年，其实不然，明嘉靖九年（1530）总河都御史潘希曾等人当为方家闸的实际建造者，彼时其有奏疏曰：

> 奈建闸地基在信字坝，尚有不便，盖必由通津桥，而东行二百余步，转折而北，又须拆民居房室数家，方可建置其方家坝，则坝西观音堂前，已有空便基地，且观音堂系尼僧创建，应合拆毁，先作石闸一座，仍将里口新建板桥，再加桩木筑打，中留闸门，立木枋，挨牌启闭节水，可以祛水患、通运道。②

由是可知，方家闸乃以观音堂旧基与借助观音堂附近地块而建，揆诸地望，此处的观音堂指的当是永乐年间平江伯陈瑄建于板闸镇、正德年间复经翻修的佛堂，③且判得方家坝在板闸观音堂东侧。潘希曾的奏疏中还说道："除信字坝工费浩大，难并建闸外，合先于方家坝旁，次及原议清江浦月河口，各建石闸一座，里水可以顺出，酌量淮水消长，随宜开闭车盘。若水落之甚，仍开新庄故道，经行粮运，庶免妨阻之患，实经久可图之计也。""里水可以顺出"中的"里水"即指里河亦即清江浦河，则山阳城方家坝与清江浦月河处的石闸，与清河县城清口附近的新庄闸形成了三闸随宜启闭、互相配合的运作模式，"若或河涨大甚，则三闸俱闭，船由信、方等坝车盘，盖因时救患通漕之计也"④。值得注意的是信字坝，前文述及仁、义、礼、

---

① （明）胡应恩：《淮南水利考》卷下，第308页。
② （明）潘希曾：《竹涧集奏议》卷4《河道疏》，《景印文渊阁四库全书》集部别集类，第1266册，台湾商务印书馆，1986，第805页。
③ 天启《淮安府志》卷23《丛纪志一·寺观》，第963页。
④ （明）潘希曾：《竹涧集奏议》卷4《河道疏》，第806页。

第五章
水工与祠庙：治水政治中的山阳、清河城

智、信五坝俱废置已久，不过距山阳城最远、与方家坝最近的信字坝，嘉靖年间当复又兴修，从而与方家坝一并得到利用，取代了仁、义、礼、智四坝，发挥了山阳城附近盘坝入淮的主要运输功能。虽然方家坝与信字坝皆投入使用，不过最初设置的时候，时任知府葛木力持不可，山阳乡官都御史潘埙还曾作《河防议》，以证其法不可行，议曰：

> 地名山子湖，连窑沟一带，正系受水之处。此处筑堤高厚，尚恐不能捍水，乃谬于此开方家坝受水。先年水涌，黄沙从新庄闸口入，犹是以口受水，不能深入，仅止于清江闸上下，挑浚无难。近数年，沙从方家闸涌入，是剖心穿腹以受之，大小支委、远近溪河无不淤塞，而黄沙排淮泗而注之江矣。外河去里河溪桥，近处止隔三十余步，远亦不过六七十步，逼近运河。不但毁闸，犹宜加土填垫高厚，自山子湖至窑沟，又须筑长堤以护之。①

潘埙依据黄水灌入新庄闸口，造成清江浦河淤塞的事实，说明方家坝不宜开凿，其言不虚，原因归纳如下。方家坝开凿于板闸段的乌沙河亦即清江浦运河之上，借助运河之水盘坝入淮，本来即具有黄水倒灌入运的较大可能性，更关键的是方家坝附近的水道生态比较复杂，大小支河密布其间，又方家坝邻近相家湾、西桥等地，系黄河扫湾迎溜之处，一旦黄水灌入，支流淤塞、决口的情况极易发生。如隆庆三年（1569），"淮水涨溢，自清河县至通济闸，及淮安府城西，淤者三十余里，决方、信二坝出海"②。决口之后，河臣及地方官员

---

① （明）胡应恩：《淮南水利考》卷下，第 308 页。
② 《明穆宗实录》卷 37 "隆庆三年九月丙子" 条，第 936 页。

除堵塞决口，又兴筑堤防，万历二年（1574）总漕都御史王宗沐等人"筑西长堤适在其处，而方坝内外沙淤，商船遂断"①。由此，方家坝与信字坝遂亦废而不用。

相较而言，清江浦镇的坝工设施，亦屡经修治或更替，不过基本上能够维持正常运行，尤其是清江浦坝的修筑之后，借由清江浦月河以便漕粮转运及其他商贸往来，成为淮安府境的主要交通路线。前文述及，成化年间筑清江东、西坝，正德二年（1507）有议者奏言："春、冬淮水退消，清江浦淤浅，外河与里河湖水高下悬隔，设坝盘剥，舟行未便，宜将新坝改作内、外二闸，以时启闭，节水通舟"，遂"添设清江浦新坝闸二座"。②则添设的闸座系改新坝而来，结合正德二年（1507）的时间节点，清江浦镇可称为"新坝"的，当即成化七年（1471）兴筑的清江东、西坝。所以说因为黄、淮河淤沙高垫，盘坝过淮甚为艰难，故而改坝为闸，则东、西坝已经不存。③又，正德年间有"奸民"诡求商利，别建清江浦仁、义二坝，隆庆四年（1570）总河都御史翁大立的奏疏曰：

> 去年漕河既阻，盘剥愈难，烦费益多，商旅益困。每央士夫嘱放，辄费银七八两。乃知黄水坏漕，皆从新坝漫入，是设新坝之害也。通济闸内外每每淤淀，是不通船之害也。臣今先挑东坝，以便车挽。又于新坝之上，筑有大堤，以防决溢。④

"去年"指隆庆三年（1569），彼时黄、淮决口，造成运河淤垫，

---

① （明）胡应恩：《淮南水利考》卷下，第308页。
② 《明武宗实录》卷24"正德二年三月辛酉"条，第658页。
③ （明）李东阳等：《大明会典》卷197《工部十七·运道二》（第2668页）中亦记载道，清江东、西坝，"今俱废"。
④ （清）顾炎武：《天下郡国利病书》不分卷"扬州府备录"，第1292页。

第五章
水工与祠庙：治水政治中的山阳、清河城

前文已经指出，这与方家坝、闸的开凿颇有关联，而翁大立这份奏疏中说的是，清江浦仁、义坝即"新坝"的建置亦难辞其咎，黄水乃经由清江浦月河灌入运道。需要指出的是，隆庆四年（1570）翁大立仍有挑浚东坝，这"东坝"是否指的是此前东、西坝中的"东坝"？如果是的话，那么"西坝"何在？所以笔者倾向于认为原来的清江东、西坝可能已经弃置，这里的"东坝"指的当是嘉靖年间始筑的清江浦坝。胡应恩记载曰：

> （嘉靖）二十二年，淮安知府姚虞筑清江浦坝，并开月河，商船便于盘剥。而旧时方家坝口外日淤，生理尽归于此。于是商民立姚公生祠，知府佟应龙为之记，部使者金文华僧奉焉。先是都御史唐龙开方家坝河，时有以腹受沙之论，今坝外积沙数十百丈，岂可引之入内乎？未几，唐有清江坝车盘之奏，而方坝自废。①

胡应恩的这段材料，较好地说明了方家坝与清江浦坝，乃至山阳城与清江浦镇之间的相互关系。山阳城附近的方家坝因"以腹受沙"，坝外逐渐泥沙淤积，竟达数十百丈，以至于难再车盘通船，方家坝遂废，据此其废置时间当可以推至明嘉靖后期。而由于相对有利的地形条件，清江浦镇的清江浦坝得以修筑并充分利用，遇到新庄闸口淤塞之际，往来商船遂大多于清江浦坝盘坝入淮，诚所谓"生理尽归于此"。虽然山阳城附近的方家坝、信字坝已经废置，但隆万年间黄河尚未固定分流草湾河，也就是说黄河尚流经山阳新城北门外的这段时间，其地仍有盘坝入黄、淮河的活动，故而潘季驯治理河患期间，曾又对相关坝工设施予以重建，其事曰：

---

① （明）胡应恩：《淮南水利考》卷下，第310页。

> 又勘得原议修复五坝，内信字坝逼近淮城，且系黄河扫湾。先年久废不用，今已将礼、智二坝修复，见在车盘船只，其仁、义二坝原共一口出船，亦系黄河扫湾，又与清江闸相邻，恐有意外冲漫之患，见今筑堤在上，以御黄流，不便修复。①

据此，因为仁、义坝与信字坝，俱"系黄河扫湾"之处，故而所谓的"修复五坝"，其实仅仅只是修复了礼字坝与智字坝。另外仍需说明的是，这里"与清江闸相邻"的仁、义二坝说的是清江浦镇月河入淮口处的坝工设施，而并非原来山阳新城东北方向的仁、义坝。修复之后的礼、智二坝，仍在一定程度上执行着转运漕粮及通航的功能，不过这种功能在黄河徙归草湾河之后最终消失。总体观之，可以很明显地看出，山阳城的坝工设施趋向废置，而清江浦镇则借助清江浦坝，仁、义二坝及月河，基本保持着新庄闸口淤塞，从而经此入淮北上的通航能力。

再来看闸的情况。前文已述，永乐年间陈瑄疏凿清江浦河，其上置设新庄等五处水闸，依时启闭，转运漕粮，"又于新庄闸外暂筑土坝，以遏水头"②，因为"闸之用，以时启闭，于坝为便"③，所以"水退即去坝，用闸如常"④。胡应恩的记载更为翔实，曰："永乐十二年，奏建新庄等五闸，新庄之外不建闸，亦宋人洪泽之外不置闸之意；我朝新庄之外有坝，亦仿宋人新坝之制，水发时暂筑闭，以遏水头，水稍定即去坝，用闸如常。"⑤ 然而这种闸坝运行的规则未能得到较为妥善的维持，便出现黄水倒灌入淮的情况，紧接着就是泥沙淤

---

① （明）潘季驯：《河防一览》卷8《恭报续议工程疏》，第271页。
② （明）潘季驯：《河防一览》卷8《查复旧规疏》，第274页。
③ （明）邵宝：《容春堂续集》卷6《奏议·建言漕事状》，《景印文渊阁四库全书》集部别集类，第1258册，台湾商务印书馆，1986，第503页。
④ （明）潘季驯：《河防一览》卷8《查复旧规疏》，第274页。
⑤ （明）胡应恩：《淮南水利考》卷下，第299页。

第五章
水工与祠庙：治水政治中的山阳、清河城

积河口日趋严重、运道梗阻的问题。正德年间，总漕都御史邵宝曰："若新庄闸之在清江，其行久矣，顷者淤壅，自闸口至板闸四十余里，凡往来船只必由淮安东关过坝，沿溯淮流七八十里，始克有济，其覆溺者往往有之，于是浚而从闸便莫甚焉。但黄河之水近年以来，数派南流，皆会于此，此闸既开，水必内灌，而沙土随之灌，灌不已，其塞可立而待也。"① 而造成黄水倒灌的主要原因，在于闸座的启闭规则未能得到严格执行。潘季驯曰："坝禁废弛，河渠淤塞。"故而嘉靖八年（1529）漕运都御史唐龙、河道侍郎潘希曾奏称"仍复旧规"②。这种旧规具体内容，即如总漕都御史马卿所言："其新庄、清江等闸仍行令管闸官员，如济宁闸事例依时启闭，以防干涸。至于伏秋外河水涨，将本河口筑坝为防，官吏船只尽行车坝，水落复开照旧行舟。"③ 不过根据嘉靖十五年（1536）继任总漕都御史周金的奏疏，这一旧规仍然未能较好地恢复与落实，其疏称：

> 黄河支流各入清河，从新庄闸灌入里河口，多淤淀，访之故老，皆言河自汴来本浑浊，涡、淮、泗俱清，新庄闸正当会合处，故汇流贮沙，辄以挑治滋烦费。臣窃计新庄口南诸闸，遇水发须筑坝以防。又贡使与势官经行辄掘放，恐非长计，诚于新庄闸更穿一渠，约裹五丈，复立闸三层，水发则三板齐下，贴席封固，纵有渗漏，其势微而浚治颇易。④

针对新庄闸口每致淤垫、浚治无已的情形，周金认为应在新庄闸

---

① （明）邵宝：《容春堂续集》卷6《建言漕事状》，第503页。
② （明）潘季驯：《河防一览》卷8《查复旧规疏》，第274页。
③ （明）马卿：《预处黄河水患疏》，载（明）陈子龙等选辑《明经世文编》卷169，第1733页。
④ （明）吴道南：《吴文恪公文集》卷8《闸坝》，第368页。

另凿新渠，形成双轨并行的复线形式，这一治理思路可从刘天和的记载中得到更为妥帖的解释，史载："询之父老，有云自板闸而下，相度地形，中道别开一支河，河口亦建闸，各高其堤防，淤则浚其一，而开其一以行舟，可免停泊矣。"① 然而由于问题的根源黄水盛涨、倒灌入运、水退沙存的情况仍然存在，这一举措并未取得实质性效果。鉴于"河自新庄闸外入口，多纳黄流，岁有积沙"②，嘉靖三十年（1551）总漕都御史应櫄遂奏请开凿三里沟，以通河运，即为三里沟新河，其依据曰：

> 先年黄河入海之道，疏通无滞，故开青河口通黄河之流，以济运道。今黄河入海下流，如涧口、安东等处，俱涨塞河流，壅而渐高，泻入青河口，泥沙停淤，屡浚屡塞。兹欲使黄河之水不复入河口，须凿涧口以决壅滞，疏支河以杀水势，工力浩繁，未敢轻议。勘得三里沟在淮河下流，黄河未合之上，淮水清多浊少，议者为宜开清河口间三里至通济桥，使船由三里沟出淮河达黄河，且道里甚近，工费不多，欲除河患无以易此。疏下工部议覆议，从之。③

嘉靖三十一年（1552），应櫄又"于三里沟建通济闸"④，"以通淮水"⑤。根据三里沟的地理方位可以判知，应櫄所谓开凿三里沟新河的提议，主要着眼于在黄、淮二河尚未合流之前，即出入淮河达至

---

① （明）刘天和：《问水集》卷2《淮扬诸湖》，《四库全书存目丛书》史部地理类，第221册，齐鲁书社，1996，第262页。
② （明）潘季驯：《河防一览》卷9《覆议善后疏》，第298页。
③ 《明世宗实录》卷375"嘉靖三十年七月己亥"条，黄彰健等校勘，台北"中央研究院"历史语言研究所，1962，第6683页。
④ （明）胡应恩：《淮南水利考》卷下，第310页。
⑤ 乾隆《淮安府志》卷6《河防》。

· 312 ·

第五章
水工与祠庙：治水政治中的山阳、清河城

黄河，从而避免黄水倒灌的可能性。即便这样的初衷值得肯定，这一提议也并非治河良策，议起之初即为时人所批驳。如彼时的总河都御史曾钧、总漕都御史连矿即奏称道："三里沟新河口，此（注：当为'比'字）旧口水高六尺。若开旧口，虽有沙淤之患，而为害稍轻；若开新口，未免淹没之虞，而漕舟颇便。宜将新口暂闭，建置闸座，及将高家堰增筑长堤，原建新庄等闸加石修砌，以遏横流。"① 其实在此之前，为了治理新庄闸口的淤沙问题，已有人提议开辟新口，胡应恩援引潘埙《河防议》中曰："以黄河自徐而来，逼近新庄闸口，黄沙易入，欲于福兴闸上下，穿渠而南又折而西，迂回稍远，开新口以引清淮，多置闸座启闭，庶隔沙淤。"不过总漕都御史唐龙及山阳人周于德、李元等人，均认为"若开此口，必无淮城矣"②。虽说新口的具体位置并不一致，但其治河方略的原理是相通的，即均不赞同另辟新口。

而再任总漕都御史郑晓对应槚的这一提议却极为赞赏，曰："若三里沟开河建闸，上接泗水清流，下避黄河浑水，新庄闸便可随宜启闭。纵有泛涨之时，必无淤沙之患，可节民力，可省官银，为利甚大，此实前任都御史应留心漕务，相度地势、水势，特建此议。"③ 尚且不论当时反对另辟新口的声音如何强烈，在应槚与郑晓等人的督导之下，三里沟新河最终得以开凿，通济闸成为嘉万年间南来漕粮转运的新运口。然而不久这通济闸运口通航的弊端即显现出来，诚如邹逸麟所示：当黄河"伏秋盛发，黄流倒灌数十里是很平常的事，三里沟河口虽在黄淮交会之上，同样要遭到黄水的淤灌"④。当地士人

---

① 《明世宗实录》卷393 "嘉靖三十二年正月戊寅"条，第6897页。
② （明）胡应恩：《淮南水利考》卷下，第310页。
③ （明）郑晓：《郑端简公奏议》卷7《淮阳类·建三里沟闸疏》，《续修四库全书》史部诏令奏议类，第476册，上海古籍出版社，2002，第636页。
④ 邹逸麟：《淮河下游南北运口变迁和城镇兴衰》，载《历史地理》第6辑，第64页。

遂积极议复新庄旧闸,胡应恩的叔辈胡效谟《请复闸旧制书》曰:

> 旧清口正在西回北顾之间,土人所谓回溜者也。虽在河淮之中,独无河淮之险,泥沙不停,风浪不及,乃地势水性之自然,非人工巧力之所可致。清江坝置此,新庄闸又在其内,加之启闭有制,故垂三百年无大患耳。今通济闸正当直南射之冲,又启闭失制,故频年河与淮建瓴下山阳,浊水泥沙直向宝应之南,山阳北顾岁客身矣。①

为了充分论证新庄闸的优势之处,胡效谟甚至说它"虽在河淮之中,独无河淮之险",这一说法当然不实,尤其是明嘉靖以后,黄水冲啮、倒灌,造成其泥沙淤积的情况仍很常见。其实,结合前引材料所谓"若开此口,必无淮城矣"可判知,究竟是开凿与利用新庄闸还是通济闸,其背后隐含着山阳县、清河县之间城市安全考虑的问题,即开凿通济闸新口的话,黄水"正当直南射之冲",直接威胁的无疑首先是山阳城,所以诸如周于德、潘埙、李元以及胡效谟、胡应恩等人的山阳乡官群体,均极力反对开凿三里沟,置设通济闸新口。他们希望重新启用新庄闸,这样洪涝为害的对象可能就是清口北侧的清河城,或清江浦镇以及草湾以东的安东县城,概言之即为趋利避害的用意。

至潘季驯大规模治理漕河的时候,在其蓄清刷黄策略的导引之下,利用通济闸为当然之事,不过权衡利弊后又有移建通济闸之举,他说:"今勘得通济闸,逼近淮河直受冲啮,势甚汹涌,且闸设年久,底桩朽烂,加石太重,不免坍卸,相应改建于甘罗城东坚实之

---

① (明)胡应恩:《淮南水利考》卷下,第301~302页。

第五章
水工与祠庙：治水政治中的山阳、清河城

地"①，"此处为南河口，乃淮水独经之地，离黄向淮，用清避浊，漕渠无淤垫之患，舟航有利涉之休，人甚便之"②。潘季驯之所以迁建通济闸于原址以北的甘罗城附近，可视为对山阳乡官群体反对置设通济闸言论的回应，即：

> 再询淮中士夫，皆称淮城风水，前有清淮，后有黄河，环流回抱，有如襟带，乃缙绅生灵之血脉也。今从淮南建闸，将使淮地中断，而自绝其襟带矣。谈者多称不利，难以拂众强图。③

所谓"淮南建闸"，指的是明嘉靖年间开凿的通济闸旧口，胡效谟等人即以淮城风气之说，极力抗之，所以潘季驯将通济闸北移至甘罗城一带。职是之故，因为距离较近，"废拆新庄闸"④，新庄闸随之废置。淮安府的其他闸座设施亦随之发生更替，潘季驯曾对不同闸座设施的置废做出总体解释，曰：

> 前闸（注：通济闸）既已改建，则新庄闸距此不及一里，难容多船，而关锁太促，水势湍急，不易启闭，相应拆卸。福兴闸上距通济闸计二十里，下距清江闸止五里，远近悬绝，且亦因年久圮坏，难以加石。今议改建于寿州厂适中处所。其清江一闸仍照原议修复，至于板闸地洼水平，无庸启闭，止须照旧，免行增高。⑤

---

① （明）潘季驯：《河防一览》卷8《恭报续议工程疏》，第271页。
② （明）潘季驯：《河防一览》卷11《查议通济闸疏》，第366页。
③ （明）潘季驯：《河防一览》卷11《查议通济闸疏》，第365页。
④ （明）王圻：《续文献通考》卷39《国用考·漕运下·淮安运道》。
⑤ （明）潘季驯：《河防一览》卷8《恭报续议工程疏》，第271页。

· 315 ·

由此不难看出，通济闸在万历年间潘季驯治河规划中，起着相当重要的作用，而且直至明末，清江浦河万历新运口，即甘罗城南里许的通济闸都是漕船所经之地。① 可以说正是以通济闸为核心，形成了明代后期淮安府闸座的基本格局，同时它亦当成为潘季驯蓄清刷黄、以水攻沙这一整体方略的必备要素。

总体观来，无论是明代前期的新庄闸，还是嘉靖年间始建、万历年间又经改迁的通济闸，其空间范围均没有越出"清口"这一国家治水的核心区域。另外，从闸座变更及其功能的重要程度的视角，前引潘季驯对闸座变更的解释中，可以较为明显地看出，通济闸无疑是其中最为重要的，其次当是位于清江浦镇的清江闸。而山阳城附近的板闸，则因为"低洼水平"，而"无庸启闭，止须照旧"，不得不说，在水闸功能这一层面，板闸的地位是趋向下降的，这从万历三年（1575）移风闸代管板闸官吏的革除亦可见一斑。而山阳城附近的水闸，包括前文所述的坝工，迨至万历年间草湾新河开凿之后，这些水工设施的功能更趋式微，由此则可以进一步考量、审视水工与城市之间的内在关联。

三　草湾改道及其过程

天启《淮安府志》卷2《舆地志二·山川》中记"草湾"曰："在郡新城西北二十里，离清江浦东南十三里，离安东县西六十里。"这条材料除了可以判定"草湾"的具体方位，更关键的是，由淮安府城、清江浦镇、安东县城三个层面的相对空间关系，亦可从侧面推测出草湾地方的重要性，甚至特殊性。就重要性而言，草湾一路是安

---

① 邹逸麟：《淮河下游南北运口变迁和城镇兴衰》，载《历史地理》第6辑，第64~65页。

第五章
水工与祠庙：治水政治中的山阳、清河城

东与淮安城、清江浦镇乃至南、北向商业贸易与信息交流的主要通道，淮安关在草湾设置抽税分口，"凡自安东来货船在本地上店，与自淮城贩买货物往安东去，以及席摺端芦往北去或南河去者，俱在该口照则征收。又，自北来活猪浮水过渡，由草湾至乌沙河上船南去者，亦在该口报纳钱粮"①。而所谓草湾地理位置的特殊性，主要体现在黄河曾从此改道入海，这一变迁对于理解山阳城市变迁以及淮安府的城市格局更为关键。前文已述，山阳新城外即黄、淮河，而且西北关厢一带为扫湾迎溜之处，其地河患甚烈。关于草湾改道的环境背景，明嘉靖年间总漕都御史马卿所言甚悉，曰：

> 淮安西北黄河、淮河二水交流会清河口，经地方官庄、草湾，绕大河卫新城下关一带，趋东入海。夫黄河入海浊泥日积，上流之河道益狭，下流之河口复淤。每年秋水泛涨，弥漫百里。如前年大水，新城淹没五尺，经月不退。去冬淮河南岸坍裂一百余丈，顷陷民房六百余间，若冲啮不已，城亦大坏，此则黄河之为害可忧也。其在清河口迤西，原系淮泗清流，近因孙家渡开通黄河一枝，复入于淮，行至清河口地方，与黄河大势横敌，阻遏难泄，以致泥沙停积，寻常水落则洲渚尽见，淮之行水去处仅有四丈，万一再加淤阻，如沛县飞云桥顷刻成陆，则淮流必将他徙，否则横冲淮扬湖堤，运道必复崩决，此则长淮之受病可忧也。②

受泥沙淤积影响，黄、淮河上流愈益逼仄，入海通道亦复淤积，所以山阳新城每受黄、淮河冲啮之患。嘉靖三十二年（1553），曾

---

① （明）马麟原撰，（清）李如枚重修，元成续纂《续纂淮关统志》卷5《关口》。
② （明）马卿：《地方疏·防水裁役》，载（明）陈子龙等选辑《明经世文编》卷169，第1727页。

钧、连矿等人已奏请疏浚、修筑草湾河，①不过当时草湾河仍未有分流黄水的作用。隆万之际，分黄导淮之议兴起，而开草湾河实为其策略的初步践行举措。潘季驯谓："草湾一河，乃先任督臣开之，以保淮城者。"②可见开草湾河首先即在于分流黄河水、以卫山阳城。万历四年（1576），负责督导开凿草湾河的为时任河臣吴桂芳、舒应龙等人，史载："兵备副使舒应龙行郡守邵元哲、水利同知刘顺之、管河通判蔡玠会议，近年黄淮交涨，为安东而塞溃决，遂又复决一口，虽可稍分水势，然旁溢之流不过十之一二，相度地形，改议草湾旧口之西、王山家之东，开挑新河一道，以迎埧湾之溜，其势直射，最为顺利。议上巡抚侍郎吴桂芳题奉钦依兴举。"③草湾河之开挑，系兵备道副使舒应龙等人实地勘察之后，形成具体方案，并递呈总漕都御史吴桂芳审核，再奏准朝廷批复。吴桂芳在议开草湾河的奏疏中称：

> 淮扬二郡，洪潦奔冲，灾民号泣，所在凄然。盖渎滨汊港岁久道堙，入海止恃云梯一径，至海拥横沙河流泛溢，而盐、安、高、宝不复可收拾矣。国家转运惟知急漕，而不暇急民，故朝廷设官亦主治河，而不知治海。臣请另设水利佥事一员，专疏海道，而以淮安管河通判改为水利同知，令其审度地宜，讲求捷径，如草湾及老黄河皆可趣海，何必专事云梯？④

吴桂芳等人的提议，意在开辟新的入海通道，以分杀黄河水势。所谓"草湾及老黄河皆可趣海，何必专事云梯"，即是说草湾及老黄

---

① 《明世宗实录》卷393 "嘉靖三十二年正月戊寅"条，第6897页。
② （明）潘季驯：《河防一览》卷14《钦奉敕谕查理河漕疏》，第489页。
③ 天启《淮安府志》卷13《河防志》，第574页。
④ 《明神宗实录》卷47 "万历四年二月癸未"条，第1071页。

第五章
水工与祠庙：治水政治中的山阳、清河城

河俱不从云梯关入海。前文已述，老黄河即万历二十四年（1596）开凿的黄坝新河，从五港、灌口入海，而草湾河刚开之初，亦"自安东县至金城、五港入海"①。不过因为这段草湾新道下流河形较窄，恐难泄黄入海，张居正曰："漕臣吴公请开草湾，夫水以海为壑，开草湾诚是矣，然金城等处不足以分杀水怒。"② 以至于工费虽巨，然而"不久即淤"③。对吴桂芳等人开凿的草湾新河，持反对态度最为强烈的无疑为潘季驯，他说："黄流最浊，以斗计之，沙居其六，若至伏秋，则水居其二矣，以二升之水载八升之沙，非极汛溜必致停滞，若水分则势缓，势缓则沙停，沙停则河塞，河不两行，自古记之。支河一开，正河必夺，故草湾开而西桥故道遂淤。"④ 作为分黄导淮策略的主要构成，草湾新河与潘季驯的束水攻沙策略明显不合。然而，在其后治理河患的过程中，潘季驯逐渐顺应，并试图改造、利用草湾河道，即"姑置草湾河，而专复云梯以还其故道"⑤，其详情曰：

> 据各该司道续有开訾家营支河，以接草湾经赤晏合流下海之说，盖庶几近之者矣。……臣等周视草湾新渠，深阔将半于旧河，通顺直达于海口，当万历四年初开之时，何尝不以浅涩为患哉？惟其下出赤晏与大河相会入海，势足容受，不如灌口诸港浅狭迂绕之甚，以故上有所纳者，下有所洩，日冲月刷，自臻深广。所据新议淮口支河，下有草湾一段，通利如此，即上段四十

---

① （明）王圻：《续文献通考》卷38《国用考·漕运中·黄河济运》。
② （明）张居正：《新刻张太岳先生文集》卷47，《续修四库全书》集部别集类，第1346册，齐鲁书社，1997，第440页。
③ （明）申时行：《纶扉简牍》卷5《答杨后山漕抚》，沈乃文主编《明别集丛刊》第3辑69册，黄山书社，2016，第366页。
④ （明）潘季驯：《河防一览》卷2《河议辨惑》，第170页。
⑤ （明）潘季驯：《河防一览》卷7《两河经略疏》，第248页。

余里新开之工,如能比照汶河岁挑之例,稍有积沙,间岁一挑,自能冲刷。①

可见,由于金城、灌口一线河形较窄,草湾河复又经历了一次改道,即至赤晏庙仍与流经山阳新城外的正河水道相会,合流经云梯关入海。相对来说,虽然云梯关一线仍有泥沙淤积、水流决口之患,不过其河道较金城一线为宽,尚且"势足容受"。所以申时行在给潘季驯的书信中,谈及草湾河时说道:"今年河水骤发,人皆以为异常,兹幸稍定,可免溃决之虞。修筑之工计期可就,承教甚慰。有自淮至者云,黄水大势多趋草湾,淮城可免冲射。"②潘季驯亦坦言:黄河"北流之势分,则淮城之势减,议者欲开浚草湾,未为无见,臣曾虑其复淤,亦未得之目击也"③。可见草湾新河开凿之后,河患稍减,确实起到了保护淮安城市安全的作用。职是之故,山阳新城外的黄河旧道或者称正河,与草湾新河出现了两河并行的共存时段。诚如天启府志中的记载,"黄河自清江浦东下十里,草湾分而为二,其南旧道,由钵池山过淮安府城下安东,其北自草湾分流,过朱家嘴新河口,共十五里至颜家渡,又二十五里至头铺,与旧黄河合流,又十里抵安东县"④。故而经清江浦、草湾、赤晏庙至云梯关一线,成为明代后期黄河入海的主要通道。

不过接下来产生了治河名臣必须考虑的重要问题,即"孰为正河,孰为支河,孰为合河"。前引申时行给潘季驯的书信中又曰:

惟里河干涸,至引外水以通舟,不审果否。河趋草湾,则清

---

① (明)潘季驯:《河防一览》卷14《祖陵当护疏》,第503~504页。
② (明)申时行:《纶扉简牍》卷8《答潘印川总河》,第493~494页。
③ (明)潘季驯:《河防一览》卷14《钦奉敕谕理河漕疏》,第488页。
④ 天启《淮安府志》卷3《建置志·津梁》,第138页。

第五章
水工与祠庙：治水政治中的山阳、清河城

河至天妃闸旧河恐渐淤浅，若两行而无碍，则淮城诚利，倘全河径行草湾，将若之何，传闻未敢尽信，幸详示。①

申时行的发问，即正河与新河并行的话，山阳城确实减轻了灾患方面的威胁，不过假若黄河全归草湾新河，原来的支河反而成为正河，河臣们又该如何应对，这样的发问无疑具有关键性意义，潘季驯等人也必须给出他们的安排与措置。而据潘季驯查勘，"今阅草湾一支，黄河分流几十之四，自颜家河一从赤晏庙，一从安东头铺，复会流入海，原无阻滞，且东西两岸阔几二百丈，颇足容纳"②，由是可知黄河徙归、利用草湾新河的可能性确实在逐渐增高。

那么，我们不禁会继续追问，这种水势变迁的原因何在？或许可以从潘季驯的治河策略中得到一定程度的解释。潘季驯认为，河患之所以严重，主要在于堤防未坚，③通过坚固堤防来实现束水攻沙的目的，应该是潘季驯治河的核心要义。在这样的思想导引之下，明代后期，甚至可以说"黄河下游朝着堤防化迈进"④。诚然，筑堤可以防洪、抗洪，但同时亦如众议指出的，这种人为地加固堤防，将既有河道约束、固定化，虽然短期内可能收到攻沙的效果，但泥沙日益淤积，即会发生堤防决口，如果适逢黄、淮水流暴涨，情况会更为严重，然后再堵塞决口、巩固堤防，由此陷入一种灾患频生的恶性循环之中。更重要的是，草湾改道还必须考虑到地理形势的因素：其一，山阳城附近为黄河扫湾迎溜之处，水流迅急；其二，新城外黄河水流对南、北堤岸发生的自然规律的作用，即"黄河势高，南趋益顺，

① （明）申时行：《纶扉简牍》卷8《答潘印川总河》，第494页。
② （明）潘季驯：《河防一览》卷14《钦奉敕谕查理河漕疏》，第488页。
③ （明）潘季驯：《河防一览》卷7《两河经略疏》（第247页）中曰："顾频年以来，无日不以缮堤为事，亦无日不以决堤为患，何哉？卑薄而不能支，迫近而不能容，杂以浮沙而不能久，堤之制未备耳。"
④ 张含英：《明清治河概论》，第64页。

而东流之势荐杀，郡后大河北岸淤淀，荐徙南偏，春夏水盛，不惟郡西之南入运河者势不能支，其溯大河而东者，缘北岸势高，障之使南，南岸势低，旧堤坍塌，更无拦阻，郡城迤东漫焉南侵"。① 这样一来，在顺应河流自然之理、保卫山阳城市安全的考虑之下，"河由草湾，正河俱淤"②，黄河固定徙归草湾新河当为必然之势。

---

① 天启《淮安府志》卷13《河防志》，第569页。
② （明）潘季驯：《河防一览》卷3《河防险要》，第188页。

第三节　城神之间：水神祠庙的建置与空间分布

——兼论天妃信仰的变迁

明清时期，清淮地区水患频生，治河名臣与地方官府组织人力兴筑闸坝、堤防等水工设施，以御洪灾，已见前述。这些水工设施的兴修与重建，乃国家与地方社会抵御水患的因应之策。而当这种因应之策未能发挥明显作用，甚至收效甚微之时，作为一种补充与强化，水神祠庙的建置则应时而生，从而亦成为国家与地方治理洪灾的策略之一，由此作为实物载体的水利设施与精神意念层面的神灵祭祀相辅相成，共同构成国家漕粮转运的决策要义。关于清淮地区的水神祠庙与民间信仰，学界已有关注与研究，诸项研究涉及水神祠庙及信仰的历时性变化与空间分布特征，但并未从历史地理的角度构建出相对完整的时空序列，更不用说对这一序列做出规律性的探讨。本节将尝试从山阳、清河县比较的视角，复原明清时期清淮地区水神祠庙的空间分布及其演进序列，结合前文所述的城市格局的初步奠定，来说明水神祠庙的空间变迁与城市发展之间的一致性，并以国家漕运与天妃信仰变迁的关系来论证这样的观点。

一 水神祠庙的空间分布：山阳、清河县的比较研究

水神崇拜因其祭祀对象的类型多样，成为我国民间信仰体系中的主要支派。黄芝岗系较早开始水神研究的学者，他谈到的水神种类具体包括杨四将军、二郎神、李冰、许真君、黄大王、龙神、无支祁等，[①] 当然还有天妃、湘妃、临水夫人、碧霞元君等神。南宋以降，随着水环境的变化与人类活动的施展，尤其是至明代中叶，清淮地区固定成为黄、淮、运河交汇之处，河患日趋加重，诸多水神祠庙逐渐在清淮地区建立与兴盛起来。更重要的是，这些水神祠庙的兴建，与国家通漕保运的政策密迩相关，即在清淮地区水神信仰的考察中，漕运与河工是必须重视的因素。所以根据水神信仰的相对分类方式，即自然神与人格神类，[②] 清淮地区水神信仰的主要对象则为河神、漕神，以及为纪念治河名臣而建的祠庙。为了行文之便，先将山阳、清河以及单独列出的清江浦镇的水神祠庙，以表格的形式呈现出来（见表5－2）。

在展开水神祠庙的时空分布及其相关问题的分析之前，有必要对表5－2的采辑与取舍标准做一说明。水神的种类繁多，在妥置神灵的祠庙中，部分是有比较明确的祭祀对象的，如淮渎庙、天妃宫、禹王宫（庙）、金龙（四）大王庙等；又有其他诸大王庙，虽然不能判知其具体所祀对象，但属于水神范畴，当无疑义；而亦有不能判知其所祀之神灵者，如寿济祠、福运祠、弘济祠等，仅可从其他因素旁证得出。另外诸如东岳庙、关帝庙、碧霞宫等祠庙，均见及各有水神显灵与祭祀之事迹，如成化三年（1467），知府杨昶"以祷雨屡

[①] 参见黄芝岗《中国的水神》，上海文艺出版社，1988。
[②] 杨果、陈曦：《经济开发与环境变迁研究——宋元明清时期的江汉平原》，武汉大学出版社，2008，第315页。

第五章
水工与祠庙：治水政治中的山阳、清河城

表 5-2 清淮地区水神祠庙一览表

县(镇)区	祠庙名称	具体方位	始建时间
山阳县(32)	灵慈宫（天妃宫）	郡城西南隅	南宋嘉定年间
		新城大北门内	明代前期
	天妃祠	察院西侧	
	龙王庙	新城北城上	元代
		郡城东门外	明崇祯年间重建
		板闸镇百子堂东	清乾隆二十六年重建
		龙兴寺前	清乾隆年间
	真武庙	信字坝南	明永乐年间
	督抚名臣祠	郡治东南一里	明正德十一年
	清源宫（二郎庙）	淮安卫东	明代前期
	篆香楼	淮安关署东北二里	明嘉靖三十年
	三官殿	旧城锅铁巷	明嘉靖年间
		河北镇西里	明万历年间
	柳将军庙	西门外运河南岸	明隆庆五年建
	镇海金神庙	新城东门外	明隆庆六年
	显应祠	草湾镇	明万历四年
	淮渎庙	新城北门外	
		河下罗家桥	明万历三十九年前
	大王庙	淮安大关楼后	明万历四十七年
	三元宫	板闸镇南街	明万历四十七年
	王公祠	城西楼前	明万历年间
	陈公祠	西门外皇华亭北	明万历年间
	金龙四大王庙	郡城外西南隅	明代后期
	冯公祠	养济院市口	明代后期
	施公祠	西门外南侧	
	邵公祠	龙兴寺东禅堂内	
	刘公祠	西门瓮城口	
	宋公祠	韩侯祠东侧	
	关帝庙[1]	河下竹巷	清乾隆五十四年
	风伯祠	城西天后宫内	
	真武庙	新城内	
	杨泗庙	河下四版桥	

· 325 ·

续表

县(镇)区	祠庙名称	具体方位	始建时间
清河县(28)	真武庙	去治数十步	明永乐十年重修
	淮神庙	治东二里许	明正德三年
	大王庙	近新庄闸口	明代前期
	金龙四大王庙	治前百步许	
	三官殿(庙)	治东一里	明嘉靖二十一年
	惠济祠	新庄闸河口	明嘉靖二十七年
	金龙(四)大王庙	西滩镇	明嘉靖年间
		马头镇	明天启年间
		惠济正闸	明崇祯三年
		惠济越闸	清康熙四十九年
		官庄	清康熙年间
		武家墩	清乾隆八年
		杨庄头坝	清乾隆三十六年
		王营减坝	清嘉庆十六年
		吴城七堡	清嘉庆二十三年
		五孔闸	清嘉庆二十五年重建
	清源祠	治西半里	明天启五年
	显王庙	武家墩	明天启年间
	东岳庙	七里墩	清顺治初年移建
	薛将军庙	治东二里	清康熙七年
	金龙大王庙	顺黄坝	清康熙三十一年
	风神庙	清口	清康熙五十四年
	张将军庙	清口	清乾隆三年
	河神庙	顺黄坝	清乾隆四十三年
	三神庙	束清坝西岸	清乾隆中改建
	黄大王庙	旧御黄坝	清嘉庆十五年
	龙王庙	御黄坝	清嘉庆二十三年
	惠济龙王庙	南头坝	清嘉庆二十五年
清江浦(41)	灵慈宫		明宣德年间
	金龙(四)大王庙	小河北西	明洪武间建、清乾隆间改建
		抬花巷北	明嘉靖间建、清乾隆间重建
		清江闸	清康熙三十八年
		八面佛	清嘉庆十九年
		兵四堡	清嘉庆二十二年

第五章
水工与祠庙：治水政治中的山阳、清河城

续表

县(镇)区	祠庙名称	具体方位	始建时间
清江浦 (41)	恭襄祠(陈公祠)		明正统六年
	玄(元)帝山	清江浦运河南岸	明正统年间
	弘济祠	清江浦工部前	明弘治年间
	灵应祠	清江浦户部前	明嘉靖年间
	九龙将军庙	运河东岸	明天启五年
	寿济祠	清江浦西河厂	明天启年间
	福运祠	清江浦东河厂	明天启年间
	火土大王庙	厂前坊	明天启年间
	王公祠	海神庙东侧	明天启年间
	龙王庙	运河北岸太史庄	明崇祯年间
		运河南岸五孔闸西	清乾隆四十九年
	斗姥宫	东门内	明代
	海神庙	小河北	清顺治十四年
	护国大王庙	仁义注	清康熙三十八年
	四公祠	海神庙西侧	清雍正、乾隆年间
	陈潘二公祠	禹王台西北向	清乾隆二十二年
	禹王宫(元帝山)	清江浦楼之西	清乾隆二十七年
	风湖大王庙	在清江闸下南岸	清乾隆二十八年
	禹王庙	清江浦玄(元)帝山右	清乾隆三十二年
	北极宫	城西禹王庙基址	清乾隆三十七年
	河西大王庙	清江浦米市	清乾隆年间
	碧霞宫	玉带河北	清乾隆年间改祀天后
	东岳庙	清江浦楼西	清嘉庆九年重建
	金龙大王庙	在凤阳厂	清嘉庆九年重建
		在下马头	清嘉庆十二年建
	九龙将军庙	迎水坝	清嘉庆二十三年
	黎公祠	先农坛东南	清道光九年
	粟大王庙	在米市人王庙旁	清光绪三年
	徐公祠	旧丰济仓	清代后期
	李公祠	旧书院内	
	真武庙	玄地山	
	海神庙	清江浦运河北岸	
	三义阁(关帝庙)	清江闸下馆驿之南	
	杨泗将军庙	运河北岸洋桥东侧	
	阴泽侯祠		

续表

注：[1] 王光伯原辑，程景韩增订，荀德麟等点校《淮安河下志》卷4《祠宇》（第88页）引程锺《淮雨丛谈》"窦笃生增武成王庙"条中曰："乾隆五十四年七月，湖水大涨漫堤，险危已极，忽西风陡转，云雾中有金光，而水骤落，巡堤官弁见有金身像浮近堤面，下水举之，数十人方起至堤，则铜身关帝像也，重几二百斤。当详河督建庙供之，即今关帝庙像也，屡著灵异，保障河流云云。余十六岁迁居竹巷，对门居邻有邱鲁士先生，尝修理关帝庙。"

资料来源：正德《淮安府志》卷11《祠祀》；嘉靖《清河县志》卷3《祀典》；乾隆《淮安府志》卷26《坛庙》；光绪《清河县志》卷3《建置·坛庙》；民国《续纂清河县志》卷2《建置·坛庙》；（明）马麟原撰，（清）李如枚重修，元成续纂《续纂淮关统志》卷12《古迹·寺观祠墓附》；（民国）王光伯原辑，程景韩增订，荀德麟等点校《淮安河下志》卷4《祠宇·寺观附》。

应"而增修郡城东门附近的东岳庙；[1] 程锺《淮雨丛谈》记河下竹巷关帝庙事曰：

> 乾隆五十四年七月，湖水大涨漫堤，险危已极，忽西风陡转，云雾中有金光，而水骤落，巡堤官弁见有金身像浮近堤面，下水举之，数十人方起至堤，则铜身关帝像也，重几二百斤。当详河督建庙供之，即今关帝庙像也，屡著灵异，保障河流云云。[2]

再如清江浦玉带河北的碧霞宫，乾隆年间改祀天后。[3] 即便如此，我们也不能肯定其他地方的东岳庙、关帝庙、碧霞宫，均曾供祀水神，尽管我们不排除这种可能性。所以综合以上，表5-2对水神祠庙的取舍是相对意义层面上的。在表5-2中，笔者意欲凸显的是水神祠庙始建与重建、改建的时间与空间要素：时间方面，遵循的是

---

[1] 正德《淮安府志》卷11《祠祀·寺观》，第238页。
[2] （民国）王光伯原辑，程景韩增订，荀德麟等点校《淮安河下志》卷4《词宇》，第88页。
[3] 光绪《清河县志》卷3《建置·坛庙》。

第五章
水工与祠庙：治水政治中的山阳、清河城

由远到近的次序排列，在这一前提下先以具体年份，再以某一年号及更长时间区段的推测为准；空间方面，以县、镇畛域的视角，分山阳县、清河县、清江浦镇三个大类，复辅之以具体方位，即以公署、街巷、水工、祠庙等其他重要建筑为参照物，并借此反证其所属县、镇域，这对于清江浦镇一栏最为紧要。而之所以说要"反证"，主要是因为清乾隆年间，清江浦的行政区划归属更动，即由山阳县划归清河县，并成为清河县治。兹从两个方面，论述清淮地区水神祠庙的时空序列，及其与城市发展演变之间的关系与规律，即"城神之间"的要义。

第一，水神祠庙的时空序列。山阳县境的水神祠庙大多分布于山阳旧、夹、新三城内外，其他部分建置于河下、板闸、河北、草湾等沿河市镇中，以上均为山阳县商品经济发育较为良好的地方。其水神祠庙的始建时间，最早可以追溯至唐代，其时有东岳庙与雷神殿，宋代与元代亦有北极宫、灵慈宫与龙王庙等几处宫庙创建起来。明初，船只尚在新城北门外盘坝入淮，永乐年间在淮安五坝之一的信字坝南侧建立真武庙，以保漕运与商贸安全；明正德十一年（1516），总漕都御史丛兰等人，"询之乡宦耆民，参之往牒旧志，见得江夏王公竑等十公，俱有功德在人，所宜崇祀"，为了彰扬王竑等人保漕功绩，在府城东南隅创建督抚名臣祠。[①] 明嘉靖年间以后，随着山阳城周遭的黄、淮水患渐趋严重，沿河及城市堤防不断修举，水神祠庙的数量亦在空间分布上逐渐扩散、延展。据表5-2所示，明代中叶以迄明代后期，有年代可考的水神祠庙包括祭祀漕臣的人格神祠达17处，其中又以万历年间最为集中，而天启、崇祯年间相对较少，整个清代建立的水神祠庙，仅计3座，且均始建于乾隆年间。

---

① 正德《淮安府志》卷11《祠祀·祠庙》，第229页。

清河在南宋咸淳年间始建立县级政区，从元代清河城址两易其地来看，水患当已较为严重，惜未见及水神祠庙相关文献记载。现今所见清河县城附近最早的水神祠庙，为明永乐十年（1412）重修的真武庙。因为清河县城规模较小，濒临黄、淮河，水患对城市造成直接威胁，城垣多受洪水强烈冲击，渐趋废隳。在这种城防设施很不健全的情况下，水神祠庙的作用更加凸显出来。明代前期，清河县城周围分别建有真武庙、淮神庙、大王庙、关王庙、金龙四大王庙等五处水神祠庙。前文已述，清河县与山阳县的洪涝灾害的发生序列，具有共生性特点。所以明代中叶以后，位于山阳县上游、临近清口的清河县城，更趋受到黄、淮洪水灾害的强烈冲击，水侵入城的情况多次出现。其水神祠庙相对集中出现的时段为天启、崇祯年间；由明至清，在诸如新庄闸口、武家墩等这样的险工地段，甚至出现了多庙聚集的情形，如惠济祠、关帝庙、显王庙、龙王庙、风神庙、河神庙、三神庙、东岳庙、薛将军庙、张将军庙、黄大王庙、惠济龙王庙等祠庙，可以说，这些水神祠庙以清口及顺黄坝、御黄坝等坝工设施为中心地带，形成了一个相对稳定的水神祭祀圈。值得强调的是，清河县境的金龙四大王庙，多达十数处。另外，与山阳县水神祠庙的时空序列形成较大差异的是，在清代前期直至嘉、道年间，清河县境内有新的水神祠庙不断生成，或对已经废置的祠庙加以重新葺理，说明在这段时期内，清河县的水患灾害仍然存在，且冲击较大。

最值得关注的是清江浦镇的水神祠庙。在行政区划中，它起初隶属于山阳县，是县境内商业经济最为繁荣的市镇，乾隆年间划属清河县，升格为清河县治。据表5-2所示，它的水神祠庙的数量，甚至超过了山阳县与清河县，计41处。就其数量分布的样态来看，明代的情况相对均衡，清代则基本上集中于乾、嘉时期。具体来说，首先需要注意的是建于正统六年（1441）的恭襄祠，淮人念及平江伯陈

第五章

水工与祠庙：治水政治中的山阳、清河城

瑄"勤劳国家，筑堤通漕，为农商军民万世利，不忘厥功，乃相与治祠于水神之傍，塑像以祀"①，建于清江浦镇运河之滨的恭襄祠与其旁侧的水神祠庙，均具有抵御、祛除水患的功能。确实，清江浦镇恭襄祠的建立与当时的黄河水患不无关系，其显灵事曰：

> 正统间，黄河泛涨，每水一斗其泥数升，汇于清口而东，为洲十余里，运河淤塞，舟楫不通。有司闻于上，征数郡人民，昼夜疏凿，民劳而功无成。主者祷于公。一夕，人有见公乘白马，拥骑从数十人行水上。明日视之，洲已为水冲去。其灵爽，虽殁而犹不忘护国庇民也如此。②

恭襄祠又称陈公祠，至乾隆二十二年（1757），当地人将潘季驯与之合祀于一祠，即称为陈潘二公祠。恭襄祠的建立时间，比山阳城的督抚名臣祠更早，有意思的是督抚名臣祠中并未祭祀陈瑄，而清江浦镇却专为陈瑄立祠塑像，而且清江浦镇的灵慈宫，供奉天妃，亦系平江伯陈瑄所创建，③ 故而在一定程度上可以说陈瑄与其他水神共同成为清江浦镇的保护神灵。前文关于清淮地区公署机构的叙述中，除了山阳县城公署林立之外，清江浦镇亦占有重要地位，如监仓户部分司（常盈仓）、监厂工部分司（抽分厂）、清江提举司（造船厂）以及万历年间创设的东河、西河船政同知等，这些政治公署周围，均置设有水神祠庙，且始建时间较早，如弘济祠、灵应祠、寿济祠、福运祠及其他类型的大王庙等，以镇水害。另外，清江浦镇作为商业市廛繁盛之地，在其重要街区与地段，如仁义洼、抬花巷、臧家马头，亦

---

① （明）吴节：《加封平江侯谥恭襄陈公祠堂记》，载（明）杨宏、谢纯《漕运通志》卷10，第323页。
② 正德《淮安府志》卷11《祠祀·祠庙》，第229页。
③ （明）杨士奇：《东里续集》卷44《灵慈宫碑》，第260页。

有水神祠庙的分布,尤其是在被称为"大市"的清江浦米市附近,设有河西大王庙、栗大王庙等。这些水神祠庙建于商业街区,很大程度上亦是基于守护市廛与防御水患的考虑。与清河县较为相似的是,由明末直至清乾、嘉时期,清江浦镇内的水神祠庙亦较前有显著增加,其中以金龙四大王庙、关帝祠庙的数量最多,分别为7处、4处。而在祭祀漕臣的人格神祠方面,清江浦镇除了乾隆年间合建的陈潘二公祠之外,尚有王公祠(王宗沐)、黎公祠(黎世序)、四公祠(靳辅、齐苏勒、嵇曾筠、高斌)、徐公祠(徐端)等,[①]这些祠庙所祀对象均为明清两代治河功绩卓著的河臣,具有明显的水神人格化的特质。反观山阳县城,彼时亦有人格神祠的出现,如李公祠(李毓昌)、毓公祠(毓奇)、杨公祠(杨锡绂)、袁公祠(袁甲三)、四公祠(陶易、官懋弼、恒廉、顾思尧)等,[②]由是可知山阳人格神祠的水神特性较为微弱。总体看来,清江浦镇的水神祠庙不仅在数量上超过了府城山阳城及清河县城,水神种类亦较为齐全,而且出现了诸如关帝庙、金龙四大王庙等单一神祇的点状空间分布态势,甚至可以说形成了一个范围较大且相对稳定的水神祭祀圈,而这些水神祠庙则成为清江浦镇抵御城镇水患、保护商业市廛的重要精神载体。

第二,"城神之间"的要义阐析。首先是"以神卫城"。本节所关注的水神祠庙,其中不少是漕河官员始创或重建的,如天妃宫、惠济祠、关帝庙、金龙四大王庙等,建于河防险工与交通要冲之地,目的是借助神力解决人力不能解决的河患问题,所以这些水神祠庙尤其是官方塑造的神灵及祠庙的功能首先是通漕保运,具有较强的政治色彩。当然,在通漕保运的同时,清淮地区的民生问题亦必然受到河臣们的重视,所以山阳、清河城与清江浦镇的这些水神祠庙,无疑具有

[①] 光绪《清河县志》卷3《建置·坛庙》。
[②] 同治《重修山阳县志》卷2《建置·坛庙》。

第五章
水工与祠庙：治水政治中的山阳、清河城

保障城市安全的社会功能。万历四年（1576），吴桂芳、舒应龙等人疏凿草湾新河，"工成，河、淮二水大涨，而不浸城，总河奏允建立河、海、淮三神庙宇一所，钦赐祠名，遣官致祭"①，这所庙宇乃位于草湾镇的显应祠，即为守护山阳三城安全而设。而明代后期草湾河渐趋成为黄河主流水道时，山阳城的水患亦随之减轻，故有曰："故河复淤，淮城之民恃以安枕矣。"②所以明末以降山阳城的水神祠庙的重要性当有所降低，如河下关厢的淮渎庙，史载：

> 顺治丙戌始一修葺，继自黄迁而东，淮与黄会于清口之地，去此且数十里，昔则浩翰汪洋，今皆市廛安堵，水患去则人民安焉。知非神灵之佑、保障之功欤？历今岁久倾圮，是水去而庙亦将去，非所以崇正祀也。③

可见，顺治丙戌即三年（1646），淮渎庙始经整修，至乾隆年间程梦鼐等人复又葺治，尽管其葺治河下淮渎庙的用意尚待查证，不过就其所谓"水去而庙亦将去"而言，淮渎庙震慑水害的功能已然消退。而这一现象，在清代的山阳城周遭当不鲜见，这从表5-2中水神祠庙的建置亦可见一斑。由此，我们不难形成这样的逻辑与理路，是为"城神之间"的第二重要义，即水神祠庙与城市发展的路径保持一致，"神""城"兴废同步。具体来说：黄、淮水道经行山阳城北时，系水溜扫湾之地，水害严重，水神祠庙多有建置，其空间范围逐渐拓展。另一层面黄、淮水道在城北时，设淮安五坝与方家坝等水工设施，盘坝行船，商业市廛较易繁盛，而水神祠庙不

---
① 乾隆《淮安府志》卷26《坛庙》。
② （清）傅泽洪：《行水金鉴》卷35《河水》，第506页。
③ （清）程梦鼐：《重修淮渎庙碑记》，载（民国）王光伯原辑，程景韩增订，荀德麟等点校《淮安河下志》卷4《祠宇》，第86页。

仅守护了过往漕船与商民船只的通行安全，亦守卫了彼时彼地的商业街区。而当黄、淮主流徙归草湾新河之后，山阳三城的水涝灾害确实渐行减轻，不过其交通形势亦为之骤变，淮安五坝与方家坝等闸坝设施逐渐废置，山阳城市经济则仅仅依赖于盐河、鱼滨河、乌沙河等，与清江浦运河或黄、淮河连接，实现彼此之间的商品流通，相应地，山阳城附近的水神祠庙，亦出现了不同程度的废毁甚至弃置。

而清河县与清江浦镇的情况均与山阳县水神祠庙的演变路径相异，在这总体相异的前提下，由于各自地理位置的关系，清代的清河县城、清江浦镇同样依循了不同的发展路径。也就是说，因为原清河县城濒临黄、淮、运交汇的清口附近，其水患程度不可避免地趋向深重，所以清河县城附近直至清代依然有为数不少的水神祠庙渐次创建或重建。不过又因为清河县城本身抵御洪灾的能力较弱，在这种水环境渐趋恶化、洪水的强烈冲击之下，乾隆年间清河县城最终废置，而迁清河县治于清江浦。清江浦镇虽然亦遭受洪水灾害的侵扰与倒灌，但其地理位置相对安全，较少受到黄、淮水流的直接剧烈冲击，所以它首先是清江浦运河的必经之地，遇到运河淤塞之时，官、民船只复借助清江浦东的月河，盘坝入淮，交通优势依然明显。而且清江浦镇的水工设施基本健全，又有门类齐全的诸多水神的守护，这些均有助于其市镇经济的繁荣与稳定，故而明清两代其商业重镇的地位基本未变，遂成为清河县的新县治，以至于逐渐成为清淮地区的政治、经济与文化中心。

二　国家漕运与清淮天妃信仰的变迁

1. 清淮地区天妃信仰的起源与流变

天妃信仰在淮安地区起源较早。据后世方志记载，淮城西南隅有

第五章

水工与祠庙：治水政治中的山阳、清河城

灵慈宫，祭祀天妃，乃南宋嘉定年间楚州安抚使贾涉重建，这座天妃宫殿是在原紫极宫的基址上重修而成的。① 据目前资料，并无关于贾涉重修天妃宫殿的直接记载。② 不过南宋莆田人丁伯桂称："开禧丙寅，金寇淮甸，郡遣戍兵，载神香火以行。一战花黶镇，再战紫金山，三战解合肥之围。"③ 此当为韩侂胄贸然发动的"开禧北伐"，可见此次南宋遣调福建莆田军士征战戍守地为江淮地区。④ 又据前引材料，这次战争"凯奏以还"，实乃天妃神之佑助，因此"淮甸皆祠也"。天妃信仰的传播不仅需要客观条件，也需要主观意志即人的参与，有学者研究指出："妈祖信仰在兴化军外的传播及其祠庙的创建，只能依靠她在兴化军的信徒首先来发起推动。"⑤ 这一说法不无武断之处，但兴化军的地域变动确实是妈祖信仰传播的重要推力，且

---

① 万历《淮安府志》卷6《学校志·祠庙》，第495页。
② 据美国学者韩森统计，南宋时期的天妃庙有11处，而皮庆生在此基础上加以辨识，钩稽出天妃行祠有10处，均未提及淮安旧城西南隅的天妃宫，参见〔美〕韩森《变迁之神——南宋时期的民间信仰》附表，浙江人民出版社，1999，第187~193页；皮庆生《宋代民众祠神信仰研究》，上海古籍出版社，2008，第243页。南宋嘉定十二年（1219），贾涉出任淮东制置副使，旋即又被任为淮东制置司公事，且制置司的任所迁至楚州，宋、金、蒙三国之间及山东忠义军等多方军事力量角力于此，天妃娘娘在江淮战事中屡有显应，楚州天妃宫的重修当具有迎合现实需要的合理性，参见黄宽重《贾涉事功述评——以南宋中期淮东防务为中心》，《汉学研究》第20卷第2期，2002。关于淮安天妃宫庙建于宋代的论断，参见魏淑贞《台湾庙宇文化大系——天上圣母》，台北自立晚报出版社，1994，第22~23页。王元林在《明清淮安府相关水神祠庙分布初探》一文中，也略及这一说法。
③ （宋）潜说友：《咸淳临安志》卷73《祠祀三》，《中国方志丛书·华中地方·浙江省》第49号，台北成文出版社，1970，第704页。
④ 宋金交战时期，著名将领毕再遇主要在楚州一带作战，他可能"参加了宋军从真州北上解合肥之围的战斗，而兴化士兵恰好在他指挥之下，并取得了胜利"，因此，宋代淮安地区天妃信仰的传播可能与毕再遇及随其征战的士兵有关，参见徐晓望《妈祖信仰史研究》，海风出版社，2007，第81页。
⑤ 李晓红：《论妈祖信仰在宋代的嬗变及其成因》，载浙江大学宋学研究中心编《宋学研究集刊》第二辑，浙江大学出版社，2010，第383页。

福建籍军士确曾开赴淮安作战。① 元代定鼎大都，实行海运，"岁漕东南之粟三百余万石，出昆山海行走直沽而达京师"②，以供京师千卫万骑、百司庶府的日常消费。然漕粮海运存在风涛不测之虞，更何况元代的航海技术尚未成熟，故天妃作为海运保护神，崇祀日隆，历有敕封。诚然，元代漕粮虽海运、河运、陆运三种运输方式并行，③但当以海运为主，淮安非沿海城市，海运路线途经的乃淮安路属盐城县，并非路治的淮安城。因此，元代淮安城附近的天妃信仰当有减退。但元天历二年（1329），政府遣使到沿海城市和运河城市祭祀天妃，淮安庙名列其中，成为官方谕祭的庙宇之一。④ 淮安庙建于何时、立于何地，皆无考。⑤ 可以明确的是，元代实行漕粮海运，天妃信仰也逐渐确立了其在全国范围内的影响，因而清淮地区天妃信仰的职能也由南宋时期的佑军助战转为护漕保运。

有学者认为陈瑄初领海运，船队屡遭海难，故祭祀天妃，后行河运，"海上漕运之师转入运河"，天妃信仰便也自然传入运河流域。⑥

---

① 光绪《淮安府志》卷31《杂记一》：南宋绍定中，邵武泰宁人丁从龙"率乡兵击贼有功，授忠义郎，领兵淮安，攻破土城，克复其地，授忠翊郎"。这表明，可能正是兴化籍军士的地域流动，促成了天妃信仰向淮安地区的传播。又，李伯重在《"乡土之神"、"公务之神"与"海商之神"——简论妈祖形象的演变》（《中国社会经济史研究》1997年第2期）中指出，镇江天妃庙乃"取其佑军御敌之意"，同样具有较强的军事意味。毛立发撰文指出，作为惠济祠前身的铁鼓寺也有关于宋金交战的军事传说。可见，天妃信仰通过军事征战传播的路径，在宋代江淮地区具有一定的普遍意义。
② （元）郑东：《资政大夫江浙等处行中书省右丞岳实珠公政绩碑》，载（明）朱珪编《名迹录》卷1，《景印文渊阁四库全书》史部目录类，第683册，台湾商务印书馆，1986，第32页。
③ 刘月莲：《妈祖信仰与元代漕运》，载邱树森主编《元史论丛》第7辑，江西教育出版社，1999，第151页。
④ （明）照乘等：《天妃显圣录》，"台湾文献丛刊"第77种，台湾银行，1960，第5页。
⑤ 刘月莲认为淮安庙即清道光年间福建商人所修之天后宫，滨于淮城河下镇的运河岸，参见其《妈祖信仰与元代漕运》。
⑥ 徐晓望：《妈祖信仰史研究》，第150~151页。

第五章
水工与祠庙：治水政治中的山阳、清河城

又，明朝厉行海禁政策，天妃信仰趋向衰落，缩小为剿剿倭寇的神灵，但在运河沿线城市反而逐渐增强，其已演变为河神。① 以上结论均适用于清淮地区，总而言之，天妃信仰因军事攻伐的需要在清淮地区逐渐萌发、流布，元代海运政策的施行，则使其航运保护功能在沿海地区传播，明永乐年间漕粮转输改行河运，天妃信仰则又在运河沿线展布开来。

2. 亦游亦祀：旧城天妃宫的景观呈现②

同治《山阳县志》载"万柳池在城西南隅，今天妃宫旁周回水面皆是"，约计二十余亩。万柳池约形成于宋代，因"环堤多植杨柳，故名"，又多芰荷风韵，别名莲花池。南宋时山东农民起义军首领李全"至青州，使刘庆福还楚州为乱"③，其起事地即为万柳池附近，"此地必是大驿"。段朝端曾称万柳池"烟水渺弥，最为游赏胜地"，环池周围都营造出消闲赏玩、怀古凭吊的氛围："菰蒲菱茨，远近相映。城内土垒如山，杂树深列，不见女墙，抵灵慈宫岸，步望仙桥，吊灵素墓，闻松院笙箫，清兴欲飞。"④ 而天妃宫居于万柳池水的中心方位，始建于南宋嘉定年间，至明清时期逐渐转变为"郡守诸公游宴之地"。万历年间曾予以整修，乃漕抚刘东星主持，"庀材伐石，造水亭，创木桥，名正厅为君子堂"，"政事之暇，即与宾从游宴于此"，"朝烟暮霭，雪柳霜芦，风景清绝"，实闹中取静之佳处。⑤ 其实，在万柳池这一水域中，天妃宫以其中心位置，成为其他建筑空间的主要参照物。这在《万柳池志》中尤为显见，如三仙楼，

---

① 〔韩〕曹永宪：《徽州商人的淮、扬进出和水神祠庙》，第 360~362 页。
② 明清淮安府城有旧城、夹城、新城三城之分，天妃宫位于旧城西南隅，"濒万柳池"，民国时人丁莲辑有《万柳池志》（《河北大学图书馆藏稀见方志丛刊》第 14 册），本段即据此建构万柳池畔以天妃宫为中心的地理景观。
③ 光绪《淮安府志》卷 39《杂记一》。
④ （明）李元：《游万柳池联句诗》序，载丁莲辑《万柳池志》卷 1《本志》。
⑤ （清）吴玉搢：《山阳志遗》卷 1《遗迹》。

位于万柳池北、天妃宫后，共祀汉钟离、吕纯阳、铁拐李三仙；在天妃宫后，另有清漕督施世纶所建的环水亭，与三仙楼相对。唐代开元教寺位于天妃宫的东侧，白居易、刘禹锡均有开元寺诗。开元寺的背后则为二帝祠，崇祯年间县令黄文焕修建书院，"讲学术、厉风节"。清咸丰丙辰年（1856），名士丁晏感于旧景"面池深广，遍植芙蕖，绿水澄清，朱华掩映，招凉却暑，风景宜人"，创秋水兼葭之馆，希求"饮酒观鱼，以乐余年"①。道光中诸生秦友白诗曰："宛转湖山曲径通，苍葭四面晓烟笼。晨钟一响人心豁，野鹤数声天地空。鼓枻渔郎秋水外，烧香士女绿阴中。飞来阁上流清响，迸入炉烟散午风。"②可见，二帝祠周围同样呈现出烟笼雾罩的宗教意象。总体观来，万柳池畔乃旧城一游赏胜境，尤为漕运官员与地方士人所重。而万柳池畔的景观构造基本上是以宗教建筑为载体的，且形成了以天妃宫为中心，开元寺、三仙楼、二帝祠诸寺观拱卫而置的空间布局。贾涉将原紫极宫改建为天妃宫，正是着眼于其在万柳池中的地理方位，可见天妃信仰乃亦居于中心位置，即天妃宫所处的实体空间不仅负载天妃信仰本身，且表达出信仰与周围寺观在空间布局上的理路。

天妃宫，又名灵慈宫，宫内"崇祀漕运香火，郡城佳境福区，此称最盛。先时其中崇台峙鼎，飞阁流丹，岛屿纡回，金碧掩映。池环柳树，概挹烟云，北□三仙之楼，周遭万雉之堞，觞咏嬉游，四时一日"③。既言"崇祀漕运香火"，说明其具有保护航运的功能。清乾隆间山阳人范性善有诗曰："城头南北多帆影，吴舲楚舸皆萍梗。"描述南来船只竞舶于此，造成了水道交通壅阻。诗中还状摹了五月五

---

① （清）丁晏：《颐志斋文集》卷11《城西道院新建秋水兼葭馆记》，1949年丁步坤铅印本。
② （清）秦友白：《题蒲葭巷二帝祠壁》，载（清）邱沅等修，段朝端等纂《山阳艺文志》卷8。
③ 天启《淮安府志》卷24《丛纪志二·丛谈》，第1001页。

第五章
水工与祠庙：治水政治中的山阳、清河城

日"游人争集灵慈宫""男女肩攀纷往来，行动散缓蚁旋埃"的繁闹游况。① 据目前资料，并未发现天妃宫祭祀天妃的宗教仪式或官方敕书。② 但灵慈宫中确曾有漕运神的供祀，漕督邵南峰曾"谒漕抚应祀神祇，且瞻礼先进督漕诸大臣祠位"③。此处"应祀神祇"并未言明，但灵慈宫位于西南隅，即八卦之坤位，"灵慈应坤方老阴，故居以天妃"④。另外万柳池南侧的清溪馆这一酒肆，似可为天妃信仰作一参注。吴玉搢在《山阳志遗》中有"清溪馆"条，曰：

  清溪馆者，酒肆也，在万柳池之侧。昔漕镇刑部建牙南府，谓之三堂。南门迤西有一水门，凡南来漕舻到淮，俱泊舟南角楼，旗丁粮长俱由此关入城。传闻当年漕舻不畏过江而畏过湖，西风一浪，漂溺者无算，是以姻娅眷属咸送至淮，过淮后方作欢而别。⑤

清溪馆为运河线上声名远播的酒肆，"凡随船来者，丛集于淮"，大量流动人口群聚于此。而"漕舻不畏过江而畏过湖"，则说明漕船转运，路途维艰，尚赖神灵感应相助，而天妃信仰正在这一流动群体中盛衍开来，天妃宫当亦成为漕运官兵及其他往返运河的社会各层人群的祭祀场所。

3. 国家祭祀与清淮漕神信仰的空间转换

前文已述，郡城西南隅的天妃宫建立最早，先时尚有祭祀活动，

---

① （清）范性善：《午日灵慈宫》，载丁莲辑《万柳池志》卷8《艺文志下》。
② 曹镳《信今录》中记载，康熙年间漕督施世纶（施琅之子）曾大加兴修天妃宫，并移天妃于此，照此似可推断在此之前，天妃宫中虽"崇祀漕运香火"，然其对象或为其他水神，或本祭祀天妃，其后曾一度中断，置此存疑。
③ （明）李元：《游万柳池灵慈宫联句诗序》，载丁莲辑《万柳池志》卷7《艺文志上》。
④ 天启《淮安府志》卷24《丛纪志二·丛谈》，第1002页。
⑤ （清）吴玉搢：《山阳志遗》卷1《遗迹》。

但受限于文献资料，对其细部场景知之甚微，后事移物换，其祭祀氛围逐渐消退，以至完全"蜕变"成为寄思伤怀、娱情养性的游宴场所，而且万柳池与天妃宫这种供人游赏的社会功能，入清以后亦逐渐不复存在。相较而言，淮安清口附近的惠济祠的神性愈益彰显，其天妃信仰的兴盛主要得益于国家对漕运事业与河害治理的现实需要。惠济祠中天妃信仰的隆盛，引致其周遭水利设施的变迁。明永乐初，平江伯陈瑄开清江浦河，"其法全仗水平，清江口自新庄闸而下，因其卑高，递为五闸"①。惠济祠即位于新庄闸河口，又有头闸、天妃闸之谓。关于黄、淮运口的闸坝堤堰及其演变过程，前贤论之甚详，②而祠庙信仰与水工建筑的称谓演变，则鲜有涉及。为行文方便，兹将方志文献中清口诸闸的更置状况迻录于此：

> 惠济正闸，原名新庄闸，又名天妃闸，旧在惠济祠后，明永乐中陈瑄建，嘉靖中改移于南，名通济。万历六年，潘季驯又移甘罗城东。康熙十九年，又移烂泥浅之上，即七里旧闸，而改名惠济。四十年，复移建于旧运口之头草坝。雍正十年，移建七里沟，即今处。③

清口天妃闸，系国家漕粮要道必经之地，正所谓："国家之大事在漕，漕运之要务在河，河道之为漕运咽喉者，惟淮安之天妃闸。"④实居交通之锁钥。同时，天妃闸亦为诸闸险峻之首，有诗曰："百子

---

① 天启《淮安府志》卷14《河防志》，第574页。
② 参见郑肇经《中国水利史》，民国丛书第四编第89册，上海书店，1989，第218~233页；邹逸麟《淮河下游南北运口变迁和城镇兴衰》，载《历史地理》第6辑，第62~69页；蔡泰彬《明代漕河之整治与管理》，第240~245页。
③ 光绪《清河县志》卷6《川渎下》。
④ （清）徐越：《分黄导淮事宜疏》，载（清）邱沅等修，段朝端等纂《山阳艺文志》卷3。

第五章
水工与祠庙：治水政治中的山阳、清河城

堂前湾复湾，天妃闸下浪如山。"① 材料中言及"嘉靖中改移于南，名通济"，则知嘉靖年间即有天妃闸之称。以神名闸，则其时惠济祠中当已供奉天妃。而惠济祠旧为铁鼓寺，② 正德初年道士袁洞明"始卜地河浒，建泰山行祠"，正德帝及圣母章圣皇太后均曾临幸驻跸，并赐额"惠济"。嘉靖年间淮安知府刘良卿对惠济祠的变迁有一阐述：

> 方兹地之未祠也，茫然沙草，郁然冈异而已耳，一旦饰土木崇堂观，无问远迩，或奔走而归之，何哉？神所依也。然考诸礼经，祭不越望，太山之祀妥为于淮渎之滨乎？而事之弥虔，叩之无不应者，何哉？国所置也。夫国家际一统之盛，握天下民神之命，意之所向，足以鼓六合而来百灵，而况京树千舸，衔尾转漕。③

该文作于嘉靖二十七年（1548），刘氏认为惠济祠神灵的隆盛乃因"国所置也"，即国家通过建构惠济祠的宗教空间，以实现其"衔尾转漕"的政治目的。不过，刘氏所谓"太山之祀"，当属不妥，其所祀实乃护漕保运的天妃神灵，这颇契合"衔尾转漕"的信仰职能。天妃信仰之所以进驻惠济祠，与明代中叶清口黄、淮水患密迩相连。

---

① （清）郭瑗：《淮阴竹枝词》，载赵明等编著《江苏竹枝词集》，江苏教育出版社，2001，第57页。
② 道光十五年（1835），河道总督麟庆奉诏重修惠济祠，"得铁鼓于楼下"，"又得铁钟于门外墙角，相传每悬即坠，用是弃置。上有篆刻，苔蚀尘封，漫渍莫辨，洗涤观之，皆嘉靖时权阉名姓"，即认为此乃天后"屏斥奸党之意"，参见（清）麟庆著文，汪春泉等绘图《鸿雪因缘图记》第二集下册"惠济呈鱼"条，北京古籍出版社，1984。
③ 淮阴区政协文史资料委员会编《淮阴金石录》，第123页。

"夫嘉、隆之时,黄河数为灾,其后河淮并,为灾愈益甚"①,"漕运、民生两受其害"②,而淮安府城处"在淮与漕河夹中,自嘉靖中年以来,无岁不被水"③。有学者曾统计指出,"嘉靖年间,江淮比较大范围的水灾有四次",胡效谟曾撰《淮安大水记略》曰:"淮安自嘉靖庚戌以来,比年大水,至隆庆己巳岁为最大。"④ 此皆证实嘉靖、隆庆以降,黄淮水患对漕粮转输与城市安全的威胁,惠济祠引入天妃信仰属应时之举。

另外嘉靖以来,云梯关海口淤沙停积,"黄、淮下流势缓,尝苦浅涸,每水发则有泛滥之虞"⑤,旋开即塞,至万历十六年(1588),"黄河一次冲决,草湾河大通,夺正河十分之七,至赤晏庙仍归大河。从此黄河离开了淮安城紧北,居民得以安居"⑥。黄河夺草湾河而东趋,"虽然水患趋缓,但运口远离,交通大势去矣"⑦。山阳城遂逐渐退变为偏处一隅之地,旧城西南隅天妃宫的败落殆亦与此相关。乾隆《山阳县志》载:"西水关在西门之南,旧制可行船入西湖",后"运道改由城西,始建响水闸,入城水关亦减小,不复如旧"。响水闸初由明嘉靖知府王凤灵主持修建,亦即文渠闸。这一渠道"荡涤污秽,供汲饮,备火灾,通达城内外舟楫,为利甚溥"⑧,府城西南隅一带的河道已退为仅用于供给地方民生,而与国家漕运无涉。吴

---

① (明)李春芳:《李文定公贻安堂集》卷5《中丞江公治河底绩承恩序》,沈乃文主编《明别集丛刊》第2辑第87册,黄山书社,2016,第301页。
② 天启《淮安府志》卷13《河防志》,第574页。
③ (明)王宗沐:《淮郡二堤记》,载天启《淮安府志》卷21《艺文志一》,第857页。
④ 张崇旺:《明清时期江淮地区的自然灾害与社会经济》,第146~147页。
⑤ (明)马麟原撰,(清)李如枚重修,元成续纂《续纂淮关统志》卷3《川原》。
⑥ 邹逸麟:《淮河下游南北运口变迁和城镇兴衰》,载《历史地理》第6辑,第64页。
⑦ 沈红亮:《明清时期黄淮运交会地区的人口和民风——有关淮安府的个案研究》,第25页。
⑧ 光绪《淮安府志》卷6《河防二》。

第五章

水工与祠庙：治水政治中的山阳、清河城

玉搢对天妃宫周边环境的变迁做出了一定的解释："今南府已移，水门已闭"，万柳池上唯存有"黄茅白苇而已"①，南府即指漕运总兵官旧署。② 可见，嘉靖年间，响水闸始建，漕运总兵官署废隳，府城西南隅的形胜大势已去，以天妃宫为中心的神灵空间亦趋向败落，而其时天妃信仰则进驻惠济祠。

前引材料述及，康熙十九年（1680），通济闸更名为惠济闸。就天妃信仰而言，从天妃闸到惠济闸，闸名变更背后当隐含神灵奉祀的内在机理，与此相关的则为祠庙之名的变易。光绪《清河县志》卷3《建置》"惠济祠"条有云："本朝即其旧宇，崇祀天后，遂称天妃庙，乾隆中复改称惠济祠。"天妃庙即祭祀天妃之庙宇，具有较强的神灵指向，而惠济祠则神意含混，为诸神共享的信仰空间。由天妃庙而复称惠济祠，恐与天妃、泰山娘娘封号之争有关，亦可视为这一信仰空间愈益延展的宗教意涵。自明嘉靖年间始，惠济祠中的天妃神灵，即具有明显的官方语境。而惠济祠体现出的"治水政治"，在康熙帝、乾隆帝南下巡幸中更可见一斑。③ 康熙帝曾谕诸臣曰："朕留心河道，亲阅者屡矣。河之形势必身历其地，始知成功之次第。朕每至河上，必到惠济祠，以观水势。"④ 乾隆帝称其祖父"清跸屡勤，比隆神禹"，并认为"名山大川精气磅礴，必有神焉主之；经国大政庇赖生灵，必有神焉相之"，因"命有司鸠工加焕饰焉"。⑤ 时在乾隆

---

① （清）吴玉搢：《山阳志遗》卷1《遗迹》。
② 万历《淮安府志》卷3《建置志·公署》，第327页。15世纪以后，"漕运总督的地位明显地超过了漕运总兵官"，"漕运的军事性质明显地降低"，参见〔美〕黄仁宇《明代的漕运》，张皓、张升译，第45页。
③ 参见〔美〕张勉治《洞察乾隆：帝王的实践精神、南巡和治水政治，1736~1765》，唐博译，董建中校，于沛主编，国家清史编纂委员会编译组编译《清史译丛》第5辑，中国人民大学出版社，2006。
④ （清）王光谦：《东华录》，《续修四库全书》史部编年类，第370册，上海古籍出版社，2002，第454页。
⑤ 左慧元：《黄河金石录》，黄河水利出版社，1999，第275页。

十六年（1751）乾隆第一次南巡之际，这也是惠济祠历次修建中规模最大的一次，"特命宫保海大司农仿内府坛庙规制，谕两淮盐政、淮关监督及内工干员董率其事"①，经此翻修，其"殿宇楼阁，均易黄琉璃瓦，规制崇闳，迥非昔比"②。乾隆二十一年（1756），乾隆第二次南巡，"又谕令前监督高恒重修"③。由此可见，乾隆年间惠济祠的整饬，乃皇帝敕谕、地方官员董理其事的官方行为，其目的很明显与神灵"显庇河漕"有关。

乾隆帝南下巡幸，均曾拜谒惠济祠拈香致祭，或御题诗文，如"漕艘来往称顺应，争奉馨椒洁享蒸""黄流清汇安澜庆，楚舫吴艘利涉歌"；或钦赐匾联，如"福佑河漕"④。诚然，在淮安，皇帝南巡也"踵事增华，朘削盐商"，于供宸玩赏之所，大讲排场，颇为奢靡。⑤ 不过皇帝同时关注堤、堰、闸、浅，河道总督衙署迁驻清江浦，以求黄、淮、运等河道顺畅通行，河道整治成为朝廷与官员的敏感话题。乾隆五十三年（1788），由于清口惠济祠的天后神像"屡著显应，本年河流顺轨，运道顺通"，清廷诏发祭文，令地方官员于春秋二季"虔诚致祭"⑥。乾隆末年，淮河流域大旱，蓄清刷黄之策失效，清口受淤，淮河下游宣泄不畅，洪泽湖水位逐渐抬高，高家大堰"岌岌可危"，并于道光四年（1824）溃决。⑦ 嘉道时期，淮安清口附近的河患较为严重，皇帝频繁遣员致祭惠济祠、黄大王庙等祠庙，以

---

① 淮阴区政协文史资料委员会编《淮阴金石录》，第124页。
② （清）麟庆著文，汪春泉等绘图《鸿雪因缘图记》第二集下册"惠济呈鱼"条。
③ （明）马麟原撰，（清）李如枚重修，元成续纂《续纂淮关统志》卷12《古迹》。
④ （清）高晋：《南巡盛典》，第119、257、205页。
⑤ 王振忠：《明清徽商与淮扬社会变迁》，第12、14页。
⑥ 中国第一历史档案馆等编《清代妈祖档案史料汇编》，中国档案出版社，2003，第111~112页。乾隆《淮安府志》卷26《坛庙》亦载"天后用春秋二仲上癸日致祭，行二跪六叩之礼。"
⑦ 韩昭庆：《黄淮关系及其演变过程研究——黄河长期夺淮期间淮北平原湖泊、水系的变迁和背景》，第155~158页。

第五章
水工与祠庙：治水政治中的山阳、清河城

求神力相助。因汲取南巡劳民伤财之训，嘉庆帝未亲往致祭清口惠济祠，代之以"敕谕两江总督百龄崇诣惠济祠查明建筑设计方案（规制）和神牌封号字样等，在绮春园内依原样建惠济祠一座，以便就近祭祀，保证南北漕运安全"①，御园中的惠济祠作为清口惠济祠的复本而存在，亦成为国家祭祀的应有之义。道光帝秉承嘉庆圣意，先后遣派礼部尚书穆克登、耆英、禧恩、奕经、奎照、麟魁等于春、秋二季，致祭清口惠济祠等水神祠庙。②

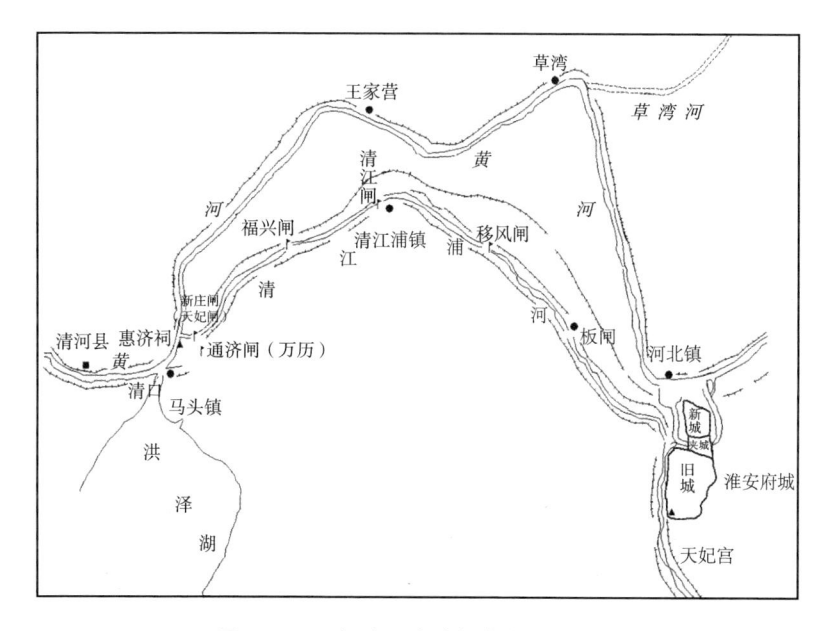

图 5-2 天妃宫、惠济祠的空间位置图

资料来源：改绘自邹逸麟《淮河下游南北运口变迁和城镇兴衰》，载《历史地理》第 6 辑，1988。

---

① 徐业龙：《运河文化的特别例证——淮安清口惠济祠文化遗产价值研究》，第 379 页。
② 见中国第一历史档案馆等编《清代妈祖档案史料汇编》，第 223、238、246、248、258、269 页。

· 345 ·

总体看来，淮安府城西南隅的天妃宫逐渐演变为宴饮之所，至清乾嘉时期已日趋败落，而惠济祠则渐为朝廷与普罗大众所共同祭祀。① 如果仅以天妃庙宇的信仰标准来衡量天妃宫与惠济祠的功能，很明显惠济祠的天妃崇拜氛围远胜于府城的天妃宫。清淮地区内部天妃信仰中心的转换是当地水道走势的自然结果，也是山阳、清河城市变迁的重要指征。可以说，清淮地区天妃信仰中心由府城的天妃宫转移到清口的惠济祠，与城市发展的态势相一致。清河设县溯至南宋淳熙九年（1182），分淮阴"县西北界置清河县，以其清河口得名"②。自设县以来，清河几易其治：

> 元泰定初，因河决，迁治于河南岸甘罗故城。至元十五年，因兵乱，复筑土城，仍移河北，即今之所谓旧县也。明末，再迁于甘罗城，不久复归故治。今于乾隆二十六年，迁于清江闸南岸一里许。而黄河北岸陶家庄西之旧县土城，渐就倾废矣。③

清河县城曾两迁淮南之甘罗城。自筑城以来，可能均为土城，盖城址颇受黄、淮水流冲刷，易致倾圮，甚或坍入水中，这可能是清河治所屡迁的主因。元末兵乱，筑清河土城，以求自保，亦即旧县城，此城至清中期方"渐就倾废"，清河则迁治于清江浦镇。黄、淮水患频发，引致清河县治之迁移，而惠济祠中天妃信仰的尊崇亦繇于此，信仰与城市的发展脉络趋向一致。

---

① 关于惠济祠神灵信仰的民间层面，史料中多有记载，如嘉靖《清河县志》卷4《惠济祠碑》曰"凡公私之待济者，祷焉"，又曰"士女香镫，远近和会，舳舻荐献"，兹不具列。
② 光绪《淮安府志》卷37《古迹》。
③ （明）马麟原撰，（清）李如枚重修，元成续纂《续纂淮关统志》卷12《古迹》。

小　结

与前章城市水利的微观视角相较，本章从中观的维度侧重于探讨国家治水活动与地方城市体系及格局的关系问题，即通过由明入清的国家治河方略的形成与施行，从"利害相生"的角度，试图揭示山阳、清河两座城市截然不同的发展脉络。明代中叶以降，黄淮水患日趋严重，清淮地区的山阳与清河城，包括清江浦镇，均受到这一灾患的威胁与侵扰。而国家为了保障运道畅通，江南漕粮顺利抵达京师，派遣都御史级别的官员往赴清淮地区治理河道，在这一过程中地方城市的命运遂与黄淮水患产生了联系。

本章主要考察的是，黄淮水患作用下的城市变迁，即城市地位升降乃至区域内部城市体系重组的问题。明代前期，黄淮水患发生的重点区域位于鲁南及徐州一带，对于淮安府城市安全的威胁尚小。彼时的黄、淮河尤其是运河对于淮安府来说，更多的是提供交通运输的便捷，带来城镇经济发展的积极影响。明代中叶以后，太行堤北筑，黄河流路固定南趋，以淮河受纳黄河等西来之水，故而黄河水患由鲁南、徐邳地区转移到淮安府境，山阳与清河城均颇受其害。为了治理黄河固定夺淮入海带来的严重水患，国家不定时地派遣河臣，先后施行"北堤南分""南北俱堤""束水攻沙""分黄导淮"等治河策略，潘季驯、杨一魁等人就各自的治河方略，又展开往复博弈。其实，这些治河方略均有其自身难以消解的深层弊病，任何一种方略都无法从根本上解决河患问题。

　　需要强调的是，在国家治理黄淮水患的过程中，地方城市的地位和命运发生了变化。具体来说，由于山阳城恰处于黄、淮河较为典型的扫湾迎溜之地，其城外西北方向的满浦、淮安五坝及方家坝均先后废置；由于清河县城规模较小，经常罹受黄淮水灾的侵袭，城市防洪能力大幅下降。相较而言，虽然清江浦镇的坝工设施亦屡经修治或更替，但基本上能够维持正常运行，尤其是清江浦坝修筑之后，借由清江浦月河进行漕粮转运及其他商贸往来，成为清淮地区主要的交通路线。可见，虽然清河县城、清江浦镇、山阳县城同属于运河交通孕育、发展的城镇，但从融入灾害史的角度来看，这种交通优势对于它们具有不同的发展意义，也就是说，河道交通带来城市发展契机的同时，亦使得它们面临罹患水灾的生存威胁，而它们的受灾程度则有较大差异，即以清河县城最重，山阳县城次之，清江浦镇较轻。这是"利害相生"的第一层含义。第二层含义为：在国家治河方略施展的作用下，以上三城（镇）依循了不同的城市发展路径，坝与闸等水工设施的兴废更替，亦可以作如是观。这种差异化的发展路径，在万历初年草湾河开凿之后更为明显。从这一城市体系的演变过程，我们可以见出黄淮水患与治河方略对于三座城镇（清河县城、清江浦镇、山阳县城）的不同意义，此即为"利害相生"视野下的水工建设与城市变迁。

　　本章还通过对清淮地区水神祠庙空间展布的研究，揭示民间信仰与国家治河的相互关系。也就是说，除水利工程与设施的建设外，朝廷与漕河官员也希望从信仰的层面为漕运与民生消灾弭祸。山阳县、清河县及清江浦镇均有大量水神祠庙的建造与信仰，这些水神祠庙则成为当地抵御城镇水患、保护商业市廛的重要精神载体，此即所谓"城神之间"的第一层含义——"以神卫城"，第二层含义是"城神同步"，即当地水神祠庙的兴废与城市发展变迁的过程基本保持一

第五章
水工与祠庙：治水政治中的山阳、清河城

致，这在清淮地区天妃信仰的变迁中尤为明显，明后期至清前期，山阳县城越发显现出衰颓的趋向，与之相应的是城内天妃宫周遭的建筑与景观也尽显颓态，而清口一带惠济祠的兴盛主要得益于国家对漕运事业与河害治理的现实需要，惠济祠逐渐成为运河沿线重要的水神祠庙，祠内供奉的天妃神性愈益彰显。这在清乾隆年间清江浦成为清河县治以后更加显著，由此可见，清淮地区水神信仰中心的转移与山阳、清河城市发展的脉络基本一致。

第六章

清江浦与山阳城：
清淮区域中心与城市体系重组

清江浦原为淮河南岸的一条支流，初现于元末以前，明永乐年间，陈瑄疏凿清江浦河，开始为众稔知，此后置设诸多维持漕运的官僚机构与设施，清江浦逐渐发展为运河沿线的重要城镇。关于清江浦的既有研究成果，强调运河交通对于城镇发展的重要作用，拘囿于运河与城镇兴衰与共的分析模式，缺乏对城镇兴起与发展具体过程的研究，更遑论对各要素进行比较分析。本章试图通过梳理漕运诸环节的建置、运作与变化，凸显其中的商业与政治因素，展示它们对清江浦城镇兴起与发展的实际意义，借此辨明清江浦兴衰要素之间的相互关系，进而探讨清江浦城镇的脉络层次即发展机制问题。与清江浦城镇呈现繁荣发展趋向相对的是，府、县同城的山阳县城却逐渐走向衰落，此间的一升一降，与鲁西奇对襄阳府城与樊城镇、光化县城与老河口镇的研究极为相似。清江浦镇行政区划的调整与变动及其自身的发展机制，使得清淮地区城市格局与体系问题比较特殊与复杂，本章试图对此加以研讨。

第一节　漕河设施运作与清江浦的发展动力

一　始终作为交通要冲的清江浦闸坝

明永乐十三年（1415），陈瑄采纳当地耆老的建议，主持疏凿清江浦河，引管家湖水入淮，以便转输漕粮。为了调节水位、保证水源，次年在清江浦河沿线设置新庄闸、福兴闸、清江闸、移风闸，又增设板闸，后改其为石闸。清江浦五闸相互配合，根据规定按时启闭，由此明代的漕粮河运事业步入正轨。其中，清江闸最值得注意，它不仅是递相启闭、通运行漕的船闸，同时也是商货通行、转运的重要站点，淮安关在此设清江分口抽取商税。史载："清江口，坐落清江闸口地方"，"凡南、北、西河进口货船，在清江下卸，或回空粮船下卸货物，以及清江贩买货物他去，俱在该口称量见数，登填号簿，给发印帖，令赴大关完纳钱粮，执票分别验卸放行"。[1]

明清两代，清江闸口始终是漕船粮艘通行之地，又为客商贩货的商品集散处所，人口流动较为频繁。万历三十七年（1609），谢肇淛经行清江浦时作诗曰："黄河倒海清江碧，闸门横锁河水立。都水使者高闭门，万艘长年倚柁泣。关吏持筹猛如虎，责单责税同商贾。商

---

[1] （明）马麟原撰，（清）李如枚重修，元成续纂《续纂淮关统志》卷5《关口》。

贾已尽榷官船,可怜衣冠委尘土。孤臣徙倚不敢前,新闻官家增税钱。官家尚可,关吏杀我。"① 由"都水使者""万艘""商贾""关吏"等,不难侧见彼时清江浦镇的漕运与商贸中心地位。民国时期,清江闸仍是商业繁闹景象:"闸下溜塘深广,望之使人眼花。五月闹龙船,七月放河灯,一种繁胜之状,亦他处所未有。"②

为了保障漕粮运道的安全稳定,防止黄、淮水涨倒灌入运,政府官员复在清江浦镇置设坝工设施。比如清江浦坝,它的修筑对于这一区域的水工设施乃至城镇发展关系均产生一定程度的影响。也就是说,由于相对有利的地形条件,清江浦坝得以修筑并被充分利用,新庄闸口淤塞之际,往来商船大多从清江浦坝盘坝入淮,诚如胡应恩所谓"生理尽归于此"。虽然潘季驯治理河患期间,曾对山阳城坝工加以重建,使其一度发挥转运漕粮及通航的功能,不过这种功能在黄河徙归草湾河之后最终消失。

总之,清淮地区的闸坝设施多为漕粮转输而置,可以说闸坝设在何处,漕粮运道就在何处,反之亦然。从这一角度来说,闸坝的设置不仅在于调控水位、便利漕运,它同样成为运道交通区位的构成要素,它的兴废与运道变迁类似,对于沿途城镇的发展至为重要。山阳城附近的淮安坝、满浦坝最先废置,仁义诸坝亦逐渐废置,方家坝兴而复废。而清江浦镇的闸坝呈现出颇具差异的面貌,即清江闸、清江浦坝等闸坝虽亦屡经修治或更替,不过基本上能够维持正常运行,尤其是清江浦坝的修筑使清江浦月河可用于漕粮转运及其他商贸往来,成为淮安地区主要的交通站点。明清两代,清江闸、坝一带,始终是漕粮及官民商船经行的重要水上通道,在此基础上清江浦镇逐渐繁兴。

---

① (明)谢肇淛:《小草斋集》卷10《七言古诗三·清江行》,《续修四库全书》第1366册,上海古籍出版社,2002,第637页。
② 张煦侯著,方宏伟、王信波整理《淮阴风土记》第1章《清江区》,第314页。

第六章
清江浦与山阳城：清淮区域中心与城市体系重组

二 漕船修造与清江浦的商业环境

明永乐七年（1409），朝廷在清江浦、临清分别创建清江、卫河造船厂，从事漕粮运输所需的漕船修造事务。十二年（1414）以前，朝廷基本实行漕粮海运，所用船只以遮洋船为主，彼时"遮洋船多隶清江厂成造"①。陈瑄开凿清江浦河之后，"增造浅船三千余只，一年四次，从里河转漕，遂罢海运"②。漕运路线由海运为主改为以河运为主，这种变化导致南方运输漕粮所需船只明显增加，漕船修造的分工格局随之发生变化："南京、直隶、江西、湖广、浙江各总里河浅船，俱造于清江。遮洋海船并山东、北直隶三总浅船，俱造于卫河。大约造于清江者，视卫河多十之七。"③ 清江造船厂在明代漕船修造体系中占据重要地位。宣德五年（1430），运粮船只的修造布局再次发生重要变化，即形成"船厂团造与卫所散造两种修造方式"④。不过由于"各地官旗往往恣意'侵克'料银，不惟造不如额，而且质量极差直接影响到漕运的畅通，明政府有时又不得不将各地派造任务收归清江厂制造。所以有明一代清江厂实际上成为最大的船厂"⑤。这种格局正统年间已经形成。嘉靖三年（1524），卫河厂终被裁革，"卫河总运船俱归清江厂团造"⑥，形成了清江厂独造漕船的局面。凡此诸种形势的出现，带动了清江浦城镇的发展。

据《漕船志》记载，清江造船厂介于山阳、清河县之间，即清

---

① （明）席书编次，朱家相增修《漕船志》卷1《建置》，第345页。
② （明）李东阳等：《大明会典》卷200《工部二十·船只》，第2687页。
③ （明）席书编次，朱家相增修《漕船志》卷1《建置》，第344~345页。
④ 封越健：《明代漕船修造制度述略》，《中国社会经济史研究》1997年第4期。
⑤ 鲍彦邦：《明代漕船的修造及船料的派征》，《中国社会经济史研究》1986年第1期。
⑥ （明）席书编次，朱家相增修《漕船志》卷1《建置》，第345页。

· 355 ·

江浦镇所在之地，厂地规模颇为可观，计有京卫厂、中都厂、直隶厂与凤阳厂四大总厂，下设若干卫所分厂，厂地总计26里长。清江造船厂的设置，不仅奠定了清江浦城镇的发展格局，同时也孕育、塑造了清江浦的商业环境。具体来说，每只漕船修造所需的物料，"用新杉、篙木六十二根，株、樟、榆、槐二十余段，油、麻、铁、炭等料三千余斤"①。这些船料的获取最初采用"派料各省"的方法，不过这种"直接派征物料和金点农民解运的办法，大约到了成化年间就无法维持下去"②。成化十五年（1479），明朝政府"停止各处派料，议取抽分木价，以充造船之需"③，同时解用抽分银两供给修造漕船，此后清江提举司的造船木料，俱由各自从仪真、芜湖及湖广荆州、辰州等地用银收买。由此木材商人逐渐参与到漕船修造的秩序中来，如《清江浦》诗曰："微风细雨下淮舟，木客茶商两岸楼。"④可见清江浦吸引了不少木材商人麇集。黄仁宇亦曾指出："在漕河区域内，购买木料的主要地方是京城和淮安地区。"⑤ 其中淮安地区当因清江船厂修造漕船的需要，大量购买和交易木材等物料，"大都材木市之楚蜀，而料物若钉铁油麻种种者，市之秦晋汝汴诸处"⑥，可见除了木材，其他造船物料的转输与交易，同样也为清江浦的发展提供了商业动力。

不过，明中叶以后，对东南各地派征船料银，导致农民负担过重，加上漕政窳败，每年修造与运行的漕船数量逐渐减少，诚所谓：

---

① （明）席书编次，朱家相增修《漕船志》卷4《料额》，第368页。
② 鲍彦邦：《明代漕船的修造及船料的派征》，《中国社会经济史研究》1986年第1期。
③ （明）席书编次，朱家相增修《漕船志》卷4《料额》，第368页。
④ （明）公鼐：《浮来先生诗集》卷2《七言绝句·清江浦》，沈乃文主编《明别集丛刊》第4辑第80册，黄山书社，2015，第768页。
⑤ 〔美〕黄仁宇：《明代的漕运》，张皓、张升译，第190页。
⑥ 天启《淮安府志》卷19《艺文志一》，第818页。

第六章
清江浦与山阳城：清淮区域中心与城市体系重组

"顾督造之务，一禀之都水使者，二百余年来，萧规曹随，具有成绩。乃时移事异，有昔奉之为令甲，而今沿之为敝薮者。"① 万历四十年（1612），对船政体制进行改革，"立东西河两厅，特主船政"②，即东河船政厅与西河船政厅，其主事者称同知，其中东河船政同知驻扎清江浦，"督造漕船"③，清江船厂监管造船的职能一度改由船政厅执行。明朝末年，凤阳厂、直隶厂等"已蹙其半"。④ 清顺治二年（1645），"将凤阳、江南二厂归并淮安船政同知"，康熙九年（1670），漕运总督帅颜保奏请，将"清江厂归并淮关"。⑤ 至乾隆年间，由于"河道变迁，东挑西决，凡旧设额地，多不可考"⑥，清江船厂遂被裁撤。

三 常盈仓的兴革之于清江浦的意义

明代淮安地区的漕粮仓储设施，鼎定之后即有建置。起初名为淮仓或淮安仓，史载：永乐三年（1405），"淮仓自卫河，太仓自海，咸输天津仓，而山东输德州仓"；五年，"修淮安仓并淮堤"。⑦ 永乐十三年，陈瑄在清江造船厂以南创建常盈仓，马麟记曰："常盈仓，即淮仓也。"⑧ 可见常盈仓在原淮仓或淮安仓的基础上复建而成。在常盈仓有效运作期间，它对清江浦城镇的发展助力不可忽视。诚如胡应恩指出："后因建常盈仓于清江浦，此仓遂废，详前代皆以清江浦

---

① 天启《淮安府志》卷19《艺文志一》，第806页。
② 天启《淮安府志》卷19《艺文志一》，第818页。
③ 乾隆《淮安府志》卷18《职官》。
④ 乾隆《淮安府志》卷9《漕运》。
⑤ （明）马麟原撰，（清）李如枚重修，元成续纂《续纂淮关统志》卷2《建置》。
⑥ 乾隆《淮安府志》卷9《漕运》。
⑦ 转引自郑民德《漕运与国脉：略论明代的淮安常盈仓》，《武汉理工大学学报》（社会科学版）2013年第2期。
⑧ （明）马麟原撰，（清）李如枚重修，元成续纂《续纂淮关统志》卷2《建置》。

与淮城为两军掎角之势,我朝坐镇郡城,而常盈仓却在清江浦,粤有深意,不独为转输北京之便也。"① 这透露出重要的历史信息,即常盈仓不仅在转输漕粮过程中承担重要角色,对于清江浦城镇的发展亦有深远意义。

具体来说,常盈仓推动了清江浦镇商品市场尤其是粮食市场的发展。"常盈者,国初灌输都下,五巨积之一也"②,每年有数百万石漕粮运抵清江浦以备转输。由于运道淤塞、盘坝耗时等原因,漕船会在清江浦稽留数日,再加上政府体恤军士,允许携带土宜沿途贩卖,清江浦镇商业得以发展。由于常盈仓的设置,粮米交易应该是存在的,尤其是明正德年间漕粮折色之后,周边百姓赴各水次仓及常盈仓买米兑运,带动清江浦粮食市场的发展,其中被称为"大市"的清江浦米市的形成即为明证。③ 为了保证常盈仓等的粮食储量,明代施行米船免于征榷之策,鼓励客籍商人贩运米谷至此售卖,满足当地购买粮食以供纳漕的需求,因此清江浦镇出现了米谷商人麇集的局面。

不过从明前期至清前期,常盈仓的储粮功能趋向下降。弘治年间胡瓛《常盈仓周垣记》记载曰:

> 仓俯临大淮,廒凡八十有一,联基广凡二百七十八步有奇,袤凡四百九十八步有奇,周凡一千五百五十四步有奇。廒自永乐壬辰陈恭襄创建,迄今毁去几三之二。④

弘治年间,常盈仓的仓廒为 81 间,比永乐年间创建初始减少将

---

① (明)胡应恩:《淮南水利考》卷下,第 297 页。
② (明)亢思谦:《慎修堂集》卷 10《赠别驾吴绍溪之顺庆序》,《四库未收书辑刊》第 5 辑第 21 册,北京出版社,2000,第 175 页。
③ 乾隆《淮安府志》卷 5《城池》。
④ (明)杨宏、谢纯:《漕运通志》卷 10《漕文略》,第 319 页。

第六章
清江浦与山阳城：清淮区域中心与城市体系重组

近三分之二，可推断其最初有 200 余间仓厫。仓厫减少的现象与漕粮数量递减不无关系，"先是江南诸郡之赋悉储于此，用供京需，所入无虑百万，后递减之，仅储三之一。故仓厫多虚，日就倾圮"①。

为何常盈仓储存的漕粮出现递减的情况？这可从明代漕运方式变革的角度进行理解。永乐年间，江南民众将漕粮自运至常盈仓，然后由运漕官军转运至京、通二仓，此为漕粮运输的支运方式，此时常盈仓为运河沿线四大漕仓之一。不过宣德年间实行改兑法之后，常盈仓的储粮量趋向减少。《漕运通志》载："议处诸府、州、县各于附近水次盖设仓厫，浙江、苏松等卫船各回本司府地方领兑。"② 这就是漕粮兑运之法，与之配套的是各府、州、县水次仓的建立，浙江、苏松等地民众只需将漕粮运至近便的水次仓，交兑给运漕官军行运即可。水次仓厫在清河县的建置，直接导致常盈仓储粮的急遽减少，成化年间施行改兑后更是如此，时任漕臣奏疏曰：

> 淮安常盈仓，止收淮阳等府夏税小麦五万六千六百石；徐州广运仓，止收凤、徐等府州县夏税小麦四万八千一百五十石，以为官军行粮。……常盈、广运二仓，先年坐派数多。成化年间，会议将常盈仓米二十九万八千一百石、徐州广运仓米一十九万六千三百石，改派附近水次，令官军与正兑粮米一同交兑。③

可见，淮安常盈仓等官仓的功能日益减弱。成化十一年（1475），明朝政府正式施行长运法，原先设在运河沿线的水次仓继续发挥作用，运漕官军赴各水次仓收兑漕粮，"直抵北、通，而四仓

---
① （明）杨宏、谢纯：《漕运通志》卷10《漕文略》，第320页。
② （明）杨宏、谢纯：《漕运通志》卷8《漕例略》，第213页。
③ （明）范钦：《嘉靖事例》不分卷，明抄本。

转运之制遂罢"①。其后，常盈仓的功能逐渐蜕变为供给运军的行粮月粮，明代后期，它还兼管四税银、轻赍银等财政经费的收贮。② 清康熙年间，常盈仓被并入淮安关。

---

① （明）马麟原撰，（清）李如枚重修，元成续纂《续纂淮关统志》卷 2《建置》。
② 张叶、吴滔：《从淮仓到淮库：漕粮加耗折银与明代财政》，《史林》2017 年第 4 期。

第二节　清江浦的商业空间与政治契机

一　清江浦市镇景观：坊镇布局与街巷拓展

如所周知，清江浦河乃陈瑄依循宋代沙河旧迹疏凿而成，当时沙河沿线尤其是后来的清江浦镇附近是否已形成商业街区或镇市不得而知。不过即便已有商业街市，至元代沙河淤废，其市景应呈破败之状。《元史·顺帝本纪》载，元统二年（1334）六月，"淮河涨，淮安路山阳县满浦、清冈等处民畜房舍多漂溺"。杜涛认为"清冈"就是"清江"，亦即清江浦，① 由此可知此时的清江浦更像一处乡村聚落，且容易受到淮河水患的冲击和破坏。明永乐年间，此地仍呈现荒芜之态，这从清江造船厂的建置可见一斑。弘治年间，马廷用记载："清江船厂，在清河县之南，距淮安三十余里，因临于淮水，故名清江云。其地平衍，弥望旷然，盖南北一要冲也。"② 虽然清江浦为南北咽喉之地，但从其地理环境而言，当时它尚属未经开发的"闲旷之地"。可能地势平旷、足资容纳，正是陈瑄择定清江浦为漕船修造基地的主要原因之一。不过随着清江造船厂与常盈仓等官署机构

---

① 杜涛：《清江浦地名探源》，《江苏地方志》2014年第6期。
② （明）席书编次，朱家相增修《漕船志》卷8《艺文》，第435页。

的设置，尤其是清江浦闸坝的有效运作，清江浦镇获得了较为稳定的发展动力，其城市经济规模与商业空间逐渐拓展，造就运河都市的繁华盛景。

清江浦为典型的运河城镇，毕自严曾记曰："又如浙江之北新关，广东之南雄桥，直隶之瓜州、浒墅、清江浦等处，皆街镇之特出者，又一等也。"① 彼时清江浦镇商业街市的发展状况，无疑是位居前列的。万历《歙志·传》卷10《货殖》中记曰："今之所谓都会者，则大之而为两京、江、浙、闽、广诸省，次之而为苏、松、淮、扬诸府，临清、济宁诸州，仪真、芜湖诸县，瓜洲、景德诸镇。"② 这份明代都会清单，按照省、府、州、县、镇的等级排开序列，淮安府名列其间，而当康熙三年（1664），彼得·冯·霍姆"率领荷兰使团经过淮安时，旅行日志认为该城是中华帝国的第八大城市"③。这里所谓的淮安城，当不仅指府城驻地山阳城，这位荷兰使者形成这样的印象与认识，亦应该是看到了清江浦镇的繁华市景。"千家灯火映渔矶，画舫笙箫夜不稀。天为到乡新吐霁，月因临水倍生辉。渐多旧好趋相访，况复长风送若飞。此际瓮头休惜醉，人间何事抵将归。"④ 这种人烟闹集、笙歌夜游的市景，可能正是彼时清江浦镇的城市生活常态。

顾炎武引天启《淮安府志》卷3《建置志·镇集》中记"清江浦镇"曰：在"城西三十里，古名公路浦，又名淮浦。运河由此出清口，上黄河，水陆孔途，商货丛集，夹岸人居二十余里，河之南有管仓户部、督造漕船工部、东西河船政二同知、营缮所、税课司、河

---

① （明）毕自严：《度支奏议》卷9《新饷司·题覆秦抚议税市廛疏》。
② 〔日〕藤井宏：《明代盐商的一考察——边商、内商、水商的研究》，刘淼译，载刘淼辑译《徽州社会经济史研究译文集》，黄山书社，1988，第291页。
③ 转引自〔美〕黄仁宇《明代的漕运》，张皓、张升译，第183页。
④ （明）刘永澄：《刘练江先生集》卷7《诗·清江浦》，《四库全书存目丛书》集部别集类，第179册，齐鲁书社，1997，第441页。

第六章
清江浦与山阳城：清淮区域中心与城市体系重组

北主簿各衙门驻扎，实重地云"①。《续纂淮关统志》中亦记曰："清江浦，旧属山阳，今属清河，明平江伯陈瑄开凿运渠，建堤置闸，以司蓄泄，两岸沿堤居民数万户，舳舻丛聚，为南北之咽喉。"②"夹岸人居二十余里""两岸沿堤居民数万户"，充分说明了当时的清江浦镇为街巷稠密、人烟繁聚之地，且多沿清江浦河两岸比邻而居。《甲乙日历》上，"甲申年八月初一"条中有云：明清之际，"'云间布商久绝，民间无资生之策'，有人建议'立市场于清江浦'，派兵护送客商至淮上，此亦可见清江浦地理位置之重要"③。至此，我们对于清江浦镇的商业景观，仍然多停留于较为宽泛的认知维度，这种局面至乾隆时期的方志文献中有所突破。乾隆《淮安府志》卷5《城池》"镇"栏中载清江浦镇曰："国朝河院又移驻于此，舟车鳞集，冠盖喧阗，两河市肆栉比，数十里不绝。北负大河，南临运道，淮南扼塞，以此为最。"并首次详列清江浦镇的街巷、桥梁、坊表于后。④

必须指出的是，清江浦镇在长时间内并未修筑城垣，这是其一大特征，亦在很大程度上决定了其街坊格局。关于清江浦镇的街巷格局与特征，曾有学者略有所及，如刘捷的研究指出，清江浦"城市的自发形成，街道走向及主要建筑、市场等分布表现出很强的自发性与不规则性"⑤。对此，周森持类似的观点，并阐述道："清江浦首先因清江闸之地利形成聚落，城市结构是自发形成的，是受运河及相关水系、商业贸易等因素影响形成的，未经过预先的规划设计。街巷路网多不规则，街道走向顺应河湖水系，主要的干道东门大街、北门大街和都天庙街均是顺应河道走向而形成，其他小街巷与三条主要干道垂

---

① （清）顾炎武：《天下郡国利病书》不分卷"淮徐"，第1135页。
② （明）马麟原撰，（清）李如枚重修，元成续纂《续纂淮关统志》卷3《川原》。
③ 高寿仙：《漕盐转运与明代淮安城镇经济的发展》，《学海》2007年第2期。
④ 乾隆《淮安府志》卷5《城池·镇》"清江浦镇"条。
⑤ 刘捷：《明清清江浦的变迁与大运河》，《华中建筑》2005年第3期。

直相交。同治年间筑城墙时，城市规模和格局已经形成，城墙大致包络已有城区，城墙走向与水系和街区协调，呈现不规则的特征。"①诚然，整个清江浦镇受到运河交通的影响较大，其商业街区与市廛的分布确实呈现自由式发展引致的不规则性，不过对其空间拓展脉络以及更为具体的街市格局的认识，仍然比较模糊，此即为本节所要揭示的内容。

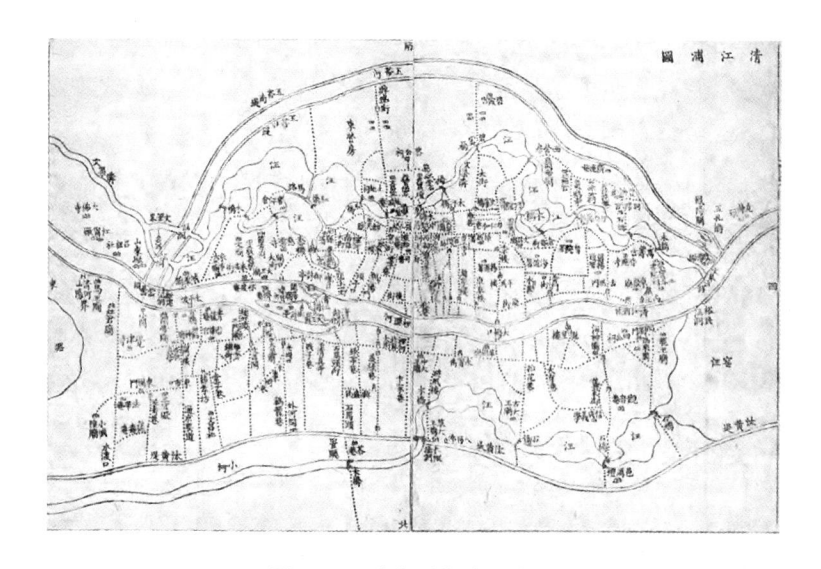

图 6-1 清代后期清江浦图

资料来源：咸丰《清河县志》卷1《图说》。

由于造船、仓储、交通等诸多因素的作用，清江浦在成为清河县治之前，虽为镇级建制，但其由坊镇与街巷构成的市镇景观已颇具规模。兹据咸丰《清河县志》中的记载推论之，概曰：以清江浦运河为界，沿河分为河南与河北两大片区，河南坊镇自东向西分别为：江宁厂镇、山东厂镇、厂前坊、厂后坊、徐家湖坊、磨盘庄坊、工部前

---

① 周淼：《运河历史城镇清江浦保护相关问题研究》，载《城市规划和科学发展——2009中国城市规划年会论文集》，中国天津，2009年9月。

第六章
清江浦与山阳城：清淮区域中心与城市体系重组

坊、户部前坊、仓北门坊、凤阳厂镇、直隶厂镇；河北坊镇自东向西分别为：朱家沟坊（接山阳界）、仁义洼坊、小河北东坊、小河北西坊、西滩镇、太史庄镇、西五牌镇、头二三井镇。① 从这些坊镇的名称中不难见出，与监仓户部分司（常盈仓）、监厂工部分司（清江船厂）等公署机构相关者占据了较大的比例，且基本分布于清江浦运河南岸，可见运河南岸无疑为清江浦镇的政治中心。先来看运河南岸的情况，在坊镇之下，则有若干街、巷道密布其间，诸如户部前街、工部前街、提举司街、仓北门街、漕厂街、磨盘庄街等亦成为清江浦镇的主干街道。故而，欲得其街道方位与走向，须明晰这些公署机构的位置。然而清代以降，随着河道总督署、清河县署等机构的迁驻，清江浦镇境域内的公署位置屡经更易，其脉络尚待厘清。乾隆《淮安府志》中载：管仓户部公署，"后改为总督河院行署"②，其时间在清雍正十一年（1733），③ 据此可以判断出原户部分司公署及户部前街的位置。又"户部前街，自桥口河下抵署前"④，结合咸丰《清河县志》卷首所附《新建县城图》，即可明晰户部前街的走向。至于与工部分司署相关之街道，可从清江书舍的位置予以判定，"水署之东，隙地旷夷，乃定荒度，捐俸市植，匠厮率力，经始于辛丑二月，阅四月毕绪，外为门曰'清江书舍'"⑤，"水署"即指水部公署、工部都水分司，则工部分司署位于清江书舍之西。而清江书舍又名清江书院，其地即后来的文庙所在，⑥ 故而工部分司署即在清江文庙之

---

① 咸丰《清河县志》卷3《建置·街坊》。
② 乾隆《淮安府志》卷11《公署》。
③ 光绪《清河县志》卷3《建置·公署》。
④ 乾隆《淮安府志》卷5《城池·镇》"清江浦镇"条。
⑤ （明）叶选：《新建清江书舍记》，载（明）席书编次，朱家相增修《漕船志》卷8《艺文·文类》，第447~448页。
⑥ （清）董士锡：《齐物论斋文集》卷3《代张河帅重建清河县文庙碑》，《续修四库全书》集部别集类，第1507册，上海古籍出版社，2002，第317页。

西。又"营缮所公署,在工部分司署南,原系提举司署"①,则清江提举司位于工部分司署南侧。在明确户部分司署、工部分司署等公署机构的方位后,则其相关街道走向遂亦可得知。兹以户部前街为起点,复形成对其他主干街道的认识,史载:

> 右折而西抵常盈仓之前曰仓北门街,左转而东过工部署前抵镇东楼曰工部前街,又东抵东厂曰漕厂街,自工部署后东抵厂前(注:似当作"后")曰磨盘庄街,今所谓后街也,自工部前转而南抵仁义楼曰提举司街。②

由此可大略爬梳出运河南岸主干街道的走向,即以创建清河县城之后的清江浦镇观来,户部前街自城西南隅的城河大桥口下,朝东北方向延展,至户部分司署后,向西抵达常盈仓前为仓北门街,向东经过工部分司署前抵镇东楼为工部前街,再向东抵东厂即漕厂公署为漕厂街;又自工部署后即其北侧,抵厂后坊为磨盘庄街,亦即沿清江浦运河的后街,而自工部署前即其南侧,再抵仁义楼则为提举司街。清江浦巷道的空间分布,亦呈现毗邻驻扎于此的行政公署而设的特征,诸如工部分司附近的观音寺巷、水巷、育善巷、安乐巷,清河新县署附近的南巷、甘家巷、汤巷,以及都司署附近的东西都司巷、张博古巷,等等。③ 值得注意的是,在这些街巷中,仍可以见出一定的特征与规律,即根据街道走向的不同,形成了横街与纵街及斜街的区隔,分别为 6 条、4 条、2 条,④ 其中与清江浦运河平行的横街,多为通达性较好的大街,而形制较窄的巷道则多呈南北方向,这仍可以从

---

① 乾隆《淮安府志》卷 11《公署》。
② 咸丰《清河县志》卷 3《建置·街坊》。
③ 咸丰《清河县志》卷 3《建置·街坊》。
④ 咸丰《清河县志》卷 3《建置·街坊》。

第六章
清江浦与山阳城：清淮区域中心与城市体系重组

运河的走向得到解释。咸丰十年（1860），捻军攻陷清江浦，这些街道曾遭残毁，不过同光年间，漕运总督吴棠等人"以次修葺，几复其旧"①。

再来看运河北岸的情况。相对来说，清江浦运河北岸街巷的形成较少受到以公署机构的建置所带来的行政因素的影响，它基本上是在经济利益的驱动下自发生成的市廛繁盛的商业性街区。咸丰《清河县志》卷3《建置·街坊》记载，河北坊镇内，主要分布有以下街巷：

> 自清江闸东抵车路口，曰仁义洼街；自仁义洼以东北抵草湾，曰大车路口街；自仁义洼以东南抵四门楼，曰朱家沟街；自清江闸以西抵海神庙，曰小河北街；太史庄街在小河北西，龚家路街在小河北西。其别曰双当铺街、曰录事巷口街、曰永宁街，实相通为一街也。自双当铺街而南转而东，曰同庆街，亦横街也；自双当铺而西，曰老坝口街，曰石码头街，纵街也；曰新盛街，横街也，在长街后矣。

其中，仁义洼街、大车路口街、朱家沟街、小河北街、太史庄街、龚家路街及录事巷口街，在清代前期即已形成，② 其他街巷基本上是乾嘉以来由于清江浦镇商业经济的发展而逐渐生成的。在这些街巷中，值得注意的是仁义洼街、大车路口街及老坝口街。仁义洼之名，当得自始设于明正德年间的仁坝、义坝，光绪《清河县志》卷3《建置·坊镇》中引潘季驯《河防一览》文曰："仁、义二坝原共一口出船，系黄河扫湾，又与清江闸相邻，见今筑堤其上，以御黄流，

---
① 光绪《清河县志》卷3《建置·街坊》。
② 乾隆《淮安府志》卷5《城池·镇》"清江浦镇"条。

· 367 ·

按此即仁义洼所由得名，当时实黄河险工也。"仁义洼坊、街均得名于此。同样，车路口与老坝口亦为黄河险工之处，康熙年间张鹏翮奏称："又山阳县之老坝口、大小车路口险工，当全黄之顶冲，今秋异涨，竭力抢救，方保无虞。"① 驻浦河臣先后多次组织人力修治大小车路口与老坝口的堤工。所以说，虽然仁义洼、老坝口等处系黄河扫湾，水流较急，不过明清两代官方治河举措屡有推行，很大程度上保护了清江浦镇的居民与街坊市廛安全。故而，结合前文所述的清江浦镇段运河交通的视角，我们从运河北岸商业街区的生成可以看到其中蕴含的辩证的两面，即仁义洼、车路口、老坝口等处系为漕船及商、民船只至此盘坝入淮通航而设，黄河险工溜大水急，容易倒灌入运，所以筑堤坝以抵御黄流，这便使得漕粮转输及区域商品贸易顺利进行。如车路口，今人述曰：明成化年间，因为清江口淤塞，"遂在今水渡口附近淮河边开辟码头，将淮河、里运河船上的货物全数剥卸下来，用车辆转搬，再装船北运南输。里运河与淮河之间遂形成一条转运的车路，车路与东西横街的交叉处，便叫'车路口'，而这条横街也就被称为'车路口街'，是为东长街的最初名称。鼎盛时期，车路口街沿淮河堤一直到草湾，所以以车路口为界，向东、向西又有大、小车路口街之别"②。再如老坝口，明万历三年（1575），都御史王宗沐曾捐俸修筑海神庙以至老坝口的堤工，为王公堤的组成部分，③ 可见当时的老坝口可能已有生民聚居或商业活动，故而需要筑堤加以保护。前引材料中又有曰：乾隆元年（1736），河南"固始米船不能直达清江浦，而相近清江有老坝口地方可以卸卖"④，而清江浦镇东部

---

① （清）张鹏翮：《治河全书》卷15《章奏·会勘马家港等工》，《续修四库全书》史部政书类，第847册，上海古籍出版社，2002，第696页。
② 周平、刘功昭等编《淮安运河遗韵》，中国书籍出版社，2008，第34页。
③ （清）傅泽洪：《行水金鉴》卷60《河水》，第56页。
④ 《清朝文献通考》卷27《征榷考二·征商》，商务印书馆，1936，第5086页。

第六章
清江浦与山阳城：清淮区域中心与城市体系重组

形成的米市当与此有关。老坝口曾在乾隆三十九年（1774）发生大决口，这对于清淮地区来说关系重大，由于地形条件，当时受灾最为严重的无疑为板闸、河下镇及山阳城。

而对于清江浦镇，其境东部的"洪福庄一带皆入蛟宫"[1]，可能清江浦镇西部的核心商业街区，灾患稍轻。嘉庆十年（1805），淮安关官员奏折中仍称："近年豆载商船，不能由闸口顺流而下，均从老坝口盘坝来关。"[2] 老坝口仍然作为清江闸口不能通行时的重要补充路线而存在，在此基础上形成的商业街区自然呈现出逐渐拓展的趋势，至清代后期，清江浦运河北岸复增设有大有巷、美禄巷、避风楼巷、延寿巷、延嘉巷、棠滋巷等巷道，[3] 商业因素对于运河北岸城市空间的拓展可见一斑。

二 清江浦转型的政治契机：从陈宏谋奏疏说起

乾隆二十五年（1760），对于清江浦镇来说，是其发展历程中至为紧要的年份，在时任江苏巡抚陈宏谋的一纸奏疏下，清河县得以迁治于清江浦，这在很大程度上提升了清江浦镇的行政地位，使其于次年正式成为县级政区驻地。其事曰：

> 吏部议准，江苏巡抚陈宏谋奏，淮安府属之清河县，逼近黄河，向无城垣，仗土堤为保障。前康熙年间，曾有决口之事，今年黄河水大，一线土堤宽仅数尺，县治终属堪虞，请移驻对岸之

---

[1] 张煦侯著，方宏伟、王信波整理《淮阴风土记》，第315页。
[2] （明）马麟原撰，（清）李如枚重修，元成续纂《续纂淮关统志》卷6《令甲》。
[3] 光绪《淮安府志》卷4《城池二·清河县城池·街市》。

· 369 ·

清江浦，从之。①

这则关于陈宏谋奏疏的材料，主要说的是位于小清河口的旧清河县因为屡受黄河水患的侵扰与冲啮，依赖城垣及土堤的城市防洪能力急遽降低，其地已不适合再作清河县治驻地。同样是陈宏谋的奏疏，另一种记载则呈现出不同的叙述方式，曰：

> 河势北趋，县益危阽，吏民屡以为请。臣往来巡历，县当孔道，跨两河无可迁之地，斯事体大。臣观山阳之清江浦，总河驻节之地，山、清两境，犬牙相错。对岸王家营南北冲要，与浦毗连，清河驿马向设城中，绕越隔远。河官驻节无地方，同城去山阳悬隔三十里，缓急莫应。今若移清河县于清江浦，割山阳近浦地归之，清江官商云集，五方杂处，有知县足以镇抚弹压，其驿马置于河北适中，清河无绕道拨马之苦，山阳无隔远往返之烦。河臣旌节之下，设有同城官吏体制，宜称所费者小、安者大，谘访督臣、河臣，下及道府，皆曰便云云。②

这里，清河迁治清江浦的发生始末，说得较为详悉。所谓"吏民屡以为请"，这些吏民向陈宏谋提出的请求的内容虽不得而知，不过无外乎集中于黄、淮水患所引致的灾害层面。陈宏谋在往复勘察之后认为，清河县境之内实无可作新县治之所，言外之意即为这势必牵涉县级政区之间的辖域调整问题，故而说"斯事体大"。接下来，陈宏谋利用相当篇幅，去阐释选择山阳县的清江浦镇作为清河新县治的合理性，立足点在于清江浦及与其毗邻的王家营镇，我们分以下三个

---

① （清）王先谦：《东华续录》，《续修四库全书》史部编年类，第373册，上海古籍出版社，2002，第30页。
② 光绪《清河县志》卷3《建置·城池》。

第六章
清江浦与山阳城：清淮区域中心与城市体系重组

层面来解析陈宏谋的奏疏：其一，未迁清江浦之前，清河县、山阳县及清江浦的政务处理存在诸多不便；其二，彼时的清江浦与王家营均为南北冲要之地，交通条件完全不逊于旧清河城，尤其是清江浦镇更是"官商云集，五方杂处"的巨型市镇，作为清河县治的政治与经济条件相当充分；其三，如若迁治于清江浦镇，再将清口驿迁于王家营，从而形成河道总督与清河知县同城而治的双轨管理体制，这对于清江浦的地方治安、驿政运行以及河务治理，均深有裨益。清河水患的这一问题，可以视作清河迁治清江浦事件的"推力"，而随着清江浦与王家营镇生齿日繁、商业益盛，其本身亦有地方政务治理亟待提升行政等级的需求，这可视为这一事件的"拉力"，推拉之间，遂促成清河县最终迁治于清江浦，并"改设马号于王家营"，① 通京大道、舍舟登陆处的王家营则为清口驿驻地。

前引材料中曰"割山阳近浦之地归之"，这原属于山阳县的"近浦之地"究竟指哪些？《户部清河移县册》中记载曰：

> 自清江浦西南武家墩显王庙为界画分起，由太平桥至海会寺西运河南岸，止长三千二百七十丈；自运河北岸圆通庵东为界画分起，由汰黄堤至惠源庵东黄河南岸，止长一千九百五十丈；又自黄河北岸山安交界画分起，至清安交界，止长六千六十二丈，并归清河。自其南界棠梨泾、青州涧，仍属山阳外，余尽得古淮阴地云。②

在清河新县城区内，须明晰两条横线，即里运河与黄河。由此揆诸地望，划属清河县的辖地位于山阳县西直至东北境一线，西北境主

---

① 光绪《淮安府志》卷 4《城池二·清河县城池·驿铺》。
② 光绪《清河县志》卷 2《疆域·沿革》。

· 371 ·

要以武家墩附近的显王庙、太平桥、海会寺等地为分界点,直至清江浦运河南岸,运河北岸则自圆通寺起,经汰黄堤、惠源庵至黄河南岸,再从黄河北岸直至清河、山阳两县与安东县交界的地方,大约在季家嘴、朱家庄一带。① 又据《续纂淮关统志》,这些由山阳县改隶于清河县的辖域,包括清江浦各坊、洪福庄、官禄庄、草湾、永丰庄、周家庄、刘家河、朱元庄、头二三四井、二闸、何家庄、高家堰北武墩等庄,② 从所割地方的命名来看,除了清江浦各坊之外,其他地方基本上属于乡村地界,地瘠民贫可能仍然是当时清河县必须面对的事实。光绪《清河县志》中记曰:"初清河地本四乡,自移风、怀仁两乡沉没,县城倾圮,割山阳之清江浦为县治,治居境之东南隅,而河北两乡地方五十里,实居县境十九,以隔一大河。自清江浦视之,有如异域,清江浦建节之区,地当孔道,官署栉比,冠盖辐辏,司牧者趋走应接,日无暇晷,民事有不及过问者矣。"③ "大河"当指黄河,其北岸的清河辖域占全县十分之九,然而黄河北岸的这两个乡镇与清江浦各坊相比,却"有如异域",即是说整个清河县境更多的是凋敝残破的乡村景观。如原作为清河县治的大河口镇,"治迁后骎骎鸟散,仅存小庄数处",即"自明季已离为上庄、中庄、下庄诸聚落","星缀河干而已",④ 这次迁治指的当是由大清口迁至小清口处,由此迁治给城镇发展带来的变化,亦可见彼时清河乡村经济之一斑。

清河迁治这一事件,对清江浦产生了重大影响,迁治之后的次年,即开始"分地界,计田赋,立寺舍,拨驿马,一切事宜定著为令"⑤,由此按照县级政区的标准,对清江浦镇进行了重新建设与改

---

① 光绪《淮安府志》卷2《疆域·六县疆域附》。
② (明)马麟原撰,(清)李如枚重修,元成续纂《续纂淮关统志》卷4《淮关税大使征收商税各地方里程附》。
③ 光绪《清河县志》卷17《仕迹》"唐汝明"条。
④ 张煦侯:《王家营志》卷1《建置第一·沿革》。
⑤ 光绪《清河县志》卷3《建置·城池》。

第六章
清江浦与山阳城：清淮区域中心与城市体系重组

造，诚所谓：

> 清江浦为山阳重镇，总河驻节之地，官省吏舍阛阓万家。自割隶以来，户口增十之三，田亩十之二，征科十之二，学额惟旧而士籍增，驿传惟旧而廪粮增。丞簿有增设，营有增伍，关有增口，坛庙有增祀，河防有增工，日益繁夥。①

之所以说清河迁治清江浦镇是清淮地区的重要事件，主要在于清江浦镇借清河县治之名，对周邻的基层行政区划进行重组，在这一过程中，清江浦镇无疑成为清河县新的行政中心。换个角度来说，清江浦由原属于山阳县的市镇，转变为与作为附郭县的山阳县处于同一行政等级，这本身即对山阳县行政地位的权威构成了巨大的挑战。

需要指出的是，在清河迁治清江浦这一事件中，国家漕运与河道治理更是必须考虑或强调的关键性因素，因为清江浦镇最主要的特征或其发展机制，即在于它始终是漕粮转运的主要站点，清代又成为江南河道总督的驻所，这对于清江浦来说，是一种相对优越的政治资源，这种政治资源在治理黄、淮、运河的过程中，逐渐内化为清江浦镇商业经济发展的助力。史载：

> 河督开府清江浦，文武厅营，星罗棋布，俨然一省会。帮工修埽，无事之岁费辄数百万金，有事则动至千万，与郡治相望于三十里间。榷关居其中，搜刮留滞，所在舟车阗咽。利之所在，百族聚焉，第宅服食，嬉游歌舞，视徐海特为侈靡。②

---

① 咸丰《清河县志》卷首《重修清河县志序》。
② 光绪《淮安府志》卷2《疆域·风俗》。

虽然将清江浦与省会城市相提并论有溢美之嫌，不过清江浦为河道总督驻地，每年国家向南河衙署拨出的治河工程款项，确实从数百万至千万不等。谈到清江浦，必然会提及河道总督及其衙署，如"又东经山阳县北清江浦，总河行署在焉"①，"清河县为河督同城官，地冲务繁，屹为壮邑"②，清康熙年间，明代所形成的工部派员专管河务的格局被打破，河道总督衙门成为正式的专门管河机构，更重要的是，凭借自身的专门技术知识与治河实践，治河官员的言论得到了康、雍、乾等朝帝王的支持，使他们逐渐在"河议"中掌握话语权，尤其是南河总督随之出现了职权扩张的趋势。③ 南河总督这一职能转变的背后，很大程度上正是南河水患日趋严重的历史事实，由此作为南河总督驻地的清江浦的城市地位亦必然随之更趋重要。

在清代治理河患的过程中，靳辅无疑是其中的核心人物，也正是靳辅将南河总督的驻地迁至清江浦的。清康熙十六年（1677），靳辅由安徽巡抚莅任南河总督，"辅独能处河工积弊之余，值军需浩繁之际，采幕客陈潢彻底修治之策，排驳众议，扫荡积习，筹划工费，力请大修"，遂将治理黄、淮、运河务疏浚堤防等项事宜，厘为《经理河工八疏》，并呈请改筑运口、挑浚皂河、修清水潭等。④ 其中运口的设置与改建，与前文所述的闸坝设施相似，在本质上亦可视为一种交通区位优势，对清淮地区城镇变迁的影响尤巨，诚如邹逸麟指出，"随着交通的发展，南北运口附近相应地出现了聚落和城镇。由于自然和人为的因素，历史上南北运口曾有很大的变迁，运口附近的城镇

---

① （清）傅泽洪：《行水金鉴》卷160《两河总说》，第504页。
② 咸丰《清河县志》卷首《重修清河县志序》。
③ 参见江晓成《清康雍乾时期河务官群体研究》第5章《政治：河务技术官僚与国家行政》，中国人民大学硕士学位论文，2013。
④ 侯仁之：《靳辅治河始末》，燕京大学学士论文，1936，载氏著《我从燕京大学来》，第138~172页。

第六章
清江浦与山阳城：清淮区域中心与城市体系重组

聚落也随着出现过兴衰更替的现象"①。靳辅奏疏中记"南运口"曰：

> 自黄河倒灌以来，南北自白洋河、于家冈一带直接泗州，东北自吴城、张福口一带，直至武家墩卑洼者，悉变为高原。其清口以内，裴家场、帅家庄、烂泥浅周围数十里，凡垫成平陆之处，臣挑引河四道，水仍出清口。是则黄流之灌，在当时诚大为运河之害，而在今则颇受其利矣。……于是酌议拜疏，移运口于烂泥浅之上，自新庄闸之西南挑河一道至太平坝。又自文华寺、永济河头起挑河一道，引而南经七里闸，复转而西南，亦接之太平坝，俱达烂泥浅之引河。②

以后历任河臣也较为关注运口的位置，如乾隆二年（1737），总河高斌复"以旧运口径直，去黄、淮交会处不远，每遇西北风劲或淮水微弱时，黄水仍复倒漾，运口日复淤浅，因题请另辟新运口，在旧口之南七十五丈"③。此即为南运口的空间位置变迁情况。具体到清代淮河下游北运口的变迁，邹逸麟亦曾予以爬梳详考道：清康熙二十六年（1687），挑中河一道，并"在河尾清河县西仲家庄建大石闸，以通黄河。这样北运口就从小清河口移到了仲庄运口"；康熙四十二年（1703），"又自仲家庄口以下十余里至地势比较低洼的杨庄之间，另挑新河一道，穿缕堤而出，注入黄河，并于运口建杨庄闸，引中河水由此出口"，因而北运口又南移至杨庄附近。④ 总体看来，南北运口中南运口的变动范围，仍然在河工繁复的清口附近，而北运

---

① 邹逸麟：《淮河下游南北运口变迁和城镇兴衰》，载《历史地理》第6辑，第57页。
② （清）靳辅：《治河奏绩书》卷4《治纪·南运口》，第726～727页。
③ 乾隆《淮安府志》卷6《河防·运口附》。
④ 邹逸麟：《淮河下游南北运口变迁和城镇兴衰》，载《历史地理》第6辑，第66页。

口则有较大幅度的位移变迁,即由小清河口至仲庄运口再至杨庄运口,遵循的是由西向东的演进路线。笔者认为,清河迁治清江浦这一事件,亦可从北运口向东转移的角度加以较具深度的阐释。清河旧治原驻于小清河口附近,明末曾一度迁至甘罗城,"今河尽南行,而清河介在河壖,康熙间城啮于河,南迁于清口"①,则清康熙年间清河县复迁回至小清口的旧县城。适值康熙年间靳辅始被委以总理河道,将北运口改迁至仲庄,又东迁至杨庄。有意思的是,运道本身除了转输漕粮及沟通商贸往来外,同时不可避免地成为偷逃榷税、私盐贩运、盗贼行窃、地棍流氓滋事扰民的渠道,即这些事端对正常社会秩序造成了破坏。所以从地缘政治的角度,运口逐渐东移之后,清河县治偏处西端,对过境人员的管理与控制势必受到不同程度的削弱,故而清河县治东迁至清江浦镇,亦是地方政府为了加强社会控制、稳定民生秩序的必然需求。

---

① (清)董士锡:《齐物论斋文集》卷3《代张河帅重建清河县文庙碑》,第317页。

第三节 兴衰与共：嘉道以降的清淮双城

兴盛与衰落，历来是城市史或城市地理研究的热门议题。清代后期，尤其是鸦片战争以后，运河流域城市的衰落成为学术界的共识。何一民等人在其关于近代中国衰落城市的研究中指出，大运河交通运输功能的弱化导致运河城市的衰落，"是近代中国交通地理变迁引起城市衰落的典型例证"①。具体到清淮地区，学者亦多有谈到其衰落以及背后的原因，邹逸麟谓："这些城镇全靠往来客商和盐漕运各司官僚地主穷奢极欲的享乐，维持着一种畸形的繁荣，并没有牢固的经济基础"，"当清末漕运废止，运河淤废，南北交通由津浦铁路替代，这些城镇迅速衰落"。② 诚然，关于山阳城与清江浦等运河城市衰落及其原因的既有研究，指出了运河城市发展中存在的结构性缺陷，是中允且切中要害的，不过这样的解释似乎只看到了运河城市的衰落，缺少传统城市与现代城市之间必要的中间过渡环节，也就是说我们很少在近代化的语境中去理解运河城市的兴盛与衰落。其实，即便在晚清时期，山阳城与清江浦共存着"兴"与"衰"的双重因素，而清

---

① 何一民主编《近代中国衰落城市研究》，巴蜀书社，2007，第367~368页。
② 邹逸麟：《淮河下游南北运口变迁和城镇兴衰》，载《历史地理》第6辑，第71页。

淮双城的视角，更为我们理解这种兴衰提供了较妥帖的解释路径，[①]从而有助于我们理解现代淮安城市格局的形成机制与历程。

一 衰中求兴：山阳城的式微与官绅作为

1. 山阳城的衰变——兼论河下园亭的圮废

前文已述，万历年间兵备道副使舒应龙疏辟草湾河，其后黄河仍偶或流经山阳新城北，草湾河渐趋成为黄河的主道，确是必然之势，至清代更是如此。也就是说，虽然清代的山阳城仍为运河沿线城市，不过失去了盘坝入黄河或淮河的交通优势，这对于城市商业经济的繁盛至为重要，所以便逐渐导致山阳城的衰变，其中又以新城与夹城最为严重。清顺治十年（1653），谈迁旅经山阳城，记曰：

> 自旧城入于夹城，有大池，葭菼芃芃。故陆通判珏物，胡给事据之，今又不知谁属矣。经新城之南门，度高桥，故东平侯刘泽清甲第一区，门馆壮丽，曲渠高甍，剑卫骈列，盖旧大河卫。并斥民居数百家，鸠工万手，穷日兼夜。乙酉四月，锻金器若干，备午节京馈，俄遁去，今为公馆，渐黝剥。是日适遇锻工云，遁之先，吾私扣大奴，君侯计安出，曰我公办一走以全淮人，因渐调其吏卒而遁还故道。新城如野，夹城如薮，旧城犹不

[①] 值得强调的是，沈红亮在《明清时期黄淮运交会地区的人口和民风》一文中提出"山、清二城地位的转变"的说法，并论述曰："黄河南北两岸运口不断靠拢，集中在清江浦和王营镇附近。此时，夹黄河南北两岸而成长起来的清江浦和王营镇，不仅连成一体，还分别挟裹南、北两岸周围其他运河集镇，成为一个重要的交通城镇群体，承担的各种职能日益增加"，"而府城则由于远离运口，显得日益荒僻，交通地位一落千丈"，从而逐渐确定了清江渐兴、府城日衰的趋势。本节除了对这种趋势加以详细论证，同时强调山阳趋向颓败之际，府县士绅的作为与努力，即"兴"的层面，还注意到清江浦的"衰"，亦即从"兴""衰"与共的角度，辩证地看待近代化语境中的清淮双城。

· 378 ·

第六章
清江浦与山阳城：清淮区域中心与城市体系重组

失为都会也。①

由此不难见出明清之际，山阳新城与夹城的破败与荒落。这里特别需要注意的是四大藩镇之一的刘泽清，当时屯驻于新城。谈迁述及新城景况时，言及这一割据势力在淮期间的行径，二者之间当有关系。吴玉搢引张天民、刘一炤等人所记刘泽清在淮事曰："八月初到任，权以新城阎世选之宅为藩府，择日兴府第大工，即大河卫之治而更创之，坏诸生祠及民房以为用。九月，晋东平侯，立榷关于小坝口，收船税、立团牌、起柴抽、丈海荡、行少盐、罢引目，更张变置，渔利不已，驻兵关厢，颇多扰害，占住民房，抢夺民物，境内骚然。"② 可见刘泽清等人开府新城期间，除了彼此之间的连年混战之外，所进行的亦完全是强盗式的掠夺活动，没有任何经济方面的积极举措与建树，而且这些割据势力撤出后，确实造成了新城的急遽衰败。故而山阳人与寓居客人对此均颇为不满，以诗文控诉之。邱象随诗记其事曰："帅府高悬督府旗，依稀锁钥似当时。悬云画阁眠莨犬，接市阴槐叫野鸱。清角行吟人迹断，哀笳彻夜鬼磷吹。穿城力引长淮入，只与浮舟下海涯。"③ 李孙伟诗曰："烽火当年久不收，凄凉谁复记通侯。寒风折柳迷青眼，冷雨吹芦换白头。破屋无烟人散后，荒林有路鸟鸣秋。回思开府当时事，独立斜阳起暮愁。"④ 又有流寓山阳的吴江人蒋榰诗曰：

沧桑递变谁与期，螟蛄朝菌夫何知。我来淮阴逾三纪，乡殊

---

① （清）谈迁著，汪北平点校《北游录·纪程》，第17~18页。
② （清）吴玉搢：《山阳志遗》卷2《遗事》。
③ （清）邱象随：《过新城东平侯旧府》，载（清）丁晏原辑，周桂峰校点《山阳诗征》卷14《国朝》，第514页。
④ （清）李孙伟：《过新城感怀》，载（清）丁晏原辑，周桂峰校点《山阳诗征》卷15《国朝》，第559页。

物换星屡移。

卜居新城类村野,堍垣旷土连洿池。东邻父老向余道,此城全盛今非时。

粉堞初新起百雉,人烟辐辏如布棋。鹥飞鳞次阳翟贾,轻裘肥马邯郸儿。

岂无城南韦与杜,锵金鸣玉声华垂。一朝渠师立藩镇,飞扬跋扈生疮痍。

革命迄今遂瓦解,蜃楼海市安可追。更闻黄河咆哮西北郭,于今迁去涟水湄。

废兴消长各有数,旷观身世归希夷。登陴翘首一长啸,吾欲乘风飞上扶桑枝。①

这些诗作均提到了明清之际刘泽清屯驻山阳新城之事,蒋楛一诗更是表达出屯驻前后新城反差强烈的城市景观,本来是人烟辐辏、商贾鳞集、风气奢华,自四镇骚乱之后,新城退变成乡村野落,城垣颓圮、市井萧条,再加上当时黄河灾患侵袭,新城又首当其冲,更加剧了城市经济的衰败。② 清代政权鼎定之后,可能地方官员曾加意恢复其经济活力,故方志中称,至清乾隆年间,"犹称蕃盛",③ 虽言"蕃盛",不过"犹"字仍可以说明当时的新城已经失去了全盛时期的城市样态。嘉道年间,山阳人郭瑗有诗曰:"南介长江北介河,淮阴市

---

① (清)蒋楛:《天涯诗钞》卷4《新城怀古》,《四库未收书辑刊》第8辑第23册,北京出版社,2000,第629~630页。
② 需要说明的是,前文关于新城内街巷的梳理中谈及,明清之际新城生成了某些新的街巷,主要是为了安置北来的流亡贵族,从而产生新城短时间内的繁荣景象,但是这种繁荣是虚假的、畸形的,是南明政权与刘泽清等人双向妥协的产物,割据势力撤退、逃逸之后,新城顿然变得荒落,即如诸多诗作呈现的那样。
③ 光绪《淮安府志》卷3《城池一》"新城"条。

第六章
清江浦与山阳城：清淮区域中心与城市体系重组

上近如何。旧城新了新城旧，旧日新城蒲叶多。"① 借用旧城、新城名称之对照，巧妙地点出了山阳新城日趋颓败的事实。

夹城的情况与之相似，不过其衰落时间更早，明代张尔调《远心园怀古》诗曰：

> 东北隅通万斛舟，居人鳞集纸房头。筑城改运成荒圃，辟地为园得倚楼。
> 伍相祠连水月寺，射阳湖接菊花沟。无边陈迹俱难问，惟有听莺载酒游。②

夹城筑于明嘉靖年间，筑城之前为运道所经之处，居人鳞集、商业繁盛，而嘉靖以后遂趋向萧条，不过仍不失为士人构园隐居与游赏的佳处，而据前引谈迁所言"夹城如薮"，则清初夹城的园亭景观可能亦不复其观，吴玉搢对张尔调《远心园怀古》一诗的注解，仍可为证，其曰："孝廉此诗，多述未筑联城以前事，今地形已改，旧迹尽湮，书传缺略复难考证，读此诗宜不知所云云矣。园亦久圮，遗址今为尼庵矣。"③ 可知至清代前期，不仅伍相祠、水月寺等古迹悉数湮废，夹城内的张氏远心园亦已隳坏良久，亦可窥见彼时夹城景观之一斑。相对来说，山阳旧城的衰落程度稍轻，前引谈迁、郭瑗等人的说法，基本可以证明这一点，又有黄钧宰记曰："今新夹二城皆圮，官民商贾全集于旧城。"④ 可能原来新城、夹城的官民商贾，大多迁居旧城，如前文述及的人河卫阮氏一族，即由新城迁至旧城西北隅，类诸于此的新城、夹城迁出人口当不在少数，故而直至晚清时期，旧

---

① （清）郭瑗：《淮阴竹枝词》，载赵明等编著《江苏竹枝词集》，第57页。
② （清）丁晏原辑，周桂峰校点《山阳诗征》卷8《明》，第255页。
③ （清）吴玉搢：《山阳志遗》卷1《遗迹》。
④ （清）黄钧宰：《金壶浪墨》卷2《萧湖》，第93页。

城仍然为山阳县境城市人口比较集中的地方。

尽管如此,清代的山阳旧城趋向衰落,也是不可否认的事实。以旧城西南隅的万柳池及其周遭地理景观为例,清康熙年间,漕督施世纶对万柳池周围的寺院亭阁重加修葺,面目为之一新,但至乾隆时复又倾圮。又如建置于乾隆六年(1741)的淮阴书院,[①] 迨杨锡绂莅任漕运总督时,鉴于书院"时废时举",即着意兴复。[②] 乾隆三十八年(1773),山东潍县人韩梦周又记曰:淮阴书院已"久废无人迹,荒藓败瓦,阴霾蚀窗几,时闻牧马啮草声"[③]。清乾隆以后,天妃宫及其周围景观更显现出破败之色,人迹寥落。至清嘉庆年间,淮阴书院教谕太仓人盛大士有竹枝词曰:

　　四面鸡鹳菱芡香,天妃宫在水中央。旧时亭榭都零落,衰柳千丝送夕阳。

并加诗注曰:"旧城西南隅,为郡守诸公游宴之地,古有紫极宫,改为天妃宫,在水中央。昔年芰荷杨柳所存无几,而游踪亦绝少矣。"[④] 天妃宫已不复旧观。由淮阴书院屡兴屡废及天妃宫的变迁历程,可以看出当时的山阳旧城至少是其西南隅,尽显萧落之态。山阳城西北的河下关厢,本为晋、徽等地盐商聚居区。嘉道以降,河下关厢的商业日趋萧条,随之而来的是,前文所述的以萧湖为中心构建的关厢园林景观亦面目全非。嘉庆十六年(1811),潘德舆等人游赏荻

---

① 《嘉庆重修一统志》卷93《淮安府·学校》,《四部丛刊续编》史部,上海书店,1984,影印本。
② (清)杨锡绂:《四知堂文集》卷20《增置淮阴书院膏火记》,《清代诗文集汇编》第295册,上海古籍出版社,2010,第422~423页。
③ (清)韩梦周:《天妃宫纪游》,载(清)邱沆等修,段朝端等纂《山阳艺文志》卷4。
④ (清)盛大士:《蕴愫阁诗续集》卷2《淮阴竹枝词》。

第六章
清江浦与山阳城：清淮区域中心与城市体系重组

庄之景时，曰：

> 踏雪携樽兴若何（辛未冬荻庄荒废，予与琴汕诸友踏雪买酒，篝灯倚破壁而饮），颓垣新槛付渔歌（近又葺理一新）。不须惆怅此送别，阁外客帆来去多。①

可知嘉庆十六年，徽商程鉴的荻庄即已荒圮，当时潘德舆还曾作《程氏废园记》一文，不久荻庄遂复经修葺，邱夬《梦游荻庄图题后》中载其事曰：

> 某髫龄嬉戏，弱冠栖迟，侍家大人与潘四农丈放棹来游，指不胜屈，则已蛛网当户，燕泥横琴，破壁风敧，断桥水浤，潘丈所以作《程氏废园记》耳（记作于嘉庆辛未、壬申间）。程太史蔼人乃复剪榛芜，施丹垩，榱崩栋折，焕然一新（重葺于嘉庆庚辰）。家大人与潘丈益得以补禊沽春（道光壬午暮春望前，大人邀盛学博子履、朱丈涧南、黄丈少霞与潘丈补禊于此，绘图纪事）。消寒踏雪，结幔梯月，开筵坐花。十余年来，又成往迹。烟波无极，风景顿殊。某随侍濠梁，故乡如梦，钓游依旧，瓦砾空存（戊子岁，岁大人之任临淮学博，园圮于是年夏秋间）。②

由是可知嘉道年间荻庄的兴废历程，即嘉庆十六年园废，二十五年徽商后裔程蔼人复又葺埋，成为潘德舆与盛大士等人的修禊场所，至道光八年（1828）又渐圮废。荻庄为河下关厢园亭建筑之翘首，尚且如此，其他园林的景况可想而知。这种园林圮废之况，在道光年

---

① （清）潘德舆：《养一斋集》卷8《荻庄送琴汕》。
② （清）邱夬：《醒庐杂著》不分卷《梦游荻庄图题后》。

· 383 ·

间朝廷实行票盐制的盐政改革之后，更为普遍。彼时河下盐务骤衰，再加上咸同之际的捻军起义，对河下关厢的商业与园林景观造成的破坏甚巨。山阳人大多同时言及盐政改革与咸同捻军起义的双重影响，如丁晏序《山阳河下园亭记》曰：

> 道光甲申，纲盐改票，鹾商失业，售拆此园，划为平地。此《记》所云高台曲池，沦为乌有，不啻雍门之涕矣。迨咸丰庚申春，捻逆东窜，清、桃相继失陷，伤亡者不可胜计，园亭又无论已。①

再如程锺所谓："吾河下区区之地，数百年繁盛之地也，自道光年间鹾务废，凋敝日甚，兹又惨遭兵火，民物之摧残，无有过于此者。"②故而在盐务与战乱的双重打击之下，河下关厢的"聚落景观与畴昔迥异，整个河下触目皆是圮墙、破寺和废圃"③。道光票盐改革之后，盐商遂先后撤离河下，而转移至清河县境王家营镇属的西坝，则西坝又很快成为淮北盐业转运与贸易的中心，其城镇面貌与社会结构亦为之骤变。④而随着河、漕、盐务向清河县境，尤其是清江浦镇转移后，清淮地区的园亭景观亦在清江浦镇等地出现新一轮的建设高潮。继此前工部署的一鉴亭、户部署的寄寄亭之后，最具代表性的无疑为河道总督署内的清晏园，陈夔龙诗云"荷芳清晏盛，持较竟何如"，"荷芳"即指荷芳书院，并注曰："淮浦清晏园，风

---

① 《山阳河下园亭记》卷首丁晏序。
② （清）程锺：《讷庵杂著》，载（民国）王光伯原辑，程景韩增订，荀德麟等点校《淮安河下志》卷16《杂缀》，第490页。
③ 王振忠：《明清徽商与淮扬社会变迁》，第170页。
④ 参见胡伯超《西坝镇小史》，《淮阴文史资料》第2辑；毛立发《西坝票盐总汇兴起与城市社会结构变化》，载研讨会组织委员会编《第二届"运河之都——淮安"全国学术研讨会论文集》，第270~276页。

第六章
清江浦与山阳城：清淮区域中心与城市体系重组

景最盛。"① 黄钧宰亦曰：

> 浦上园亭，以河帅署中为最。池广数亩，叠石为峰，有荷芳书屋、听莺处、恬波楼，颇极水木之胜。张公芥航督河时，与同人觞咏其间，传为韵事。其后麟见亭先生，爱士喜诗，犹有儒雅风流之概。近日征歌角饮如故，而风徽远逊前人矣。②

可见嘉庆以后，清晏园在河督张井、麟庆等人的推动之下，声名显著。不过在金安清看来，河督署内的荷芳书院，"亦只一大池一大厅耳，别无楼台亭榭、古树奇石也"，他更在意的是受淮北盐务移驻西坝的刺激，清江浦镇的园林景观方显繁盛之象，"若近年淮北盐务大旺，商于此者张、陈诸大家及路观察各争奇斗胜，颇有林泉之趣。路尤工于布置，肴馔亦极精，不用海味，多用蔬果，皆园中自植者，鲜美不可言。从前河工盛时，反无此乐事，洵不可解也"③。暂且不论金安清对清晏园及荷芳书院的品评，笔者意欲强调的是，在道光年间河下盐务骤衰、商业萧条、盐商撤离之际，彼时的西坝与清江浦却呈现迥异的城镇与园亭景观，不能不说清淮地区的商业中心已经转移至清河县境的清江浦附近。而在这种理路与逻辑之下理解山阳城及河下关厢的衰变，或许更能加深我们关于近现代清淮地区新的双城格局形成的历程及其要义的认识。

2. 家族与师情：清代后期的士绅活动与山阳地方建设

道咸年间，士绅参与地方事务的事例更加普遍，从而官绅互动

---

① （清）陈夔龙：《松寿堂诗钞》卷7《鹤楼集·酬叶子川太守严晴初大令园居遗兴再叠前韵》，第102页。
② （清）黄钧宰：《金壶遁墨》卷2《浦上园亭》，载王广超点校《黄钧宰集》，第241页。
③ （清）金安清撰，谢兴尧点校《水窗春呓》卷下《清江浦》，中华书局，2007，第71页。

的局面亦逐渐达至它的成熟阶段，这首先端赖于丁晏、何锦等人的勤力倡言与实践，这种士绅实践多与地方风水、文运联系起来，尤其是在城市水利的浚治方面。在这种思想的导引之下，山阳士绅积极投身于山阳地方公共事务，且由原本的城市水利浚治，逐渐扩展到城垣、文教、祠庙等设施的修建层面。其中尤以丁晏的贡献最大，这集中反映在他自撰的《石亭记事》一书中（见表6-1）。

表6-1　山阳士绅丁晏主持公共工程时撰写的记文表

类别	时间	记文题名
水利	道光二十七年	淮安运河西福公堤记
	道光二十九年	己酉春重浚罗柳河记
	道光二十九年	山阳南郭外重建大吊桥记
	道光二十九年	己酉重修运河西太平南堤记
	道光三十年	庚戌重建运河东岸三浅五洞记
	咸丰二年	壬子春重浚市河记
	咸丰二年	重建北门内化民桥记
文教	道光二十四年	重建龙光阁记
	道光二十七年	重修淮安府试院记
	道光二十五年	重修丽正书院记
祠庙	道光二十五年	重修淮安府城隍庙记
	道光二十四年	重修淮安郡厉坛记
	道光二十八年	重修徐节孝先生祠记
	道光三十年	留云道院新建五云堂记
	咸丰元年	重修淮安西门关帝庙碑
	咸丰二年	重修淮郡东岳庙记
城垣及其他公共设施	道光二十五年	重修淮安府旧城记
	道光二十五年	运河堤小舟庄新建茶亭记
	道光二十八年	京都新建淮安会馆记
	咸丰六年	丙辰重建淮山邑馆记
	咸丰六年	重修九板桥水龙局记

第六章
清江浦与山阳城：清淮区域中心与城市体系重组

值得注意的是，道咸以后与全国其他区域相类，清淮地区亦面临着社会局势的剧烈变动，主要表现为迭遭战争的骚扰与破坏，地方士绅亦多倡办团练或修筑城垣。道光二十二年（1842），中英两国签订《南京条约》，形势逼近淮扬地区，太常寺卿李湘棻驰赴淮安，与河督麟庆"激励绅民，共抒义愤，无不踊跃争先。董事绅士韦坦、丁晏等，亦认真经理。团勇之外，复议修补城垣"[1]，即表6-1中道光二十五年（1845）的旧城修筑事宜，山阳士绅积极参与地方防务，以堵御英人的强势进攻。咸丰三年（1853），太平军攻占江宁，鲁一同致书时任南河同知于昌进，曰："逆贼东扰省垣，困迫清淮，民庶无故惊扰，自相煽惑，一夕数变。"[2] 倡议修筑清江浦城，以安民心。而山阳县起初仍以丁晏主其事，"倡义练兵，遍张旗帜，……子弟后生，莫不志切同仇，踊跃相助"[3]，不久"以保淮团练，被议羁系二年，乙卯秋，仰荷圣恩省释归田"[4]，乙卯即咸丰五年（1855）。

不过相对来说，太平军对清淮地区的影响尚微，咸丰十年（1860）的皖捻东侵则使山阳县境造成几近毁灭性的破坏。彼年二月初一，捻军"陷清河，郡城严守卫"[5]，全城戒严，城外西北关厢如板闸、河下地方，因无城可依，故其惨遭焚烧与掳掠。程钟述河下情状曰：

> 除竹巷、茶巷外，各处街道，均被焚毁。市面房屋，十去其八九，居民宅舍，十去其三四。各街头多有文武帝楼，共焚去七

---

[1] 中国第一历史档案馆编《鸦片战争档案史料》第6册，天津古籍出版社，1992，第218页。
[2] （清）鲁一同：《通甫类稿》卷2《癸丑二月二十三日与于司马书》，载郝润华辑校《鲁通甫集》，三秦出版社，2011，第38页。
[3] （清）丁晏：《颐志斋文集》卷5《沈十洲先生状元楼征信录序》。
[4] （清）丁晏：《石亭记事》不分卷《城西道院新建秋水兼葭馆记》。
[5] 同治《重修山阳县志》卷21《杂记二》。

座。寺庙被毁不多，而天兴观后殿规制崇隆，竟成焦土。①

西北关厢为山阳县商业汇聚之区，咸丰捻军起事致使大部分商铺遭到抢掠。有鉴于此，咸丰十年（1860）闰三月，县丞叶廷眷痛陈于郡守，请筑圩砦，"乃始鸠工粗创基址"②。十一年春，漕督王梦龄檄令前县丞胡容本，"筑南面沿运河一带围垛，又建东西两圈门"③。同治初年，知府顾思尧复督导绅民增筑围垛，置设五座陆路门，规模乃备。④ 可见咸丰庚申捻事期间，除了山阳县政府官员全力备御之外，仍然可以看到地方士绅、民众的协助与配合。丁寿祺记其父丁晏，咸丰庚申年（1860）守御淮城诗曰：

流离谁复念田园，贼掠兵搜两被冤。事到剥肤方觉痛，谋先曲突本无恩。
士心慷慨消凶焰，杀气凭陵压列屯。报国安时酬素志，敢烦累檄到柴门。⑤

咸丰五年（1855），丁晏遭遇非议羁留扬州，至咸丰十年（1860）皖捻东侵时，复又被委以重任，足见其地方声望之著。同治初年捻事仍未平息，清淮地区的社会秩序仍不稳定，地方盗匪抢掠事件时有发生，漕运总督吴棠、张之万等官员对之均颇为倚重与青睐。

---

① （清）程锺：《淮雨丛谈》。更为详细的记载，参见（清）李元庚《梓里待征录》卷1《灾异记》"庚申捻匪焚掠"条；（民国）王光伯原辑，程景韩增订，荀德麟等点校《淮安河下志》卷16《杂缀》，第489~490页。
② （民国）王光伯原辑，程景韩增订，荀德麟等点校《淮安河下志》卷2《围寨》，第57页。
③ （清）李元庚：《梓里待征录》卷3《建置记》"土圩"条。
④ 宣统《续纂山阳县志》卷2《建置·围砦》。
⑤ （清）丁寿祺：《双棠书屋存稿》卷上《恭和家大人庚申二月守淮安城元韵》，载（清）秦焕编《山阳丁氏两先生遗稿》。

第六章
清江浦与山阳城：清淮区域中心与城市体系重组

先世自浙江余姚迁居山阳的何氏，[①] 亦喜为乡里兴利，府志中对其族人何锦的记载，颇具代表性，曰：

> 道光壬寅，葺旧城颓垣，修复龙光阁，建河西南堤。咸丰癸丑，以寇警，创立团练，均为长吏所倚办。又尝理普济、育婴两堂，振其废坠，为药局置田，供资用隐，民多被其惠。至于赠钱米、掩骸骼、食饥者，其行事甚众，与邵应旗相亚云。[②]

从中可以见出道咸年间，与丁晏的地方活动极为相似，商人出身的何锦参与地方建设的社会实践，不仅局限于城市水利的治理，也扩展到文教、防务等诸多层面，而何锦更进一步的是，他还关注到公共善堂、药局等慈善事业，从而亦成为协助官员维护地方秩序的重要力量。

地方公共事业的良好运作，贵在形成长期有效的社会机制，即充裕的资金来源与稳定的人员安排。就前者来说，乾隆四十八年（1783）以前，多依靠官帑拨款和劝募或绅商的主动捐输，这种资金来源方式对于屡有淤塞之虞的城市水利来说，难成久远之计。知府伊辙布"拨置银两，买石塘稻田一顷零三亩，岁取租一百六十五石，为浚文渠之资。又自嘉庆二年，前关部刘公准绅士公呈，检复旧章，每岁终拨闲款银二百两，为浚城河之资"[③]，从一定程度上说岁修定制经费，使山阳城市水利尤其是文渠的修浚工程获得了资金方面的保证。而且随着清代后期山阳城典当行业的兴起，这些公款经费多交由典铺生息，以为城市水利的岁修与挑浚之用，及其他诸如善堂、书院

[①] 何大益纂修《迁淮何氏家谱》，2001年打印本。
[②] 光绪《淮安府志》卷29《山阳县人物二》。
[③] （清）铁保：《重开巽关河道碑记》，载（清）曹镳《信今录》卷7《艺文》。

等公共设施的维修费用。^① 这从皖捻东犯山阳造成的经济损失中亦可见其一斑,如河下许姓涌兴典铺"被焚掠一空。许姓家颇富,困在城内得无恙,典内血本净亏十四万,凡青云会、颐会、水龙局、洒扫会、小青云会、乐舞、育婴堂、普济堂、灯牌、奋勇余款,文渠、丽正、奎文两书院诸公款之存典者,亦皆荡然无遗"^②,青云会、洒扫会等社会团体,为彼时山阳城市公共事务得以开展的重要支持平台,虽其内部组织与人事架构尚待考实,不过山阳城公共事务的经费来源当可以分为地方士绅筹集之款项与官府拨发的公款,而且这些款额存典生息的费用经营模式确证无疑,一定程度上保证了山阳地方公共事务稳定而有效地推进。

　　地方事务能有效推进的另一个重要因素,则为操办人员的遴选与安排,在山阳县的地方语境中,家族继承与师生情谊当为我们必然考察的两个方面。首先,这些地方事务的襄理与执行,一定程度上得到了家族代与代之间的良好传承。前文述及,程世椿、程元吉父子为其一例。而这相对集中地反映在同治九年(1870)龙光闸的重建以及文渠的浚治上。这次文渠修浚工程规模较大,包括城内文渠与城外罗柳河附近设施,李元庚记曰:"同治间,城南巽关闸墙鼓裂,底亦高于水面,进水不畅。何俊卿内阁筹款修建,因巽及亥,解阜洞非落底不可。内阁首倡,杨柳岑工部与庚附之,请于大府,拨河下用者四百千文,落解阜洞底深四尺半",罗柳河复又通畅行水,^③ 可见这次修浚工程的经费来源于政府划拨的公共款项,^④ 而何俊卿等人主要起着倡议与实施的作用。迁淮余姚何氏一族在科举上颇有建树,诸如何其

---

① 同治《重修山阳县志》卷 2《建置·城内外各善堂》、卷 8《学校·书院》。
② (清)段朝端:《楚台见闻录》卷下。
③ (清)李元庚:《梓里待征录》卷 3《建记记》"解阜洞"条。
④ 又见宣统《续纂山阳县志》卷 3《水利》曰:"同治九年,邑人何其杰等禀奉漕督张,拨钱一千四百二十千,以五百二十千为造解阜洞、浚罗柳河之用,余为修龙光阁经费,并挑浚文渠、城河、龙光闸。"

第六章
清江浦与山阳城：清淮区域中心与城市体系重组

灿、何其厚、何其昌、何其诚，均为庠士。① 材料中的内阁何俊卿即何其杰，为何其灿等人的同宗别支，系前文所述的何锦之子，其人"笃志典坟"，中同治甲子顺天榜举人，且锐意"周恤寒素"②，与其父何锦相类，均乐意参理地方事务。③ 关于同治九年的大挑文渠一事，何其杰本人的记载更显详当，曰：

> 近年运河水浅，上、下兴文闸均不得进，是闸底高，洞河底几四尺矣。今年春，丁观察仲山、大令西圃议落其底而深之，予心窃题其说。吴君澹泉、潘君汉泉，又以罗柳河之有裨于郡城水法者，历历为予言。西圃本司文渠事者，适以主讲席赴桃源去，杰不揣谫陋，遂首请于官，同与名者家兄恩澍，外则丁君显、丁君禧生、丁君寿恒、丁君焕南、韦君福年、张君景煌、曹君榘、丁君赐绶、陈君寿彭、朱君殿芬、曹君煜、程君席龄、邵君祜、谭君占魁。④

丁仲山即丁寿祺，为丁晏次子，大令西圃指的是丁显，当与丁晏同辈，最初修浚事宜由丁寿祺、丁显提议，亦即"西圃本司文渠事者"，由是可知虽然文渠的修浚经费来源于官方拨款，而实际监理其

---

① （清）杨庆之：《春宵襍剩》卷2。
② （清）王锡祺编纂，张强点校《山阳诗征续编》卷36《国朝咸丰》，第994页。
③ 如同治《重修山阳县志》卷2《建置·城内外各善堂》"普济堂"条中曰："道光三十年，总督陆建瀛委员清查，裁减公费，每岁只由运库拨给津贴银二百两，属邑人丁晏、何锦司其事。"又曰："同治九年，司事邑人何镳、何其杰等禀，请总督马新贻发银四百两，将堂内号舍房屋数十间，一律修整。"从中可以明显地看出晚清山阳普济堂的运作方式，即由当地士绅向漕运总督之类的官员请拨公款，并由士绅本人负责其日常运作事务，更重要的是，由何锦、何镳、何其杰等人接替监管普济堂事务，说明何氏家族在其中占据主导作用。
④ （清）何其杰：《重建龙光闸并浚文渠洞河附记》，载（清）吉元、何庆芬辑《淮郡文渠志》卷上《碑记》。

事的实为山阳士绅,丁氏无疑为其主要组织者与践行者。何其杰说文渠的疏浚工程本来是由丁显负责的,适恰丁显赴任桃源教习职务,遂改由何其杰监理文渠。这里有必要强调一下丁显其人,同治五年(1866),清水潭坍决,淮、扬地区被灾严重,"丁显力主复淮水故道,绘图贴说",以成《请复淮水故道图说》一书,① 条析利病,影响深远,丁显诚为通悉地方水利的有识之士。当时的何氏与丁氏,在科第功名上均成就斐然,丁显中咸丰九年(1859)举人,丁晏七子寿昌、寿祺、寿恒、寿炳、寿宝、寿荣、寿同,功名更称极盛。② 何氏与丁氏无疑是参与城市水利修治等地方事务的主导力量。职是之故,山阳地方特为之置设祠庙,是为丁何二公祠,在旧城西南隅射阳书院内,"祀邑人丁晏、何锦。道光末,晏、锦以修城余款,于留云道院南建五云堂。光绪六年改射阳书院,七年邑人顾云臣等请于堂左船厅奉祀。二十六年,邑人丁显等复请以晏子寿恒、锦子其杰附祀,均禀县有案"③。

据前引材料,同治九年(1870),其他参与文渠等水利修浚事务的亦多具有科举功名,④ 系山阳当地士绅无疑。清代后期山阳城传有"丁何韦许"四大家族之说,丁、何二氏已见前文,韦氏则为韦坦、韦墉、韦福臻、韦福年一族。其中韦坦声名最为显著,中道光十六年(1836)进士,授兵部职方司主事,曾偕丁晏修淮安会馆于京师。⑤ 道光二十二年(1842)适值丁忧家居,复与丁晏等人"设局团练乡

---

① 郭涛:《历代治黄著作提要》,载黄河水利委员会黄河志总编辑室编《历代治黄文选》上册,河南人民出版社,1988,第 501 页。
② (清) 杨庆之:《春宵癐賸》卷 2。
③ 宣统《续纂山阳县志》卷 2《建置·坛庙》。
④ 见同治《重修山阳县志》卷 9《选举》。
⑤ (清) 丁晏:《颐志斋感旧诗》"韦竹坪兵部"条,民国 4 年(1915)上虞罗氏铅印本雪堂丛刻本。

第六章
清江浦与山阳城：清淮区域中心与城市体系重组

勇，修补城垣"，因"保卫乡里，劳绩最著"，奉旨获赏加员外郎衔，①"娶同邑张氏"，育有福臻、福英二子。② 而同治九年（1870）参与文渠修治工程的韦福年，系韦坦之侄，关于韦福年的记载并不为多，目前所看到的仅有其曾作《漕帅张子青师移节苏抚，诗以颂之》，张子青即漕运总督张之万，诗中对其驻淮期间的政务颂之曰：

燕南名士金鳌客，赐节拥旄安磐石。中州保障曾经营，楚水烽烟赖筹策。

公家棣鄂耀齐芳，科名台阁生辉光。春风桃李敷德泽，门下罗列皆文章。

萱堂白首笑莱舞，联床丝竹谈风雨。性情跌宕文史间，拈笔工抚山水谱。

先儒祠宇启弦诵，纪德千秋勒碑颂。郡庠堂室将倾欹，助修千缗造梁栋。

五年之中百废兴，事关名教尤兢兢。诸生肄业述美政，元礼龙门今共登。③

韦福年对张之万莅淮期间的施政，诸如筹谋防务、兴举文教、增修先贤祠庙等，历数在目，且称张之万为师，证明彼此之间关系较为密切。无独有偶，曹絮亦曾作诗送张之万移任江苏巡抚，其内容与韦福年所述基本一致。④ 而韦福年与曹絮均曾参与同治九年的城市水利修治活动，彼时活动主事者即为张之万，故可判断出韦、曹二人正是在这种参与地方事务的过程中，建立起与漕运总督的社会关系。曹絮

---

① （清）丁晏：《石亭记事》不分卷《重修淮安府旧城记》。
② （清）鲁一同：《通甫类稿》卷4《兵部职方司员外郎韦君墓表》，第99页。
③ （清）王锡祺编纂，张强点校《山阳诗征续编》卷33《国朝道光》，第908页。
④ （清）王锡祺编纂，张强点校《山阳诗征续编》卷33《国朝道光》，第900页。

为前文所述主持罗柳河与举河修浚的曹镳之孙,另外曹煜亦当其族人,亦曾参与城内文渠及桥梁设施的修治工程。^① 从中可以较为明显地看出丁、何、韦、曹等家族成员对于参理山阳城市公共事务的承继关系。

不过,一个家族自有其兴起至衰落的变迁过程,带有较为明显的结构上的脆弱性,据说前文所述的丁、何、韦、许四大家族的至高地位,至清末为新兴的秦、杨、叶、范家族所替代。^② 相对来说,借由师生情谊而建立起来的关系更容易传承下来,而这种师生情谊在山阳地方事务的建设中亦展露无遗,其中丁晏复为一值得重视的人物坐标。前文论及陈师濂在砥砺山阳地方名教与风气方面的重要作用,而丁晏则为陈师濂之弟子,其为先师作传曰:

> 己卯,年逾七旬,解组归里,金坛士民祖送者无虚日,临行之时,多有泣下者。抵家后,里中人士执经问业,翕然师尊之。淮城徐节孝先生祠,年久将圮,先师倡义修葺。岁春秋率诸生致祭,必诚必敬。以理学风化乡党,兴起斯文,学者称为纯儒云。^③

此处"己卯"年指的是嘉庆二十四年(1819),其后陈师濂为培植地方士子,醇化社会风气,率众重修祭祀乡贤徐积的徐节孝祠。相对于汪廷珍、李宗昉来说,丁晏亦属于后辈,丁晏在《柘塘脞录》中自叙曰:道光"庚辰,余年二十有七,以优贡入都廷试,谒汪文

---

① 宣统《续纂山阳县志》卷 3《水利》中载:光绪十年春,"复经邑绅等禀准漕督谭拨银二千两重砌,并添砌砖十六道,造彩虹、起凤砖桥二座"。
② 佚名:《淮安楚州城"丁何韦许"、"秦杨叶范"前后四大家族》,http://huainet.com/thread-52688-1-1.html。
③ (清)丁晏:《先师霁堂先生行状》,见(清)丁晏原辑,周桂峰校点《山阳诗征》卷 22《国朝》,第 814 页。

第六章
清江浦与山阳城：清淮区域中心与城市体系重组

端公，文端一见纵谈，诩为学者"，同年李宗昉"以浙学使任满至淮，余以后进往谒，一见倾心"。① 汪廷珍亦曾对李宗昉言及丁晏为近年淮安豪杰之士。丁晏精湛的经学等学术成就，与当初礼学名士陈师濂的教导，以及汪廷珍、李宗昉等人的提携均深有关联，其投身地方文化建设，当亦受到山阳前贤的感染或嘱托。另外丁晏还为陈师濂刊刻过《聪训堂集》，汪廷珍的《实事求是斋集》亦为丁晏付梓刊行。②

论及科举功名，道光元年（1821）丁晏"应江南乡试，中式第六十名举人"，次年入京师参加会试，"不售"，③ 其后由举人功名，得授教谕一职，不过并未就任，而"一意于考古著书"④，遂成晚清名儒。故而可以说丁晏未曾仕宦，其生平大部分时间居于山阳，投身地方公共事务，浚治水利渠道、团办防御武装、葺理祠宇坛庙已见前述。另外自道光十二年（1832）始，丁晏先后主讲于盐城表海书院、淮关文津书院等，⑤ 由此其门生弟子可谓众多，山阳人李元庚、朱殿芬、徐嘉、裴荫森、段朝端等人为其代表，而这些丁门弟子复又借由其他社会关系，交织构成晚清时期山阳城地方建设的主要力量。道光二十七年（1847），河下罗柳河复经挑浚，李元庚"独任其事。庚戚黄君芷升有田二顷，沿河居多，庚为经理，即资雇其田夫，计挑七百余丈，募资四十千有奇。其湖嘴空心街一段，抵城河者，在湖嘴坊募挑，四月初一日工竣。是科丁君颐伯入词馆，其明征。次年，丁俭卿师出资一百三十千文重浚"⑥。李氏世居河下，罗柳河的浚通对于河

---

① （清）丁晏原辑，周桂峰校点《山阳诗征》卷23《国朝》、卷24《国朝》，第835、905页。
② 郭寿龄：《清经学家文学家丁晏》，《淮安古今人物》第一集，第154页。
③ （清）丁一鹏：《丁柘唐先生历年纪略》，第610页。
④ 光绪《淮安府志》卷29《山阳县人物二》。
⑤ （清）丁一鹏：《丁柘唐先生历年纪略》，第611、612页。
⑥ （清）李元庚：《梓里待征录》卷3《建置记》"罗柳河"条。

下水利至为重要，故李元庚与其戚黄芷升募资雇夫挑浚罗柳河，亦实为承担其保卫乡里之责。材料中还说到李元庚与丁晏的师生关系，罗柳河浚通后，丁晏长子寿昌即入词馆，风水学说复得明证，可见李元庚对此亦不避言。虽然道光二十七、八年的罗柳河浚治工程中，我们并未见到李元庚与丁晏合作或李元庚受丁晏之托的事实。不过这在咸同年间平息捻事的过程中确可见其端倪。咸丰十年（1860），李元庚"自武林避乱归，时故里先遭焚掠，满目萧条，闭户养疴，日惟品茶吟诗而已"，并绘《煮茗谈诗图》，[①]"结同人为诗社"[②]，一时题咏唱和者甚众。其中值得注意的是丁晏的题词，曰：

> 清芬扬旧德，七叶播诗筒。指李传英嗣，眉梨忆若翁。
> 一瓯烹嫩白，几卷洗陈红。待到狼烽熄，平淮雅制工。

首句谈说山阳李氏之高洁德行，"七叶"取自李元庚于道光年间刊刻的族人合集，即《七叶诗存》。诗中"眉梨"代指山阳县民，此句意在说明彼时的山阳城实赖于君。最后点明了咸丰捻事的社会背景，可能丁晏见及当时的李元庚意志沉迷，希望他鼓起士气，抗击捻军，待局势安定后再讲求诗赋唱酬。由是可知，同治年间李元庚参与团练，与其师丁晏的劝勉不无关系。高延第在为李元庚所作别传中，曰：

> 时淮上残于皖寇，事益棘，长吏闻君来皆喜，冀倚以集事，乡邻亦毗依之。于是筑长圩，浚濠河，建炮台，练土团，守备益严。自辛酉讫丁卯，凡七年，兵火交错，羽檄沓集，而河下

[①] （清）李元庚：《漱芳馆诗选》，载（清）李元庚辑《七叶诗存》，清道光三十年（1850）刻本。

[②] （清）王锡祺编纂，张强点校《山阳诗征续编》引徐嘉《遁庵丛笔》，第609页。

第六章
清江浦与山阳城：清淮区域中心与城市体系重组

安堵若无事者，君之力为多。遂由簿尉累加至运同衔，身世光显矣。①

自咸丰十一年（1861）至同治六年（1867），山阳城复几经捻军骚扰，其时丁晏已年逾七旬，其门人李元庚等人在守卫地方秩序方面，复成为漕运总督等官员的得力助手。在李元庚的社会关系中，同为丁晏门人的徐嘉当为其交往最密者，"遁夫与余交四十年，情最亲。同治初，吴勤惠公于河下创养蒙义塾，余与君共事，而君尤勤。间为诗歌，辄相商略。君绍先绪董邑事，令下车必就君咨民生，而流寓者皆乐与君游，乡里必倚君以集事"②。此处的"绍先绪董邑事"可作相对广泛的释义，即汪廷珍为李元庚舅氏，李宗昉为李元庚之宗伯，丁晏为李元庚之师，在这种多维关系网络中，李元庚遂成为山阳地方事务中的核心人物之一，是为"乡里必倚君以集事"。关于河下养蒙义塾，李元庚复记曰：同治"甲子春，督漕盱眙吴公，购广来典基屋料造河督署，用余砖瓦、木植暨楼与群房若干间。吴明经请就其地为义学，吴公许之，饬程秀峰明经锺、丁穆庵州倅蘧、徐宾华明经嘉，暨儿子锺骏，相度经营"③。由此可以明显地见出，河下养蒙书院的官督绅办性质，即由漕督吴棠牵头，以李元庚、程锺、徐嘉、丁蘧等士绅集体董理的方式运作。不过随着清末时局的变动，山阳城市地位趋降，进而导致地方士人风气日渐衰颓。清光绪八年（1882），徐嘉在给盐城人陈玉澍的信中，不无愁闷地叹曰："今欲培人才、厚风俗，必先变士习，变士习必先使知廉耻，以豫遏其孳孳为

---

① （清）高延第：《莘樵别传》，载（民国）王光伯原辑，程景韩增订，荀德麟等点校《淮安河下志》卷11《人物三》，第334页。
② （民国）王光伯原辑，程景韩增订，荀德麟等点校《淮安河下志》卷11《人物三》引徐嘉《遁庵丛笔》语，第334~335页。
③ （民国）王光伯原辑，程景韩增订，荀德麟等点校《淮安河下志》卷3《学堂》，第68页。

利之心，而磨砺其不忘沟壑之志，而后可以言士。呜呼，岂易言哉？"① 这种士林风气，可能又直接导致养蒙义塾在内的地方公共事务的废弛。又如徐嘉所言：

> 至近来变局，举五郡伯、两山长之主为弥勒同龛，则非所逆料。譬如养蒙，当经营缔造之初，亦可谓差强人意，安能预知今日之变迁？设有观者，谓当日立此义塾，本不谓然。足下闻之，其亦有大不慊于中者乎？吾尝欲立一碣于养蒙纪其原始，今尤不可少、尤不可缓矣。②

可见，面对整个社会变迁之大局，徐嘉仍未完全丧失信心，而是看似愚笃地希图借由养蒙书塾的一方碑碣，达到振励文风的目的。而光绪二十九年（1903），段朝端等人在漕运总督陆元鼎的支持下，使城内文渠及罗柳河得以再次大挑，从中亦可窥见山阳士绅对于地方文化建设的诉求与企盼。

二 区域中心转移中的双城关系：以晚清清淮荒政为中心

自明代中后期以后，黄河北流被人为阻绝，而全线入淮，造成包括淮安府在内的里下河地区灾荒频发。其中，19世纪中期以来为水旱灾害多发期，③嘉道以降的生态环境严重灾变，而此时清淮地区的

---

① （清）徐嘉：《味静斋文存》卷2《复陈惕庵书》，民国20年（1931）上海中华书局铅印本。
② （清）徐嘉：《味静斋文存续选》卷1《复李生鸿年书》。
③ 张丕远、龚高法：《十六世纪以来中国气候变化的若干特征》，《地理学报》1979年第3期。

第六章
清江浦与山阳城：清淮区域中心与城市体系重组

荒政体系总体上趋向衰败。作为府城附郭的山阳县，咸丰二年重刊的《淮安府志》记载，城内存有一座预备仓，"在府学志道书院旁，现存贮漕粮"；两座常平仓，其一于康熙二十八年（1689）改建而来，另一座则由漕督张大有于雍正十三年（1735）创建；山阳县社仓的建设开始于乾隆元年（1736），一座在府城西门外，有四处设于乡村，以上预备仓、常平仓与社仓，至咸丰初年仍贮藏米粮，发挥赈济的功能。另外尚有始建于明代的东新仓、东仓、南仓、储济仓等仓储设施，不过这些旧仓尽皆废弃，① 而至同治年间，连同咸丰年间尚存的常平仓、社仓在内，山阳城诸仓一并废置，当时维持救荒赈灾功能的主要为丰济仓，② 详后。

清河旧县的仓储体系与之类似，在旧清河县治西半里有漕仓，康熙二十九年（1690）知县管钜慨然翻修，在漕仓院内还设有常平仓，乃雍正七年（1729）知县李必成兴建，另有一座常平仓，位于县城门外，雍正十年（1732）知县许逢元就原盈贮仓廒改建而成，乾隆初年这座常平仓可能达到了发展的高峰期。③ 不过清河迁治清江浦以后，旧清河县的仓储设施失去效用，咸丰《淮安府志》中即记载，清河旧县的四处预备仓及盈贮仓廒久已废置。④ 相较而言，作为清河新县治的清江浦在仓储建设方面，对于清淮地区的赈济救灾活动发挥了重要作用。清江浦原来亦存有一座常平仓，咸丰《清河县志》卷3《建置》中载：

> 常平仓，在慈云寺之左，西与县相直而东向，乾隆二十七年

---

① 咸丰《淮安府志》卷11《公署·仓庾》。
② 同治《重修山阳县志》卷2《建置·仓庾》。需要说明的是，光绪《淮安府志》卷3《城池·淮安府城》"仓庾"栏中记曰：预备仓，只存其一，用于征兑漕粮，另外光绪六年又在这座预备仓内新置一仓，"储赈荒积谷"，从而与丰济仓共同成为山阳城积谷备荒的主要力量。
③ 咸丰《清河县志》卷3《建置》。
④ 咸丰《淮安府志》卷11《公署·仓庾》。

· 399 ·

移建，计廒五十一间半。

所谓乾隆二十七年移建，即由原来的旧清河县治改建于清江浦镇，位于城东慈云寺附近。虽然咸丰初年方志文献中仍见有常平仓之名，其是否已经废置尚难确断，不过至少可以说它的赈济功能趋向减弱。①而方志文献中对于丰济仓的叙述所占篇幅颇多，尤其是光绪《淮安府志》，内容涉及仓廒沿革、仓属田产、积谷章程等多个方面，由此丰济仓无疑可被视为晚清时期清淮地区仓储体系的中坚力量。

在通过晚清清淮荒政来看山阳与清江浦关系这一思路之中，我们首先必须考虑的是丰济仓的运作与演变机制。总体看来，丰济仓由河库道徐泽醇创设于道光二十三年（1843），咸丰十年（1860）毁于捻事，后漕督张之万于同治八年（1869）重建，委托候补知县许佐廷董理其事，约于光绪十五年（1889）仓务渐颓。就丰济仓运营的整个财政理路来分析，最初是由驻于清江浦的河库道官员捐俸创建而成，同治年间的重建，其启动资金可能来源于作为清淮公款的厘金，后因同善局无"金"可拨，分置于周边县境的田产租赋则成为丰济仓日增月盛的主要保证。所谓"备荒，开源不厌其多"，丰济仓也通过出售粥米、发铺生息等方式弥补财政亏缺，漕督部堂等官员的直接捐助亦构成丰济仓的经费来源。丰济仓重建前夕有裴荫森、徐嘉等人的劝济，光绪末年也有程人鹄诸绅吁请发仓赈济，不过丰济仓基本上处于漕河官员主导的话语体系，体现的是漕运官员对地方荒政的努力

---

① 咸丰《清河县志》卷3《建置》、光绪《清河县志》卷3《建置》中均载有常平仓之名，而光绪《淮安府志》卷4《城池二·清河县城池》"仓庾"栏中则付之阙如，咸丰、光绪《清河县志》可能均系因袭前志，以存其旧而来。清河常平等仓废弃时间，方志中无明确记载，但可以作为旁证的是，丰济仓始建者徐泽醇初莅清河时，即见"仓贮阙如"，故清江浦诸仓可能在清道光间即已废置。这与苏州丰备义仓的发展脉络具有较强的吻合性。参见赵思渊《道光朝苏州荒政之演变：丰备义仓的成立及其与赋税问题的关系》，《清史研究》2013年第2期。

第六章
清江浦与山阳城：清淮区域中心与城市体系重组

探索。

接下来我们需要关注的是，丰济仓置设于清江浦及其发挥赈济功能的地域范围，由此来看当时的清江浦与山阳城。前文已述，道光年间丰济仓由河道系统的河库道官员创办于清江浦，咸同之际遭遇捻事之后，仓务渐废，同治八年由漕运总督接手予以重建。甚为关键的是，这时的漕运总督署已经不再驻于山阳城，同治元年漕运总督吴棠莅职之时，改驻于清江浦，这主要与当时的捻事未息有关，史载：

> 先是清江浦既灰烬，论者以为堕甑不宜复顾，宜即淮安府城旧漕署居守为便。棠至则谓，清江浦四达冲衢，使贼得之，势益鸱张，山阳以下岂得独完哉？于是驻师瓦砾之中，筑河北土圩。春初，贼果大至，版筑之声与炮火相间也，贼直薄圩下，居民皇皇，翘足思散，棠植立圩上，手发巨炮，贼遂败退。[①]

在对抗捻军的过程中，清江浦因其南北冲衢的地理位置，被漕运总督吴棠择定为新的漕署驻地，直至光绪末年未有更动。同治六年张之万继吴棠之后任漕运总督，八年始有重建清江浦丰济仓之举，并委托候选清河知县许佐廷全权管理，由此清江浦理当成为丰济仓赈济灾民的主要对象，而且当时的清江浦正成为北方流民麇集避难的场所，丰济仓的赈济功能受到极大的挑战。同治十三年（1874），江苏巡抚张树声奏："徐、淮一带，入夏以来雨水稍多，兼之上游诸水汇注，湖河泛涨，底水顶托，虽经饬令设法疏消，无如宣泄不及，间有被淹受伤之处。"[②] 淮北地区"被水之区失业流民，渐有南下求食者，隆

---

① 光绪《清河县志》卷17《仕迹》"吴棠"条。
② 水利电力部水管司、水利水电科学研究院：《清代淮河流域洪涝档案史料》，中华书局，1988，第841页。

冬势必更多。道路饥疲，尤堪悯恻。清江每届冬令，向设粥厂赈济附近贫民，奈筹款无多，所济不广"①，幸漕督恩锡拟从丰济仓"酌动数千石碾米煮赈，专济被水过浦之流民"，"至光绪元年三月内赈毕"。光绪二年（1876），清淮地区更"值岁大祲，道殣相望"②，清河知县万青选请于漕督文彬，文彬再谋于制军沈葆桢，遂"分设十数厂于清江浦之东，活者近数万人"③。而此时灾民不仅仅局限于徐海一隅，光绪初年的"丁戊奇荒"，"以山西、河南为中心，旁及直隶、陕西、甘肃全省及山东、江苏、安徽、四川之部分地区"④，清江浦又为山东、河南、安徽水陆交通必经之地，北省被难灾民纷纷南下就食，麇集清江浦，前两江总督沈葆桢"采用地方士绅之议，拨动库款银六十万两"，并委派军士驰赴清江，"就近漕台节制，会同淮扬道，将四省南下就食难民，一律截留，搭盖棚厂数十里，分别安插，查明户口，按口给发钱米，病则医药，死即埋葬"⑤。所谓"十数厂"或"盖棚厂十数里"，当指《申报》刊载的"十七厂，分散东北西三处，以防人众生疫滋事"⑥。从清淮地区应对光绪初年的"丁戊奇荒"中，由两江总督遥领，漕运总督就近节制，并由淮扬道躬践其事，以实行赈灾之策。必须承认的是，光绪初年北省难民麇集清江浦，给清淮荒政造成了巨大压力，这已经完全超出了丰济仓的赈济能力，而主要依靠更大范围的物资调度，丰济仓可能仅作为辅赈之用。

---

① （清）许佐廷辑，赵晓华点校《重建清江丰济仓图案》，第 6001 页。
② 民国《续纂清河县志》卷 9《仕迹》，刘柽寿等修，范冕纂，民国 17 年（1928）刻本。
③ 光绪《清河县志》卷 26《杂记》。
④ 李文海：《晚清义赈的兴起与发展》，《清史研究》1993 年第 3 期。
⑤ 任锡汾：《清江浦灾赈节略》，见《盛宣怀档案》（未刊），上海图书馆编号 024788 - 1。
⑥ 转引自朱浒《"丁戊奇荒"对江南的冲击及地方社会之反应——兼论光绪二年江南士绅苏北赈灾行动的性质》，《社会科学研究》2008 年第 1 期。

第六章
清江浦与山阳城：清淮区域中心与城市体系重组

再来看山阳城的情况。前文已述，当时山阳城的荒政体系已经衰败，除了丰济仓之外，仅在原来预备仓之内新设之仓，储谷备荒，所以山阳城的受灾对象仍主要依赖于丰济仓。《重建清江丰济仓图案》中载：

> （同治十年）奉饬动拨仓谷，分储淮城备荒。奉漕宪苏饬，据董事汤桐等禀，以淮城地方人烟凑集，贫窭户多，拟请饬仓赏照仓中现存谷数分拨四成，抑先将今秋庄收运储淮城，为数虽不及四成，俟明岁仓谷收数，再照四成分拨，则贫民更顶祝长生矣。西门关帝庙等处可储，凡盘晒，请仓宪过斛，仍经委汇报在因。准添仓夫二名，常川照料。当以该董等不能兼顾，谕令候选布理问许可宗帮同办理但借地堆储，究非官仓可比，不宜太多。应拨庄收二十千石，如果来年无损，便可多储矣。嗣于十二年将西门城楼修整，即改储城上，出陈后当又购麦堆储。[①]

这段材料说的是，饬令丰济仓委员动拨丰济仓粮谷，分储于山阳城中，可以作为其城市贫民的赈济之用，一定程度上亦可以减轻清江浦丰济仓廒不足的弊端，从而实现谷粮出陈易新的正常运转。山阳城中储存丰济仓米谷之所，先是借用西门关帝庙等处，待西门城楼修整完毕之后，则将米谷长期贮存于西门城楼之上。同治《山阳县志》对此亦有记载：张之万创办丰济仓，"其后置田益多，租入益广，乃分存郡城公所"[②]。由此不难看出，清江浦镇与山阳城在丰济仓中呈现出的较具差异性的城市地位。

[①] （清）许佐廷辑，赵晓华点校《重建清江丰济仓图案》，第5997页。
[②] 同治《重修山阳县志》卷2《建置·仓庾》。

· 403 ·

三　退与变：晚清时期清淮城市的定位

明清两代，南北贯通的京杭大运河可谓是王朝统治的经济命脉，而山阳与清江浦均为典型的运河城市，由此带动区域间商品贸易的繁荣与发展。不止于此，作为运河城市的山阳与清江浦的特殊性还在于，这两座城市同时亦为国家漕运、河道整治、食盐转销以及榷税征收的控制与管理中心，故而在内河运输时代，清淮双城的经济地位得到较大程度的彰显。明朝并建南、北两都，丘濬谓：清淮地区"盖居两京之间，南北分中之处"[1]。又据载："缙毂南北，天下咽喉，淮阳为重。挽漕之役，虽司徒专职，然赐履之外，提七省大吏之衡，牙蘗之间，屹建威消萌之势，牲白荐于桥陵，璧马湛于瓠子。六官之事，无所不统；文武之用，难于具宜。"[2] 这里所谓的"淮阳"指山阳城，为漕运总督驻地，统领管辖全国漕粮征收、运输与交兑事宜，每年江南漕船均须至此入淮北上，"若乃舳舻亹亹，行旅熙熙，水陆并进，实为南北咽喉。故春夏漕艘过淮之期，虽百里外，皆樯桅林立，人语纷哝"[3]。在这种政治、经济形势之下，山阳城多被时人定位为"南北咽喉、财赋都会"[4]，又有谓："淮安，天下重地，盖南北之冲，舟车冠盖之会也。"[5] 清江浦亦扼南北要冲，"国家大政，若河、若漕、若盐课、若关税，毕萃于此矣"[6]，类之于此的记载甚多，

---

[1] （明）丘濬：《大学衍义补》卷34《制国用·漕挽之宜》下，《景印文渊阁四库全书》子部儒家类，第712册，台湾商务印书馆，1986，第438页。

[2] （明）董其昌：《容台文集》卷4《总漕大司徒陈公去思碑记》，沈乃文主编《明别集丛刊》第4辑第47册，黄山书社，2016，第420页。

[3] （明）马麟原撰，（清）李如枚重修，元成续纂《续纂淮关统志》卷3《川原》。

[4] （明）倪元璐：《倪文贞奏疏》卷10《盐政改官疏》，沈乃文主编《明别集丛刊》第5辑第65册，黄山书社，2016，第628页。

[5] （明）王直：《抑庵文后集》卷3《杨氏杂画记》，第358页。

[6] （清）吴棠：《望三益斋杂体文》卷3《重修清河县志叙》，清同治光绪间刻本。

第六章
清江浦与山阳城：清淮区域中心与城市体系重组

兹不具举，总之可以见出在漕粮河运通行的时期，清淮双城以其控制南北的地理位置，漕、河、盐政并集于此，无疑成为全国范围内的经济中心区域。

道光以降，漕粮运输渐趋实行海运方式，再加上咸丰年间黄河北徙、捻事频扰等方面的因素，长期依赖内河运输发展的山阳城与清江浦的交通区位与经济优势逐渐消失。史载："自黄河北徙，漕艘停运，江海通轮，舟车罕至，遂日即凋敝，而莫之或恤。"[1] 这也从清代后期淮安关榷税的收入短绌可见一斑，曰：

> 洎军兴以来，榷税岁绌，百方捃摭，莫能盈额，物盛而衰，理固然欤。推求事实，又有五说焉：黄河迁徙，冀豫之物不能南来，一也；漕艘不行，湖广江汉之产未能运京，二也；礼字河不闭，东省皖境之货绕越而去，三也；闽越江浙之财，半附轮船转运他处，间有过淮应榷货物，又挟洋票而免，四也；胥吏多方苛索，商民畏缩不前，搜捕愈严，偷漏愈甚，五也。[2]

位于山阳县板闸镇的淮安关税额的减少，很大程度上是由于河运不通，南、北商货改运他处或绕越淮安，由此亦可看出当时山阳城的经济活性在逐渐减退，至民国时期"则衰落成一老年都市矣"[3]。漕粮海运等外力因素的介入与作用，同样使清江浦与王家营的市景顿行衰败，如清江浦"自黄流北去，淮渎南趋，漕政单微，河防寝息，

---

[1] （清）汪树堂：《恩公路记碑》，载《淮安金石录》编纂委员会编《淮安金石录》，南京大学出版社，2008，第189页。
[2] 同治《重修山阳县志》卷4《漕运·关榷》。
[3] 李长传编著《江苏省地志》第四编《地方志·淮安县》，《中国方志丛书·华中地方·江苏省》第473号，台北成文出版社，1983，第340页。

于是生计索而形势替"①,"自浊河北徙",王家营"形势乃渐异"。②津浦铁路修成之后绕道安徽,清淮地区的这种交通劣势可谓愈加明显,彼时的山阳城"几成僻壤,形势又一变也",③清江浦亦由曾经的商业繁华都会"遂成下邑",④民国水利专家武同举则谓王家营"夷为僻鄙,不复有问津者"。⑤

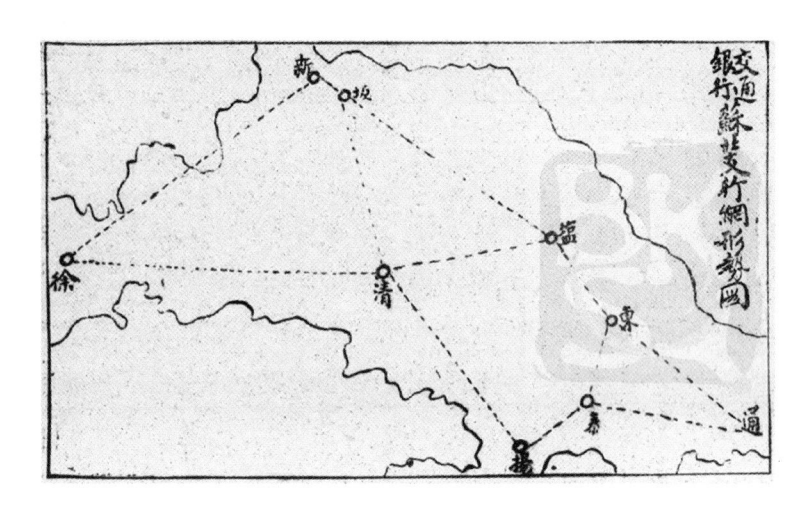

图 6-2 交通银行苏北支行网形势图

资料来源:李金城:《清江浦之经济概况》,《交行通信》第四卷第二号,1934。

在此笔者意欲强调的是,清淮双城的衰落是毋庸置疑的,不过在这种衰落之中,我们尚需辨明在近代化的形势下,这两座城市尤其是清江浦的演进路径。就铁路建设来说,清同光年间,薛福成、马建忠、刘铭传等人均曾倡议修筑京师至清江浦再延至镇江的铁路,虽说

---

① 徐钟令:《淮阴志征访稿》卷2《地理志三·图一》,《中国地方志集成·江苏府县志辑》第57册,江苏古籍出版社,1991,第664页。
② 张煦侯:《王家营志》卷3《交通第六·驿递》。
③ 宣统《续纂山阳县志》卷1《疆域》。
④ 民国《续纂清河县志》卷1《疆域·形势》。
⑤ 张煦侯:《王家营志》卷首武同举序。

第六章
清江浦与山阳城：清淮区域中心与城市体系重组

终为张之洞的卢汉铁路所替代，再加上津浦铁路改经洪泽湖以西地区，清淮地区在铁路建设方面的努力终未能付诸实践；不过诚如杜涛指出，清末洋务派与保守派关于修筑铁路的各项争议本身，即凸显淮安在当时全国交通体系中的中心枢纽地位。[1] 铁路议废之后的清江浦，仍然当为江北地区的区域中心城市之一。诚如张煦侯记曰："厥后河务废，此地为漕运中心；漕务废，此地又为军政中心。盖清江一隅，始终为政治都会。"[2] 又如朱沛莲中肯地指出，作为民国时期淮阴县治所的清江浦城，"自海道开通，河运失效，商务遂一落千丈，津浦铁路通车后，道出此途者盖鲜。但以地位适中，在大江以北，仍不失为水陆交通及行销淮海一带商货转运之枢纽"[3]。此时的清江浦已由全国中心区域，退变为淮海一带的区域中心城市之一。在这种新的城市定位之下，清淮双城特别是清江浦的市政建设次第兴举，从而开启了初步走向近代化的门径。

---

[1] 参见杜涛《晚清淮安议修铁路考》，载研讨会组织委员会编《"运河之都——淮安"全国学术研讨会论文集》，第340~350页。
[2] 张煦侯著，方宏伟、王信波整理《淮阴风土记》第1章《清江区》，第352页。
[3] 朱沛莲：《江苏省及六十四县市志略》中卷《各县市志略》"淮阴县"栏，台北国史馆，1987，第181页。

小　结

明永乐元年，平江伯陈瑄被委任督管漕运政务，这对于清江浦镇的兴起与发展尤为重要。永乐七年前后清江造船厂投入使用，开始承担修造漕船事务，其后又置设淮仓即常盈仓，积贮漕粮以供转输。清江造船厂与常盈仓在清江浦的置设，很大程度上改变了原有的人文与地理景观，它们所奠定的区域，也都成为清江浦镇实现城市空间拓展的主要载体。尤其是常盈仓的作用，不仅仅在于充当转输漕粮的主要仓储设施，同时它对于清江浦的城镇发展亦具有深远意义，明正德年间漕粮折色之后，清淮地区的百姓赴各水次仓及常盈仓厫，买米兑运，由此带动了清河县及清江浦粮食市场的发展。不过造船厂与常盈仓屡经兴革，它们在明清漕运体系中的地位愈形下降，而清江浦运河的交通枢纽作用，尤其是清江闸、坝等的长期维持与使用，则从根本上保障了清江浦镇凭借水道交通的优势，演绎着运河城镇发展与变迁的理路。

对于运河城镇的发展机制，吴滔曾反思说："水乡聚落尤其是商业聚落多倚河而建固然不错，然而，一个市场的'区位'优势并非简单地用交通便利就能涵盖，经济习俗和行政制度等要素的合理配置同样非常重要，交通原则不过是区位理论所需要考虑的主要因素之一。"[①] 就清江浦

---

① 吴滔：《清代江南市镇与农村关系的空间透视——以苏州地区为中心》，上海古籍出版社，2010，第 18～19 页。

第六章
清江浦与山阳城：清淮区域中心与城市体系重组

镇而言，清江造船厂与常盈仓可作为其发展的"经济习俗"与"行政制度"，清江浦河的疏凿以及闸坝、运口的建置和运行，可视为其发展的"交通区位"。虽然清江造船厂创建于永乐七年，但当时以修造海船为主，直至清江浦河疏凿之后，漕运改由内河航道转输，运河城镇才真正兴起与发展。而且，明代后期至清代前期，由于漕运制度的变革，清江造船厂与常盈仓的功能、地位渐趋衰退，清康熙年间相关行政机构与职能被废置，它们对于清江浦的意义随之消退。相较而言，清江浦河及其闸坝、运口等塑造的交通区位优势，从明初直至晚清，始终贯穿清江浦镇形成与发展的历程。总之，虽然交通区位并非运河城镇兴起与发展的唯一要素，但仍应是其首要动力与根本要素，在这种前提之下，经济习俗与行政制度等要素逐渐融入，城镇的经济实力与辐射范围随之增强、扩大。这样多维化、分层次的理路，即为运河城镇清江浦的生成与发展机制。

本章最后探讨的是，清代后期全国局势发生变动的时候，作为典型运河城市的清江浦与山阳城所呈现的面貌。彼时，除了山阳旧城由于仍为府、县级行政区划驻地，不失为山阳县城市人口最为集中的地方外，山阳新城与夹城尽显颓败之象，城外西北向以商业经济立足的河下关厢亦在盐法变革与捻军起义的双重打击之下趋向衰落，曾经盛极一时的园亭景观亦随之倾圮废隳，总体上看山阳城的衰败是个不可争辩的事实。有鉴于此，道咸以降山阳士绅越发重视地方性事务的参与，其中以修浚文渠为代表，城市风水与文教事业的因缘关系得到进一步伸张。不过就清淮地区而言，笔者意欲强调的是，在这种衰落的过程中，清淮地方社会仍然显示出求变图兴的欲望与努力，即便山阳城亦是如此。而在这种变局之中，清淮地区亦逐渐由本来的全国"中心区域"，退变为这一区域的中心，清江浦无疑为这一区域的中心城市。在这种新的城市定位之下，清淮双城特别是清江浦的现代交通设施与市政工程等次第兴举，从而开启了初步走向近代化的门径。

结　语

一 "运河与城市"命题的实证性阐释

中国古代社会中,水道运输是最为主要的交通方式之一,由此在滨河沿岸与水道交汇处较易形成聚落、市镇与城市。清淮地区的水道交通起源甚早,淮河、运河及黄河均曾为本区域内的主要干流,尤其是明清时期京杭大运河疏通之后,清淮地区的城镇逐渐成为南北商业贸易的重要站点。关于"运河与城市"的命题,前贤时彦均曾论及,主要观点为二者之间是兴衰与共的关系,这样的观点当然是成立的,不过多为对这一社会现象的状摹与描述,缺乏必要的个案分析与论证,对这种"运河与城市"的具体关系我们仍知之甚微。

本书从移民与家族、空间形态与结构、城市水利等方面,勾连起运河交通与山阳城市的关系。具体论点如下。从"淮人止余七家"的说法可以见出,明代山阳的城市人口中,移民占据了极大比例。明代山阳城的移民群体主要有两种类型,其一为明初的卫所移民,其二为明代中期以后的商业移民。而这种政策性移民,与运河交通造成的山阳作为中心城市的地位密迩相关,反过来这两种移民类型的性质与序列,影响了山阳城的人口结构与发展方向。同时亦决定了山阳城的空间形态与地域结构,总体上看山阳城是旧城、新城与夹城"三城一体"的构造格局,随着运河交通带来的人口流动与商业契机,山阳城市的街巷布局与商业市场,亦逐渐出现了空间上的拓展。就城市的功能分区而言,山阳城内尤其是旧城区为军政公署机构的集中区,而在商业市场与街区方面,城外则较城内为盛;城市住宅方面,旧城、新城分别为淮安、大河两卫所驻地，土著居民及由卫所移民形成的家族人口，基本上居于旧城、新城内，而城外西北向的河下关厢亦即西湖嘴一带，则成为商人尤其是盐商聚居区。而运河与山阳城关系紧密的实例，更为典型地体现在城市水利问题上。运河为山阳城市供水的主要来源，城内外文渠与市河的畅通与否及水质卫生问题，均与运河发生直接关系。明代中叶以后黄淮水患日趋严重，泥沙沉积引致运道淤塞，山阳城市的水利渠道亦必然受此影响，故山阳官绅与民众时有城市防洪与浚治文渠之举，另外黄淮水患带来的泥沙与水流，亦引起城市湖池与园亭景观的变迁。

二 利害相生：黄淮水患与清淮城市体系

明代中叶以后，太行堤北筑，黄河流路固定南趋，以淮河受纳黄河等西来之水，故而黄河水患由鲁南、徐邳地区转移到清淮地区，山阳与清河城均颇受其害。为了治理黄河固定夺淮入海带来的严重水患，国家不定时地派遣河臣，先后施行"北堤南分""南北俱堤""束水攻沙""分黄导淮"等治河策略，潘季驯、杨一魁等人就各自的治河方略又展开往复博弈。其实，这些治河方略均有其自身难以消解的深层弊病，任何一种方略都无法从根本上解决河患问题。入清以后，明代潘季驯等人的治河方略很大程度上为河臣所争议与采纳，患则治、治仍患的循环模式依然存在。

笔者意欲强调的是，不仅河患本身对山阳、清河城造成生存威胁，从而采取闸坝更置与兴筑堤防等措施抵御洪灾、治理水患，这些治理策略的施行，亦必然对水工设施的兴废产生深刻影响。具体来说，由于山阳城恰处于黄、淮河较为典型的扫湾迎溜之地，其城外西北方向的满浦、淮安五坝及方家坝均先后废置；相较而言，清江浦镇的坝工设施虽亦屡经修治或更替，但基本上能够维持正常运行，尤其是清江浦坝修筑之后，可以借由清江浦月河进行漕粮转运及其他商贸往来，使得清江浦成为清淮地区主要的交通枢纽。

据此，我们可以尝试剖析出这样的区域城市演进路径：黄、淮、运河流经清淮地区，在这一区域形成了彼此联系又相对独立的三个区域中心点，即清河县城、清江浦镇、山阳县城，其最为明显的特点是河道与清河县城、清江浦镇、山阳县城的相对位置极为接近。不过从历史地理角度来看，这种空间距离上与河"接近"的形态对以上三城（镇）却有着不同的发展意义，清河城位于黄、淮、运河交汇之处，山阳城恰当黄河扫湾迎溜处，清江浦镇处的黄、淮流速相对平稳。可以说三城（镇）均位于交通要冲之地，亦均依赖河道的运输功能维持着自身的经济机能与社会秩序。从灾害史的角度来说，河道交通带来城市发展契机的同时，亦使得以上三城（镇）面临罹患水灾的生存威胁，就受灾程度而言，当以清河县城最重，山阳县城次之，清江浦镇最轻。这是"利害相生"的第一层含义。第二层含义为：在国家治河方略施展的作用下，以上三城（镇）依循了不同的城市发展路径，坝与闸等水工设施的兴废更替，亦可以作如是观。

这三座城（镇）不同的发展路径，在万历初年草湾河开凿之后更为明显。也就是说，这一河道与水势的变迁，对淮安府的城市发展与格局的重新定位具有重要意义。黄河主溜徙归草湾入海，在一定程度上确实减轻了山阳城遭受水患灾害的威胁，不过山阳城的交通区位优势愈益下降；清河县城因为城市防洪能力极为薄弱，在国家漕河运道至上思想的支配之下，地方官员对清河县的现状可能亦有清楚的认识，即其城垣增修与建造徒增其劳而已，这引致的后果则为水患频发与城垣废圮，二者相互作用，清河城遂更趋陷于生态环境恶化的困境之中，由此市井荒凉、城垣废圮则属常态，清河县最终于清乾隆年间迁治清江浦镇。需要强调的是，清江浦镇经济发展，使它逐渐具备了提升政治地位的条件，而清康熙年间南河总督进驻清江浦，以及乾隆

· 415 ·

年间清河县迁治清江浦，亦可以视为对清江浦镇经济实力的肯定与追随，由此清江浦遂在清代以降的清淮城市体系中占据中心城市的地位。从这一城市体系的演变过程，我们可以见出黄淮水患与治河方略对于三座城镇（清河县城、清江浦镇、山阳县城）的不同意义，此即为利害相生视野下的水工建设与城市变迁。

三　双子城的生成机制与清淮城市中心的再定位

章生道提出"复式城市"的概念，亦即"双子城"。不过他在对这一概念予以论证时，并未提及清淮地区的城市。[①] 而施坚雅则将清江浦与清河县城视为多核心的复合城市。[②] 需要指出的是，施坚雅研究的时间限于1893年即清光绪十九年，彼时清江浦镇已为清河县治，且也已经筑有城垣，所以将清江浦与清河县视为双子城并无不妥。那么，在清江浦镇隶于山阳县时，当时的清江浦尚未筑城，本书重点考察的清江浦与山阳城是否可以归入"双子城"的类型之中？如果筑有城墙是必要条件的话，清江浦与山阳城自然不属于"双子城"。不过，鲁西奇对于"双子城"的视点有所不同，他认为这种拓展型的"双子城"，"一般是经济发展特别是商业发展的结果，具有突破治所城市之局限的意义"。[③] 此即意谓城垣之有无似并非关键要素，而强调的是一种由商业因素带来的挑战与重组的趋向，这与清江浦、山阳城的发展关系极为吻合。

运河城镇的发展变迁历来是受到关注的学术论题，然而缺乏较系

---

① 〔美〕章生道：《城治的形态与结构研究》，载〔美〕施坚雅主编，叶光庭等译，陈桥驿校《中华帝国晚期的城市》，第100～103页。
② 〔美〕施坚雅：《城市与地方体系层级》，载〔美〕施坚雅主编，叶光庭等译，陈桥驿校《中华帝国晚期的城市》，第380～381页。
③ 鲁西奇：《"双子城"：明清时期襄阳—樊城、光化—老河口的空间形态》，载张建民主编《10世纪以来长江中游区域环境、经济与社会变迁》，第393页。

统深入的论证。就清江浦镇的生成与发展机制来看,它并非单纯地来自经济与商业的推动,而是在造船、仓储与交通等多方面因素综合作用下渐趋繁盛的,而且各种因素发挥作用的程度存在较大差异。本书对"由镇升县"的清江浦的研究,从漕运机构与设施建置的角度,试图分析运河城镇的发展机制问题。最初,清江浦为淮河南岸水道的名称,明代在多种因素作用下逐渐形成清江浦镇,并发展为运河沿线的重要都市。主要表现在:清江浦河的疏凿奠定了清江浦镇的重要地位,清江浦闸坝的设置,不仅维持漕运的有效运作,同时与河道共同聚合,形成清江浦镇的交通区位优势;清江造船厂的设置,孕育、塑造了清江浦的商业环境;常盈仓不仅充当储存、转输漕粮的角色,对于清江浦的城镇发展,亦有深远的经济意义。在以上诸多因素的影响下,清江浦镇获得了较为稳定的发展动力,城市经济规模与商业空间逐渐拓展,逐渐具备了提升政治地位的必要性与可能性。而在清河县迁治清江浦这一事件中,国家漕运与河道治理是必须被考虑或强调的关键性因素,因为清江浦镇最主要的特征或其发展机制,即在于它始终是漕粮转运的主要站点。清康熙年间南河总督进驻清江浦,以及乾隆年间清河县迁治清江浦,则为清江浦的转型提供了政治契机,这对于清江浦来说,是一种相对优越的政治资源,这种政治资源在治理黄、淮、运河的过程中,逐渐内化为清江浦镇商业经济发展的助力,甚至可以说清代靳辅等人在治理河道的过程,对运口的安置等关键性举措的实施,促成了清江浦镇在清淮地区的交通区位优势越发明显,从而成为区域政治与经济中心城市。

从清江浦市镇空间形态与布局可以见出,清江浦河对于城镇发展的根本性影响,即坊镇街区基本上沿运河两岸渐次排布,而且运河南岸较先发展起来,这当与工部分司、户部分司等公署机构的建置密切相关,亦可看出其地当为清江浦镇的政治核心区域,而运河北岸的坊镇街巷,尤其是仁义洼街、大车路口街、老坝口街等的形成与发展,多是在商业交易的条件之下实现其空间拓展的。另外，之所以说清河迁治清江浦镇是清淮地区的重要事件，主要在于清江浦镇借助清河县治之名对周邻的基层行政区划进行重组，在这一过程中，清江浦镇无疑成为清河县新的行政中心。换个角度来说，清江浦由原属于山阳县的市镇，转变为与作为附郭县的山阳县处于同一行政等级的城市，这本身即对山阳县行政地位的权威构成巨大的挑战。相反，由于失去交通区位的优势，再加上战争、灾患等方面的负面影响，清代的山阳城尤其是新城与夹城，呈现衰败之迹象，清嘉道以降，山阳城士绅通过家族与师情这种社会关系渠道，积极参与到城市水利如文渠的修治事务中去，一定程度上亦可以解读为山阳士绅对于改变文化气运与城市发展所做出的探索与努力。不过清江浦对于山阳城的优势地位日趋明显，这在近代化的语境中更有集中的体现，从而最终奠定了清江浦在清淮地区城市体系中的主导地位。

参考文献

一　古籍

（一）方志、专门志书

1. 地理总志

（唐）李吉甫撰，贺次君点校《元和郡县图志》，中华书局，2005。

（宋）乐史撰，王文楚等点校《太平寰宇记》，中华书局，2007。

（宋）王象之：《舆地纪胜》，中华书局影印本，1992。

（明）李贤等：《明一统志》，《景印文渊阁四库全书》第472册，台湾商务印书馆，1986。

（清）顾祖禹撰，贺次君、施和金点校《读史方舆纪要》，中华书局，2005。

（清）穆彰阿、潘锡恩等：《嘉庆大清一统志》，四部丛刊续编景旧钞本，上海古籍出版社，2008。

2. 府、县志

正德《淮安府志》，（明）薛𨰜修，陈艮山纂，荀德麟等点校，方志出版社，2009。

万历《淮安府志》，（明）陈文烛修，郭大纶纂《天一阁藏明代方志选刊续编》第8册，上海书店，1990。

天启《淮安府志》，（明）宋祖舜修，方尚祖纂，荀德麟等点校，方志出版社，2009。

乾隆《淮安府志》，（清）卫哲治等修，叶长扬等纂，陈琦等重刊，清乾隆十三年（1748）修，咸丰二年（1852）重刻本。

光绪《淮安府志》，（清）孙云锦修，吴昆田、高延第纂，清光绪十年（1884）刻本。

乾隆《山阳县志》，（清）金秉祚修，丁一焘等纂，清乾隆十四年（1749）刻本。

同治《重修山阳县志》，（清）张兆栋等修，何绍基、丁晏等纂，清同治十二年（1873）刻本。

宣统《续纂山阳县志》，（清）邱沅等修，段朝端等纂，民国10年（1921）刻本。

《山阳艺文志》，（清）邱沅等修，段朝端等纂，民国10年（1921）刻本。

嘉靖《清河县志》，（明）吴宗吉修，纪士范纂，台北淮阴同乡会景印本，1990。

咸丰《清河县志》，（清）吴棠修，鲁一同纂，清咸丰四年（1854）刻本，清同治四年（1865）续刻本。

光绪《清河县志》，（清）胡裕燕修，吴昆田、鲁贡纂，清光绪五年（1879）刻本。

民国《续纂清河县志》，刘柽寿等修，范冕纂，民国17年（1928）刻本。

3. 漕、河、盐、关等专门志书

（清）曹溶编《明漕运志》，《丛书集成初编》，中华书局，1985。

（清）丁显：《请复淮故道图说》，清同治八年（1869）集韵书屋刻本。

（清）冯道立：《淮扬水利图说》，清道光十九年（1839）西园刻本。7

（清）傅泽洪：《行水金鉴》，《景印文渊阁四库全书》史部地理类，第 580~582 册，台湾商务印书馆，1986。

（清）噶尔泰纂辑《敕修两淮盐法志》，于浩辑《稀见明清经济史料丛刊》第 1 辑第 3 册，国家图书馆出版社，2009。

（明）胡应恩：《淮南水利考》，《续修四库全书》史部政书类，第 851 册，上海古籍出版社，2002。

（清）靳辅：《治河奏绩书》，《景印文渊阁四库全书》史部地理类，第 579 册，台湾商务印书馆，1986。

（清）康基田：《河渠纪闻》，《四库未收书辑刊》第 1 辑第 29 册，北京出版社，2000。

（明）刘天和：《问水集》，《四库全书存目丛书》史部地理类，第 221 册，齐鲁书社，1996。

（明）马麟原撰，（清）李如枚重修，元成续纂《续纂淮关统志》，清光绪三十二年（1906）刻本。

冒广生修，荀德麟、刘怀玉点校《淮关小志》，方志出版社，2006。

（明）潘季驯：《河防一览》，《景印文渊阁四库全书》史部地理类，第 576 册，台湾商务印书馆，1986。

（清）完颜麟庆：《黄运河口古今图说》，王云、李泉主编《中国大运河历史文献集成》第 67 册，国家图书馆出版社，2014。

（明）万恭原著，朱更翎整编《治水筌蹄》，水利电力出版社，1985。

（明）王琼撰，姚汉源、谭徐明点校《漕河图志》，水利电力出版社，1990。

武同举纂述《淮系年表全编》，民国18年（1929）铅印本。

（明）杨宏、谢纯：《漕运通志》，王云、李泉主编《中国大运河历史文献集成》第68册，国家图书馆出版社，2014。

（明）杨选、陈暹修、史起蛰、张榘撰，荀德麟等点校《两淮盐法志》，方志出版社，2010。

（明）张兆元：《淮阴实纪》，明万历刻本。

（明）朱国盛撰，徐标续撰《南河志》，《四库全书存目丛书》史部地理类，第223册，齐鲁书社，1996。

4. 其他地方文献

（清）程钟：《淮安萧湖游览记图考》，清光绪二十一年（1895）抄本。

（清）程钟：《淮雨丛谈》，民国稿本。

（清）程钟：《淮雨丛谈续编、补编》，1957年汪继先抄本。

（清）曹镳：《信今录》，清道光十一年（1831）甘白斋活字本。

（清）曹镳辑，阮钟瑗辑，丁禧生续辑《淮山肆雅录》，清嘉庆二年（1797）刻，同治十二年（1873）续刻本。

丁莲辑《万柳池志》，《河北大学图书馆藏稀见方志丛刊》第14册，国家图书馆出版社，2011。

（清）丁晏：《石亭记事》，清道光二十八年（1848）刻本。

（清）丁晏原辑，周桂峰校点《山阳诗征》，陕西人民出版社，2009。

（清）段朝端：《跰䞨余话》，民国3年（1914）稿本。

（清）段朝端：《楚台见闻录》，民国手抄本。

（清）范以煦：《淮流一勺》，清道光二十八年（1848）刻本。

（清）范以煦：《淮壖小记》，清咸丰五年（1855）刻本。

（清）郝树：《曹甸镇志》，江苏古籍出版社，1992年。

（清）胡丹凤编《漂母祠志》，吴平、张智主编《中国祠墓志丛刊》第38册，广陵书社，2004。

（清）吉元、何庆芬辑《淮郡文渠志》，清同治间刻本。

（清）李元庚：《梓里待征录》，宣统二年（1910）抄本。

（清）李元庚著，李鸿年续，汪继先补，刘怀玉点校《山阳河下园亭记》及续编、补编，方志出版社，2006。

（清）李元庚：《望社姓氏考》，（清）王锡祺辑《小方壶斋丛书》第3册，广陵书社，2020。

（清）潘亮彝：《车桥闻见记》，稿本。

（明）潘埙：《淮郡文献志》，《四库全书存目丛书》史部传记类，第91册，齐鲁书社，1996。

（清）秦焕编《山阳丁氏两先生遗稿》，民国36年（1947）铅印本。

（清）邱夑：《醒庐杂著》，清同治三年（1864）刻本。

（清）万镛编辑《南清河肆雅录》，清咸丰八年（1858）刻本。

（民国）王光伯原辑，程景韩增订，荀德麟等点校《淮安河下志》，方志出版社，2006。

（清）王锡祺编纂，张强点校《山阳诗征续编》，陕西人民出版社，2011。

（清）翁方纲等：《勺湖草堂图咏》，清乾隆间刻本。

（清）吴玉搢：《山阳志遗》，民国11年（1922）刻本。

（清）许佐廷辑，赵晓华点校《重建清江丰济仓图案》，李文海、夏明方主编《中国荒政书集成》，天津古籍出版社，2010。

（明）杨大伸纂辑《淮安（阴）龙兴禅寺志》，民国22年（1933）汪铭生抄本。

（清）杨庆之：《春宵穰剩》，民国11年（1922）稿本。

（清）张鸿烈：《淮南诗钞》，清康熙间慎德堂刻本。

· 423 ·

张煦侯著，方宏伟、王信波整理《淮阴风土记》，方志出版社，2008。

张煦侯：《王家营志》，民国22年（1933）铅印本。

（二）诗集、文集

（清）斌良：《抱冲斋诗集》，《续修四库全书》集部别集类，第1508册，上海古籍出版社，2002。

（明）曹于汴：《仰节堂集》，《景印文渊阁四库全书》集部别集类，第1293册，台湾商务印书馆，1986。

（明）陈文烛：《二酉园文集》《二酉园续集》，《四库全书存目丛书》集部别集类，第139册，齐鲁书社，1997。

（清）程晋芳：《勉行堂文集》，清嘉庆二十五年刻本。

（明）程敏政：《篁墩文集》，《景印文渊阁四库全书》集部别集类，第1252册，台湾商务印书馆，1986，第367页。

（清）程用昌：《亦爱堂诗集》，清康熙间刻本。

（清）戴晟：《寤砚斋集》，《四库未收书辑刊》第9辑第27册，北京出版社，2000。

（清）丁晏：《颐志斋文集》，1949年丁步坤铅印本。

（清）郭麟：《灵芬馆诗话》，《续修四库全书》集部诗文评类，第1705册，上海古籍出版社，2002。

（清）黄钧宰撰，王广超点校《黄钧宰集》，陕西人民出版社，2009。

（清）黄宗羲著，沈善洪主编《黄宗羲全集》，浙江古籍出版社，2005。

（宋）李曾伯：《可斋杂稿》，《景印文渊阁四库全书》集部别集类，第1179册，台湾商务印书馆，1986。

（明）李春芳：《李文定公贻安堂集》，沈乃文主编《明别集丛刊》第 2 辑第 87 册，黄山书社，2016。

（清）李宗昉：《闻妙香室诗》《闻妙香室文》，清道光间自刻本。

（清）麟庆著文，汪春泉等绘图《鸿雪因缘图记》，北京古籍出版社，1984。

（明）刘永澄：《刘练江先生集》，《四库全书存目丛书》集部别集类，第 179 册，齐鲁书社，1997。

（清）鲁一同撰，郝润华辑校《鲁通甫集》，三秦出版社，2011。

（清）毛奇龄：《西河集》，《景印文渊阁四库全书》集部别集类，第 1321 册，台湾商务印书馆，1986。

（清）潘德舆：《养一斋集》，清同治间刻本。

（明）潘希曾：《竹涧集奏议》，《景印文渊阁四库全书》集部别集类，第 1266 册，台湾商务印书馆，1986。

（清）邱象升：《南斋诗集》，《清代诗文集汇编》第 113 册，上海古籍出版社，2010。

（清）邱象随：《西轩诗集》，稿本。

（清）任瑗：《六有轩集》，《清代诗文集汇编》第 274 册，上海古籍出版社，2010。

（清）阮葵生：《七录斋诗钞》《七录斋文钞》，《续修四库全书》集部别集类，第 1446 册，上海古籍出版社，2002。

（明）邵宝：《容春堂续集》，《景印文渊阁四库全书》集部别集类，第 1258 册，台湾商务印书馆，1986。

（明）申时行：《纶扉简牍》，沈乃文主编《明别集丛刊》第 3 辑第 68 册，黄山书社，2016。

（清）史震林：《华阳散稿》，《清代诗文集汇编》第 274 册，上海古籍出版社，2010。

（明）唐龙：《渔石集》，《四库全书存目丛书》集部别集类，第 65 册，齐鲁书社，1997。

（清）陶澍：《陶文毅公全集》，清道光二十年（1840）刻本。

（清）汪廷珍：《实事求是斋遗稿》，清光绪八年（1882）刻本。

（明）王直：《抑庵文后集》，《景印文渊阁四库全书》集部别集类，第1241册，台湾商务印书馆，1986。

（明）王宗沐：《敬所王先生文集》，《四库全书存目丛书》集部别集类，第111册，齐鲁书社，1997。

（明）吴承恩著，刘脩业辑校，刘怀玉笺校《吴承恩诗文集笺校》，上海古籍出版社，1991。

（明）吴道南：《吴文恪公文集》，沈乃文主编《明别集丛刊》第4辑第13册，黄山书社，2016。

（清）吴棠：《望三益斋杂体文》，清同治光绪间刻本。

（宋）徐积：《节孝集》，《景印文渊阁四库全书》集部别集类，第1101册，台湾商务印书馆，1986。

（清）徐嘉：《味静斋文存·味静斋文存续选》，民国20年（1931）上海中华书局铅印本。

（明）杨士奇：《东里集·东里续集》，《景印文渊阁四库全书》集部别集类，第1239册，台湾商务印书馆，1986。

（宋）杨万里撰，王琦珍整理《杨万里诗文集》，江西人民出版社，2006。

（清）杨锡绂：《四知堂文集》，《清代诗文集汇编》第295册，上海古籍出版社，2010。

（宋）袁燮：《絜斋集》，《景印文渊阁四库全书》集部别集类，第1157册，台湾商务印书馆，1986。

（明）郑晓：《郑端简公奏议》，《续修四库全书》史部诏令奏议类，第476册，上海古籍出版社，2002。

（宋）周孚：《蠹斋铅刀编》，《景印文渊阁四库全书》集部别集类，第1154册，台湾商务印书馆，1986。

（三）笔记、日记、家谱、年谱等

（清）程启东等纂修《槐塘程氏显承堂重续宗谱》，清康熙十二年刻本。

（清）丁一鹏：《丁柘唐先生历年纪略》，《北京图书馆藏珍本年谱丛刊》第147册，北京图书馆出版社，1999。

（清）蒋阶：《苏余日记》，李德龙、俞冰主编《历代日记丛钞》第39册，学苑出版社，2006。

（清）金安清撰，谢兴尧点校《水窗春呓》，中华书局，2007。

（清）邱宝廉：《邱氏族谱存略》，1922年石印本。

（明）陆容：《菽园杂记》，中华书局，1985。

（清）阮葵生等重辑《山阳阮氏家谱》，清勺湖草堂抄本。

（清）阮葵生：《茶余客话》，中华书局，1959。

（明）沈绶编，（清）沈倩重修，潘培宽补修，沈徐行续修《迁淮沈氏宗谱》，清咸丰十年（1860）刻本。

（清）谈迁著，汪北平点校《北游录》，中华书局，1997。

（清）吴锡麒：《还京日记》，（清）王锡祺：《小方壶斋舆地丛钞》第5帙，上海著易堂光绪十七年（1891）排印本。

（清）杨日焘修《山阳杨氏族谱》，清乾隆间写刻本。

（明）佚名：《淮城纪事》，（清）冯梦龙著，魏同贤主编《冯梦龙全集》第17册《甲申纪事》第6卷，凤凰出版社，2007。

（明）张天民：《淮城日记》，抄本。

（四）其他史料

（北魏）郦道元著，陈桥驿校证《水经注校证》，中华书局，2007。

（宋）李心传：《建炎以来系年要录》，中华书局，1988。

（宋）徐梦莘：《三朝北盟会编》，上海古籍出版社，2008。

《明实录》，黄彰健等校勘，台北"中央研究院"历史语言研究所，1962。

（明）李东阳等：《大明会典》，江苏广陵古籍刻印社，1989。

（明）陈子龙等：《明经世文编》，中华书局，1962。

（清）顾炎武：《天下郡国利病书》，黄坤等点校《顾炎武全集》第14册，上海古籍出版社，2011。

（清）顾炎武：《肇域志》，上海古籍出版社，2004。

（清）贺长龄、魏源等：《清经世文编》，中华书局，1992。

二　近人论著

（一）著作

包伟民：《宋代城市研究》，中华书局，2014。

鲍彦邦：《明代漕运研究》，暨南大学出版社，1996。

蔡蕃：《北京古运河与城市供水问题》，北京出版社，1987。

蔡禾主编，张应祥副主编《城市社会学》，中山大学出版社，2003。

蔡泰彬：《明代漕河之整治与管理》，台湾商务印书馆，1992。

钞晓鸿主编《海外中国水利史研究：日本学者论集》，人民出版社，2014。

陈宝良：《中国的社与会》，浙江人民出版社，1996。

陈隆文：《明清以来中原水运兴衰探索》，人民出版社，2017。

陈桥驿：《中国运河开发史》，中华书局，2008。

陈喜波：《漕运时代：北运河治理与变迁》，商务印书馆，2018。

成一农：《古代城市形态研究方法新探》，社会科学文献出版社，

2009。

成一农：《空间与形态：三至七世纪中国历史城市地理研究》，兰州大学出版社，2012。

池子华：《中国近代流民》，社会科学文献出版社，2007。

樊铧：《政治决策与明代海运》，社会科学文献出版社，2009。

冯贤亮：《近世浙西的环境、水利与社会》，中国社会科学出版社，2010。

傅崇兰：《中国运河城市发展史》，四川人民出版社，1985。

复旦大学历史地理研究中心主编《自然灾害与中国社会历史结构》，复旦大学出版社，2001。

复旦大学文史研究院编《都市繁华：一千五百年来的东亚城市生活史》，中华书局，2010。

傅衣凌：《明清时代商人与商业资本》，中华书局，2007。

曹树基：《中国移民史》第 5 卷《明时期》，福建人民出版社，1997。

郭涛：《四川城市水灾史》，巴蜀书社，1989。

韩大成：《明代城市研究》，中华书局，2009。

何一民主编《近代中国衰落城市研究》，巴蜀书社，2007。

韩昭庆：《黄淮关系及其演变过程研究——黄淮长期夺淮期间淮北平原湖泊、水系的变迁和背景》，复旦大学出版社，1999。

侯仁之：《历史地理学的理论与实践》，上海人民出版社，1979。

侯仁之主编，唐晓峰副主编《北京城市历史地理》，北京燕山出版社，2000。

侯仁之：《北平历史地理》，邓辉等译，外语教学与研究出版社，2014。

胡阿祥、张文华：《淮河》，江苏教育出版社，2010。

胡焕庸编著《两淮水利》，上海正中书局，1947。

黄丽生：《淮河流域的水利事业：从公共工程看民初社会变迁之个案研究（1912~1937）》，台湾师范大学历史研究所，1986。

冀朝鼎：《中国历史上的基本经济区与水利事业的发展》，朱诗鳌译，中国社会科学出版社，1998。

李德楠：《明清黄运地区的河工建设与生态环境变迁研究》，中国社会科学出版社，2018。

李嘎：《旱域水潦：水患语境下山陕黄土高原城市环境史研究（1368~1979年）》，商务印书馆，2019。

李巨澜、李德楠：《运河与苏北城市发展研究》，人民出版社，2020。

李文治、江太新：《清代漕运》，社会科学文献出版社，2008。

李孝悌编《中国的城市生活》，新星出版社，2006。

李孝聪主编《唐代地域结构与运作空间》，上海辞书出版社，2003。

李孝聪：《历史城市地理》，山东教育出版社，2007。

李孝聪、席会东：《淮安运河图考》，中国书籍出版社，2008。

梁其姿：《施善与教化：明清的慈善组织》，河北教育出版社，2001。

刘凤云：《明清城市空间的文化探析》，中央民族大学出版社，2001。

刘景纯：《清代黄土高原地区城镇地理研究》，中华书局，2005。

卢建荣：《咆哮彭城：唐代淮上军民抗争史（763~899）》，北京大学出版社，2014。

鲁西奇：《城墙内外：古代汉水流域城市的形态与空间结构》，中华书局，2011。

鲁西奇：《汉水中下游河道变迁与堤防》，武汉大学出版社，2004。

马俊亚：《被牺牲的"局部"：淮北社会生态变迁研究（1680~1949）》，北京大学出版社，2011。

南京师范大学地理系江苏地理研究室编《江苏城市历史地理》，江苏科学技术出版社，1982。

倪玉平：《清代漕粮海运与社会变迁》，上海书店出版社，2005。

宁欣：《唐宋都城社会结构研究——对城市经济与社会的关注》，商务印书馆，2009。

邱树森主编《江苏航运史》（古代部分），人民交通出版社，1989。

任放：《明清长江中游市镇经济研究》，武汉大学出版社，2003。

史红帅：《明清时期西安城市地理研究》，中国社会科学出版社，2008。

史念海：《中国的运河》，陕西人民出版社，1988。

水利部淮河水利委员会《淮河水利简史》编写组：《淮河水利简史》，水利电力出版社，1990。

孙靖国：《桑干河流域历史城市地理研究》，中国社会科学出版社，2015。

谭其骧主编《黄河史论丛》，复旦大学出版社，1986。

谭其骧：《谭其骧全集》，人民出版社，2015。

王卫平：《明清时期江南城市史研究：以苏州为中心》，人民出版社，1999。

王毓铨：《明代的军屯》，中华书局，2009。

王振忠：《明清徽商与淮扬社会变迁》，生活·读书·新知三联书店，1996。

王振忠《千山夕阳：王振忠论明清社会与文化》，广西师范大学出版社，2009。

巫仁恕：《品味奢华：晚明的消费社会与士大夫》，中华书局，

2008。

巫仁恕、康豹、林美莉主编《从城市看中国的现代性》，台北"中央研究院"近代史研究所，2010。

吴必虎：《历史时期苏北平原地理系统研究》，华东师范大学出版社，1996。

吴海涛：《淮北的盛衰：成因的历史考察》，社会科学文献出版社，2005。

吴缉华：《明代海运及运河的研究》，台北"中央研究院"历史语言研究所，1961。

吴士勇：《明代总漕研究》，科学出版社，2017。

吴滔：《清代江南市镇与农村关系的空间透视——以苏州地区为中心》，上海古籍出版社，2010。

谢湜：《高乡与低乡：11~16世纪江南区域历史地理研究》，生活·读书·新知三联书店，2015。

徐泓：《清代两淮盐场的研究》，台湾嘉新水泥公司文化基金会，1972。

徐茂明：《江南士绅与江南社会（1368~1911）》，商务印书馆，2004。

姚汉源：《京杭运河史》，中国水利水电出版社，1998。

叶显恩主编《清代区域社会经济研究》，中华书局，1992。

叶舟：《繁华与喧嚣：清代常州城市社会》，南京大学出版社，2012。

应岳林、巴兆祥：《江淮地区开发探源》，江西教育出版社，1997。

张崇旺：《明清时期江淮地区的自然灾害与社会经济》，福建人民出版社，2006。

张含英：《明清治河概论》，水利电力出版社，1986。

张萍：《地域环境与市场空间：明清陕西区域市场的历史地理学研究》，商务印书馆，2006。

张强：《淮扬区域文化与漕盐商贸研究》，江苏人民出版社，2018。

张义丰、李良义、钮仲勋主编《淮河地理研究》，测绘出版社，1993。

赵世瑜：《狂欢与日常——明清以来的庙会与民间社会》，生活·读书·新知三联书店，2002。

郑锐达：《移民、户籍与宗族：清代至民国期间江西袁州府地区研究》，生活·读书·新知三联书店，2009。

中国水利学会水利史研究会编《黄河水利史论丛》，陕西科学技术出版社，1987。

周荣：《明清社会保障制度与两湖基层社会》，武汉大学出版社，2006。

周振鹤：《中国地方行政制度史》，上海人民出版社，2005。

朱海滨：《祭祀政策与民间信仰变迁——近世浙江民间信仰研究》，复旦大学出版社，2008。

朱士光：《中国古都学的研究历程》，中国社会科学出版社，2008。

邹逸麟主编《黄淮海平原历史地理》，安徽教育出版社，1997。

邹逸麟总主编《中国运河志》，江苏凤凰科学技术出版社，2019。

（二）论文

陈喜波、邓辉：《明清北京通州城漕运码头与运河漕运之关系》，《中国历史地理论丛》2016年第2期。

程森：《清代豫西水资源环境与城市水利功能研究——以陕州广

济渠为中心》,《中国历史地理论丛》2010年第3期。

封越健:《明代漕船考》,载王春瑜主编《明史论丛》,中国社会科学出版社,1997。

傅衣凌:《宋元之际江淮海商考》,载《傅衣凌治史五十年文编》,中华书局,2007。

高寿仙:《关于日本明清社会经济史研究的学术回顾——以理论模式和问题意识嬗变为中心》,《中国经济史研究》2002年第1期。

高松凡:《历史上北京城市场变迁及其区位研究》,《地理学报》1989年第2期。

顾建娣:《吴棠在清淮》,载中国社会科学院近代史研究所政治史研究室、苏州大学社会学院主编《晚清国家与社会》,中国社会科学出版社,2007。

顾建娣:《晚清淮安的圩砦》,载中国社会科学院近代史研究所政治史研究室、河北师范大学历史文化学院编《晚清改革与社会变迁》下册,社会科学文献出版社,2009。

韩茂莉:《唐宋之际扬州经济兴衰的地理背景》,《中国历史地理论丛》1987年第1期。

何适:《宋代扬州的政区变动与经济衰落》,载《历史地理》第32辑,上海人民出版社,2015。

侯仁之:《城市历史地理的研究与城市规划》,《地理学报》1979年第4期。

江太新、苏金玉:《漕运与清代淮安经济》,《学海》2007年第2期。

金兵、王卫平:《论近代清江浦城市衰落的原因》,《江苏社会科学》2007年第6期。

李嘎:《从青州到济南:宋至明初山东半岛中心城市转移研究——一项城市比较视角的考察》,《中国历史地理论丛》2011年第

4 期。

李孝聪：《中国封建社会城市城址选择与城市形态的演化：以江南运河城市为例的城市历史地理学方案研究》，载《九州》第 1 辑，中国环境科学出版社，1997。

李孝聪：《唐宋运河城市城址选择与城市形态的研究》，载唐晓峰、黄义军编《历史地理学读本》，北京大学出版社，2006。

梁庚尧：《从南北到东西——宋代真州转运地位的转变》，《台大历史学报》第 52 期，2013。

罗晓翔：《城市生活的空间结构与城市认同——以明代南京士绅社会为中心》，《浙江社会科学》2010 年第 7 期。

罗晓翔：《明中后期南京士绅家族的社会形态》，载唐力行主编《江南社会历史评论》第 2 期，商务印书馆，2010。

罗晓翔：《明清南京内河水环境及其治理》，《历史研究》2014 年第 4 期。

牟振宇：《开埠初期上海租界的水环境治理》，《安徽史学》2012 年第 2 期。

沈红亮：《明清时期黄淮运交会地区的人口和民风——有关淮安府的个案研究》，复旦大学硕士学位论文，2001。

史红帅：《近 70 年来中国历史城市地理研究进展》，《中国历史地理论丛》2020 年第 1 期。

史念海：《论唐代扬州和长江下游的经济地区》，载氏著《河山集》三集，生活·读书·新知三联书店，1988。

史念海：《中国古都概说》，《陕西师范大学学报》（哲学社会科学版）1990 年第 1 期、第 2 期、第 3 期、第 4 期，1991 年第 1 期、第 2 期。

唐晓峰、于希贤、尹钧科、高松凡：《芜湖的聚落起源、城市发展、及其规律的探讨》，《安徽师范大学学报》（哲学社会科学版）

1980 年第 2 期。

王列辉：《近代"双岸城市"的形成及机制分析》，载张利民主编《城市史研究》第 24 辑，天津社会科学院出版社，2006。

王文楚：《上海市大陆地区城镇的形成与发展》，载《历史地理》第 3 辑，上海人民出版社，1983。

王元林：《明清淮安商品流通地理初探》，《淮阴工学院学报》2007 年第 2 期。

王振忠：《明清两淮盐商与扬州城市的地域结构》，载《历史地理》第 10 辑，上海人民出版社，1992。

吴朋飞：《清代开封城市湖泊的形成与演变》，载《历史地理》第 30 辑，上海人民出版社，2014。

吴文涛：《历史上永定河筑堤的环境效应初探》，《中国历史地理论丛》2007 年第 4 期。

行龙：《从"治水社会"到"水利社会"》，《读书》2005 年第 8 期。

熊月之、张生：《中国城市史研究综述（1986~2006）》，《史林》2008 年第 1 期。

许檀：《明清时期运河的商品流通》，《历史档案》1992 年第 1 期。

杨正泰：《明清时期长江以北运河沿线城镇的特点和变迁——兼论地理环境对城镇的影响》，载复旦大学中国历史地理研究所编《历史地理研究》第 1 辑，上海人民出版社，1982。

俞孔坚、张蕾：《黄泛平原古城镇洪涝经验及其适应性景观》，《城市规划学刊》2007 年第 5 期。

余新忠：《清代城市水环境问题探析：兼论相关史料的解读与运用》，《历史研究》2013 年第 6 期。

张力仁：《清代陕西县治城市的水灾及其发生机理》，《史学月刊》2016年第3期。

张伟然、梁志平：《竞争与互补：两个毗邻单岸城市的关系——以宋代的鄂州、汉阳为例》，载《历史地理》第23辑，上海人民出版社，2008。

张晓虹：《近代城市地图与开埠早期上海英租界区域城市空间研究》，载《历史地理》第28辑，上海人民出版社，2013。

章英华：《明清以迄民国中国城市的扩张模式——以北京、南京、上海、天津为例》，《汉学研究》第3卷第2期，1985。

赵世瑜、周尚意：《明清北京城市社会空间结构概说》，《史学月刊》2001年第2期。

周亚、岳云霄：《治水兴城：宋代以来太原城的生命史——以汾河水患的防治为中心》，《福建论坛》（人文社会科学版）2018年第4期。

朱军献：《边缘与中心的互换——近代开封与郑州城市结构关系变动研究》，《史学月刊》2012年第6期。

朱玲玲：《明代对大运河的治理》，《中国史研究》1980年第2期。

邹怡：《产业集聚与城市区位巩固：徽州茶务都会屯溪发展史（1577~1949）》，《中央研究院近代史研究所集刊》第66期，2009。

邹逸麟：《淮河下游南北运口变迁和城镇兴衰》，载《历史地理》第6辑，上海人民出版社，1988。

（三）外国学者论著

〔澳〕安东篱：《说扬州：1550~1850年的一座中国城市》，李霞译，李恭忠校，中华书局，2007。

〔美〕包弼德：《地方传统的重建——以明代的金华府为例（1480~1758）》，载李伯重、周生春主编，龙登高副主编《江南的城市工业与地方文化（960~1850）》，清华大学出版社，2004。

〔美〕保罗·诺克斯等：《城市社会地理学导论》，柴彦威等译，商务印书馆，2005。

〔韩〕曹永宪：《徽州商人的淮、扬进出与水神祠庙》，载刘海平主编《文化自觉与文化认同：东亚视角》，上海外语教育出版社，2008。

〔日〕夫马进：《中国善会善堂史》，伍跃等译，商务印书馆，2005。

〔美〕黄仁宇：《明代的漕运》，张皓、张升译，新星出版社，2005。

〔日〕久保田和男：《宋代开封研究》，郭万平译，董科校译，上海古籍出版社，2010。

〔美〕林达·约翰逊主编《帝国晚期的江南城市》，成一农译，上海人民出版社，2005。

〔美〕裴宜理：《华北的叛乱者与革命者：1845~1945》，池子华、刘平译，商务印书馆，2007。

〔日〕平田茂树等编《宋代社会的空间与交流》，河南大学出版社，2008。

〔日〕森田明：《清代水利社会史研究》，郑樑生译，台北"国立"编译馆，1996。

〔美〕施坚雅主编《中华帝国晚期的城市》，叶光庭等译，陈桥驿校，中华书局，2000。

〔日〕斯波义信：《宋代江南经济史研究》，方健、何忠礼译，江苏人民出版社，2012。

〔日〕藤井宏：《明代盐商的一考察——边商、内商、水商的研究》，刘淼译，载刘淼辑译《徽州社会经济史研究译文集》，黄山书社，1988。

〔美〕魏斐德：《洪业：清朝开国史》，陈苏镇、薄小莹等译，江苏人民出版社，1998。

〔美〕张勉治：《洞察乾隆：帝王的实践精神、南巡和治水政治，1736~1765》，唐博译，董建中校，载《清史译丛》第5辑，中国人民大学出版社，2006。

〔日〕中村圭尔、辛德勇编《中日古代城市研究》，中国社会科学出版社，2004。

后 记

这本小书是在我的博士学位论文的基础上修改而成的。

2005年秋,我来到河北石家庄,开启了远离家乡、自主独立的城市生活,也开始了在河北师范大学为期四年的历史专业知识的学习,其间逐渐对中国的城市与地名产生兴趣,在那本红色封面的袖珍地图册中,留下了我对所关注的城市与地名加以标识的痕迹。同时,也阅读了一些学术著作,比如李孝悌编《中国的城市生活》、王振忠老师的《明清徽商与淮扬社会变迁》等,彼时并不知何谓学术、学术应该怎么做,只是单纯地被那样的才情与学识所吸引,以至于我的本科毕业论文,即以徽商为研究对象,当然那篇论文写得很糟糕,不过它仍代表了彼时我的学力与心境。

2009年,我怀着憧憬之情来到江城武汉,来到有着"中国最美丽的大学"之誉的武汉大学。可能从内心里对城市仍有某种情结,我报考并被录取的是专门史下设的中国经济史方向,其中对明清社会经济史的关注,构成了此后我的学术写作的重要方面。起初,跟硕士导师周荣老师谈选题的时候,鉴于对城市研究的那份兴趣,他建议我以湖南省岳阳市为研究对象,当时已着手搜集相关资料。不过,后来当周老师了解到我的家乡邻近淮安的时候,他果断地让我改做淮安的城市史研究,至今我犹记得他跟徐斌老师说起这个事情时那种愉悦的神情。虽然当时我更多地学习明清社会经济史的相关理论和方法，不过最终呈现出来的硕士学位论文却是以空间形态和结构为主题的，这种转变当是受到李孝聪、鲁西奇等学者研究取向的影响，这为接下来历史地理学专业的学习埋下伏笔。

值得一提的是，2010年暑期，我申请参加复旦大学历史地理研修班，当时结识了不少今天已经学有所成、崭露头角的朋友，也正是借此获得了向王振忠老师请益自荐的机会，初次表达了报考他的博士研究生的意愿，对此王老师给予充分的鼓励和期许。幸运的是，2011年，我考入复旦大学历史地理研究中心，跟随王老师攻读历史地理学的博士学位。入学伊始，与王老师谈及论文选题时，他认为淮安这座城市还可以继续做下去，由此基本确定了明清淮安城市地理研究的选题方向。

历史研究的基础是文献资料，在搜集文献资料方面，王老师建议应该尽可能地扩大搜集的范围，比如，可采用浏览"扫描"的方式，对"四库"系列、"近代中国史料丛刊"等丛书进行摸查，这本小书的部分注释及参考文献，明显带有这一摸查之后形成的特点。同时，本书对于淮安城市地理的研究属于地方史研究，地方文献的搜集和阅读无疑是重中之重，此前王老师在关于明清淮扬社会的研究中，奠定了这一区域城镇研究的文献基础，本书在这一基础之上"按图索骥"，结合当地人文发展与环境变迁等因素，网罗开展明清淮安城市地理研究的丰富史料。淮安市淮安区图书馆（原楚州区图书馆）收藏颇为可观的淮安地方文献，每逢寒暑假日我都会前去查找资料，在外奔波的生活虽然辛苦，不过动笔抄写地方文献却让我感到充实和满足。此外，复旦大学图书馆、上海图书馆、南京图书馆等馆藏地，使我可以相对近捷地查阅与淮安相关的文献，节省了不少时间精力和经济开支。在搜集史料与相关论著的过程中，我逐渐对"淮安""两淮""淮北""淮南"甚至"淮"字变得敏感，这种敏感性至今仍存于内心深处，成为督促个人学术成长的动力源泉。

在对淮安城市研究资料进行初步搜集和整理之后，出现了一个必须面对的困惑，那就是明清淮安城市地理这样的方向是确定了的，但我并不清楚在这一框架之下，应该具体研究什么样的问题。此前对于历史城市地理已有不少研究成果，有的集中于某一区域或者流域城市地理的研究，或者对个别城市进行专门研究，后者关注的问题主要包括城市的起源与选址、城市的规模与等级、城市空间形态与结构等方面。如何从城市地理的角度，对淮安这座单体城市构建出一套相对完整的研究思路，而且必须彰显其地方特色，这一问题曾让我颇费思量。所幸在博士一年级时，选修宗教系李天纲老师的《宗教学前沿问题研究》课程，当时结课论文从明清漕运的视角，来分析淮安天妃信仰的变迁，由此生发出山阳、清河双城的研究视角，后来这一区域城市的互动关系，借助"清淮"这一地理概念得以多维面相地呈现，并且试图从国家漕运与河道治理的角度，探讨这一双城格局形成的基本动因和发展机制问题。基于此，本书取名《双城记》，这较易让人想起英国作家狄更斯的同名小说，可能会造成属于文学作品的印象。其实"记"在中国古代起源甚早，史书之中多有以此为名者，如《史记》《东观汉记》等，《双城记》之"记"意在表达一种历史记述的方式。

历史上的淮安，既是淮河沿线的城市，又是运河沿线的城市，南宋以后黄河夺淮之后，黄淮合流更加造成区域水环境的剧烈变迁，这样的区域环境非常适宜展开历史地理学的研究。同时，漕、河、盐被称为清代江南三大政，每一政务都足以撰写鸿篇巨制，这三大政与淮安均有密切关联，它们的运作与管理是淮安城市地理研究中不可回避的问题，这对于我既有的知识结构与思维方式无疑形成了较大挑战，因此敢于突破自我成为继续前进的唯一选择，本书关于城市水利与漕河治理等方面的研究，正是对明清水利文献尽力解读的结果，虽然其

后 记

中的某些观点和结论仍有待进一步考证,不过我仍愿意确信:这样的一番努力坚持的过程,不仅形成了深入解读淮安城市地理的切口和路径,促使我的知识结构、思维方式的拓展和更新,也可被视为对经世致用思想的一种运用和践行。

2015年,我从复旦大学毕业来到淮安,成为淮阴师范学院的一名教职员工,主要从事运河与漕运文化等方面的科研工作。工作以来的几年时间,我试图进一步提升自己:从博士论文中抽取相关章节修改后单独发表,这些文章被有机整合进这本小书之中;鉴于淮安城市研究可能存在的局限性,我把研究视角逐渐扩展至苏北地区,并以漕河交通与城镇聚落为研究对象,完成了江苏省社科基金项目,等等。更重要的是,对于某些问题的思考和分析,我更习惯于尝试跳出既有的思维模式,寻找解决问题的突破口和关键点,对可能成为学术研究的问题逐渐产生敏感的触点。然而,不可否认的事实是,自身的思维能力处于下滑的状态,或者更准确地说,自己越来越不愿意过多地去思考问题,其中有来自外界干扰的多种因素,更多的原因当然还是自己的惰性在作祟。记得曾经有人说过,博士论文是一个人学术的起点,也是最为重要的学术阶段,如果花几年时间都做不好的事情,以后就别再奢望还有什么事情能做得好的,总而言之这是一个人学术思维最为活跃的阶段,思考问题的广度和深度相对充分和完备。对此我颇有感慨,今天的我对于读博期间的那份执着和坚韧已经越发疏离,再也找不到这样的一种状态:为了一个问题愿意搜罗穷尽的史料,字斟句酌之后把思路和想法写在纸上,与诸位同好相互讨论乃至争辩,这种状态真的是久违的了。对于这样的自己,需要加以深刻的警醒和反思。

这本篇幅达至30余万字的小书,是我的学术初始阶段的总结和回报。这一路走来,需要感谢的人实在很多。感谢周荣老师为我确定了淮安城市研究的方向,引领我初入学术研究的天地。感谢王振忠老师的言传身教，他在提供指导方向的前提下，让我尽可能地形成独立的科研能力。他们看似随意的只言片语，细细琢磨却富有见地，不过由于我资质愚钝平庸，离老师们的要求相差甚远。感谢唐力行、范金民、马学强、邹振环、巴兆祥、李晓杰、冯贤亮、朱海滨等老师，在博士论文开题、送审、答辩等环节，提出的颇具启发性的建议与问题，不仅为论文修改提供参考和依据，也为深化淮安城市地理研究提供视角和方法。在复旦求学的四年，离不开诸多师长的教诲与帮助：周振鹤、朱荫贵、李天纲、吴松弟、杨煜达诸师，对我有授课解惑之恩；张晓虹、朱海滨、韩昭庆、杨伟兵等老师在论文中期考核时，提供了很多可资参考的想法与建议。感谢邹怡老师对我论文思路和写作的开解和导引，感谢同室林宏、计小敏、龙小峰的兄弟情谊，感谢2011级博、硕士生班同学们的谈笑与友谊。感谢陈云霞师姐的热心帮助，感谢魏毅师兄的纯厚乡情，感谢唐晶为我推荐的日记文献。感谢在某一会议现场结识的学术达人，感谢那些故交旧友的长程陪伴。

感谢淮阴师范学院领导、同事的关心和帮助！感谢张强教授、李巨澜教授、张文华教授、吴士勇教授对我的指导与鼓励，感谢房晓军院长、陈慧鹏主任在小书出版中的出谋与划策，感谢李德楠教授在诸多方面对我的大力支持和帮助，感谢张捷、潘宏恩等同事的浓厚情谊，因为运河我们组建了"运河之家"。

感谢我的家人！我的父母，都是没有多少文化水平的普通百姓，有时候跟他们讲我做的事情，他们不怎么听得懂，但都始终支持着我，并且固执地认为我做的事情是对的。感谢我的妻子的付出和理解，感谢女儿带来的快乐和喜悦，我的生命因为有了你们的存在而富有意义。特别想说的是，每个作者在后记的末尾都会写上诸如此类感谢家人的话，以前我只是想当然地认为那是一种客套，当我回想这几年的点滴生活时，真的觉得这并非虚言，它正是像我这样的人的家庭所需要承担、面对的实态。当这本小书即将面世的时候，

后 记

我想到了祖父、祖母,他们在我毕业之前,相继离开了这个世界,此后我梦见他们的模样,仍是那么的温和慈爱,我会带着他们的期许和鼓励继续前行。

无论如何,由于工作方面的压力和需要,这本小书还是出版了,可称得上是一部"急就章",同时限于本人学识和能力,它尚有诸多不足之处,仍有很多地方没有修改到位,这让我心存惶恐。感谢王振忠老师对它的包容,慨然应允为它作序增色。想说的是,从我在苏北六塘河边出生开始,到周荣老师为我确立淮安城市研究的方向,到成为王振忠老师的博士研究生,辗转多座城市之后又回到淮安,这一切似乎在遵循特定的轨道运转,又或者可以"缘"字做一番饶有趣味的解读。

最后,感谢社会科学文献出版社的领导和编辑老师,本书的顺利出版离不开你们的大力支持和认真细致的工作。当然,书中不足由我个人负责,恳请各位专家同好不吝赐教,你们的批评指正将成为砥砺前行的动力。

2020 年 10 月 13 日于"运河之都"淮安

图书在版编目(CIP)数据

双城记：明清清淮地区城市地理研究 / 王聪明著 . --北京：社会科学文献出版社，2020.12（2021.1重印）
ISBN 978-7-5201-7051-2

Ⅰ.①双… Ⅱ.①王… Ⅲ.①城市地理－研究－淮安－明清时代 Ⅳ.①K925.33

中国版本图书馆CIP数据核字（2020）第255523号

双城记：明清清淮地区城市地理研究

著　　者 / 王聪明

出 版 人 / 王利民
组稿编辑 / 任文武
责任编辑 / 李　淼　杜文婕

出　　版 / 社会科学文献出版社·城市和绿色发展分社（010）59367143
　　　　　 地址：北京市北三环中路甲29号院华龙大厦　邮编：100029
　　　　　 网址：www.ssap.com.cn

发　　行 / 市场营销中心（010）59367081　59367083
印　　装 / 三河市东方印刷有限公司

规　　格 / 开　本：787mm×1092mm　1/16
　　　　　 印　张：28.5　字　数：380千字
版　　次 / 2020年12月第1版　2021年1月第2次印刷
书　　号 / ISBN 978-7-5201-7051-2
定　　价 / 98.00元

本书如有印装质量问题，请与读者服务中心（010-59367028）联系

▲ 版权所有 翻印必究